本书为山东省泰山学者工程专项经费资助项目"中国特色社会主义乡村振兴战略中的乡村治理新体系研究"(项目编号：tsqn201909105)的阶段性成果

乡村振兴战略中的乡村治理新体系研究

李增元 著

中国社会科学出版社

图书在版编目（CIP）数据

乡村振兴战略中的乡村治理新体系研究/李增元著.—北京：中国社会科学出版社，2023.7
ISBN 978-7-5227-2437-9

Ⅰ.①乡… Ⅱ.①李… Ⅲ.①农村—群众自治—研究—中国 Ⅳ.①D638

中国国家版本馆 CIP 数据核字（2023）第 154449 号

出 版 人	赵剑英
责任编辑	朱华彬　李　立
责任校对	谢　静
责任印制	张雪娇

出　　版	中国社会科学出版社
社　　址	北京鼓楼西大街甲 158 号
邮　　编	100720
网　　址	http://www.csspw.cn
发 行 部	010-84083685
门 市 部	010-84029450
经　　销	新华书店及其他书店

印　　刷	北京君升印刷有限公司
装　　订	廊坊市广阳区广增装订厂
版　　次	2023 年 7 月第 1 版
印　　次	2023 年 7 月第 1 次印刷

开　　本	710×1000　1/16
印　　张	27.75
插　　页	2
字　　数	427 千字
定　　价	168.00 元

凡购买中国社会科学出版社图书，如有质量问题请与本社营销中心联系调换
电话：010-84083683
版权所有　侵权必究

序　言

　　民族要复兴，乡村必振兴。乡村振兴是实现中华民族伟大复兴的重要任务，也是全面建设现代化强国的重要内容。党的十九大报告首次提出实施乡村振兴战略，并指出"加强农村基层基础工作，健全自治、法治、德治相结合的乡村治理体系"。党的二十大强调"全面推进乡村振兴""完善社会治理体系"。乡村振兴是新时代实现农业农村现代化，促进城乡融合发展的重要途径，也是实现第二个百年奋斗目标的重要基础。乡村振兴明确将"治理有效"作为总要求之一。乡村振兴是一个系统性工程，是对乡村政治、经济、社会、文化、生态各领域的系统性变革过程，也是对乡村治理体系重构的过程，它意味着乡村社会治理的创新与发展，乡村治理效能的提升。

　　在新时代创新乡村治理体系是实现乡村全面振兴，推动农业农村现代化与实现城乡融合发展的重要基础和保障。党的二十大报告强调"全面建设社会主义现代化国家，最艰巨最繁重的任务仍然在农村"。并明确要求"健全共建共治共享的社会治理制度，提升社会治理效能"。"健全城乡社区治理体系""建设人人有责、人人尽责、人人享有的社会治理共同体"。不难看出，党中央对社会治理及乡村治理的高度重视。自中华人民共和国成立以来，我国乡村治理历经计划经济时代的人民公社体制、改革开放以来的村民自治体制、社区体制等不同发展阶段，每一个历史时期的乡村治理体制及治理体系都对构建特定时期的乡村治理秩序、推动乡村社会发展进步与维护国家政权稳定发挥了重要作用。在现代化进程中，乡村治理体系不断优化完善以更好适应乡村社会发展的进步要求。

随着中国特色社会主义进入新时代，在全面实施乡村振兴战略中乡村社会正经历着更为深刻的变革，城乡关系逐步走向融合发展，城乡基层治理逐步走向一体化、融合治理模式，这些都对乡村治理体系提出了更高要求。与此同时，在乡村健全共建共治共享的社会治理制度，完善党委领导、政府负责、民主协商、社会协同、公众参与、法治保障、科技支撑的社会治理体系，建设人人有责、人人尽责、人人享有的社会治理共同体，也需要创新更加科学、合理、高效、精细的现代乡村治理新体系，通过乡村治理体系创新赋能乡村治理，不断推动乡村社会治理社会化、法治化、智能化、专业化水平，为全面建成现代化强国，实现第二个百年奋斗目标夯实乡村治理基础。

在以中国式现代化全面推进中华民族伟大复兴征程中，如何更好地创新乡村治理新体系，以更好助推乡村全面振兴，作者进行了初步探索。作者从历史角度分析了我国乡村治理体系发展的来龙去脉，从理论、历史、实践角度总结提炼了新时代乡村振兴战略中的乡村治理新体系的基本构成内容，并提出了乡村治理体系重构及转型的基本方向。在此基础上，作者重点从能力型乡村党组织体系、赋权增能型乡镇政府运行体系、精细化乡村管理服务体系、现代化乡村治理方法体系、规范化乡村治理制度体系、专业化乡村人才队伍体系等六个具体方面入手，对中国特色社会主义乡村振兴战略中的乡村治理新体系进行了深入探讨分析。书中的诸多观点都具有一定的启发性，如作者指出"乡村治理体系重构及现代转型是由国家治理体系和治理能力现代化发展战略与乡村治理实践逻辑共同决定的，是实现乡村振兴的必由之路。""人的现代化是乡村治理现代化的根本内核，道德是人的现代化的根本体现"，等等。显然，作者对乡村治理体系的研究更加注重从人的现代化，实现人的自由而全面发展的角度展开，乡村治理变革更深层次上体现着为人的自由而全面发展创造更好的条件与保障，真正将"以人民为中心""人民至上"的发展理念落地、落实。另外，作者提出的推动乡村治理体系创新的思路措施也具有较强的现实意义。

党的二十大报告指出，"以中国式现代化全面推进中华民族伟大复兴"，中国式现代化是全面、系统的现代化，乡村治理体系现代化是中国式现代化的重要构成内容。在新时代，在深入实施乡村振兴战略中推进中国特色乡村治理体系建设与创新，必须"站稳人民立场、把握人民愿望、尊重人民创造、集中人民智慧"，将国家顶层设计与人民的创造性实践有机结合起来，从而更好地为全面建成现代化强国、实现中华民族伟大复兴提供坚实的基础。

项继权

2022 年 10 月 29 日

目　　录

第一章　乡村治理体系的历史变迁 …………………………………（1）
　第一节　传统社会官民共治的乡村治理体系 ……………………（1）
　第二节　中华人民共和国成立后政权下沉的乡村治理体系 ……（11）
　第三节　人民公社时期党政经合一的乡村治理体系 ……………（19）
　第四节　改革开放以来乡政村治的乡村治理体系 ………………（24）
　第五节　21世纪以来社区化的乡村治理体系……………………（33）

**第二章　中国特色社会主义乡村振兴战略中的乡村治理
　　　　　体系转型** ………………………………………………（42）
　第一节　中国特色社会主义乡村振兴战略的提出 ………………（42）
　第二节　中国特色社会主义乡村振兴战略对乡村治理体系提出的
　　　　　新要求 ……………………………………………………（49）
　第三节　乡村治理体系的重构及现代转型 ………………………（64）

第三章　党领治理：乡村振兴战略中的能力型乡村党组织体系 ……（73）
　第一节　乡村党组织体系的发展历程 ……………………………（73）
　第二节　乡村振兴战略对乡村党组织建设提出的新要求 ………（78）
　第三节　政党统合：乡村振兴战略中党领治理的乡村党组织
　　　　　体系 ………………………………………………………（84）
　第四节　乡村振兴战略中的"政党统合"的能力型乡村党组织
　　　　　体系的实现 ………………………………………………（93）

第四章　精简高效：乡村振兴战略中的赋权增能型乡镇
　　　　政府运行体系 …………………………………………（109）
　第一节　乡镇政府运行体系的发展历程 …………………（109）
　第二节　乡村振兴战略对乡镇政府运行体系提出的新要求 ……（117）
　第三节　乡村振兴战略中的乡镇政府组织运行体系创新
　　　　　内容 ………………………………………………（124）
　第四节　乡村振兴战略中的赋权增能型乡镇政府运行
　　　　　体系的实现 ………………………………………（141）

第五章　协同共治：乡村振兴战略中的精细化乡村管理服务
　　　　体系 ………………………………………………（184）
　第一节　乡村管理服务体系的发展历程 …………………（184）
　第二节　乡村振兴战略中的管理服务体系面临的挑战
　　　　　及新发展要求 ……………………………………（192）
　第三节　乡村振兴战略中的精细化乡村管理服务体系
　　　　　构成及基本特征 …………………………………（201）
　第四节　乡村振兴战略中的精细化乡村管理服务体系的
　　　　　实现 ………………………………………………（212）

第六章　科学合理：乡村振兴战略中的现代化乡村治理
　　　　方法体系 …………………………………………（240）
　第一节　乡村治理方法体系的发展历程 …………………（240）
　第二节　乡村振兴战略对治理方法体系提出的新要求 ……（247）
　第三节　乡村振兴战略中的乡村治理方法创新遵循的基本
　　　　　原则 ………………………………………………（251）
　第四节　乡村振兴战略中的乡村治理方法体系构成 ……（257）
　第五节　乡村振兴战略中的现代化乡村治理方法
　　　　　体系的实现 ………………………………………（268）

第七章 开放包容：乡村振兴战略中的规范化乡村治理制度体系 …… （290）

第一节 乡村治理制度体系的发展历程 …… （290）

第二节 乡村振兴战略对乡村治理制度提出的新要求 …… （294）

第三节 乡村振兴战略中的乡村治理制度体系创新发展方向 …… （301）

第四节 乡村振兴战略中的规范化乡村治理制度体系构成 …… （308）

第五节 乡村振兴战略中的规范化乡村治理制度体系的实现 …… （325）

第八章 专业精干：乡村振兴战略中的专业化乡村人才队伍体系 …… （357）

第一节 乡村人才队伍体系的发展历程 …… （357）

第二节 乡村振兴中人才队伍面临的困境及新发展要求 …… （361）

第三节 乡村振兴战略中的专业化人才队伍体系构成及基本特征 …… （370）

第四节 乡村振兴战略中的专业化人才队伍体系的实现 …… （385）

参考文献 …… （413）

后　记 …… （432）

第 一 章

乡村治理体系的历史变迁

第一节 传统社会官民共治的乡村治理体系

一 代表国家治理乡村社会的县级政府

从历史上来看，县具有悠久的历史传统，县最早可以追溯到战国时代商鞅改封邑制为郡县制的县。商鞅变法后，"集小乡、邑、聚为县，置令、丞，凡三十一县"①。秦统一六国后，郡县制正式确立，县级机构成为中央集权下的一级地方政权组织，是国家治理乡村社会的地方政府机构。郡县制，天下安。郡县制使国家对乡村社会的治理有了稳固的政权机构。为加强乡村治理，统治阶级历来十分重视县级机构人员配备与职能设置。在人员配备上，《汉书·百官公卿表》记载："县令、长，皆秦官，掌治其县……皆有丞、尉，秩四百石至二百石，是为长吏。"县令及其辅佐官是县政府核心人员，不过人员称谓上历代稍有差别，如宋代称县令为县知事，元代称县尹，明清始称知县。县令是县衙中的最高长官，由中央任命，与辅佐官之间存在等级关系。以宋代县级政府为例，县丞、主簿、县尉等是县令的辅佐官。其中，县丞地位仅次于县令，是县令处理县政的重要助手。县令长负责县的全面工作。《后汉书·百官志》注中指出，"令长皆掌治其民，显善劝义，禁奸罚恶，理讼平贼，恤民时务，秋冬集课，上计于所属郡"。县丞助县令长办事，县尉掌管一县甲兵、捕盗之事。以狱政为例，县丞需协助县令处理狱务，《名公书判清明集》记

---

① 《史记·商君列传》。

载:"今仰知县以狱事为重,专任其责,虽与县丞同勘。"并且有"同勘"狱事的权力,在知县"事繁"的情况下县丞亦可以代替主持狱政的前期工作,最终专任其责的还是县令。主簿在地位上低于县丞,承担类似吏人的职能,负责公务文书的上传下达,以及出纳上级拨款。在处理案件尤其是民事纠纷时,主簿也是县令调查事实真相的主要帮手。① 为更好从事管理工作,在主官与副官之下设有属吏若干,分掌各种事务。秦汉时期这种属官就出现了。

《后汉书·百官志》注引《汉书音义》曰:"正曰掾,副曰属。"县丞助县令长办事,其下还有主吏、令史各曹来分别掌管民政、司法、交通等。② 之后的属官设置更是呈现出对口设置现象。为更好承担一级地方政府职能,县级政府往往对应中央政府六部设置吏、户、礼、兵、刑、工六房,承担县域教育、考试、治安、征税、户籍管理、财政、工程等各方面事务。另外,县级政府根据需要还设有其他从事具体事务管理的职位。如明代县级政府就有教职、杂职、吏典,其中的杂职就是根据州县的地理、交通、治安、物产等情况设置。根据州县的地理、交通、治安、物产等情况,一些州县还设有一些杂职,诸如巡检司、骡、税课局、库、仓、织染杂造局、河泊所、批验所、递运所、冶铁所、闸、坝等,分别设巡检、骚垂、大使、副使等官进行管理。其官高者为从九品,大多数则为末流。杂职虽然各有所掌,但是要接受所在地州县正官的领导。③ 除此之外,县衙还"辟召"胥吏群体作为辅助管理人员。胥吏是中国古代各级行政衙门中的具体办事人员,是官民的枢纽,主要协助处理狱讼和教育教化、登记人口、编制土地册籍、维持地方秩序、修葺水利工程、调解民间纠纷等工作。《通典》统计,唐中期,官与胥吏共有

---

① 中国社会科学院历史研究所宋辽金元史研究室点校:《名公书判清明集》卷一《劝谕事件于后》,中华书局1987年版。赵晨:《试析宋代县衙中的层级关系——以《名公书判清明集》为中心》,《宁夏社会科学》2014年第4期。

② 孟昭华、王涵:《中国历代国家机构和行政区划》,中国社会出版社2003年版,第136页。

③ 柏桦、齐惠:《清代州县政治体制的特色》,《南开大学法政学院学术论丛》2002年第S1期。

349863 人，而官只有 18805 人。① 胥吏虽然没有正式编制，却代表国家来与民沟通，执行各类行政事务。《文献通考》卷 35《选举八》引苏轼语："胥吏行文书，治刑狱、钱谷。"其大意是县官做的关于赋税、盗贼的决策，都由胥吏按职能承担。总体来看，在传统社会，特别是秦统一六国后，县级政府是乡村治理的重要官方主体，县令（或称知县）、县丞、主簿、县尉，属吏以及其他辅助人员具有正式或非正式官员特征，县级政府设立的各种正式机构或非正式机构具体承担乡村治理各方面事务。

二 联结农户与政府的乡里制度及乡村治理组织结构

中国传统乡村社会有其独特性。一是地缘辽阔，国家与乡村距离远以及"细胞化社会"使国家要实现有效的乡村治理需要大量机构设置，治理成本较高。二是传统乡村社会治理呈现出官民共治的特点。乡里制度是官民共治实践的重要制度形式。所谓"乡里制度"，是封建王朝为汲取乡村社会的人财物资源，维护有序秩序，在县政权之下建立控制农户、地域的控制制度。② 在乡村治理实践中，在县级政府与百姓之间存在多种类型的乡村社会组织，它们是国家政权向乡村社会的延伸，通过乡里制度各种组织积极参与并协助承担乡村治理职责，呈现出半官方性质。皇权通过这一组织体系对乡村社会保持着不同程度的干预和控制。因此，在传统乡村社会，"皇权不下县，县下惟宗族"的说法言过其实。

就其基本结构而言，乡里制度由乡、里、邻（无论其具体名称如何）三个县级政权以下层级的地域性管理单元组成，在不同层次的地域性管理单元进行人员设置，实施管理。③ 邻（比、伍、什、保、甲）是最低一级层级。邻是以五家（或十家）民户为基本编组的单元，清人陆世仪（1611—1672）指出："治一乡，必自五家为比。"邻的核心功能是对民户监控，是国家控制乡村社会的最基础治安单元，邻一般设有邻（比、伍、

---

① 叶炜：《不该忽视的一个群体——胥吏阶层漫议》，《文史知识》2001 年第 6 期。
② 鲁西奇：《"下县的皇权"：中国古代乡里制度及其实质》，《北京大学学报》（哲学社会科学版）2019 年第 4 期。
③ 鲁西奇：《"下县的皇权"：中国古代乡里制度及其实质》，《北京大学学报》（哲学社会科学版）2019 年第 4 期。

什、保、甲）长。例如周朝遂设于"野"即国都以外的地区。《周礼》记载，野中"五家为邻，五邻为里，四里为酂，五酂为鄙，五鄙为县，五县为遂"，六遂则设有邻长、里宰、酂长、鄙师、县正、遂大夫等职。两汉在里以下设什伍组织，里有里魁，掌一百户，什和伍各设什长、伍长，并分别主十家、五家，各司其职。北魏孝文帝时实行三长制，形成"党、里、邻"的三级层级，"宜准古，五家立一邻长"。宋代中期实行保甲制，规定，"十家为一保，选主户有干力者一人为保长"。① 邻里间相互监督来维护秩序，强化治安。《史记·商君列传》指出："令民为什伍，亦即或者十家、或者五家，编为一组，互为担保""相牧司连坐"，唐人司马贞对此解释说，"牧司，谓相纠发也"。一家有罪而九家连举发，若不纠举，则十家连坐。唐代的邻保组织乃以五家为单位编组而成，其功能以警政治安为主（包括核查户口、纠告逐捕盗贼）以及摊税赋为辅。

里（闾、耆、大保、村寨、社、约、保、甲）以村落和居住地域为基础设置。《说文解字》释闾：闾，侣也，二十五家相群闾也。所谓二十五家组织的里、闾，都是在居住单位的基础上编排建立的。据《管子》所记，齐国之里，有三十家、五十家、百家之别。再如宋开宝七年（974）所置"主盗贼、词讼"之耆长，当即沿用后周制度而来，亦以村落为基础。与邻相比，里最重要的功能是控制户口与田地，以征发赋役。总体来看，"里"实质上是以村落为基础的赋役征收单元。里一般设有里长（闾胥、里魁、里正、大保长），其主要职能是基层治安管理和赋役征发，由村长实际负责各村赋役征纳。《五代会要·租税》载后唐明宗长兴二年（931）六月敕："委诸道观察使属县，于每村定有力人户充村长。与村人议，有力人户出剩田苗，补贫下不迨顷亩者。肯者即具状征收，有词者即排段检括。"在传统社会，乡是县以下、里以上的地域性单元，非现代意义上的正式政权组织。在乡部的中心聚落设有乡廷，以啬夫或有秩主管乡政。唐代的乡政由所属五里的里正主持，诸乡里正到县衙当值，处理本乡事务，故诸乡不再有乡司驻地，管、都保等相继成为县与里（耆、大保）之间、统领数村的地域行政单元，人口规模从250户到

---

① （北齐）魏收：《魏书》卷110，《食货志》，中华书局1974年版。

千户不等。明代里甲制下，县直辖各里，没有严格意义上的"乡级"行政管理层级。到了清代，随着保甲制的全面推行，以千家为基本编制原则的"保"在乡集的基础上发展起来，成为以百家为原则、以村落为基础编排的"甲"（百家）或"里"之上的地域性行政管理单元，并为近代以乡镇为核心的乡村控制体系奠定了基础。[1] 保承担着包括查造户口，参与民间词讼，整顿社会治安在内的协助办理地方司法事务和办理各种社会福利事务等职责。依户口以定乡官员成为一些朝代乡里组织员额编制确定的标准。晋制按千户为准，千户以上置史、佐、正三人；千户以下置治书史 1 人，此外，依户口数（50 户以上）另设里吏 1 人，千户以上置校官掾 1 人。北齐乡村设党族 1 人，副党 2 人，闾正 2 人，邻长 10 人，共 14 人。城邑千户以上设里正 2 人，里吏 2 人（不常置）、隅老 4 人。[2] 乡里组织领袖人员的选择是乡里制度运行效果的重要影响因素。

在乡村治理中，乡里制度具有行政性与宗法性两重特性。乡里制度的行政性体现在两个方面。一是乡里组织与王权关系上，传统社会王权对乡村社会有深度的干预和控制能力。封建官僚政治的统治体现着严格的等级秩序，乡里组织是这个庞大权力"金字塔"下的基层组织。乡里组织是统治政权向基层社会的延伸，是统治阶级维护统治，获取统治资源的重要工具。清康熙时巡抚赵申乔曾做过如下描绘："凡害民秕政，不止一端，而惟横征私派之弊其祸尤烈，如收解钱粮、私加羡余、火耗、解费杂徭，每浮额数，以致公私一切费用皆取给于里民。若日用之米蔬供应，新任之器具案衣，衙署之兴修盖造，宴会之席面酒肴，上司之铺陈供奉，使客之小饭下程，提事之打发差钱，戚友之抽丰供给，节序之贺庆礼仪，衙役之帮贴工食，簿书之纸札心红，水陆之人夫答应，官马之喂养走差，与夫保甲牌籍，刊刷由单，报查灾荒，编审丈量等项，皆有使费陋规，难以更仆枚举"[3]。总之，无事不私派民间，无项不苛敛里甲。二是从不同层级乡里组织运行来看，存在明显的上下级关系。如先

---

[1] 鲁西奇：《"下县的皇权"：中国古代乡里制度及其实质》，《北京大学学报》（哲学社会科学版）2019 年第 4 期。
[2] 参见《文献通考》卷 12，《职役一》，历代乡党版籍职役。
[3] 柏桦：《明清时期的府县社会治安管理制度》，《南国学术》2021 年第 3 期。

秦时"什伍以复于游宗，游宗以复于里尉，里尉以复于州长，州长以计于乡师，乡师以著于士师"①。另一方面，乡里制度又体现出较强的宗法性特征。不可否认，王权对于乡里组织具有较强的控制力，但是家族、宗族等民间组织也对其产生重要影响，使乡里制度运行呈现出宗法特征。传统乡村社会聚族而居，乡里保甲等组织与家族、宗族组织存在紧密联系，有的甚至交叉重合，家族直接参与并承担部分乡村管理和服务事务，"明朝隆庆推行乡约，许多宗族趁此制定宗族性乡约，以达到宗族控制乡里组织的目的"②。同时，宗族长是乡里组织负责人的重要人选来源，乡里组织也会被宗族所掌控。在传统社会，乡里制度是国家有效治理乡村社会的重要制度形式。乡里制度成为县级政府治理乡村社会的重要制度支撑，同时它又内含着宗族伦理思想。乡里制度兼具行政性与宗法性双重特征，是链接政府与农户、国家与乡村社会的重要纽带。通过乡里制构建的乡村组织体系，在推动传统乡村社会治理中发挥着不可替代的作用。

表1-1　　　　　　　　20世纪前历代乡村管理组织结构③

时代	主要特征	基层管理层级				
黄帝	井田制	都	邑	里	朋	邻
周代	乡遂制	党	族	闾	比	
		鄙	酂	里	邻	
春秋战国	乡里制	乡	连	里	轨	
		乡	率	邑		
秦汉	（乡亭制）三长制	乡	（亭）	里	什	伍
北魏		党		里	邻	
西魏		党		里		

---

① 《管子》卷1，《立政第四》。
② 陈柯云：《晚清徽州宗族对乡村统治的加强》，《中国史研究》1995年第3期。
③ 项继权：《中国乡村治理的层级及其变迁——兼论当前乡村体制的改革》，《开放时代》2008年第3期。

续表

时代		主要特征	基层管理层级			
东魏			党	闾	邻	
北齐			党（族）	闾	邻	
北周			党	族	里	邻
隋	隋初		族	闾	保	
	隋文帝		里			
唐			乡	里（坊、村）	保	邻
五代十国		乡里制				
宋	宋初	保甲制	乡	里		
	北宋中期		都保	大保	保	甲
元			乡	里（村）	（社）	
			都	图	保	
明	明初	里甲制	乡	都	图（里）	甲
	中后期	保甲制			保	甲
清	顺治五年	里甲制	乡	都	里（图）	甲
	雍正四年	保甲制			保	甲
	宣统五年	乡镇自治	乡（镇）			

三 血缘基础的宗族组织

与西方国家不同，中国传统社会是血缘关系社会。人类社会产生后，经过最初血脉绵延枝状发展，家庭裂变发展为宗，进而经过不断发展形成了庞杂、严密的宗族体系。宗族组织是传统乡村社会最为重要的社会组织形式之一。明清祁门善和程氏宗族设有一整套系统而严密的组织用以保证族权的有效行使，宗族设族长，族下各分房设房长，房下的小家庭由家长统管，由此形成一个以族长为首，下分房长、家长、族众各层次的微型的金字塔式的管理组织，尊卑、上下、长幼等级极其严格。[1] 族长一般按照辈分、官职、德行、财富相结合来"合族公举"产生，是族权的人格化代表。例如，作为祁门善和程氏宗族族长的程新春就具备着

---

[1] 沈昕：《明清徽州祁门善和程氏宗族结构研究》，《安徽史学》2011 年第 3 期。

以下才德，包括"孝""恭""功德化及宗族、乡里""教子有方，官宦辈出""得垦殖之方，辛勤起家，艰苦创业""正直无私""深孚众望""治家有方"，进士出身翰林编修邱濬《明故窦山处士程公墓志铭》对其品德进行称赞。

  宗族组织具有一定的组织管理形式，有财产、祭祀、学堂、会社等。在累世同居的场合，宗族与家庭在某种程度上是复合一致的。[①] 但是在大部分情况下宗族不会干预家庭事务。宗族组织经过长期发展一般会形成一定的组织制度与规范，包括成文和不成文的族训、家训、戒条、族范、宗规、族约，并依靠其组织规范进行管理。同时，禁忌、风俗、惯例、习惯法等非正式制度规范更是以潜移默化的方式影响着农民生产生活的方方面面。例如明清时期的畲族家法族规制度采用道德来教育畲民，具体内容包括尊祖敬宗、重孝悌、慎婚姻、务本、安分、和乡里等方面内容，使之知晓、遵守畲族的道德及规范，并对违反者施以惩罚措施。[②] 在组织功能上，小农经济使广大农民以追求安定平稳的生活为目标，宗族作为小农群体凝聚共同体的自组织，也以维护和实现这一目标为指向。贺雪峰认为其可用"守望相助、疾病相扶"来概括。"守望相助"是指维护所在区域的安全与秩序、相互帮助，疾病相扶就是通过超出家庭力量的扶持应对传统小农经济、农户十分脆弱性。例如长沙檀山陈氏族约就有关爱老幼、实义仓等规定，要求宗族内部人员相亲相爱。[③] 这种组织功能是比较普遍的。家长、族众是宗族人员的组成结构，族长处于这一结构的顶端，房长次之，房长分管房内事务和协助族长管理全族。家长是各个家庭的负责人，管理着处于"金字塔"下层的族众。[④] 明清祁门善和程氏宗族族长的职责和权力主要有：主持祭祀典礼；主管族产；制定执行族规家法；主持宗族事务；教化或惩罚族众；其他职权，如控制佃仆、主持过继等职责。[⑤] 房长也有明确的职责和职权，是房内公共事务的主要

[①] 瞿同祖：《中国法律与中国社会》，中华书局2003年版，第5页。
[②] 雷伟红：《明清时期畲族家法族规制度的特色与价值》，《民间法》2020年第1期。
[③] 史凤仪：《中国古代的家族与身份》，社会科学文献出版社1999年版。
[④] 沈昕：《明清徽州祁门善和程氏宗族结构研究》，《安徽史学》2011年第3期。
[⑤] 沈昕：《明清徽州祁门善和程氏宗族结构研究》，《安徽史学》2011年第3期。

管理者，具体有主持支祠的祠祭，召开本房子弟会议，商讨和决策事宜，管理财务，教育子弟，调解纠纷事件，作为代表参与宗族事务管理等。① 家长对家庭内部事务进行管理，并参与族内事务商讨。在传统社会，宗族组织是一个庞大的民间自组织体系，以血缘为纽带将大家聚合起来，通过明确的分工，完善的宗族内部规范，有序的秩序体系，对宗族成员进行有序治理，也保护着整个宗族大家庭尽量免受外部侵扰。同时，宗族组织也成为宗族成员与国家政权、其他组织打交道的重要依托载体，在乡村治理中具有重要影响力。

四 士绅及乡村社会中的绅权嵌入

在传统乡村社会权力关系中，以乡绅群体为主体形成的绅权是非常重要的权力之一，是国家行政权力与社会权力衔接的纽带。掌握绅权，拥有地方性权威的主体是士绅阶层。何为士绅，胡庆钧指出，士绅主要是少数知识地主或退隐官吏，具有相对较高的生活水平与知识水准，并在传统的社会结构里具有声望的人物。② 张仲礼认为士绅是中国自科举制以来产生的社会阶层，这一身份与学衔、官职、功名有着密切关联。③ 总的来说，士绅是传统乡村社会中具有一定地位、身份的特权阶层，因其地位身份的特殊性进而形成了一定的权力结构，在一定地域范围内具有地方权威性。绅权是区域性的，是指其影响力处于一定的地理和物理空间范围内。离开这一区域，其也就不再拥有影响他人的权力，当然区域性有大有小。④ 基于乡村士绅的特殊地位与身份，这部分人员具有鲜明的自身特征。总体来看，士绅的特征概括如下："首先，他们具有较平均水平多的财产，包括土地及财物。经济实力是他们占有地位的基础。由于他们拥有充足的财富资源，这使得他们摆脱传统小农日出而作日入而息

---

① 赵华富：《徽州宗族研究》，安徽大学出版社2016年版，第83页。
② 胡庆钧：《两种权力夹缝中的保长》，载费孝通、吴晗等《皇权与绅权》，观察社1949年版，第135页。
③ 张仲礼：《中国绅士》，上海社会科学院出版社1991年版，第1页。
④ 参见胡庆钧《论绅权》，载费孝通、吴晗等著：《皇权与绅权》，观察社1949年版，第125页。

的生活方式与生活节奏,能够有充分的时间和精力关注区域公共事务。其次,他们丰富的社会关系。主要指他们有些做过官或亲属做官,有着与官员联系、交流的方便渠道。再次,乡村士绅一般都受过较多的教育,通过科举考取功名,是乡村知识权威的代表,能够以知识与文化影响和引领农民。"[1] 当然,这些条件有可能同时具备,但具备其中的部分就可能成为士绅。

士绅群体及由此所代表的绅权在乡村治理体系中居于重要地位。首先,绅权与皇权具有一致性,士绅是乡里制度发挥作用的基础。绅士的特殊身份能够与官方进行较为方便的沟通,同时乡绅也是乡村地方性权威,这使得乡绅能够承担官方与民间社会的中介,均衡双方利益。县政府及其所属官员是皇权在地方的直接代表,在地方管理上则需要士绅的参与。地方官到达地方的第一件事通常是会见地方士绅。在一些如修桥、修路、发展教育等地方自治事业,官僚要如愿地发扬这德行,其起点为与绅士分润,照例由绅士担任;救灾、赈饥、衡量土地等非常事务也需绅士带头,负担归之平民,利由官绅合得。两皆欢喜,离任时的万民伞是可以预约的。[2] 在乡村治理中,乡里制度虽是官方权力在乡里的延伸,但是乡里组织既没有官方权威,也没有地方权威,因此要想完成上级政府交给的各种任务,必须借助绅权这一地方性权力。由此,绅权逐步嵌入乡村社会,成为乡村治理中的重要权力之一。相关学者通过对华北定县和宝坻档案的研究发现:"在整个 19 世纪,乡保们一旦'得罪'了地方实力派,便有被罢免的可能。"[3] 可以说,乡绅是乡村的潜在领袖。曾经担任惠、湖知府的刚毅曾依靠乡绅推行保甲而得出经验:"常下乡召集耆老绅民,询其某为正士,择优派充保正。"[4] 由乡绅保举保长的做法在现实中较为普遍。在公务执行中,保长也离不开乡绅的支持。在一份档

---

[1] 陈吉元等主编:《中国农村社会经济变迁(1949—1989)》,山西经济出版社 1993 年版,第 15 页。
[2] 费孝通、吴晗等:《皇权与绅权》,生活·读书·新知三联书店 2013 年版,第 63 页。
[3] 从翰香主编:《近代冀鲁豫乡村》,中国社会科学出版社 1995 年版,第 36 页。
[4] [清]刚毅:《保甲》,《牧令须知》卷 1,清光绪十一年刻本。

案中，保长禀告："每遇杂差及春秋承催租粮，俱由各庄富绅垫办。"①

绅权是社区性权威，乡绅是宗族、社区公共事务的组织者及其代表，是宗族矛盾冲突的缓冲器。乡绅拥有知识、能力、财富等方面优势，与宗族内主要权威成员具有相似性，因此乡绅在宗族治理中拥有极大影响力。另外，在一定区域范围内往往存在多个宗族势力，现实中这些宗族之间也存在利益冲突，特别是涉及土地、祠堂等。由于绅权较族权有更大范围的权威与影响力，因此能够在宗族发生冲突时起缓冲器作用，为乡村社会稳定发展奠定了基础。与此同时，乡绅还是乡村公共事务的组织者。在传统社会，广大农民在生产、生活中存在诸多需求，有些需求已经完全超出了宗族组织能力范畴，又具有地方性特征。乡绅往往积极参与提供社区内公共产品、参与公共事务处理，出资救灾助困、救济扶持，造福乡里。"乡绅作为社区代表与外界进行联络与事务协商。当农村与官府发生矛盾时，士绅能够作为农民代表向官府表达农民意愿。"总的来说，士绅是传统乡村社会治理体系中不容忽视的一个特殊群体，在乡村治理中发挥着举足轻重的作用。

第二节 中华人民共和国成立后政权下沉的乡村治理体系

一 国家稳定与社会主义建设中的乡村治理层级

在中华人民共和国成立后，构建人民当家作主的地方政权体系，实现国家稳定是当务之急。首要便是构建新的乡村政权体系。1950年12月，政务院颁布了《区各界人民代表会议组织通则》《（行政村）人民政府组织通则》等。根据这些法规、法令，我国乡村基层政权体制主要有两种形式：一种是区、村体制，即在县以下设立区政权和村政权，通过人民代表会议产生区村两级政府，进行地区行政事务处理。在村级场域

---

① 任吉东：《多元性与一体化：近代华北乡村社会治理》，天津社会科学出版社2007年版，第112页。

中建立政权组织成为党巩固革命成果的重要方式。① 另一种是区乡建制，在县之下设立县政权的派出机构即区公所，在区之下设立乡政权，通过乡人民代表大会产生乡政府。② 1951 年《关于人民民主政权建设工作的指示》指出"已完成土地改革的地区，应酌量调整区、乡（行政村）行政区划，缩小区、乡行政范围，以便利人民管理政权"③。根据国家政策指示，地方政府进行乡级行政区划的重新规划，缩小乡的规模是其重要内容，并通过设立区，发挥区的中枢作用来强化县对乡镇的管理。乡与行政村并存，同为农村基层行政区划，乡的规模由一村或数村构成，户数在 100—500 户之间，人口在 500—3000 人不等，这种乡建制被称为"小乡制"。行政区划规模的缩小，使得乡政权的数量不断增多，北京、绥远、上海等省市增长了 2 倍多，河南、广西、云南等新解放地区增长了 5 倍多。通过调整，乡级政权的辖区范围大大缩小。

土地改革完成后，有计划的社会主义建设逐步开始。1954 年中共中央指出，为了促进农业生产和合作化运动发展，要求乡的规模要适宜扩大，不宜设立太小，乡设立太小的省市需要进行必要扩大。1955 年，全国开始推进"并乡撤区建社"，增大乡的规模。以禹县为例，1955 年 12 月为促进高级社建设，禹县对全县乡政权进行调整，调整之前其乡政权为 193 个，每乡平均 632 户，3163 口人。与此同时，1956 年 2 月，与高级社的成立同步，调整后保留 26 个中心乡和 75 个一般乡。并乡的范围、原则和条件如下所示：（1）并乡的范围：根据上级指示和地方实际，全县 193 个乡政权，其中 45 个山地乡原则上不变，148 个平地小乡合并成 65 个大乡。在人口规模上，以 2000 户、8000 口人左右为适宜规模。（2）合并的原则：以原有的规划界限为基础，注重自然条件和方便原则，根据乡的工作运作尽可能保留重点乡，注重重点乡、中心乡、一般乡的互补与联系。（3）并乡的条件：交通方便，人口集中，工作基

---

① 张丽琴：《建国以来村级组织建设及其职能演变——60 年村级民主发展的历程考察与政策分析》，《长安大学学报》（社会科学版）2010 年第 1 期。
② 项继权：《乡镇规模扩大化及其限度》，《开放时代》2005 年第 5 期。
③ 《中央人民政府政务院关于人民民主政权建设工作的指示》，《人民日报》1951 年 5 月 5 日。

础好。① 在高级社规模上，一般以乡的行政区域进行建设。例如，郭西和郭东所在的高级社是由原来的郭连乡转来的，该高级社所处的禹县全县共建成高级社 174 个，入社农户占总农户的 99.7%。每社平均 761 户；在 1955 年到 1959 年，禹县基层建制进行四次调整。② 在这一过程中，乡、社规模不断变化，它们对适应和促进生产发展具有重要价值。在频繁的变动中，村级政权建制逐步弱化，职能也逐渐被合作社替代。

二 政党下乡塑造的乡村领导组织体系

正如亨廷顿指出的，"一个政党要巩固政权基础，就必须把自己的组织向广大乡村地区延伸，将传统农村组织起来"③。在我国，中国共产党是广大人民最根本利益的代表，正是中国共产党领导全国人民经过艰苦卓绝的奋斗，才最终摆脱了几千年的封建剥削与压迫，实现了人民大解放。中华人民共和国成立后，为巩固新生政权，中国共产党逐步建立起由中央到地方、到基层的全国政权组织体系，将权力下沉基层社会。不过，中华人民共和国成立初期，为防止投机分子等加入党组织，在新的解放区中国共产党极为慎重地成立党组织和发展党成员。"随着土改的完成和合作化运动陆续进行，中国共产党领导乡村的方法发生转变，从通过党的工作队的领导，转变为通过党的基层组织来领导"④，强调要在乡、村普遍建立党支部，推动政党下乡。通过"政党下乡"，马铃薯状分布的农民整合起来，成为党的组织网络中的一员；并且具有了政治意识，使乡村社会得到真正的改造。⑤ 1954 年《关于第二次全国农村工作会议的报告》从国家层面规定农村发展党组织的步骤与方式，指示在乡村发展党的组织，要求在没有党的组织的 12 万个新区乡村、2 万个老区乡村成

---

① 关于整编乡级组织的方案（草稿）：禹卅Ⅰ市档案，全宗号 3·门类号 1·案卷号 50。
② 鲁小亚：《乡村治理中的原生自治与行政建制——关于豫中郭西村、郭东村建制变迁的调查与阐释》，博士学位论文，华中师范大学，2019 年，第 85—87 页。
③ ［美］塞缪尔·亨廷顿：《变化社会中的政治秩序》，生活·读书·新知三联书店 1989 年版，第 401—402 页。
④ 吕连仁：《中华人民共和国成立初期农村基层党组织发展的政策变化及影响分析》，《理论探讨》2013 年第 3 期。
⑤ 徐勇：《"政党下乡"：现代国家对乡土的整合》，《学术月刊》2007 年第 8 期。

立党的组织。① 到 1954 年 11 月，全国 22 万个乡中，有 17 万个乡已成立党的组织。② 总体上来说，中华人民共和国成立后，乡村党组织发展较为迅速。

在乡级党组织建设及发展新党员过程中，上级县委或区党委进行有效控制与引导。以上海郊区为例，土改完成后，上海区党委积极开展有序的党组织建设，通过四十天培训，建设了 11 个乡党组织，发展 42 名新党员。农业合作化更是加快了党组织在农村的建设和发展。1954 年第一次全国农村党组织工作会议对农村党组织建设做出一系列新规定，加强乡党组织统一领导，在党员人数超过 50 的乡，可以建立党总支，在农业、手工业合作社中设立党小组，人数多的可以建立党支部。这一规定也反映出中国共产党在党组织建设上的重大转变，不仅将党组织普遍下沉到乡这一级，更是将党组织延伸建立于行政村和合作社中，而且加快了党员发展速度，使党组织成为乡村全面建设的真正领导力量。合作化运动进一步推动了党组织下沉，形成了自上而下延伸和覆盖农村社会的组织网络。党的支部由行政乡一直延伸到村庄和生产单位，"支部建在村庄"和"支部建在生产单位"成为其下沉表现。③ 通过政党下乡，乡级党组织、村党组织体系逐步完善，夯实了中国共产党执政的基层组织基础，从组织上制度上密切了党与农民的联系，党的领导体制也进一步延伸到乡村社会末端。另一方面，党组织深入村庄极大改变了村庄权力结构，基层党组织成为乡村权力核心，是乡村治理体系的领导核心，成为乡村治理的领导者。

三 行政下乡塑造的乡村行政管理体系

现代社会的有效运行离不开完善的行政管理体系。中华人民共和国成立之初，国家开始加强乡、行政村政权建设，逐步构建新型行政管理

---

① 中共中央文献研究室编：《建国以来重要文献选编》第 3 册，中央文献出版社 1992 年版，第 201 页。
② 吕连仁：《建国初期"党支部下乡"与农村政治整合》，《山东大学学报》（哲学社会科学版）2013 年第 5 期。
③ 徐勇：《"政党下乡"：现代国家对乡土的整合》，《学术月刊》2007 年第 8 期。

体系，加强对乡村的管理，并通过行政下乡实现对乡村社会的整合。在中华人民共和国成立前，国家就着手废除原有的保甲制，新的解放区积极开展清匪反霸、土改等运动，废除乡里制度，成立新的乡、村政权。如湖北省1948年建立了1276个乡政权，废除保甲制度，通过改组和合并等方式改组保甲以建立村庄，到1950年湖北省通过改组形成18037个行政村。1950年《乡（行政村）人民代表会议组织通则》和《乡（行政村）人民政府组织通则》规定在全国建立行政村与乡一级地方政权机关，对其产生方式、职权、人员做出明确规定。1954年《关于健全乡政权组织的指示》指出，乡人民政府按生产合作、文教卫生、治安保卫、人民武装等工作设置工作委员会。例如据西北局调查，除政府以外，还有负责生产、文教、治安、调解等工作20种委员会。人员更多根据职务进行设置，例如，1952年衡山县按照中南军政委员会《关于划小区、小乡及乡级编制供给的决定》，全县共设17个区，270个乡、4个区属镇、1个县属镇。在政府内设乡（镇）长1人，副乡（镇）长1—2人，另有生产、财粮、治安、调解委员各1人以及一名秘书。乡、行政村人民政府的职能为"具体执行上级政府的决议和命令；具体实施村人民代表会议通过并经县、区人民政府批准的决议案；掌握与管理村财政的收支；统一领导和检查人民政府各部门工作，乡村人民代表会议做工作报告"[①]。中华人民共和国成立初期，行政村与乡政府一样是国家一级政权机构，是国家政权组成部分。

在乡村治理层级上，《乡（行政村）人民政府组织通则》规定，最低一级的乡或行政村隶属于区人民政府。同时，在民主集中制基础上建立乡行政村人民大会，作为民主议事和决策机构。人员安排上，行政村通过代表会议制选举产生村长和若干委员。在职能规定上，《乡（行政村）人民政府组织通则》第四条对行政村职权做出规定，行政执行职能是行政村首要职能。乡、村作为一级行政组织，村政权接受乡政权行政领导，村长、副村长由乡政府任命。行政村设村主任1人，副主任1—2人，村

---

① 马齐彬、陈文彬等：《中国共产党执政四十年（1949—1989）》增订本，中共党史出版社1991年版，第25页。

的正副主任在乡人民代表中推选或由乡人民政府委员兼任。[①] 通过行政下乡，村庄成为行政体系的基础，有效实现了国家对乡村的行政领导。这无疑是现代国家行政建设的重要一步，它对国家实现对基层社会的现代化动员与整合具有十分重要的意义。1954年《中华人民共和国宪法》对行政村的性质进行重新规定，行政村从国家政权机关转变成为乡一级行政机关的派出组织，协助乡人民政府开展乡村管理工作。中华人民共和国成立后，政府任务呈迅速扩张趋势，行政机制全面介入农村社会的各个方面，形成全能型治理结构。[②]只不过，基于时代发展要求及社会主义建设需要，在强化行政下乡全面介入乡村社会进程中，行政管理体系也在不断调整，但都是以构建强大的乡村行政管理能力为重要目标。

四 重构的群众性组织及乡村经济社会组织

中华人民共和国成立后，在政党下乡、行政下乡过程中，乡村社会组织发生了根本性变化。一个重要变化是传统宗族组织瓦解。在传统乡村社会，宗族组织具有正式权力特性，一直在乡村占据重要地位，在乡村治理中也发挥过积极作用。在新政权下沉中，禁止宗族活动，没收族田、祠堂等各类宗族财产，国家更通过土改运动和合作化运动瓦解了家族存在的经济依靠，使其彻底失去存在的基础。中华人民共和国成立初，通过阶级化实现家族社会到阶级社会的转变，在阶级化中划成分是其中重要方式。[③] 例如，四川双村在解放之际，82岁刘氏族长因为不是地主，没有过多的财产，而且在村庄建设、社会秩序维护上发挥着较好的作用，在政治上没有被冲击。在土改运行中，刘洪发在划成分中被划为贫农，也不再具有宗族领袖的身份，更随着中国共产党领导乡村工作的开展，

---

① 黄荣华：《重组与嬗变：建国以来村级组织与村庄权力结构的变迁》，《武汉理工大学学报》（社会科学版）2014年第5期。

② 徐勇：《"行政下乡"：动员、任务与命令——现代国家向乡土社会渗透的行政机制》，《华中师范大学学报》（人文社会科学版）2007年第5期。

③ 徐勇：《阶级、集体、社区：国家对乡村的社会整合》，《社会科学战线》2012年第2期。

宗族也彻底失去了存在的价值。① 总体来看，随着新政权对基层社会的整合，以宗族组织为代表的旧社会组织逐步消失，传统宗族权威式微，为新社会组织的构建奠定了基础。

与之相适应，在党的有力领导下，广大农民重新被组织起来，与新政权相适应的诸多新型组织得以蓬勃发展。其中，共青团、妇联、民兵连、贫下中农协会等群众性组织是其中的代表。1951年统计，华东、中南、西南、西北四个行政区农民协会会员约有8800余万人。同时，民兵组织在全国村庄普遍建立，民兵规模已达到1280余万人。② 以安徽省为例，到1952年，加入各类组织的群众已有1459.34万多人，其中农协772.57万人、妇联会员413.43万人。农村群众性组织活动主要围绕"党的中心工作"展开，自上而下的党组织决策是群众性组织开展各项工作的指导和依据。例如共青团的重要功能之一是将广大农村青年组织起来，围绕在村党组织周围，协助党支部完成各项工作。通过群众性组织建设，逐步形成了从县级群众组织到乡级群众组织到村级群众组织的组织体系，使政权延伸到乡村基层社会，实现了党和国家对乡村社会有效净化与政治整合，逐步夯实了新政权的基层社会基础。

与此同时，新型经济社会组织也逐步建立起来。中华人民共和国成立后，中国共产党先后发动了土地改革运动、合作化运动两次大规模乡村改造运动，建立了由中国共产党领导的农民协会和合作社两个新经济组织，通过经济要素把分散的农民个体联系起来。对于农民协会，1950年《农民协会组织通则》和《中华人民共和国土地法》对农会性质做出说明，农民协会是"农民自愿结合的群众组织"，是"农村改革土地制度的合法执行机关"，这使得农会在土地改革过程中具有一定的权力机关特点。在土地改革完成以前，是农民代表大会制政府，农会可以代替乡（行政村）政府行使基层行政权，承担着临时性政权职能。农民协会干部由农民协会委员会互推的主席、副主席构成，农村的贫下中农都可自愿

---

① 吴毅：《村治变迁中的权威与秩序——20世纪川东双村的表达》，博士学位论文，华中师范大学，2002年，第46页。

② 中共中央党史研究室：《中国共产党历史（1949—1978）》第二卷（上册），中共党史出版社2011年版，第101页。

入会，在获得农协委员会批准后就成为协会会员。例如，湖南省衡县各乡（行政村）在区人民政府主持下，由农协会员或农协代表在农协会会员大会或农协会员代表大会直接选举正副乡长和乡农民协会主席和副主席。对于自然村，由乡（或行政村）政府指派行政组农民协会组长、副组长等人员，其中参加革命的贫苦农民和具有良好德行的知识分子是主要指派人选，由其负责组内事务。① 总体来看，农民协会在团结群众、培养干部、改变乡村政治格局、加强基层政权建设方面发挥了重要作用。

为满足工业化发展需求，国家大力推动合作化运动。到 1956 年底，全国 96.3% 的农户加入了农业生产合作社。其中，高级社农户占全部农户的 87.7%。② 在组织结构上，农业生产合作社在初级社阶段的权力机构是合作社管理委员会，其领导层由社长、副社长、会计、农业委员、保管等组成，初级社下设小组，合作社很多时候行使行政村的功能。以四川双村为例，刘兴才仍然是村长，村民日常生产生活工作都在初级社进行，行政村已成为乡政权向合作社下发指令的中转辅助机构。③ 高级社内部设有社员大会、管理委员会和监察委员会，设立社主任和副主任等。社员大会是社的最高权力机构，管理委员会是由管理委员会主任领导的执行机构，下设分管农业、副业、财务、保卫等工作的委员若干人。监察委员会是监督和督促机构，监察委员会设主任和若干委员。高级社设置了许多直接联系农民的生产性组织，称为作业组，设有组长和计工员。例如，岳村的行政 6 组分为岳上屋耕作组和下屋耕作组。上屋耕作组有 46 户，213 人，下屋耕作组有 39 户，196 人。这些耕作组（有的地方也称为作业组），设有组长和计工员。④ 从组织架构及运行机制可以看出，社员大会是合作社最高权力机构，由组员或社员推选互助组组长或合作

---

① 于建嵘：《转型期中国乡村政治结构的变迁——以岳村为表述对象的实证研究》，博士学位论文，华中师范大学，2001 年，第 107 页。

② 中共中央党史研究室：《中国共产党历史（1949—1978）》第二卷（上册），中共党史出版社 2011 年版，第 334 页。

③ 吴毅：《村治变迁中的权威与秩序——20 世纪川东双村的表达》，博士学位论文，华中师范大学，2002 年，第 51 页。

④ 于建嵘：《转型期中国乡村政治结构的变迁——以岳村为表述对象的实证研究》，博士学位论文，华中师范大学，2001 年，第 151 页。

社社长，由其领导召开社员大会，在听取社员意见的基础上进行日常管理和重大决策。高级社在安排生产的同时也承担行政管理职能，代行村级政权职能，实行村社合一制。从农村社会权力构成上来看，纵向上国家政权下沉到了社、队层面，横向上扩展到了农民生产生活各个方面。随着高级社的普遍建立，全国农村"村社合一"的政权形态逐步形成，高级社构成了我国乡村基层政权的新基础，推动形成了新型的乡村治理体系。

第三节　人民公社时期党政经合一的乡村治理体系

一　"三级所有、队为基础"的公社体制

随着合作化的不断深入推进，1958年7月1日，《红旗》杂志发表了陈伯达的《全新的社会，全新的人》一文，明确提出了"把一个合作社变成一个既有农业合作又有工业合作基层组织单位"[①]。1958年8月，《关于在农村建立人民公社问题的决议》发布，全国掀起了人民公社化运动。人民公社在规模上，据1958年底的统计，全国共设有26593个人民公社，平均一个公社相当于原来3个乡的规模。[②] 人民公社强调"一大二公"，追求规模大、公有化程度高。例如，毛泽东视察的徐水公社，是河北徐水县把全县248个高级社合并形成的，毛泽东将其作为全国"跑步进入共产主义"的试验区。生产大队、生产小队的设置也不断调整。例如，1958年8月禹县郭连人民公社以下共辖144个管理区（基本核算单位）和937个生产队。当月，又将管理区改为战斗营。1959年3月，又将战斗营调整为242个生产大队，生产大队也由937个调整为1637个。[③] 而且，这种情况在全国很多地区都存在。1961年党中央制定了《农村人

[①] 陈伯达：《全新的社会，全新的人》，《红旗》1958年7月第3期；《农村人民公社》，http://baike.baidu.com/view/818508.htm?func=retitle，2022年3月5日。

[②] 《行政区划五十年回顾与总结》，http://www.wzqhdm.gov.cn/NewsDetail.asp?classid=3&curid=923，2022年3月5日。

[③] 鲁小亚：《乡村治理中的原生自治与行政建制——关于豫中郭西村、郭东村建制变迁的调查与阐释》，博士学位论文，华中师范大学，2019年，第88页。

民公社工作条例（草案）》，规定：公社以乡为单位，生产大队以自然村为单位，生产小队一般二三十户为宜。最终确定了"三级所有，队为基础"的人民公社体制。不过，此时公社规模有一定缩小。例如，湖南省五个县在 1961 年对公社规模进行了调整，如表 1-2 所示。随后，公社的规模和体制多次调整，但是直到人民公社取消前，规模依然较大，据统计，1982 年的一个公社相当于 1954 年的 4 个乡。① 1962 年《农村人民公社工作条例（修正草案）》再次强调，生产小队是公社基本核算单位。"在功能上，人民公社是国家政权的基础组织，拥有国家权力，负责农村的一切工作，是整体性治理单元。生产大队是村级组织，执行公社下达的指令，并受公社的监督；负责组织和监督生产小队，是中间治理单元。生产小队进行生产经营、核算分配和社会服务，是基本治理单元。"② 总体来看，层级的确立使得功能更加明确。

表 1-2　　　　　　　　1961 年五县公社体制调整情况

县	原公社数	调整后数	平均户数	平均人数
衡山	17	44	3354	12950
湘潭	15	54	3140	13030
湘乡	16	73	1868	8454
长沙	23	75	3619	13195
醴陵	14	40	3165	14995

资料来源：根据《湘乡县志》，湖南出版社 1993 年版，第 142 页；第 281 页；《醴陵县志》，湖南出版社 1995 年版，第 176 页等数据制作。

在组织体制上，公社层面一般设有公社党委和公社管理委员会。根据所属单位多少和工作需要，公社党委 7—15 人，其中书记 1 人，副书记多人，并设组织、宣传、教育委员各 1 人。公社管理委员会下辖若干工作部，设社长、副社长、秘书和各部部长。例如，《洋地乡志》载，1958

---

① 项继权：《乡镇规模扩大化及其限度》，《开放时代》2005 年第 5 期。
② 李华胤：《我国乡村治理的变迁与经验探析》，《毛泽东邓小平理论研究》2019 年第 5 期。

年9月间石阔、迳口二乡8个高级社并为一个工农商学兵五位一体的人民公社，即洋地垦殖场，下设8个生产大队，73个生产小队。垦殖场党的机构组成人员为场党委正副书记、组织委员、宣传委员、团委书记、妇女主任、秘书。垦殖场管理会组成人员为正副场长、民政干事、财贸干事、武装部长、文教卫生干事、特派员、工交干事、文书；公社委员会下设工作部，工作部最初按照中央要求"把工、农、商、学、兵合在一起"，管理范围十分广泛。以钱塘江人民公社内部"条条"为例：农业办公室、副业办公室、工交办公室、水利办公室、水利农机管理站、财务办公室、财贸办公室、民政办公室、广播站、派出所、税务所、工商所、人民武装部、卫生保健委员、文教委员、妇女委员等。后来该公社随着公社规模改小，这块条条改为农业社长、副业社长、财务室、水利农机站、民政委员、治保委员、文化干事、教育委员、卫生保健委员、农科站、广播站、人民武装部、妇女兼计划生育委员等。人民公社下辖生产大队，在国家将权力下沉至乡村过程中，基层党组织也下沉到生产大队成立生产大队党支部，主要由大队书记、大队副书记、委员等组成。生产大队管理委员会设大队长、副大队长、秘书、保管员、出纳员、民兵队长、治保主任和妇代会主任。生产大队下辖生产小队，党小组组长和副组长具体领导生产小队日常生产活动。同时设立队务委员会，选举队长、副队长、会计、保管员，在作为直接生产和核算单位的生产小队，生产小队长也具有一定管理权。洋地垦殖场大队党支部由党支部书记、支部委员构成。管理委员会为大队长、团支部书记、民兵连长、妇女主任、农会主任、会计、保管；生产小队为队长、会计、保管、监察员、民兵排长、妇女队长。[①] 总的来看，在人民公社时期，"实行三级所有、队为基础"的管理体制，"人民公社—生产大队—生产小队"三级组织体系是这一时期乡村治理体系的重要形式。

二 全能型乡村权力结构

在人民公社时期，集体化的最终指向是共产主义。为实现这一目标，

[①] 石城县洋地乡编：《洋地公社志年》，第91页。

需要构建与经济社会发展相适应的乡村权力体系，保障公有制性质。全能型乡村权力结构正是实现农村公有制的重要保障，也是人民公社时期乡村治理的显著特征。

人民公社内的党委员会、总支部、支部，是中国共产党在农村的基层组织，是农村工作的领导核心。[①]"党政合一"，实行党的一元化领导。在公社层面，党委书记是一把手，统管全局，负责党政经全面工作，党委副书记担任社长，是二把手，负责行政、经济方面工作；其他副社长一般也具有党副书记或者党委委员身份，主管最重要的农业和副业，其他委员一般负责水利、农机、农科、植保、民政调解、治保民兵等。在具体事务运作上，公社党委是权力的实际握有者，是各项事业的领导者。但党组织并不直接处理一切事务，而是由政府组织、军事组织和群众组织来执行。公社党委握有实权，社管会、团委、妇联和人武部都在党委领导下开展工作。公社一级的最高级会议是党委会议，党委会讨论全社各个方面的事情，作出决议，会后，党委的分管委员分别找各条线上的干部商量，具体贯彻公社党委会议的精神。[②] 在大队一级，相对于大队党支部和党支部书记，大队管理委员会实际上是党支部权力链条的延伸，群团组织全部接受党支部领导。吴毅指出，生产大队的政治、经济、军事等由大队管理会负责，除书记外，管理事务的另外两个核心大队主任和会计，是书记的左右帮手。[③] 在具体事务运作上，大队一级的领导模式与公社相同，支委会做出决定，委员、各组织成员分头落实。当然，每个时期都有"中心工作"，或者是农业生产或者是思想教育，也可能是计划生育等。具体落实不仅仅是分管委员的事，党委或支部书记要"亲自挂帅"。另外，各种思想教育及阶级斗争活动都使广大农民受到洗礼。生产小队也建有党小组等组织，但因为主要从事生产，权力主要集中于生产小队长手中，党小组在许多地方并不健全。

[①] 中共中央文献研究室：《建国以来重要文献选编》（第 15 册），中央文献出版社 1997 年版。

[②] 张乐天：《告别理想——人民公社制度研究》，东方出版中心 1998 年版，第 244 页。

[③] 吴毅：《村治变迁中的权威与秩序——20 世纪川东双村的表达》，博士学位论文，华中师范大学，2002 年，第 52 页。

在公社党委领导下，形成了人民公社—生产大队—生产小队"三级管理"的乡村组织结构。生产大队和生产小队是公社下属管理组织，生产大队辖区范围内的行政事务处理、生产组织活动都由大队管理委员会统一负责。例如对广东省顺德北水村现存的1969年10月至1983年8月的《北水大队接收公社下达的通知记录》进行统计分析后发现，在这一期间，北水大队接收到上级单位——杏坛公社下达的《通知》共2169个，内容涉及政治、经济、司法、民政、共青团工作、知青工作、妇女工作、人口、医疗、教育、预防自然灾害、侨务、组织人事、文体等。对于各种指令，大队必须无条件服从，并加以贯彻落实。① 干部任用采取自上而下的原则，公社党委任命生产大队干部，生产大队支部任命生产小队干部。湘潭县从1958年9月至1961年5月，大队长纳入国家行政体系，成为国家干部。② 这种任命方式使科层体制的"命令—服从"模式在乡村得以有效贯彻。

广大农民生产、生活、行动受到严格管控。根据《人民公社条例（六十条）》规定，人民公社实行政社合一体制。人民公社是"政社合一"的组织，是社会基层单位和集体经济组织。③ 国家与农民的关系通过"三级体制"相衔接，使政治与社会高度融合。在人民公社中，农民具有了统一的社员身份，公社管理呈现出组织军事化、生活集体化、行动战斗化特征。在组织军事化和行动战斗化上，例如，"湘乡就将全体劳动力参加的生产性组织叫做战斗团、战斗营、战斗连和战斗排"④。在生活集体化上，例如，"衡山县委1958年下文，要求全县农村'凡生产资料、公共积累、股份基金、基本建设全部拆款或移交公社'"⑤。在实行生活集

---

① 参见谢淑娟《论人民公社体制下的村庄经济——以解读〈通知〉为中心》，《中国经济史研究》2006年第2期。
② 《湘潭县志》，湖南出版社1995年版，第178页。
③ 徐勇：《阶级、集体、社区：国家对乡村的社会整合》，《社会科学战线》2012年第2期。
④ 于建嵘：《人民公社的权力结构和乡村秩序——从地方政治制度史得出的结论》，《衡阳师范学院学报》（社会科学版）2001年第5期。
⑤ 于建嵘：《转型期中国乡村政治结构的变迁——以岳村为表述对象的实证研究》，博士学位论文，华中师范大学，2001年，第130页。

体化的同时，各公社普遍实行"供给制与工资相结合，以供给为主"的分配制度，自留地、家庭副业统统被取消，有的地方还实行了男女分开的集体居住。开会、传达、落实上级政策是大队日常管理运行的主要方式。大队通过这种方式把国家方针政策、指标计划传达贯彻落实到村民的日常生产生活中，使得每一个农民无论身处多么偏僻的角落都能在国家政策的统一指挥下，按照国家的意志步调一致、整齐划一地行动。① 通过公社管理体制的构建，国家权力实现了对乡村社会的有效嵌入与整合。

第四节　改革开放以来乡政村治的乡村治理体系

一　从公社体制到乡政村治体制

20世纪70年代末期，人民公社体制僵化、守旧的弊端日益显现，乡村基层治理效率日趋下降，广大农民生存发展也面临诸多新挑战。据统计，"1978年，我国农村贫困人口为2.5亿人，贫困发生率为30.7%"②，且有20%以上的农民还没有解决"吃饱肚子"的问题③，现实的生存需求迫使广大农民群众在实践中不断探索创新乡村集体经济发展新形式。在此背景下，安徽省凤阳县小岗村18户农民冒着生命危险开创了集体土地经营"包产到户"的历史先河，开启了我国农村经济改革新时代。在实际中表现为家庭联产承包责任制打破了原有政经社一体的人民公社体制运转的基础，人民公社体制逐渐走向解体。④ 人民公社解体后，乡村也迫切需要新的治理体制。广西合寨村因土地承包到户之后境内经常发生偷盗、赌博、封建迷信也时有发生，这都是一家一户难以解决的。"于是，以自然村（屯）为单位，联合所有家户，成立自治性组织，维护共

---

① 王立胜：《人民公社化运动与中国农村社会基础再造》，《中共党史研究》2007年第3期。
② 陈锡文：《从农村改革40年看乡村振兴战略的提出》，《行政管理改革》2018年第4期。
③ 陆力强：《中国农村家庭承包制的形成与发展》，《中国经济史研究》1994年第2期；武国友：《试论80年代农村改革取得突破的几个标志》，《当代中国研究所第三届国史学术年会论文集》2003年9月。
④ 肖立辉：《村民自治在中国的缘起和发展》，《理论与改革》1999年第4期。

同生活秩序，并将组织命名为'村民自治委员会'"①，创造了改革开放后乡村治理新模式。1983 年《关于实行政社分开，建立乡政府的通知》，要求改革政社合一的人民公社体制，在农村建立乡政府。1983 年底，全国已有 12702 个撤销人民公社，到 1984 年底，又撤销 39838 个，到 1985 年，通过"政社分开"重建乡级政府的工作彻底完成，取而代之的是 79306 个乡、3144 个民族乡和 9140 个镇。② 在"撤社建乡"的同时，在村一级建立村民委员会和村民小组。"1984 年底，948628 个村民委员会，588 万多个村民组在全国形成"③，1987 年《中华人民共和国村民委员会组织法（试行）》对村民委员会做出相关规定，成为村民自治的重要法理依据。至此，我国乡村进入"乡政村治"治理时代。

"乡政村治"体系中的"乡政"，是指乡镇政府代表国家进行管理，履行国家政权职责，承担管理政治、经济和行政职责。而"村治"是村级组织通过村民自治的方式，管理村庄事务。在这一体系中，乡政代表国家权力，组织结构呈现高度的系统性和整体性，以此来掌控乡村社会发展的政治、经济等资源，主导乡村发展进程。④ 同时，又给予村民一定自治空间。实行"乡镇人民政府—村民委员会—村民小组"三级管理体制，而在乡与村之间还存在着管区、片区，又实行"乡、镇人民政府—管区—村民委员会—村民小组"虚四级管理体制。⑤ 以四川省磐石为例，1983 年 4 月 5 日，磐石人民公社管理委员会更名为磐石乡人民政府，原公社所辖各大队管理委员会更名为村民委员会，大队所辖各生产队更名为村民小组。⑥ 在规模上，有在原来公社的基础上进行乡建制，也有大的

---

① 李华胤：《我国乡村治理的变迁与经验探析》，《毛泽东邓小平理论研究》2019 年第 5 期。
② 陈锡文、罗丹、张征：《中国农村改革 40 年》，人民出版社 2018 年版，第 123 页。
③ 袁金辉：《冲突与参与：中国乡村治理改革 30 年》，郑州大学出版社 2008 年版，第 67 页。
④ 于建嵘：《中国农村政治的现状和发展趋势》，http：//lw. china - b. com/zxsh/20090317/951807_1. html，2022 年 3 月 7 日。
⑤ 柳成焱：《略论我国农村基层行政区划的组织结构及其历史变迁》，《贵州大学学报》（社会科学版）2006 年第 6 期。
⑥ 吴毅：《村治变迁中的权威与秩序——20 世纪川东双村的表达》，博士学位论文，华中师范大学，2002 年，127 页。

公社分为几个乡。例如，湘乡县，1984年3月政社分开，区级建制不变，按46个公社设立了46个乡。① 这一时期还增加了镇建制，1984年国务院批转民政部《关于调整建制镇标准的报告》要求调整基层政权行政规划，发展小城镇，放宽市镇标准，总人口在两万人以下的乡，乡政府驻地非农业人口占全乡总人口10%以上，可以撤乡建镇。1985年开始，乡镇不断合并，数量逐渐减少，相应地，乡镇规模也不断扩大。至2003年，全国乡镇总数为38028个。与1985年相比，虽然镇增加了11632个，增加了1.46倍，但乡减少了64782个，减幅达7.87%（如图1-1所示）。对于村民委员会和村民小组的建制设置，在村委会成立之初以及《村民委员会组织法（试行）》（以下简称《村组法》）中，自然村是村委会设置的基础单位。地域相近、利益相关、文化相连的自然村容易形成集体行动，也利于公共事业的兴办。② 不过，如果村委会设在自然村，乡镇政府需要面对数量众多的村委会，增加了管理难度，1998年《村组法》取消了"村民委员会一般设在自然村的规定"，要求设立村委会的"村"是建制村，村委会驻地村庄被称为"行政村"，在原来生产队或自然村成立村民小组。

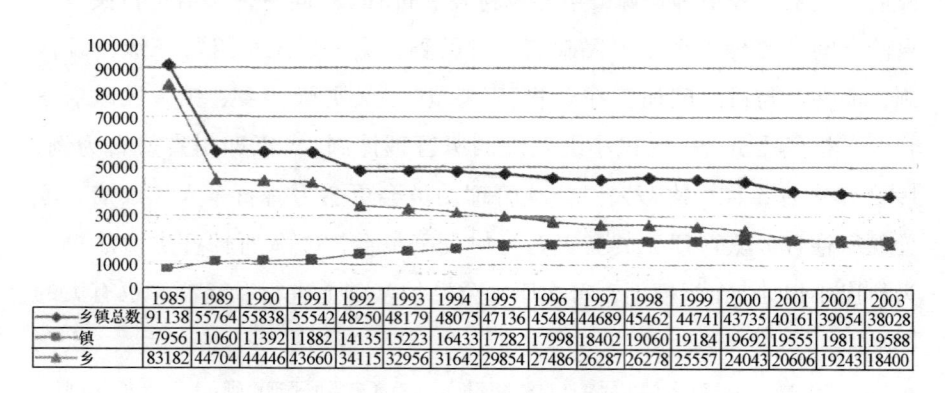

	1985	1989	1990	1991	1992	1993	1994	1995	1996	1997	1998	1999	2000	2001	2002	2003
乡镇总数	91138	55764	55838	55542	48250	48179	48075	47136	45484	44689	45462	44741	43735	40161	39054	38028
镇	7956	11060	11392	11882	14135	15223	16433	17282	17998	18402	19060	19184	19692	19555	19811	19588
乡	83182	44704	44446	43660	34115	32956	31642	29854	27486	26287	26278	25557	24043	20606	19243	18400

图1-1 1985—2003年全国乡镇数

资料来源：根据中华人民共和国国家统计局编《中国统计年鉴2004》，中国统计出版社2004年版，第473页，"农村基层组织情况"制作。

---

① 《湘乡县志》，湖南出版社1993年版，第49、632页。

② 任路：《国家化、地方性与乡村治理结构内生性演化》，《华中师范大学学报》（人文社会科学版）2021年第1期。

村民自治作为乡政村治体系的基础，是广大农民的伟大创造。彭真高度评价村民自治，认为八亿农民实行自治，是一件很了不起的事情，历史上从来没有过。① 在法律和村规民约的指引下，广大村民在村党支部领导下，村委会带领下，对村庄公共事务进行自我管理，充分享受民主权利。除了民主建设重要价值外，村民自治还在发挥着巩固乡村基层政权作用。改革开放之后，农民从集体化转向个体化，这种新的发展形式使国家需要新的治理方式对乡村社会重新整合。以村民委员会为主要组织形式的村民自治组织，成为除国家政权单位之外巩固社会治理的有效载体和方式。从法律层面来看，乡镇政府是乡村最低一级行政机关，村民委员会是农村基层群众自治组织，两者在法律意义上是指导关系。

二　撤社建乡重建乡镇政权组织体系

1980年4月，四川省广汉县向阳公社率先改革人民公社体制，实行政社分开，建立了乡党委、乡政府和乡农工商联合总公司，揭开中国大陆农村基层政权组织变革的序幕。② 政社分开的试验很快以宪法的形式得到国家确认。1982年《中华人民共和国宪法》恢复了五四宪法规定国家政权层次划分为中央、省、县、乡（包括民族乡、镇）四级，这意味着再次确立乡镇政府体制。1983年《关于实行政社分开建立乡政府的通知》要求以原有公社管辖范围为基础，在全国范围内进行政社分开，重建乡政府和乡党委。这是适应农村生产经营方式变革对基层政权组织结构做出的重大调整，乡党委和乡政府为核心内容的乡镇政权组织体系的重构意味着改革开放后乡村治理进入了新时代。

乡镇党委是改革开放后乡村治理的领导核心。在乡镇党委组织构成上，一般设书记1名，副书记2—3名，组织、宣传、统战等委员2—3名，或设党委秘书1名，在2—3名副书记中，通常由乡镇长担任第一副

---

① 《彭真文选》，人民出版社1991年版，第608页。
② 任中平：《回顾与展望：改革开放以来四川省基层民主政治建设的制度创新》，《西华师范大学学报》（哲学社会科学版）2010年第1期。

书记；乡镇党委设有纪律检查委员会的，一般党委副书记兼任纪委书记；另外 1 名党委副书记为专职党委副书记，协助书记开展乡镇党委工作。① 以 20 世纪 80 年代末湖北省毛嘴镇镇党委成员为例，镇党委成员包括镇党委书记负责全面工作；镇长兼党委副书记，分管工业；镇党委副书记 1 人，分管党组织建设和精神文明建设、兼任镇政协主席；分管农业副书记 1 人；协助镇长分管工业副书记 1 人；镇党委副书记 1 人，兼任人大常委会主任；镇党委副书记 1 人，兼任纪委书记；党委委员兼武装部长 1 人，分管征兵、民兵；党委组织委员 1 名，分管干部；党委宣传委员 1 人。② 乡镇党委通过党组织系统将其政治意图贯彻于乡政府和人大、政协、纪委、武装部等部门。例如，2003 年之后，横沟桥镇先后进行了党政班子"交叉任职"，以乡镇党委成员兼任乡镇政府、人大、政协负责人的方式来强化党的领导。③ 同时也直接领导党的外围组织如工、青、妇。例如 20 世纪 90 年代末的白果镇党委就对政协、人大、政府、纪委、武装部进行领导同时下设妇联、共青团和党委办。④ 除了原来党政系统的"外围组织"，如工、青、妇以及企事业单位，挂靠行政部门的社团组织也在其中，还必须通过"组织介入"（比如"两新组织"）或市场化交易关系建立的组织形式（比如政府购买方式）来建立遍布基层社会的各种管控和服务组织形式。⑤（见图 1 - 2）改革开放后，乡村治理体系发生明显变化。

---

① 辛凯：《改革开放四十年农村社区治理体制变迁研究》，硕士学位论文，曲阜师范大学，2021 年，第 28 页。
② 马戎、刘世定、邱泽奇主编：《中国乡镇组织调查》，华夏出版社 2000 年版，第 541 页。
③ 吴理财：《改革与重建——中国乡镇制度研究》，高等教育出版社 2010 年版，第 17 页。
④ 于建嵘：《转型期中国乡村政治结构的变迁——以岳村为表述对象的实证研究》，博士学位论文，华中师范大学，2001 年，第 162 页。
⑤ 周庆智：《在官治与民治之间：关于基层社会秩序变革的一个概括》，《学术交流》2019 年第 7 期。

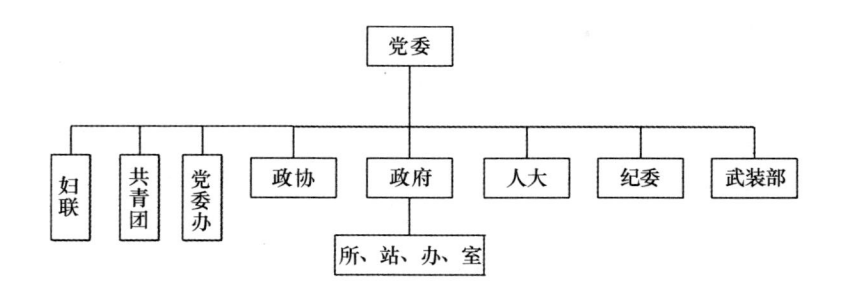

图 1-2　白果镇正式权力组织结构关系①

总体来看，虽然中华人民共和国成立之初也建立了乡镇政府，但是与改革开放之后的乡镇政府具有本质差别。中华人民共和国成立初期的乡镇政府实行的是委员会负责制，而改革开放之后是乡镇长负责制。在组织构成上，乡、镇人民政府，在乡、镇长之下，一般不设科、局、委、办等二级机构，除了政府办公室之外，只设若干名乡镇助理员。② 而后随着科层化发展，乡镇政府设各种系统科室，如经贸、教育、农业、计生、民政等各种委办科所进一步健全完善，各科室对分管的机构如各种站所进行领导。乡镇长主持乡镇政府全面工作，领导和管理乡镇政府所属行政机构及其工作人员。副乡镇长协助乡镇长开展工作，并按照具体分工负责相关方面的行政事务，形成了镇长主管行政全局—副镇长分管系统—股（站）长委办科所的乡镇行政体系，在乡镇党委的领导下从事乡村行政管理工作。以江南乡政府为例，设有乡长 1 名，副乡长 3 名，并依据管理需要设置了计划生育线、税收线三条管理线，具体如表 1-3 所示。

---

① 于建嵘：《转型期中国乡村政治结构的变迁——以岳村为表述对象的实证研究》，博士学位论文，华中师范大学，2001 年，第 162 页。

② 张厚安：《乡政村治——中国特色的农村政治模式》，《政策》1996 年第 8 期。

表 1-3　　　　　　　　　江南乡政府内设机构①

政府		
机构		人数
乡长、副乡长		4
农业线	农机站	3
	经管站	3
计划生育线	计生办	15
	残联	1
	民政所	5
税收线	财政所	7
	司法所	4
文教科技卫生线		5
政府部门合计		47

三　撤队建村重建村庄组织管理体系

构建村庄自组织管理体系是改革开放后"乡政村治"体制的重要内容。村庄自组织管理体系的构建是在撤队建村中实现的。随着人民公社体制解体，村庄组织管理体系得以重建，形成了村党支部领导下基层群众自治组织、农村集体经济组织、民间社会组织和群团组织并存的组织体系。改革开放后，生产大队党支部改为村党支部，生产小队党小组改为村党小组，村党支部依旧是村庄的领导核心，成员包括书记、副书记、委员等。如 20 世纪 80 年代莒县西大街村就成立了村党支部，在支部人员设置上包括书记 1 名、副书记 1 名、党支部委员 2 名（如表 1-4 所示）。同时，村党支部继续对原有群团组织进行领导。村民委员会是村民自我管理自我服务的群众性自治组织。村民委员会成员由本村村民民主选举产生，村民委员会一般由主任、副主任、若干委员组成，如历届西大街村村委会领导班子（如表 1-5 所示）。村民委员会下设治

---

①　何晓杰：《"后农业税时代"中国乡村治理问题研究——以东北乡村为研究视域》，博士学位论文，吉林大学，2011 年，第 64 页。辛凯：《改革开放四十年农村社区治理体制变迁研究》，硕士学位论文，曲阜师范大学，2021 年，第 34 页。

安、卫生、调解等各种分委员会,具体负责相关方面的自我管理工作。在经济社会发展进步中,村民自治组织也不断完善,在村治实践中不断创新出了村民理财小组、村民议事会、村民监事会等组织,组织架构不断完备。另外,在政经分离的过程中,村庄成立了农村集体经济组织来负责对于村庄经济的管理,为方便管理,一般由村委会对农村集体组织进行管理与运作,例如,黑龙江省昌五镇农村集体经济组织负责人就由村主任担任,就是对这一现象的人事安排反应。[①] 农村集体经济组织与村党支部、村委会成为村庄发展的"三驾马车"。另外,在经济社会发展过程中社会力量蓬勃发展,逐步出现了一些新的经济社会组织,共同参与村庄治理。

表 1-4　　20 世纪 80 年代莒县西大街村党支部人员设置[②]

时间	书记	副书记	支部委员
1976—1982 年	谢锡京	金光田、庄乾忠	陈海、谢西珍、徐桂贞、尉加连、孙现瑞、潘为考
1982—1984 年	孙现瑞	刘德顺	徐桂贞、尉加连
1984—1996 年	孙现瑞	刘德顺	徐桂贞、尉加连
1996—1999 年	孙现瑞	刘德顺	尉加连、伦志铁、李晓田
1999—2003 年	孙现瑞	衣树法	尉加连、伦志铁、李晓田
2003—2015 年	李国栋	衣树法	谢永春
2015 年至今	张晓雷	谢永春	李晓田

资料来源:2018 年 1 月 24 日在莒县西大街村调研访谈交流中整理所得。

[①] 王雅林:《农村基层的权力结构及其运行机制——对黑龙江省昌五镇的个案研究》,《中国社会科学》1998 年第 5 期。

[②] 辛凯:《改革开放四十年农村社区治理体制变迁研究》,硕士学位论文,曲阜师范大学,2021 年,第 29 页。

表1–5　　山东日照市莒县历届西大街村村委会领导班子[①]

时间	村主任	会计	保管	妇联主任
1976—1982年	/	周玉生	谢西珍	徐桂贞
1982—1984年	刘德顺	周玉生	谢西珍	徐桂贞
1984—1996年	刘德顺	衣树法	孙西明	刘爱华
1996—1999年	衣树法	张会明		刘爱华
1999—2003年	衣树法	张会明		刘爱华

资料来源：2018年1月25日调研小组在城阳街道西大街村调研整理所得。

不过，作为自治组织的村民委员会在实践中也存在行政化现象，实践中诸多村民委员会成为乡镇政府落实各项任务的执行者，具有准行政化组织特征。根据1998年《村民委员会组织法》第2条和第5条规定：村委会具有双重职能，一是"办理本村公共事务和公益事业"的自重，二是"协助乡镇政府完成法定行政任务的职能"。"自治职能与行政职能本不矛盾，但在实际中许多村委会把完成乡镇政府的行政任务当作自己的主要工作，村委会也就成了实际上的'村政府'。"[②] 1998年以后这一体制的行政功能逐渐增强，据统计，"90年代末期村委会忙于乡镇政府下派的各项行政事务，最多的时候高达100多项"[③]。根据岳村村委会2000年的主要工作情况来看（如表1–6所示），其工作内容虽有社区性事务，但行政事务内容也比较多。据统计，行政任务占据村干部百分之七十多的工作时间。[④] 在税费时代，农业税和三提五统征收是村民自治的主要工作。另外，虽然乡镇政府不直接或明显地干预村民自治，但是仍通过目标管理责任制、村财乡管与资源约束、挂点干部、干部培训与政治教育

[①] 辛凯：《改革开放四十年农村社区治理体制变迁研究》，硕士学位论文，曲阜师范大学，2021年，第35页。

[②] 谢明：《论村委会职能的异化及其治理》，《行政与法》2012年第3期。

[③] 李华胤：《公共服务优先安排视域下农村基层治理体制的重构路径》，《中州学刊》2020年第3期。

[④] 赵秀玲：《村民自治通论》，中国社会科学出版社2004年版，第81页；沈延生：《村政的兴衰与重建》，《战略与管理》1998年第6期。

等间接方式影响村干部行为。① 从法律上看，村民委员会是村民自治机构，乡镇政府与村民委员会之间是指导关系，但是乡镇政府有足够的权力来影响和支配村委会，在较长时间内，村民自治的法律制度很难改变基层政权的行政惯性。

表 1-6　　　　　岳村村委会 2000 年的主要工作情况②

工作来源	主要工作内容
国镇	税费款入库
县镇	宣传调整农土产品结构，推进优质稻
国家	计划生育
国家	人口普查
国家	组织适龄青年应征入伍
县镇	协助"两会"兑现
县镇	帮助"法轮功"修炼者转化
村民	维修村马路
村民	维修村水渠
村民	处理自村林场建房和因此殴打村干部问题
村民	处理村民之间因建坟发生的纠纷
村民	处理村里一孤儿与其继父之间的抚养
村民	对村电管理重新承包
村民	对村民结婚进行审核

第五节　21 世纪以来社区化的乡村治理体系

一　社区化治理的提出及推进

税费时代的终结对乡村治理体系提出了新要求，由管制型政府向服

---

① 任路：《国家化、地方性与乡村治理结构内生性演化》，《华中师范大学学报》（人文社会科学版）2021 年第 1 期。
② 于建嵘：《转型期中国乡村政治结构的变迁——以岳村为表述对象的实证研究》，博士学位论文，华中师范大学，2001 年，第 185 页。辛凯：《改革开放四十年农村社区治理体制变迁研究》，硕士学位论文，曲阜师范大学，2021 年，第 37 页。

务型政府转型是乡镇政府改革的客观要求。税费改革后，自上而下的行政体制关系没有得到很好理顺，政府职能转变不尽如人意，村级组织涣散，农民公共服务需求急速扩展，乡村治理面临诸多新挑战。面对此种形势，迫切需要构建适宜时代发展要求的新型乡村治理体系，不断提高基层政府社会管理与服务能力，提升乡村基层综合治理能力。在此背景下，2006年党的十六届六中全会《中共中央关于构建社会主义和谐社会若干重大问题的决定》明确提出："积极推进农村社区建设，健全新型社区管理和服务体制。"由此，以社区管理服务体制改革为突破口创新乡村治理体系，预示着我国乡村治理进入社区治理时代。

为形成适合我国国情的农村社区管理体制和运行机制，民政部从2007年起先后确定了304个全国农村社区建设实验县（市、区），在不同层面进行农村社区建设实验工作。在实践探索中，由于各地区域特点、资源配置和村（居）民生活习惯等因素不同，具体社区建制和治理结构略有差异，在实践中社区建设主要形成了"一村一社""一村多社""多村一社"等多种建制类型。为进一步推进乡村治理体系改革，2008年中央一号文件指出："不断增强社会自治功能，创新农村社区管理和服务模式"。这些都表明中央对农村基层管理体制创新的迫切希望，农村社区管理体制创新势在必行。2009年3月6日民政部下发了《关于开展"农村社区建设实验全覆盖"创建活动的通知》更标志着"农村社区建设实验全覆盖"创建活动正式全面铺开。截至2011年底，"全国农村社区建设实验全覆盖示范单位"已在全国106个县（市、区）铺开。[1] 在现代社会快速发展中，以新型社区为基础的社区化治理是以生活在社区内的所有居民共同居住、生活所产生的各类公共事务开展的公共治理，以破解传统村庄集体组织化治理的内在困境。

创新社区管理与服务体制始终是社区治理的核心内容。2011年12月，国务院办公厅印发的关于社区服务体系建设规划（2011—2015年）指出，"在社区管理与服务体制上，要加强创新基层社会管理与服务，保

---

[1] 项继权、王明为：《农村社区建设：发展态势与阶段特征》，《青海社会科学》2015年第2期。

障农村社区建设试点工作的继续推进"。进一步为社区管理与服务创新指明了新方向。为加快探索社区管理服务新方式,2011年民政部启动了第一批全国社区管理与服务创新实验区,在强化社区居民自治、培育社会力量、强化服务水平及推动信息化建设等方面进行探索。2014年中央一号文件作出"健全城乡发展一体化体制机制""改善乡村治理机制"的重点工作部署。为强化以社区为载体的乡村治理体制创新,2014年民政部将"社区管理与服务创新实验区"更名为"社区治理和服务创新实验区",确立了北京市东城区等31个单位为第二批"全国社区治理和服务创新实验区",开展强化党的领导、社区协商治理、多方联动的管理服务方式等实验任务。为深入推进基层治理科学化、规范化,切实保障民众合法权利,维护社会稳定,2015年《关于加强城乡社区协商的意见》指出"发展基层民主,丰富基层协商形式",到2020年基本形成协商主体广泛、内容丰富、形式多样、程序科学、制度健全、成效显著的城乡社区协商新局面。2015年《关于深入推进农村社区建设试点工作的指导意见》明确提出"强化乡村综合治理能力,实现乡村治理法治化、规范化、科学化建设"。2015年,民政部在原来31个"全国社区治理和服务创新实验区"基础上,将北京市西城区等40个单位确认为第三批"全国社区治理和服务创新实验区",探索社区治理联动机制,实现社区治理法治化、规范化、标准化建设,强化协商治理能力建设。2018年民政部又确认了北京市房山区等48个单位为全国农村社区治理实验区,2019年确认了北京市石景山区等31个单位为全国社区治理和服务创新实验区,将农村社区治理向纵深推进,强化社区治理的科学化、规范化水平,以社区为载体深入推进乡村治理体系创新,推动社会治理现代化发展。社会治理日益受到党和国家的高度重视,党的二十大报告强调,"健全共建共治共享的社会治理制度,提升社会治理效能。""健全城乡社区治理体系"。新时代,以社区化治理为基础的乡村治理体系创新被进一步提升到社会治理新高度,不断向着实现乡村善治的目标迈进。

二 区域化党组织体系

党的领导始终是社区治理的核心。在全面推进社区治理,创新乡村治理体系进程中构建区域化党组织体系是乡村治理体系建设的核心内容。在推进社区治理创新中，为加强党的全面领导，在农村新社区层面设立了社区党委或党总支，下辖村（居）党支部和其他可隶属于社区党组织管理的党支部，与辖区内的两新组织、机关、学校等各类党组织建立联合党支部。依据属地管理原则，未建立党组织的两新组织党员由联合党支部管理，形成跨系统、跨行业、跨所有制、跨隶属关系的区域性横向联动的基层党组织网络和工作机制。乡镇党组织人员构成上，乡镇党委由党员大会或党员代表大会选举产生，成员通常包括党支部书记、副书记和委员，一般设书记1人，副书记2—3人，另设组织委员1人，宣传委员1人，其他委员2人，同时下设办事机构。社区党组织人员构成上，社区党委或党总支一般由5—9名成员组成，其中社区党总支书记一般由乡镇党委委派，社区党组织其他成员一般由辖区内村庄党支部书记组成。同时，有的社区党委或者党总支成员兼任社区自治组织、社区服务大厅负责人等，以对社区工作进行全面领导；有的社区内的村庄、非公经济组织、社会组织、企业、学校等单位的党组织一把手赋予社区党委或党总支成员身份，并建立相应的党建联席会，形成以社区为载体覆盖基层社会的网状化党组织体系。例如浙江省温州市就建立了"1+N"党组织体制，即依托农村"转并联"改革，以现有社区为基本党建工作单元，通过调整设置基层组织，将区域内农村、社区、非公经济组织、社会组织、机关、学校等各类党组织统一纳入党的工作范围，建立跨系统、跨行业、跨所有制、跨隶属关系的区域党组织体系[1]（如图1-3所示）。职能上，不同层级党组织都是所在区域内的领导核心，承担领导、协调、统筹等职责。社区党组织进行党的路线方针政策的贯彻落实，做好党务工作，对党员进行管理、教育与服务；在社区管理、社区建设和社区服务中发挥领导功能；协调社区内其他组织参与社区工作。总的来说，通过探索构建区域化党组织体系，实现对村庄、社区、企事业单位、两新组织、其他单位的全覆盖，强化党组织对基层社会的再整合能力。同时，

---

[1] 李增元：《新型城镇化背景下的农村社区治理——基于农业型、非农型、工商型地区社区治理改革的比较分析》，社会科学文献出版社2017年版，第125页。

新社会力量、外来党员被进一步纳入党组织体系,强化了党组织在促进乡村经济发展、服务民众、促进广大农民全面发展中的领导作用,也有利于密切联系群众,解决社会矛盾、促进社会融合,发挥党领治理作用。

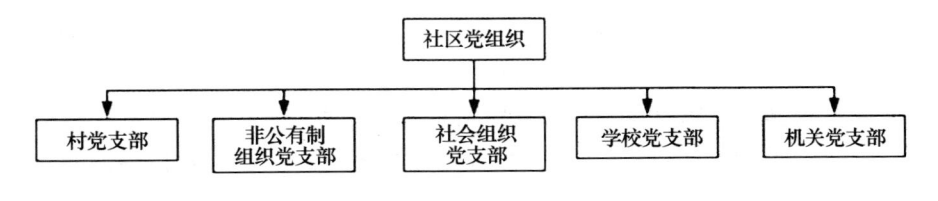

```
                    ┌──────────┐
                    │ 社区党组织 │
                    └─────┬────┘
        ┌──────┬─────────┼─────────┬──────┐
   ┌────┴─┐ ┌──┴───┐ ┌───┴──┐ ┌───┴──┐ ┌──┴───┐
   │村党支部│ │非公有制│ │社会组织│ │学校党 │ │机关党 │
   │      │ │组织党 │ │党支部 │ │支部  │ │支部  │
   │      │ │支部   │ │      │ │      │ │      │
   └──────┘ └──────┘ └──────┘ └──────┘ └──────┘
```

图 1-3 温州建立"1+N"的党组织体制[①]

三 网格化管理组织体系

网格化管理是 21 世纪以来基层治理创新的新探索。实践中为加强基层治理,各地政府结合本地历史发展传统、地理地势条件、人口等各种因素,将乡村社会划分为多个网格,通过组织建设、人员下沉、管理机制构建,推动实现精细化治理。例如"鹿城区山福镇将全镇划分为5个网格,在乡镇政府内设网格协调中心,按照上级有关要求将科室、站所纳入网格协调中心的统一协调下,统领五个网格的运转。网格里面由镇派干部、部门下派干部、网格专职人员三种人员组成。网格内事情由网格员上门办理,能够办理的直接办理,不能办理的通过网格协调中心来下放负责科室、站所进行办理"[②]。在社区层面,社区管理人员、党员、小组长等人员下沉网格,以掌握民情、了解民意,化解矛盾,为民众提供贴心管理服务。"鹿城区积极打造网格化服务的新机制,平均以 400 户左右为网格单元,构建'1+1+X'组团服务模式,即一名驻格员、一名专职网格以及包括楼长、各类社区维修工在内多种服务力量来共同落实

[①] 李增元:《新型城镇化背景下的农村社区治理——基于农业型、非农型、工商型地区社区治理改革的比较分析》,社会科学文献出版社 2017 年版,第 134 页。

[②] 吴相贤:《温州市鹿城区山福镇社区网格化管理研究》,硕士学位论文,江西农业大学,2018 年,第 9—10 页。

网格管理职责。"① 日照市却坡社区网格化管理实行"1+2+N+X"的治理模式，即一名社区民警、两名社区辅警、多名社区网格员和多名平安志愿者及楼长等。将所属的9个小区划分为9个网格。建立"警务+"的社区管理服务方式，实现对于社区党的建设、社会治安、纠纷调解、普法宣传、应急管理、信访稳定、民生服务的有效承接。同时依托小区物业，建立红色物业网格，每个网格在人员上由网格党支部书记、网格长、物业服务监督员和物业公司选派网格员组成，同时每个网格建立起由社区党委牵头，党支部、业委会、物业公司、包联单位及社会群团服务组织负责人参加的"1+4+N"联席会议，每月至少召开一次，协商解决问题。在开展网格化管理中，各地既注重落实上级下派任务，也注重不同层次网格工作人员自行处理、解决乡村问题的能力，发挥多元主体协同作用。总体来看，通过网格化管理，构建了自上而下、自下而上的双向互动治理机制，农村社区管理延伸至乡村社会微观领域，实现了社会治理重心下移，通过循环进行的决策、控制、反馈流程保障了各种问题得到及时高效解决，强化了乡村综合治理能力与水平。

四 多样化服务组织体系

以农村新社区为载体重新构建乡村服务体系，强化乡村管理与服务能力是社区化时代乡村治理体系创新的重要内容。而农村社区服务网络化平台建设模式是充分利用现有的行政层级网络平台和组织资源，整合乡（镇）、中心村或管理片、村民委员会的服务职能和手段，构建的多层级分工负责的服务网络平台。② 在乡镇层面，各地一般将原来的乡镇"七站八所"机构与人员精减和整合，建设乡镇综合服务中心，在乡镇党委和政府领导下开展全镇层面的管理与服务工作。以河南省伊川县乡镇服务综合大厅为例，在人员配备上，受到编制要求，一般都是有5—8人编制人员，该人员由原站所领导转来和其他机构部分抽调来。中心可由两

---

① 应铷铷：《温州鹿城区社区网格化管理研究——以八仙楼社区为例》，硕士学位论文，福建农林大学，2015年，第17—18页。

② 项继权、王明为：《农村社区建设：发展态势与阶段特征》，《青海社会科学》2015年第2期。

部分组成：一是管理层，由乡镇政府副职兼任；二是工作层，原则上每个窗口配备 2—3 人来保障专岗时刻在位。① 同时，依托乡镇综合服务中心推动县级管理服务部门权力下放，使乡镇政府综合服务中心成为服务乡村的核心阵地。同时不仅仅是单一的精减和整合，也进行机制创建来引进新的管理与服务力量，譬如湖北省借此撤销了乡镇站所，农村公共服务实行"以钱养事"新机制，引入市场组织力量。② 在社区层面，以新社区为依托建立社区综合服务中心，为社区辖区居民开展综合服务。社区服务中心设置虽然各地情况不一，但大都是以服务民众为主要目的。如诸城市在社区服务中心建设上，结合村庄数量、人口密度等要素，以 2 公里为服务半径，建设农村社区服务中心，形成以农村社区服务中心为核心的 2 公里服务圈，开展全方位服务。在人员配备上，社区服务中心一般配备 3—5 个办事人员，由村（社区）干部轮流值班，同时也会通过招聘公益岗和继续任用部分原区域办事人员的方式，社区服务中心主任一般由社区党委或党总支成员担任。例如山东省日照市东港区通过招聘专职工作人员、下派机关干部、村干部轮流值班等方式为每个社区配备 3—6 名固定工作人员。③ 从当前公共服务体系建设共性来看，大都通过服务下沉将公共服务覆盖延伸到社区，强化对社区居民的服务供给能力。例如温州市就通过事权下放，将农林科技、民政事务、社会保障、司法调解、计生卫生、综治安全、流动人口管理等与民众利益密切相关的公共服务下放到社区。为保障居民多元化服务需求的满足，各地在实践中都非常注重建设多样化服务组织体系，充分引导社会力量参与，形成协同共治的格局。例如，在社区建设中，温州市初步构筑起社区基本公共服务、村庄便民服务、志愿互助服务、党群服务等多元化服务体系，以此更好地通过政府、市场、社会多元主体力量参与服务。为便于服务民

---

① 王静：《三维视角下乡镇便民服务中心建设研究——以伊川县为例》，硕士学位论文，郑州大学，2018 年，第 14 页。
② 吴理财：《中国农村治理变迁及其逻辑：1949—2019》，《湖北民族学院学报》（哲学社会科学版）2019 年第 3 期。
③ 李增元：《新型城镇化背景下的农村社区治理——基于农业型、非农型、工商型地区社区治理改革的比较分析》，社会科学文献出版社 2017 年版，第 132 页。

众，在村层面上设立村便民服务中心。由于服务权限上提，村庄便民服务站在职能定位上主要是打通服务群众的"最后一公里"，将社区的一些管理与服务进一步下移，因此村级便民服务中心以咨询、代办行政服务为主。① 同时，村庄便民服务中心也承担村庄自我服务功能。在服务运行上，乡镇、村庄、社区三级服务中心相互分工、协同配合，通过直办、帮办、代办的方式来实现"一站式"办理、"一条龙"服务，公益服务和市场化服务作为有机补充。

五 开放性自治组织体系

改革开放后，"乡政村治"体制赋予了乡村社会较大自主权，推动基层民主深化与发展。徐勇指出，"基层民主发展成为广大农民的练兵场，通过民主锻炼，将进一步推动广大农民向更高层面的民主实践发展"②。不过值得注意的是，经过几十年发展，乡村社会内外环境不断发生变化，村民自治运行的经济社会基础发生深刻变革，这些都对村民自治提出了新挑战，"在开放流动中村民自治的农村基层统合性的组织结构并没有完全改变，村民自治及基层治理单位的封闭性依然存在，政府对基层自治组织的行政控制依然存在"③，迫切需要构建与开放社会相适应的自治组织体系。党的十八大报告进一步强调"要健全基层群众自治机制，扩大基层群众自治范围，完善民主管理制度"。在国家政策引导下，以新社区为基础的社区自治不断扩展。在实践中，各地在组织设置上以社区作为开展自治的重要平台架构新型乡村自治组织体系，在社区层面建立社区自治委员会作为自治体系的核心，同时注重成立社区居民大会、社区议事会、社区村民代表会议、社区监事会等，以增强社区自我管理、服务能力。另外，还十分注重将社区范围内的社会组织、经济组织等吸纳进

---

① 黄俊尧:《"服务下乡"的再思考——农村社区服务中心诸问题探讨》，《浙江学刊》2014年第3期。

② 徐勇:《中国民主之路：从形式到实体——对村民自治价值的再发掘》，《开放时代》2000年第11期。

③ 袁方成:《民主治理如何可能——从村民自治到社区自治的考察》，《武汉大学学报》（哲学社会科学版）2016年第4期。

来，发挥其在社区自治中的作用。例如日照市东港区小花社区就建有各种类型的社会组织，一是健全社区群团组织，成立小花社区妇联、民兵连；二是成立社区社会组织，成立了社区治安联防协会、卫生保洁中心、红白理事会、便民服务中心、社区计生协会、社区文化艺术中心等社会组织，同时成立了社区庄户剧团、社区阳光理发志愿者服务队、社区巾帼志愿者服务队、青年志愿者服务队等志愿服务组织。[1] 这些组织都是社区自组织体系的重要组成部分，在推动社区自治中发挥着重要作用。社区自治人员构成上，诸多地区在社区成立初期实行代表制，在所辖村庄没有实现融合居住之前，社区自治委员会名额分配给所辖社区的每个村庄，保障每个村在社区委员会里都有代表。在具体运行过程中，由每个村根据民主程序推选候选人，然后在社区层面组织投票选出社区委员会。同时，也可以选派结合的方式来产生村民委员会。社区自治打破了村民自治的封闭性，自治主体不再局限于户籍村民，户籍村民、外来人员、驻社区企事业单位都是社区自治的重要参与主体。[2] 在村庄层面，诸多地区取消了村民委员会，保留村党支部，充分发挥党支部在村（网格）治理中的作用。另外，在村庄治理体制改革中重构了村集体经济（合作）组织，在党的领导下由新的村庄集体经济组织带领村民结合市场经济特征发展集体经济，实现共同富裕。在社区自治实践中，为充分保障民意，强化协商功能，通过分层协商推进社区自治工作。社区、村、网格等都是民主协商治理的基本单元，不同层级区域范围内的各项事务通过居民平等参与、积极沟通、协商讨论等方式解决。如山东省日照市诸多农村社区就构筑了分层民主协调机制，民主协商区分社区、小组、个人三个层级，通过会议协商、恳谈协商等多种方式对农村社区自治清单上的自治事务开展不同层级的民主协商工作。总体来看，在社区化治理实践中，通过构筑开放性自治组织体系推动基层民主建设进程，进一步提升乡村自我治理能力与水平。

---

[1] 李增元：《新型城镇化背景下的农村社区治理——基于农业型、非农型、工商型地区社区治理改革的比较分析》，社会科学文献出版社2017年版，第151页。

[2] 李增元：《新型城镇化背景下的农村社区治理——基于农业型、非农型、工商型地区社区治理改革的比较研究》，社会科学文献出版社2017年版，第141页。

第二章

中国特色社会主义乡村振兴战略中的乡村治理体系转型

第一节 中国特色社会主义乡村振兴战略的提出

新时代乡村振兴战略为乡村建设与农业农村发展指明了新方向,"三农"工作由此转向乡村振兴的历史发展阶段。新时代乡村振兴战略的提出是国家现代化发展的客观要求,是乡村社会发展到一定阶段的结果,对促进乡村现代化发展,推动城乡关系走向均衡化与融合化发展都具有重要意义。总体来看,中国特色社会主义乡村振兴战略的提出有其历史必然性。进入21世纪,党和国家对乡村发展、农业繁荣与农民增收高度重视并从顶层设计上做出一系列制度变革与创新,社会主义新农村建设、农业税费改革与新型城镇化建设等均为中国特色社会主义乡村振兴战略的提出奠定了坚实的基础。正如毛泽东所言主要矛盾"规定或影响着其他矛盾的存在和发展"[1],中国共产党在一定历史时期内制定并实施的乡村发展战略往往与我国社会主要矛盾有着内在关联性,把握中国特色社会主义乡村振兴战略需要审视深层次社会主要矛盾关系,全方位了解社会本质,有针对性地提出乡村发展战略与乡村治理方式,推动城乡融合发展。鸦片战争后,西方列强入侵使我国近代社会性质与社会形态发生了根本性改变,社会主要矛盾由封建主义同人民大众的矛盾逐步转变为帝国主义同中华民族及封建主义同人民大众的矛盾。在新中国成立到社

---

[1] 《毛泽东选集》第1卷,人民出版社1991年版,第230页。

会主义建设探索初期,我国社会的主要矛盾围绕"向自然界开战"与"阶级矛盾"、"人民内部矛盾"与"敌我矛盾"①两大主要矛盾范畴展开。中国共产党十一届三中全会做出改革开放的伟大决策后,"落后的社会生产"逐步发生改变,同时社会、经济、文化与科技等各个领域发生深刻变革,新的社会主要矛盾日益彰显。

社会主义改革开放时期的社会主要矛盾在城乡关系层面主要表现为城乡二元结构体制,现代化发展形成了"重工业轻农业、重城市轻农村、重市民轻农民"的基本格局。城乡二元结构体制虽然有效促进了城市化、工业化与现代化发展进程,克服了工业化发展初期原始资本积累不足的现实难题,但是城乡二元结构体制使农业与乡村发展远远落后于工业与城市,在经济社会发展中城市与乡村发展差距日渐拉大。城乡发展差距的日益拉大严重制约着社会主义现代化建设进程,同时也对城乡关系全面发展构成严峻挑战。城乡二元结构体制是改革开放时期社会主要矛盾的重要体现,改善乡村发展环境,有效提高农民收入,促进乡村现代化发展,需要党和国家通过顶层设计弥合城乡发展裂痕,促进城乡均衡发展。为此,党和国家加强对"三农"领域的政策与资金等支持力度,努力通过社会主义新农村建设、城乡统筹发展、农业税改革与统筹城乡社会经济发展等战略举措不断推进"三农"工作,逐步缩小城乡差距,进而推动城乡社会全面发展与进步。

进入21世纪,农业现代化发展呈现相对滞后的发展局面,制约着社会主义现代化强国的建设进程。"农村真穷、农民真苦、农业真危险"再一次成为亟须化解的发展难题,也成为摆在党和政府面前亟须解决的时代课题,"'三农'问题在世纪之交逐渐凸现出来,成为中国共产党人思考中国农村建设问题"②。为此,中国共产党加强对"三农"领域的倾斜,推动人才、资金、科技与信息等资源要素向乡村地区流动,推动"三农"领域深入发展。2002年党的十六大提出"我们要在本世纪头二

---

① 冯务中、郭玮:《党的八届三中全会前后社会主要矛盾论断转变的原因分析》,《中国特色社会主义研究》2013年第3期。
② 王先明:《中国乡村建设思想的百年演进(论纲)》,《南开学报》(哲学社会科学版)2016年第1期。

十年，集中力量，全面建设惠及十几亿人口的更高水平的小康社会"，以此改善乡村社会发展面貌，提升农民经济收入，并且努力以"统筹城乡经济社会发展"战略举措缓和城乡间紧张对立关系，从而推进城乡社会共同发展。"统筹城乡经济社会发展"是中国共产党为彻底扭转城乡二元社会体制，弥合城乡发展裂痕而提出的发展战略，在以城带乡、以工促农与城乡互动的城乡全面发展格局中促进乡村社会经济全面发展，维护农村农民的根本利益，对于破解城乡二元结构体制具有重要现实意义。2003年中国共产党十六届三中全会审议通过的《关于完善社会主义市场经济体制若干问题的决定》明确提出"完善农村土地制度"、"健全农业社会化服务、农产品市场和对农业的支持保护体系"、"深化农村税费改革"与"改善农村富余劳动力转移就业的环境"的要求，逐步深化农村改革，推动农村经济体制不断健全完善。2004年中共十六届四中全会提出"两个趋向"的重要论断①，"工业化之初，农业要支持工业，为工业积累资金；工业化达到一定程度时，工业要反哺农业，城市要支持农村"。这一重要论断的提出标志着我国城乡关系与工农关系将发生深刻变革，正式实现从"多取少予"转变为"多予少取"，进而为农民增收与农村发展注入生机与活力。与此同时，2000年至2003年国家粮食产量呈现逐年下滑趋势，对于国家粮食安全构成严重威胁，党和国家为有效遏制粮食产量下滑局面，从2004年至2012年，中央连续在九个一号文件中聚焦"三农"问题，通过制定实施一系列农业政策保障农业粮食产量，保障国家粮食安全。农业发展与农民增收是21世纪初党和国家关注的重点内容，以农业农村发展促进城乡关系走向协调与融合发展。

中国共产党对于"三农"领域给予高度重视，农业农村农民问题始终是党和国家关注的重点问题，关乎着农村基层社会秩序的和谐与稳定。进入改革开放新时期，与城市化与工业化进程深入推进形成鲜明对比的是"三农"领域发展的缓慢，城乡发展鸿沟日渐拉大。为此，2005年党的十六届五中全会以破解"三农"问题为核心，将"建设社会主义新农

---

① 中共中央文献研究室编：《十六大以来重要文献选编》（中），中央文献出版社2006年版，第311页。

村"上升为国家长期战略,并以"生产发展、生活宽裕、乡风文明、村容整洁、管理民主"作为发展目标,这是中国共产党首次将农村建设置于国家发展战略的新高度,以此努力破除城乡二元结构体制。2005年12月《中共中央、国务院关于推进社会主义新农村建设的若干意见》,详细规划了社会主义新农村建设,明确指出,"按照'生产发展、生活宽裕、乡风文明、村容整洁、管理民主'的要求,协调推进农村经济建设、政治建设、文化建设、社会建设和党的建设"。[1] 学界认为社会主义新农村建设的发展目标涵盖农村物质文明与精神文明、农村生产力发展与生产关系调整、农村社会事业建设、农业产业能力建设、村容村貌环境整治以及农村村民自治制度建设等相关内容,突破了乡村建设仅仅是经济发展的传统认知,是整体性与系统性的理论范畴。[2] 党和国家提出的社会主义新农村建设发展战略是农村政治、农村经济、农村文化、农村社会与农村生态五个方面的有机统一与融合发展,为新时代"五位一体"总布局的提出奠定了重要基础。

社会主义新农村建设是建设小康社会的基础与前提,党和国家在顶层制度设计层面给予高度重视,努力实现经济繁荣、乡风文明、社会稳定与环境优美的发展目标,以"物的新农村"和"人的新农村"协同发展保障人民群众的自由全面发展。2006年中央一号文件再次明确"推进新农村建设是一项长期而繁重的历史任务"。进入21世纪,我国整体上呈现"工业反哺农业,城市支持乡村"的发展格局,中国共产党以极大的历史使命自觉性和主动性,主动擘画农村现代化道路,提出新农村建设发展战略,力图通过以工促农、以城带乡,找到一条城乡协调发展中实现城乡共同繁荣的发展道路,加快农村建设小康社会的进程。社会主义新农村战略实施进程中,党和国家相继出台了全面取消农业税、农村地区实现免费义务教育、改善农村基础设施建设与完善农村医疗社会保障体系等支农惠农配套措施。为进一步缩小城乡差距,促进城乡协调发

---

[1] 中共中央文献研究室编:《十六大以来重要文献选编》(中),中央文献出版社2006年版,第140页。

[2] 贺聪志、李玉勤:《社会主义新农村建设研究综述》,《农业经济问题》2006年第10期。

展,中国共产党提出以"城乡一体化发展战略作为社会主义新农村建设的主要目的"①。中国共产党深刻认识到"三农"问题形成的制度根源在于城乡二元结构体制,化解"三农"问题必须破除这一结构体制从而助推城乡关系走向均衡与协调。同时中国共产党在化解"三农"发展困境时通过城乡一体化发展战略力图破解"就农业论农业,就农村论农村"的片面发展思维,以城乡均衡协调"跨越"城乡发展鸿沟。此外,长期以来,人们主张依托城市化的辐射带动效应解决"三农"问题并对此持有积极乐观态度,然而实践表明单向度的城市化建设无法从根本上化解"三农"问题,弥合城乡发展裂痕。为此,中国共产党全方位、系统性提出新农村建设目标,全面实现农村经济繁荣、乡风文明、社会和谐与环境优美的发展目标。社会主义新农村发展战略的提出为实现城乡关系协调、均衡与融合发展,推动城市发展与社会主义新农村建设同步进行,破除农业农村农民问题的单向性思维,为建设社会主义和谐社会奠定了坚实的城乡社会基础。

  农业税的全面取消使农民负担减轻,改善了农村农民的发展面貌,而社会主义新农村建设使农村基础设施建设水平不断提升,乡村公共服务落后的状况得到明显改善,与此同时国家提出"工业化"、"信息化"、"城镇化"与"农业化"协同推进的发展要求,乡村社会经济发展与城乡关系开始发生根本性转变。农业税费改革有效缓和了基层干群紧张关系,推动乡镇政府从管理型政府向服务型政府转变,乡村社会面貌发生深刻改变。2013年中央一号文件提出"要加强农村生态建设,大力整治农村居住环境,努力建设美丽乡村",美丽乡村在于实现生产、生活、生态协同发展,这也是对农村地域空间的高标准规划与重构。实践中,浙江省、安徽省、广东省与江苏省等省份根据本地生态环境实际状况积极探索美丽乡村建设模式,先后形成了安吉模式、永嘉模式、高淳模式与江宁模式等美丽乡村建设实践模式。进入新时代,我国社会主要矛盾发生根本性转化,新时代社会主要矛盾在城乡关系领域中主要表现为"城乡差距

---

① 王先明:《中国乡村建设思想的百年演进(论纲)》,《南开学报》(哲学社会科学版) 2016年第1期。

扩大化、农村发展边缘化与乡村管理真空化"① 等现实难题。为了有效扭转城乡发展不平衡与农村发展不充分的局面，党和国家提出实施中国特色社会主义乡村振兴战略，构建四化同步与城乡一体化发展的新型制度，推动农业农村现代化发展与城乡融合发展，全面推进乡村建设工程，实现乡村经济发展和现代化治理。此后，党和国家在顶层制度设计层面先后出台实施《国家乡村振兴战略规划（2018—2022年）》与《中华人民共和国乡村振兴促进法》，使乡村振兴战略步入制度化、法治化与规范化轨道，保障乡村振兴战略的顺利实施。

  党的十八大以来，中国共产党连续通过九个中央一号文件为"三农"领域注入活力，对于"三农"领域给予格外关注，分别聚焦"发展现代农业"、"深化农村改革"、"加大农业改革创新力度"、"农业现代化"、"农业供给侧结构性改革"、"乡村振兴战略"、"坚持农业农村优先发展"、"抓好'三农'领域重点工作"与"推进农业农村现代化"，充分彰显了新时代中国共产党着力深化农村与农业改革创新的决心，保障乡村振兴战略的顺利实施与农业农村现代化发展。进入新时代，中国共产党相继提出"脱贫攻坚战略"、"新型城镇化战略"和"乡村振兴战略"三大战略，并以此为依托促进农业农村现代化发展，全面建设小康社会。三大战略相互依托与衔接，在实施乡村振兴战略中充分融入"两山理念"、"乡愁理念"与"城乡融合理念"等多重发展愿景，实现了乡村地域空间的重构。乡村振兴战略一方面通过土地整理、农村危旧房改造与农村人居环境整治实现生产空间、生活空间与生态空间"三生空间"的重构与再造，另一方面，通过对产业、人口、教育、医疗与交通等进行全域规划与布局，重构城乡聚落空间。此外，乡村振兴战略通过促进乡村农业产业链条的延伸与一、二、三产业的融合推动农业产业转型升级与农村三产产业体系的重构，为乡村全方位振兴奠定坚实基础。

  21世纪以来，我国的乡村建设先后经历了"社会主义新农村建设""美丽乡村建设"与"乡村振兴"等多个发展阶段，"乡村振兴"相较于

---

① 张新文、张国磊：《社会主要矛盾转化、乡村治理转型与乡村振兴》，《西北农林科技大学学报》（社会科学版）2018年第3期。

"社会主义新农村建设""美丽乡村建设"而言无论在振兴对象与内涵要求方面均是全面升级,其本质是改变城乡分离的发展道路,促进城乡协同、融合发展,最终在国家现代化进程中实现农业农村现代化。相对于社会主义新农村建设中"生产发展、生活宽裕、乡风文明、村容整洁、管理民主"的总要求而言,乡村振兴战略无论是话语体系表达还是内涵实质均已发生根本性变化,凸显出乡村振兴战略的系统性与全面性。乡村振兴战略是为化解"乡村衰落"困境而提出的,也是破解新时代社会主要矛盾的重要抓手,为农业农村现代化发展、城乡融合发展与小康社会的全面建成奠定坚实基础。在全面建成小康社会取得重大胜利后,全面推进乡村振兴面临更为艰巨的任务,需要更为系统化的统筹推进,这离不开科学合理的顶层制度设计,以科学化的制度、政策指引乡村建设,整合各类资源,凝聚各种力量,全面推进农业农村现代化发展,夯实国家现代化的乡村基础。党的十九届五中全会提出的"乡村建设行动"推动乡村振兴向纵深处发展,同时也是补齐农业农村现代化发展短板的重要抓手。中共中央办公厅、国务院办公厅印发实施的《乡村建设行动实施方案》明确指出,乡村建设是乡村振兴战略的核心内容,关乎国家现代化建设。党和国家通过加强乡村规划建设管理、实施农村道路畅通工程、实施村级综合服务设施提升工程、强化农村防汛抗旱和供水保障、实施农房质量安全提升工程、实施乡村清洁能源建设工程与实施数字乡村建设发展工程等完善农村基础设施和公共服务体系建设,从而建设宜居宜业美丽乡村。乡村建设行动主要围绕"县域综合服务能力"、"把乡镇建成服务农民的区域中心"、"统筹县域城镇和村庄规划建设"、"完善乡村……基础设施"与"提高农民科技文化素质"[①] 等核心内容展开,保障乡村振兴战略的顺利推进。党的二十大报告强调"全面推进乡村振兴""坚持农业农村优先发展,坚持城乡融合发展,畅通城乡要素流动。""加快建设农业强国,扎实推动乡村产业、人才、文化、生态、组织振兴。",等等。由此可见,新时代党中央对乡村振兴的高度重视。总体来

[①] 《中共中央关于制定国民经济和社会发展第十四个五年规划和2035年远景目标的建议》(单行本),人民出版社2020年版,第21—22页。

看,乡村振兴已经成为第二个百年奋斗目标的重要内容,直接影响着国家现代化强国的建设进程。

新时代我国社会主要矛盾突出表现为发展的不平衡与发展的不充分,"实施乡村振兴战略"正是基于"中国特色社会主义进入新时代、我国社会主要矛盾已经发生转化"[1]的新判断而实施的新战略,从而将"三农"问题与乡村发展纳入国家重大发展战略,提升到了前所未有的高度,成为国家治理现代化的重要组成部分。在实现第一个百年奋斗目标,全面建成小康社会后,国家启动了第二个百年奋斗目标的新征程,要实现全面建设社会主义现代化强国的目标,最广泛最深厚的基础在农村,最大短板和薄弱环节也在农村。由此,实现农业农村现代化与推进乡村振兴战略的实施成为中国"三农"工作的重心,也成为全党全社会的共同行动。农业农村农民问题是关系国计民生的根本性问题,而中国特色社会主义乡村振兴战略是系统复杂的工程,如何处理城乡关系与工农关系关乎着农业农村现代化发展的成败,在实施进程中需要充分尊重乡村发展规律,充分维护保障乡村与农民切身利益。

第二节 中国特色社会主义乡村振兴战略对乡村治理体系提出的新要求

乡村振兴涵盖产业、人才、文化、生态、组织等诸多领域,是对乡村社会的系统性重构。乡村振兴战略的深入实施推动乡村治理内外环境发生变化,也客观上推动乡村治理体系现代化发展,增进乡村社会公平正义,促进乡村善治目标的实现。

一 新时代乡村治理体系的基本构成

新时代,党和国家提出"推进国家治理体系和治理能力现代化"的重大战略任务,乡村社会是国家治理的重要实践场域,乡村治理的成效

---

[1] 习近平:《决胜全面建成小康社会 夺取新时代中国特色社会主义伟大胜利——在中国共产党第十九次全国代表大会上的报告(2017年10月18日)》,人民出版社2017年版,第11页。

直接影响着国家治理的成效，对维护国家政权稳定发挥着重要作用。现代化的乡村治理体系关乎着乡村社会秩序的和谐与稳定，从历史上来看，不同历史阶段的实践探索中都形成了不同的乡村治理体系，乡村治理体系烙上了历史和时代的印记。在传统社会，乡村治理体系具有官民共治特征，由士绅、宗族组织、县级政府等构成治理主体，乡里制度及乡村治理组织结构等是其主要组成部分。新中国成立后，在政权下沉中构造的乡村治理体系，由群众性组织及乡村经济社会组织等构成治理主体，乡村领导组织体系等成为其主要构成部分。人民公社时期，党政经合一的乡村治理体系呈现出全能型乡村权力结构特征。改革开放以来，乡政村治的乡村治理体系中乡政村治体制、乡镇政权组织体系、村庄组织管理体系等是其主要组成部分。21世纪以来，在新农村建设与农村社区建设中逐步形成了社区化乡村治理体系，党组织体系、管理组织体系、服务组织体系、自治组织体系等是其基本构成部分。总体来看，无论是传统社会的官民共治乡村治理体系，还是新中国成立以来的政权下沉乡村治理体系、党政经合一的乡村治理体系、乡政村治的乡村治理体系、社区化的乡村治理体系，由于每个时期的乡村发展阶段和经济社会条件不同，虽然每个阶段的乡村治理体系各有侧重，但都体现着国家政权意志，包含着治理主体、治理方法、组织体系等核心要素，一定程度上适应了当时乡村经济社会发展要求，促进了乡村建设和发展进步。

在中国几千年的历史发展进程中，基于管理和发展的需要形成了不同的乡村治理体系，都为特定时期的政权稳定、社会发展发挥了重要作用。如何理解乡村治理体系，在实践探索的同时学界也对其进行了积极探讨。有的学者对不同历史时期的治理体系进行了分析。如周庆智指出，"传统基层社会秩序由公—私两大统治体系构成，公代表官治体系，私代表民治体系，但这不是两个分殊的、对立的体系，两者是一种依存和互嵌关系。在传统向现代转型中，这种秩序原则以新的权威形式被熔铸到变化了的社会结构形态当中"[①]。项继权对20世纪晚期的乡村治理体系进

[①] 周庆智：《在官治与民治之间：关于基层社会秩序变革的一个概括》，《学术交流》2019年第7期。

行了研究，指出"20世纪晚期中国乡村治理体系改革主要致力于农村基层党、政、企、村组织的分权，乡村治理组织体系及其合法性的重建"①。徐勇提出新世纪应建构一个国家与社会良性互动的乡村治理体系，"建立'县政、乡派、村治'的治理结构，即：县具有更多的治理自主性；乡只是县政府的派出机构，专事政务和指导村民自治；村民委员会主要从事村民自治工作，由此使其治理合理化"②。有的学者对乡村领导体系进行了分析。如赵树凯认为完善乡村治理体系的关键在于基层组织体系，"改善乡村治理，首先要反思和检讨的，是改造基层组织体制。基层组织改革必须有大动作。在一定意义上可以说，现在的任务是要再造基层组织体系"③。有的学者对乡村治理主体和方法进行了探讨。如徐勇将村民自治视为乡村治理的重要方法，"进入新世纪以来，村民自治作为一项法律制度愈来愈深入农村的实际生活中。它已不仅仅是国家治理乡村的一种制度，而且正在内化为国家法律赋予农民不可剥夺的权利"④；唐绍洪等则强调多元主体协同共治，"我们试图在现有'乡村治理'基础上对政府和村民不同主体间的权力关系进行界定，探求乡村治理'多元主体'的科学实践路径"⑤。还有学者对乡村治理体系价值取向进行了分析。如谭德宇认为乡村治理的价值取向应是"农民公民权的实现与乡村'善治'"⑥；陈敬德认为，"在充分发达的公共经济中，政府必须善于找到一种混合的策略，部分地依靠自己的力量提供公共服务，同时还要与各类组织维持广泛的契约安排，使正式和非正式的机制共同促进交易契约的有效实施，生产公民所偏好的公共服务"⑦。改革开放以来，中国共产党

---

① 项继权：《20世纪晚期中国乡村治理的改革与变迁》，《浙江师范大学学报》（社会科学版）2005年第5期。
② 徐勇：《县政、乡派、村治：乡村治理的结构性转换》，《江苏社会科学》2002年第2期。
③ 赵树凯：《乡村治理：组织和冲突》，《河北学刊》2003年第6期。
④ 徐勇：《村民自治的深化：权利保障与社区重建——新世纪以来中国村民自治发展的走向》，《学习与探索》2005年第4期。
⑤ 唐绍洪、刘屹：《"多元主体治理"的科学发展路径与我国的乡村治理》，《云南社会科学》2009年第6期。
⑥ 谭德宇：《农民公民权的实现与乡村"善治"》，《中州学刊》2009年第5期。
⑦ 陈敬德：《乡村地区公共服务供给方式与机制研究——从科层制走向"多中心"治理》，《东南学术》2008年第1期。

高度重视乡村社会整合问题，强调党的领导，政府、各类组织作用发挥，同时注重对乡村的管理服务，这也反映在学界的研究中。总体来看，学界对乡村治理体系探讨的内容虽然各不相同，但都普遍将领导体系、治理主体、治理方法、管理服务等视为乡村治理体系的重要内容。

　　进入新时代，国家开启了治理体系和治理能力现代化的新征程，以实现整个国家的现代化。在国家现代化进程中，乡村是基础和关键，乡村治理体系是核心和保障。在《中华人民共和国乡村振兴促进法》与《中共中央、国务院关于加强基层治理体系和治理能力现代化建设的意见》指导下，各地纷纷开展了乡村治理的创新实践，涌现了诸多典型做法。为推广乡村治理创新性典型经验，为各地改革发展提供有益借鉴，中央农办、农业农村部、国家乡村振兴局先后联合发布三批全国乡村治理典型案例。在这些典型案例中，有的地区运用清单制创新乡村治理方式，如上海市金山区漕泾镇利用网格化党建＋四张清单，打通基层治理"最后一公里"；浙江省宁波市宁海县通过小微权力清单"36 条"，构建乡村反腐新机制。有的地区强化组织领导，完善乡村治理体制，如吉林省长春市双阳区通过"1＋3＋X"加强基层党组织建设，提升乡村治理能力；山东省济宁市曲阜市实施"党建＋"引航工程，构建"六位一体"治理格局。有的地区发挥"三治"作用，健全乡村治理体系，如河北省石家庄市鹿泉区坚持"五种思维""小村规"实现乡村"大治理"；江苏省南京市江宁区精准分类优化乡村治理，多治融合促进乡村振兴。有的地区强化民生服务，提升乡村治理能力，如浙江省湖州市安吉县孝丰镇横溪坞村"四个不出村"推动乡村服务升级；四川省宜宾市珙县创新"四方合约"机制，破解农村养老难题。2019 年，中央农办、农业农村部牵头，会同中央组织部、中央宣传部、民政部、司法部组织开展了首批乡村治理体系建设试点示范，各地着重探索创新民主协商议事机制、构建共建共治共享的农村基层治理体制、乡村社会治理体系创新以及党组织领导的"三治融合"实践路径等，从而提升乡村治理现代化水平，维护乡村基层社会秩序的高度稳定。乡村治理体系能否适应乡村面临的新形势，有效解决乡村发展中的新问题，成为乡村能否实现有效治理的关键。围绕乡村治理体系创新，全国各地开展了卓有成效的实践探索，为新时代乡村治理体系构建奠定了坚实基础，助推乡村善治目标的实现，同时也为国家治理现代化发展提供了宝贵的基层治理经验。

"现代性孕育着稳定，而通往现代化的过程却滋生着动乱"①，乡村振兴是实现乡村现代化的过程，离不开既具有现代化特征，又兼具强大动员组织能力的政治权威。新时代党和国家赋予乡村治理新的目标与任务，各地也对乡村治理体系进行了实践探索，这些都为全面振兴乡村奠定了重要基础。与此同时，结合时代发展要求与理论创新，学界也从不同方面对新时代的乡村治理体系进行了深入研究。有学者对乡村领导体系进行了研究，如蔡文成等认为"中国共产党领导和引领基层治理是中国社会治理中最突出的特色和最核心的模式。农村基层党组织的整合治理是实现乡村治理现代化的保障，是全面推进乡村振兴的关键，是实现农民共同富裕的前提。在乡村治理中，基层党组织拥有政治优势、组织优势、群众优势和资源优势"②。有学者对乡村治理主体进行了研究，认为在乡村治理中需要充分吸纳党组织力量、政府力量、市场力量与社会力量等参与其中，但乡村多元治理主体的核心是"人"，人在乡村治理中起着关键作用，"大力推动乡村振兴建设，就需要相应的人才支撑"③。有学者对乡村治理方法进行了研究，认为法治国家建设强化了乡村治理的法治基础，"乡风文明"推动了德治在乡村治理中的运用，民主政治在基层的不断发展完善为发挥村民自治作用奠定了坚实基础，数字技术向乡村的延伸则为实现数字治理创造了条件，众多治理方法在乡村振兴实践中不断涌现、发展、完善，共同形成了乡村治理的方法体系，成为乡村有效治理的关键。有学者指出，"健全自治、法治、德治相结合的乡村治理体系，既是应对新时代乡村社会转型发展的必然选择，又是实现乡村振兴

---

① ［美］塞缪尔·P.亨廷顿：《变化社会中的政治秩序》，王冠华等译，上海人民出版社2008年版，第31页。
② 蔡文成、朱荣康：《农村基层党组织整合治理：优势、内涵与路径》，《求实》2022年第3期。
③ 文丰安：《全面实施乡村振兴战略：重要性、动力及促进机制》，《东岳论丛》2022年第3期。

战略的本质要求，还是推进国家治理体系和治理能力现代化的重要基石"①。"大数据嵌入乡村治理契合了乡村治理生态转型和大数据开发应用的双重需要，其蕴含的创新基因和巨大价值将成为优化乡村治理的重要驱动力。"②还有学者对乡村治理结构进行了研究，认为新时代乡村治理体系决不能够仅仅停留在乡村层面，而应置于整个国家治理体系之中，国家与乡村的关系无疑是影响乡村治理效能的关键因素，国家与乡村的关系具体表现为县乡与乡村关系层面，特别是乡镇与村庄的关系。"乡村振兴离不开乡镇功能的完善，要夯实全面建设社会主义现代化国家的底部支撑，加快推进农业农村现代化，必须进一步提升乡镇的服务管理水平和引领带动能力，将乡镇打造成乡村振兴的核心载体和关键场域。"③另外，还有学者认为在乡村振兴实践中，治理和服务是相辅相成的两大核心要素，只有在治理中体现服务，在服务中实现治理，才能更好地提升乡村社会现代化治理水平，凝聚起基层社会治理的合力。"而保持社会稳定所依赖的途径与方式必然要从强制、控制以及农业税费的征缴，向服务供给转变。这即是更加符合治理理念与现代化理念的农村治理转型，标志着农村'汲取型治理'迈向以服务为中心的农村治理现代化。"④总体来看，在对新时代乡村治理体系的探讨中，领导体系、治理方法、管理服务体系、治理结构、治理主体等依然是重点关注的内容。

综上所述，无论是从历史发展实践进程来看，还是从理论探讨来看，乡村治理体系都包含了领导体系、治理主体、治理方法、管理服务、治理结构等诸多核心要素，这也是新时代党和国家关于乡村治理新要求的主要内容，亦是各地进行实践探索的重点内容。历史与实践反复证明，乡村治理体系只有与乡村经济社会发展水平、乡村治理需求相适应，才

---

① 冯留建、王宇凤：《健全自治、法治、德治相结合的乡村治理体系》，《中国高校社会科学》2021年第4期。
② 王林霞、魏磊：《大数据嵌入乡村治理的路径建构》，《云南行政学院学报》2020年第5期。
③ 金东：《乡村振兴视域下强化乡镇服务功能的路径选择》，《领导科学》2021年第24期。
④ 毛铖：《乡村治理现代化与农村服务体系社会化的耦合》，《中南民族大学学报》（人文社会科学版）2021年第8期。

能发挥出最佳的体系效能。新时代的乡村治理体系既要继承传统时期乡村治理体系的发展规律，还要充分结合党和国家政策要求及遵循各地实践探索经验，同时吸收乡村治理体系的理论设计，契合新时代乡村经济社会发展基本要求。总体来看，新时代的乡村治理新体系是由治理主体、治理体制机制、治理制度、治理方法技术等构成的一套完整体系，是乡村治理现代化的基础，它主要包括党的领导体系、管理服务体系、乡镇运行体系、治理方法体系、治理制度体系和人才体系等诸方面核心内容，这些核心内容之间既相对独立，又内在联系、互为一体。从深层次来看，实现人的现代化，促进人的全面发展是新时代乡村治理新体系的价值追求，乡村治理体系创新与发展本质上是更好地促进人的发展，这也是乡村治理的中国式现代化道路的内在要求。

二　乡村振兴战略对乡村治理体系提出新要求

在乡村振兴战略实施中，乡村治理格局、治理主体、治理方法、治理结构、治理内容等都面临着基础性转变，要求构建现代化的乡村治理体系，提升乡村治理现代化水平，以实现乡村的和谐有序。乡村治理体系的现代化离不开治理体系各个组成部分的现代化，乡村振兴要求全面提升基层党组织领导力、理顺乡镇政府运行体系、强化治理服务能力，夯实乡村振兴的人才基础、完善治理制度和治理方法体系，构建系统完备、运行高效的新时代乡村治理体系。

第一，提升党的全面领导能力。乡村振兴要求实现"组织振兴"，充分发挥好乡村基层党组织的战斗堡垒作用，"突出实效改进乡村治理，加强农村基层组织建设，充分发挥农村基层党组织领导作用"[①]，引领带动乡村发展。乡村振兴战略涵盖了乡村"五大振兴"和乡村"五位一体"总体布局，涉及乡村政治、经济、文化、社会、生态等各个领域，需要协调政府、社会组织、群团组织、自治组织、经济组织、企事业单位、农民等多元主体，涉及领域广、主体多、难度大，亟须一个强有力的领

[①]《中共中央 国务院关于做好2022年全面推进乡村振兴重点工作的意见》http://www.gov.cn/xinwen/2022-02/22/content_5675035.htm，2022年3月28日。

导核心、统揽各方、协调推进，着重围绕政治领导力、组织动员力、示范引领力与社会号召力等方面凝聚起实施乡村振兴的合力。乡村社会在现代化与城市化浪潮裹挟下内外环境不断发展变化，给乡村党组织建设带来诸多新问题，特别是部分基层党组织领导力弱化，给乡村振兴战略的实施也带来新挑战。一方面，基层党组织建构和人员组成不够优化。随着城镇化水平加快，自然村数量减少及人口流动，出现"青年党员难找、支部书记难选、党员教育难做、普通党员作用难发挥"等问题，农村基层党组织辐射力、组织力、凝聚力都受到较大影响。另一方面，基层党组织统领能力弱化，组织公共权威弱化，号召力、影响力下降。同时，伴随乡村公共性的不断衰落，农民个体化意识增强，对乡村公共事务关注日趋减少，影响了农村基层党组织的凝聚力和影响力，这些都不利于乡村振兴战略的有效实施与落地，也不利于深入推进乡村组织振兴。新时代，围绕党领治理要求，强化乡村党组织全面领导力，凝聚乡村内外一切资源与力量推进乡村发展是乡村全面振兴的必然要求。因此，需要强化农村基层党组织的组织建设力，将基层党组织建设与乡村振兴事业的契合点作为突破口，将基层党组织的组织动员优势、政治领导优势与资源整合优势转化为乡村振兴的内在动力。在实施乡村振兴战略中，农村基层党组织需要组织动员农村基层党员融入乡村振兴事业，发挥自身的示范带动作用，并在此基础上激活农民参与乡村振兴的主动性与积极性，全面塑造乡村振兴整体合力，促使人民群众在参与乡村振兴中提升自身的获得感与幸福感，最终赢得人民群众对农村基层党组织的认同。

第二，理顺乡镇政府运行体系。乡镇是县域与乡村的连接点，处于连接城乡、承上启下的枢纽位置，是承接社会治理和公共服务资源下沉的重要平台，能够发挥好自身的枢纽型组织优势。一方面，乡镇与农村农民距离最近，在乡村振兴战略实施中发挥着领导者、组织者与实施者的功能，其运行体系是否顺畅直接影响着乡村社会治理能力、社会风险应急处置能力、乡村基本服务供给能力、乡村社会民主协商议事能力等，事关乡村建设和发展的成效。然而，长期以来，乡镇政府运行体系受到机构设置、权责配置、功能定位、治理方式等多重因素的制约，科学规范、简约高效、功能完备、有效运转的乡镇政府运行体系难以建立。在机构设置上，乡镇政府与县级政府"上下同构"，部门设置过多，分工过细，与乡村振兴所要求的"深化基层机构改革，统筹党政机构设置、职能配置和编制资源，设置综合性内设机构"①，实现机构设置的扁平、综合化存在差距。在权责配置上，乡镇政府承担了大量行政事务，"对于基层政府而言，因为其处于行政体系的最底端，故自上而下的政策与任务由其执行和落实时，不仅导致了其治理任务繁重，同样亦决定了其治理任务的异质性奇大：其中既有维稳等'硬任务'，也有精神文明建设等'软任务'"②。虽然任务繁重，却缺乏与之相配备的各类权力，与基层治理现代化要求的"依法赋予乡镇（街道）综合管理权、统筹协调权和应急处置权，强化其对涉及本区域重大决策、重大规划、重大项目的参与权和建议权"③存在差距。在功能定位上，乡镇政府依然将大量时间和精力用于信访维稳，完成上级部门布置的具体任务，偏离了乡村振兴要求的综合执法、经济发展、公共服务、应急处置、社会治理等功能定位，无法实现对乡村的有效治理。在治理方法上，依然延续了开会、发文等传统治理方式，即便开发了智能化治理平台，也存在功能不够完备、部门间存在数据壁垒、系统集成性不高、数据处理能力不强等问题，基层治理数字化智能化水平无法有效满足乡村治理、公共服务等需求。因此，应根据基层治理体系和治理能力现代化建设和乡村振兴战略发展要求，科学进行功能定位，对于县职能部门派驻机构与乡镇政府职能部门的交叉职能予以整合重构，构建扁平化与网络化的乡镇治理体系，提升乡镇功能的整体性，增强乡镇社会治理、经济发展、应急处置等综合能力，保障乡村治理有效目标的顺利实现。同时，进一步理顺县乡关系，赋予乡镇职责相匹配的审批服务执法、人事、财政等权限，充分利用数字化技术向乡镇政府治理赋能，构建精简高效的赋权增能型乡镇政府运行体

---

① 《中共中央 国务院关于加强基层治理体系和治理能力现代化建设的意见》，http://www.gov.cn/zhengce/2021-07/11/content_5624201.htm? trs=1，2022年3月28日。

② 狄金华：《农村基层政府的内部治理结构及其演变——一个组织理论视角的分析》，《北京大学学报》（哲学社会科学版）2020年第2期。

③ 《中共中央 国务院关于加强基层治理体系和治理能力现代化建设的意见》，http://www.gov.cn/zhengce/2021-07/11/content_5624201.htm? trs=1，2022年3月28日。

系，为乡村全面振兴保驾护航。

第三，全面提升乡村治理服务能力。进入新时代，社会主要矛盾在乡村社会领域主要表现为城乡关系发展的失衡与乡村社会发展的不充分，解决这一问题的根本出路在于实施乡村振兴战略，促进城乡融合发展。乡村振兴要求实现"治理有效""产业兴旺""生活富裕"等目标，这就对乡村治理和服务体系提出了新要求。一方面，乡村振兴要求多元主体参与治理与服务。党的十九大提出打造共建共治共享的社会治理格局，党的十九届四中全会进一步提出坚持和完善共建共治共享的社会治理制度。在现代化发展中，乡村治理主体多元化、利益诉求多样化、乡村结构复杂性，矛盾纠纷和突发事件日益增加，出现了诸如生态环境、经济发展、自然灾害等诸多跨域的公共问题，仅凭政府单一治理主体无法实现乡村社会的有效治理，亟须形成政府、社会组织、自治组织、经济组织、企事业单位、人民团体、农民等多元主体构成的治理格局和网络。"新时代乡村治理组织体系是一个由基层党组织、基层政权组织、自治组织、经济组织、群团组织和社会组织所构成的有机系统。在这个有机系统中，每一个行动主体都扮演着不同的角色、居于不同的地位。"[①] 尤为重要的是，乡村振兴的最终目的是满足人民群众日益增长的美好生活需要，而公共服务是美好生活的重要组成部分。2022年，民政部等多部门出台《关于健全完善村级综合服务功能的意见》，要求将心理咨询服务、科教文卫服务、社会保险服务、农民就业保障服务、农村应急管理服务、农村生产生活服务、农村生态公共产品供给服务、农村警务服务与农村法律服务等综合服务下沉至乡村，通过"建立政府、村集体和社会力量共同投入的筹资机制，支持政府购买村级综合服务试点。加强政府公共服务、社会公益慈善服务和农民自我服务的协同联动，鼓励群团组织、供销合作社、社会组织、企业等积极参与"[②]，实现乡村服务能力提升，增强群众的获得感和满意度。另一方面，乡村振兴要求实现"产业振

[①] 陈成文、陈宇舟、陈静：《建设"一核多元"的新时代乡村治理组织体系》，《学海》2022年第1期。

[②] 《关于健全完善村级综合服务功能的意见》，http：//www.gov.cn/zhengce/zhengceku/2022－07/27/content_5703004.htm，2022年8月6日。

兴",随着乡村大量青壮年劳动力外出务工,乡村留守人员呈现出老龄化、兼业化现象,甚至有的地区缺少劳动力,亟须强化对农业的社会化服务。党和政府需要在制度政策、税收优惠与财政资金补贴等方面鼓励引导建立社会服务组织,不断壮大社会组织力量,为农业生产发展提供专业化、市场化与规模化服务,助力乡村产业振兴,在此基础上实现农业农村现代化发展。然而,政府依然是乡村振兴战略实施及管理服务的主体,为乡村振兴提供充足的政策支持、技术保障与财政资金供给,引领乡村振兴目标的实现,多元主体参与的深度和广度还远远不够。加之乡村治理服务财政缺口依然较大,农业社会化服务体系不够完善,所提供的部分服务并不是群众、农业发展所急需的,群众的获得感不强,农业现代化发展也大打折扣,最终影响了乡村振兴的成效。政府单一力量无法实现乡村的全面振兴,需要乡村现代化进程中"建立健全党委领导、政府负责、民主协商、社会协同、公众参与、法治保障、科技支撑的现代乡村社会治理体制"[①],充分发挥政府、乡村、社会组织、驻村机关企事业单位、其他社会力量、市场主体、村民等多元治理服务主体作用,形成治理和服务的合力,全面推进乡村振兴,保障农村农民的合法权益。同时,各级政府需要充分利用数字技术等新型治理手段打造精细化乡村治理服务体系,强化财政金融支持,提升农业社会化服务能力、公共服务、应急处置、法律服务、社会治理等乡镇政府治理能力和水平。

第四,优化乡村治理方法。乡村振兴战略是在"治理有效""乡风文明"等总体要求下,重点围绕乡村发展、产业发展、基层治理与乡村精神文明建设等方面,全面推进文化振兴、治理振兴、组织振兴与人才振兴,促进农业农村现代化发展与乡村基层治理现代化,而科学有效的治理方法是实现这些目标的关键。在推进乡村振兴进程中,农民是真正的主体,需要充分发挥农民"天然在场"的优势,调动农民参与乡村建设、发展与治理的主动性与积极性,以共建共治共享理念助推乡村振兴实践进程。为此,乡村振兴要求坚持农民主体地位,而村民自治制度是发挥

[①] 《中华人民共和国乡村振兴促进法》,http://www.gov.cn/xinwen/2021-04/30/content_5604050.htm,2022年8月6日。

农民主体作用的有效制度基础，在协调基层各类组织、发挥农民首创精神、协调政府与市场关系等方面发挥着重要作用。在具体实践中，村民自治组织成为乡镇政府在乡村的延伸，不过由于村民自治运行机制不规范等原因，农民群众知情权、参与权、决策权、监督权未能得到有效保障，村民对乡村事务参与度不高，自治功能未能在乡村振兴中得到有效发挥。乡村振兴要求实现"乡风文明"，德治在其中发挥着重要作用。如果说，自治是民治为本，法治是法安天下，那么，德治就是德润人心，即以社会公德、职业道德、家庭美德、公序良俗等引领民风文明。[1] 受市场经济冲击，乡村社会存在一定的道德失范问题，德治未能有效融入乡村社会治理，道德引领乡村治理的作用未能完全发挥出来。人的现代化是乡村治理现代化的根本内核，是乡村治理体系创新的价值追求，道德是人的现代化的根本体现，为此需要在乡村治理现代化中融入德治要素，推动乡村德治实践的养成，在民风淳朴的乡村社会中推动乡村治理现代化建设。乡村振兴目标的实现在依靠德治"软法"的同时也需要依赖法律制度的"硬法"，实现二者的有机融合。乡村振兴以维护好、发展好农民根本利益作为价值追求，充分保护好群众的生命财产安全，有效化解矛盾纠纷，维护好乡村秩序，这些都离不开法治的作用。由于受法治宣传不充分、公共法律供给不到位、基层法治文化阵地建设和公共法律服务体系建设不完善等因素制约，平安乡村建设依然与群众的期望存在较大差距，人民群众的安全感与幸福感难以大幅提升。第四次工业革命的深入开展推动数字技术向乡村延伸，智能治理成为乡村治理的重要方法。《数字乡村发展战略纲要》中明确提出以数字赋能乡村治理，提高乡村社会综合治理精细化、现代化水平，推动平安乡村建设。受制于网络设施、科技人才、系统开发、资金支持等因素影响，智能治理在应急处置、公共服务、灾害防治等乡村振兴诸多领域依然未能充分发挥出应有作用，亟须在乡村治理现代化中实现数字赋能，打造智能治理新模式。乡村振兴是个系统性工程，面对错综复杂的乡村治理形势仅凭单一的治理方式

---

[1] 张文显、郁建兴、肖滨、何显明：《"三治融合"从原发创新到持续创新》，《治理研究》2020年第6期。

或手段难以有效实现，亟须创新多样性、科学性、现代性和融合性的治理方法。推动乡村治理方法的优化、创新，实现多种治理方法的有机融合，形成立体式与复合型的乡村治理方法体系，是推进乡村现代化进程的重要前提，这关乎乡村治理效能的提升。推动乡村全面振兴，应实现自治、法治、德治、智治的有机融合，以自治提供高效组织动员的社会基础，以德治培育农民向上向善的内生精神力量，以法治保障乡村发展的规范秩序，以智治赋能乡村治理成效，形成与国家治理体系和治理能力现代化相适应的乡村治理规则、治理机制和治理方式，共同促进乡村治理体系的日益完善。

第五，完善乡村发展制度体系。乡村振兴进程涉及错综复杂的利益关系，其中由土地、财政、基础设施、人才、技术与公共服务供给等资源要素引发的利益关系使得乡村振兴推进面临重重阻力。推进乡村振兴，必须强化制度保障，夯实法治建设基础，将法治制度建设贯穿于乡村振兴的全过程，依靠法治制度建设保障乡村振兴沿着制度化与规范化轨道运行，实现乡村社会秩序的和谐稳定与乡村经济的健康可持续发展。邓小平同志说过"制度更带有根本性、全面性、稳定性和长期性"。乡村振兴要求破除城乡二元分治，坚持城乡融合发展。

工农关系与城乡关系是乡村振兴的核心问题，在实施乡村振兴战略中需要构建互补协调与互惠融合的新型城乡关系，将乡村振兴融入城乡融合发展之中，促进乡村的经济发展和社会和谐。乡村治理的现代化是推进乡村振兴战略的关键，为国家治理现代化奠定坚实的基础，同时也是巩固党在乡村的执政基础，实现乡村善治的必然要求，亟须构建与之相适应的现代乡村治理制度体系。只有直面制度性问题和困难，大力推进新型城镇化和乡村振兴双向互动，破除城乡之间的制度性壁垒，促进城乡各种要素的自由双向流动。[①] 乡村振兴要求实现城乡公共服务均等化。在"国家集体制度"和"统购统销制度"下，我国形成了以农支工、城乡分治的现代化发展道路，城市和农村之间实行差异化的公共产品供给模式，公共服务在城乡间的不均等造成不公平，城乡发展差距日益拉

---

① 周少来：《乡村治理：制度性纠结何在》，《人民论坛》2019 年第 3 期。

大，制约着农业农村农民的发展，成为社会整体发展的制度性障碍。进入新时代，党和国家逐渐在顶层设计层面构建城乡融合发展体制机制，以此弥合城乡发展裂痕，缓和城乡间紧张的对立关系，维护农村与农民的根本利益。在城乡融合发展中，我国进入了城乡基本公共服务均等化阶段，要求加强公共产品和公共服务供给，推动构建具有中国特色的公共产品供给制度。乡村振兴要求推动农业农村优先发展，实现共同富裕。习近平总书记指出"促进共同富裕，最艰巨最繁重的任务仍然在农村""要全面推进乡村振兴，加快农业产业化，盘活农村资产，增加农民财产性收入，使更多农村居民勤劳致富"，这就客观要求构建推动农业农村现代化，实现共同富裕的制度体系。然而，目前我国在上述制度体系方面还不够完善，制度之间的衔接和融合不够，影响了制度作用的发挥。党的二十大报告指出，"必须坚持在发展中保障和改善民生，鼓励共同奋斗创造美好生活，不断实现人民对美好生活的向往"。在新时代加强民生建设至关重要。在推动乡村振兴与实现共同富裕进程中，需要建立健全乡村振兴配套制度，加强农业产业发展、农业资源环境保护、农村基础设施建设、农村精神文明建设、乡村基层治理体系、农民农村共同富裕与现代化乡村治理体系等重点领域的制度建设，实现制度间的有效衔接，在乡村振兴促进法的统领下形成以生态环境保护法、农村集体经济组织法、农村耕地保护法与新型职业农民认定法等为支撑的法律制度体系，健全完善产业振兴、组织振兴与生态振兴的法律制度，共同促进乡村发展。制度的生命在于实施，应形成制度执行部门的联动机制，构建权责明晰、运行高效的农业综合行政执法体系，为乡村全面振兴打造良好制度环境和法治环境。

第六，夯实乡村发展人才基础。乡村振兴战略得以顺利实施的关键在于人才队伍建设，人是一切制度、政策、方法的落实者，是推动乡村振兴与农业农村现代化发展的创新引擎与活力源泉。乡村振兴与农业农村现代化发展目标的实现都离不开人的参与。由于我国长期以来实行城乡二元体制，在人财物等各类资源上优先支持城市发展，造成乡村经济基础薄弱、产业发展能力不强，无法为各类人才提供干事创业的优质平台，加之缺乏统一的人才队伍建设规划，未能形成有效的人才激励机制，导致乡村人才结构不合理，存在"引不进人、留不住人"等现实难题，严重制约了当前乡村现代化进程。"随着城市化推进，城市'虹吸效应'致使农村高素质劳动力大量外流，乡村劳动力老龄化及空心化严重制约我国乡村发展。"[①] 农村地区发展的相对滞后使得农村地区劳动力与优质人才外流问题加剧，农村空心化与老龄化使得农村发展受到严重束缚，给乡村振兴与农业农村现代化发展构成严峻挑战。在推动乡村振兴与农业农村现代化进程中需要打造智慧农业、生态旅游、康养产业、农村电商与体验农业等新业态，这就需要补足农村产业发展的人才短板，激发高素质人才活力，夯实乡村治理与发展的人才基础。新时代，乡村振兴战略的深入实施进一步打破了乡村相对封闭的结构，加速了城乡间、区域间人口的大量流动，同时，国家出台大量惠农、支农政策强化对乡村的扶持，为乡村人才培养创造了条件。2021年，中共中央办公厅、国务院办公厅印发《关于加快推进乡村人才振兴的意见》，提出"坚持加强党对乡村人才工作的全面领导""坚持广招英才、高效用才""坚持多元主体、分工配合""坚持全面培养、分类施策"等一系列人才工作原则，对新时代乡村人才队伍体系建设提出了新要求。乡村振兴是产业、文化、生态、组织等方面的全面振兴，在工作任务上具有多领域性，在振兴目标上具有多维度性，在人才需求上具有多元性，要求建立涵盖职业化基层干部、专业化社会工作者、知识技能型人才和乡村治理型人才等合理化人才结构，推动人才的职业化、专业化、规范化，为乡村振兴发展提供源源不断的人才动力。全国各地区应聚焦乡村振兴发展需求，深化乡村人才发展制度改革，将具有新思路与新技术的青年人才吸引进农业农村领域，全方位引育各类人才，拓宽乡村人才来源，引导各类人才向乡村一线流动，形成一支结构合理、质量优质、结构优化的乡村振兴人才队伍，激发"三农"领域的创新活力。在乡村振兴实践进程中，地方政府根据自身产业发展需求制定人才引进清单，同时通过完善人才公共服务与技能培训机制与人才激励机制吸纳城市优秀人才参与融入乡村振兴，

---

① 姚旭兵、邓晓霞、罗光强：《农村人力资本是否促进了乡村振兴？——基于双重异质性视角》，《西南民族大学学报》（人文社会科学版）2022年第6期。

为其建设乡村创造良好的发展平台，以人才队伍建设引领农业农村现代化发展。

总之，在新时代乡村振兴战略规划的实施，既预示着未来乡村社会将以一种更加现代化的形态呈现出来，同时也对现在的乡村社会变革与创新提出了新要求，又对既有的乡村治理结构性重构提出了新要求，它涉及乡村社会及乡村治理的各个方面，需要进行系统性改革与创新，以构造与现代化乡村社会形态及乡村善治相适应的基础条件。

第三节　乡村治理体系的重构及现代转型

中国国家治理现代化的根本属性，决定了它必然推进国家制度的一体化，推动社会形成系统的治理体系，并将国家、政府和社会的力量整合为一个整体。[1] 国家治理的现代化既是一项系统工程，又是各个构成部分互牵互制的变革过程，在国家整体现代化进程中，现代化诸领域之间既互为前提因果，又相互交织制约，需要各个领域在不同维度协同发力，若某一领域的现代化长期超前或滞后，都可能导致现代化变革的失调或失败。乡村是实现国家治理的基础，国家治理的难点与重点也在乡村，乡村治理成效关乎国家治理现代化目标的实现，可以说，没有乡村治理现代化就无法实现城乡发展现代化，最终导致国家治理现代化难以实现。乡村治理直接面临人民群众最切身的利益诉求，乡村社会是化解社会矛盾，调节利益关系的基层场域。国家治理现代化战略的提出促进乡村治理体系的重构与现代转型，构建现代化的乡村治理体系，形成系统完备、科学规范、运行有效的乡村治理体系。整体来看，乡村治理体系重构及现代转型是由国家治理体系和治理能力现代化发展战略与乡村治理实践逻辑共同决定的，是实现乡村振兴的必由之路。

乡村治理体系重构及现代转型同时受到乡村治理实践逻辑的驱动。乡村治理是国家治理的基石，其治理规则、治理主体与治理模式需要不断调整以适应不断变化的乡村治理环境，通过以现代化为取向重构乡村

---

[1] 林尚立：《当代中国政治形态研究》，天津人民出版社2017年版，第379—380页。

治理体系，推动乡村发展，实现乡村振兴。与早发国家的现代化不同，中国现代化的发展动力不是来自社会的自组织力量，而是来自一定的政治权威。①新时代，全国各地围绕乡村振兴战略，进行了重构治理单元、推进城乡融合发展等诸多改革创新，不仅推动传统治理组织结构性重组，而且伴随着熟人社会的瓦解，乡村社会的陌生化与原子化状态对于传统乡村社会治理规则构成挑战，迫切需要乡村治理制度体系与治理模式创新，不断适应传统乡村社会的结构性变迁，维护乡村社会秩序的高度稳定。同时，新时代社会主要矛盾在乡村领域表现最为突出，主要体现在治理效能不佳、治理机制不完善、服务体系不健全、治理方法不完整、治理结构不顺畅等诸多方面，尤为值得关注的是美好生活需要蕴含着自由、平等、民主、法治、公平、正义等现代理念，传统乡土意识和观念将逐步被现代化观念所取代，成为乡村现代化的重要指引。面对乡村治理基础、农民观念及社会主要矛盾转变，必须对治理理念、治理主体、治理方式等做出重大调整与转型，以更好适应乡村治理的发展要求，提升乡村治理、公共服务等能力，推进乡村现代化进程。"乡村治理现代化是嵌入在乡村社会结构与变迁之中的政治社会过程"②，乡村治理现代化目标的实现离不开现代化的乡村治理体系。实现乡村治理体系重构及现代转型，是为了更好适应现代化理念及乡村社会结构性变迁，解决乡村治理面临的主要矛盾，实现乡村善治的必然选择。

乡村治理体系现代化既具有乡村治理的"国家性"内涵，更内生于乡村治理的"社会性"问题，是国家治理现代化和乡村治理实践相互作用、共同推动的结果。党领导乡村发展的百年实践充分证明，没有乡村治理的现代化变革，就无法有效提升乡村治理能力，乡村治理能力提升的关键在于构建与新时代相适应、与乡村治理要求相匹配、与国家整体发展战略相契合的现代化乡村治理体系。在乡村治理实践场域变革创新治理机制与治理模式，重构治理体系，促进乡村治理现代化以提升治理

---

① 陈明明：《在革命与现代化之间——关于党治国家的一个观察与讨论》，复旦大学出版社2019年版，第13页。

② 罗兴佐：《过渡型社会与乡村治理现代化》，《华南农业大学学报》（社会科学版）2021年第2期。

成效，维护基层社会秩序和谐稳定，保障农村农民合法权益，是乡村治理回应和解决乡村社会问题的最佳选择，同时对生成发展新时代乡村治理现代化具有决定性和基础性意义。由此可知，实现乡村治理现代化，推动乡村治理有效的重要逻辑前提是全面理解乡村社会治理体系现代转型的必然性，这也关乎着乡村振兴的目标能否顺利实现。"乡村治理体系现代化意在制度机制建设，即创新党领导人民有效治理乡村的一系列规则制度及相互作用机制。乡村治理能力现代化重在治理主体及其执行力，谋求提升各乡村治理主体能力。"[①] 党的领导体系、乡镇政府运行体系、乡村治理资源协调整合体系、乡村治理方法及制度体系、公共服务供给体系、乡村人才体系等是新时代乡村治理体系变革创新及现代转型的核心内容，关乎着乡村治理效能的提升，在和谐有序的乡村社会秩序中助推乡村善治目标的实现，增进乡村社会的公平与正义。

新时代乡村治理体系重构及现代化转型要求形成强有力的基层党组织体系。在现代化进程中，中国共产党是国家的缔造者，它在缔造国家和政府的时候已经将自己的意志、组织模式和管理原则赋予这个缔造物，并在组织体系上与国家和政府的组织体系实现互联互构。[②] 我们党历来高度重视乡村治理工作，牢牢把握对乡村建设和发展的领导权，为推动乡村实现历史性变革、取得历史性成就奠定了重要基础。历史已经充分证明，办好农村的事情关键在党，核心在党的领导力，基础在于基层党组织建设。新时代，党的基层组织是党在乡村全部工作和战斗力的基础，是乡村振兴的领导者、推动者和实践者，若没有基层党组织的有效领导就难以实现乡村的有效治理。伴随现代化进程，乡村社会日益呈现出多元、异质、疏离等特征，出现了众多新兴社会组织、经济组织等新的治理主体，如何引导并激励多元主体更为积极主动参与到乡村振兴之中，扩大参与乡村治理的深度和广度，实现治理主体资源的有效整合，成为

[①] 李三辉：《乡村治理现代化：基本内涵、发展困境与推进路径》，《中州学刊》2021年第3期。钱红：《推进乡村治理体系和治理能力现代化的障碍因素及对策分析》，《中共云南省委党校学报》2020年第4期。

[②] 王浦劬：《新时代乡村治理现代化的根本取向、核心议题和基本路径》，《华中师范大学学报》（人文社会科学版）2022年第1期。

新时代强化党的领导力的重大课题。"社会整合是中国共产党的基本政党功能,在中国共产党的功能体系中居于十分重要的位置。历史与现实、理论与实践都证明,在中国这样一个发展中国家,社会运行机制还未充分发展,无论从国家、社会还是从中国共产党自身来说,中国共产党的社会整合都尤为重要。"[1] 乡村振兴需要一个具有强大领导力、组织力的基层党组织体系,既能够引领乡村发展,又能够实现对治理主体、资金、人才、制度等各类治理资源的有效整合,发挥中国特色社会主义制度"集中力量办大事"的优势,形成推动乡村振兴的强大合力。通过构建统合型的基层党组织体系,对社会进行结构整合、资源聚集和功能重组,充分发挥党的政治引领和组织动员功能,形成基层党组织领导的多元主体治理机制和引领乡村治理运行机制,无疑是乡村振兴的关键所在。

新时代乡村治理体系重构及现代化转型也对乡镇政府运行体系提出了更高要求。乡镇上联国家,下接乡村社会,是国家政策运转的神经末梢,负责乡村振兴各项政策的具体落实和实施。在乡村治理中,乡镇运行体系是决定乡村治理效能的关键因素,不仅对乡镇服务能力、基层社会治理能力、风险应急处置能力、平安乡村建设能力、生态环境保护能力与经济发展能力产生着深刻影响,而且直接制约着乡村社会治理体系功能的发挥。在推进乡村振兴的实践进程中,党和国家需要将乡镇建设作为提升乡村社会治理的重要抓手。国家与社会之间的关系在乡村基层社会治理中突出表现为县乡关系,对于乡村治理产生着深刻影响。地方政府的收权与放权不仅左右着县与乡之间的互动关系,而且在县域治理领域体现着乡镇自主性与县级政府约束性之间的内在张力,使得乡村治理成效的提升受到束缚,不利于乡村治理有效目标的实现。[2] 在压力型体制下,乡镇政府部门间职能重叠,且权责失衡,拥有的权限与履行的职责不相匹配,乡镇治理能力难以适应新时代乡村振兴要求。县级政权处于直接面临群众利益诉求,化解基层社会矛盾的前沿,在化解矛盾纠纷

---

[1] 刘子平:《中国共产党社会整合的百年探索与基本经验》,《探索》2021年第2期。
[2] 冯川:《县域治理体系刚性化与乡镇自主性》,《华南农业大学学报》(社会科学版)2021年第6期。

时面临巨大压力。这种不平衡的治理体系的塑造不仅受到条块政府关系的束缚，而且会受到社会外部因素的制约，尤其是地方政府与基层民众的互动关系。[①] 深化乡镇政府机构设置改革，推动治理资源和重心下沉，赋予乡镇更大权限，成为新时代乡镇运行体系改革的趋向。乡村社会治理体制改革不能仅仅局限于治理制度设计、治理流程再造、治理模式创新与科层化队伍建设，从而实现对乡村社会内部有效的组织动员，更为重要的是需要党和国家在顶层制度设计层面赋予地方政府充足的人才支持、资金保障与治理空间，从而促使县乡层级的地方政府有充足的能力拓展整合社会治理资源，吸纳多元治理力量以及提升乡村社会治理水平，构建符合乡镇治理实际的"权威的统合治理"秩序，在多元主体协同共治的引领下实现乡村社会的简约化治理，促进新时代乡村治理体系的现代转型。[②] 新时代，构建赋权增能型乡镇政府运行体系，推动乡镇机构设置扁平综合高效，县乡之间、乡镇与村庄之间职责明晰、权责一致，以确保乡镇政府能够有效履行乡村振兴职能，是新时代乡村治理体系现代化转型的重点内容。

新时代乡村治理体系重构及现代化转型要求形成协同共治的精细化管理服务体系。乡村振兴的发展目标在于促进农业农村现代化发展，在此基础上不断缩小城乡发展差距，实现城乡融合发展，乡村治理方式、治理主体、服务体系及农村经济、农业发展模式等根本性变革，治理基础更加复杂，服务要求更加精准，治理主体更为多元，治理方式更为智能，对乡村管理服务体系提出更加高效、规范、专业化的要求，亟须构建协同共治的精细化管理服务体系。"乡村产业的振兴亟需由多方主体聚合形成的资源和要素基础，在资源共享的大格局中打破城乡对立、地域差距带来的禀赋差异，从而造就农业及其他产业互补、协同发展的新局面""乡村社会关系范围的增大和交往密度的降低，也亟需由多方合力供给公共产品，代替原先由熟人提供的公共服务，增大向乡村社会的信息、

---

① 李文钊：《重构简约高效基层治理体系的中国经验———一个内外平衡机制改革的解释性框架》，《河南师范大学学报》（哲学社会科学版）2020 年第 2 期。
② 金江峰：《调控型政权：乡镇运作及其治理实践》，《华南农业大学学报》（社会科学版）2022 年第 3 期。

资源、技术等各种治理要素的输入，从而回应日趋多元的需求。"①党的十八届五中全会提出"加强和创新社会治理，推进社会治理精细化，构建全民共建共享的社会治理格局"。党的十九届四中全会进一步提出"推动社会治理和服务重心向基层下移，把更多资源下沉到基层，更好提供精准化、精细化服务"，精细化管理服务成为新时代乡村治理体系现代转型的基本方向。新时代，协同共治的精细化管理服务体系，本质是推动实现"技术治理"与"服务治理"的有机统一。一方面，借助物联网、人工智能、云计算等技术应用，"将着力点置于行政管理的程序与技术上，借助'标准化、流程化、信息化等手段，将全面质量管理等科学方法运用到社会治理实践中去'"②，通过精细化社会治理的技术路径，提升治理成效。另一方面，以服务为中心推进治理现代化转型，及时关注农民诉求的回应性，增强多元主体的协同共治，强化政府与多元主体的互动，完善公共服务体系和农业社会化服务体系，提升服务供给的细致化程度和灵敏度，实现乡村产业振兴，促进经济发展，以满足人民群众日益增长的美好生活需要。

新时代乡村治理体系重构及现代化转型要求推动治理方法的融合，以形成科学合理的乡村治理方法体系，强化乡村治理效能。实现乡村治理有效的目标需要将抽象的治理概念细化为具有可操作性、可评价与可考核的具体治理任务，依靠科学规范与运行有效的治理方法促进乡村社会治理，提升人民群众安全感、幸福感与获得感。新时代，乡村治理现代化要求进一步整合乡村治理资源，充分发挥农民主体作用，通过搭建乡村治理参与平台与构建民主协商议事机制充分调动村民参与的积极性与主动性，推动乡村基层自主治理体系建设，在村民自主治理中提升乡村社会治理成效。同时，以现代先进理念、传统优秀文化和村规民约为依托，通过道德教化功能，为个体参与乡村公共生活提供价值遵循与底线原则，维护乡村秩序，支撑乡村治理现代化。在乡村振兴过程中，农

---

① 孙莹：《协同共治视角下的乡村治理现代化——以四川省J市的乡村振兴实践为例》，《理论学刊》2022年第2期。

② 郭占锋、李轶星、张森：《迈向精细化的乡村治理——以一个陇西移民村的治理实践为例》，《西北农林科技大学学报》（社会科学版）2021年第1期。

民主体作用和道德引领作用的发挥并不是毫无边界的，是建立在一定法治基础之上的，"自治主体需要依靠法律规范的引导，实现治理手段合法有序；德治主体需要以法律规范为基础，框定基本的道德准则，确保一切秩序均在法律界定的范围之内"[①]。随着数字化技术向乡村延伸，以互联网、大数据、人工智能为代表的数字技术重塑乡村治理方式，智能化治理成为乡村治理的重要方式。习近平总书记指出："要用好现代信息技术，创新乡村治理方式，提高乡村善治水平。"《乡村振兴战略规划（2018—2022年）》与《中华人民共和国乡村振兴促进法》等顶层制度设计中明确提出构建自治、法治、德治"三治融合"的乡村治理体系，实现乡村社会的和谐有序。新时代，科学合理的乡村治理方法体系，应实现自治、德治、法治的有机融合，"自治、法治、德治作为农村基层治理体系建构的重要遵循，共同作用于农村治理场域，在很大程度上影响着农村治理的效能。当前，农村治理中亟须推进自治、法治和德治有机融合，形成治理合力，助推农村治理体系和治理能力现代化"[②]。同时，充分发挥科技支撑作用，将技术赋能纳入到多元、流动、异质乡村社会治理中，重塑社会治理的流程和机制，"将技术应用深刻嵌入到多元、流动、复杂、异质的社会领域中，有效地将党的领导、基层社会治理和大数据技术有机结合起来，打造基于现代社会治理理念的共建共治共享社会治理新格局"[③]，以先进的治理理念与科学的治理方法助推乡村社会治理现代化建设，提升乡村治理成效，保障乡村社会和谐稳定。

新时代乡村治理体系重构及现代化转型要求形成规范化的乡村治理制度体系。"制度是治理的依据、尺度、手段和工具。治理效果的好坏、优劣，根本上取决于制度是否科学和完善。"[④] 乡村振兴是一项系统工程、

[①] 徐婧：《"三治融合"乡村治理体系的"法治"进路》，《华中农业大学学报》（社会科学版）2022年第1期。

[②] 李小红、段雪辉：《农村自治、法治、德治"三治融合"路径探析》，《理论探讨》2022年第1期。

[③] 唐有财、张燕、于健宁：《社会治理智能化：价值、实践形态与实现路径》，《上海行政学院学报》2019年第4期。

[④] 北京市习近平新时代中国特色社会主义思想研究中心：《全面把握制度与治理的辩证关系》，《经济日报》2019年11月20日。

长期战略，涉及范围广、部门多，利益关系比较复杂，需要完善的制度体系予以支撑，以制度的方式保证乡村发展的连续性和稳定性。新时代，规范化的制度体系构建，应聚焦乡村振兴亟须解决的问题，强化国家顶层设计，鼓励地方改革创新，形成制度严格落实机制，以治理制度的优化实现效能的有效发挥，激活乡村内部治理活力，塑造乡村社会共建共治共享治理格局，保障乡村社会秩序的和谐。"农村治理制度运行的背后是国家的统筹与扶持机制、自发性创新机制与农村（社区）的配合机制，这三种机制并存，决定了制度的运行方向、基本特征以及改革所需要解决的主要问题。"[①] 农业农村发展制度创新需要围绕乡村产业发展、生态环境保护、乡风文明建设与农民收入提升等方面展开，健全乡村环境保护制度建设，强化乡村文化制度建设，构建完善公共治理制度，完善乡村经济发展与社会保障制度，依托健全完善的乡村社会制度体系推动乡村振兴，充分发挥好乡村治理制度体系对于乡村发展的制度保障作用，推动制度转化为治理效能，引导乡村社会沿着制度化与规范化的轨道运行，最终实现农业农村现代化发展目标。

新时代乡村治理体系重构及现代化转型客观上要求形成专业化乡村人才队伍体系，为新时代乡村现代化治理和农业现代化发展提供人才动力。人是一切政策、制度的执行者，乡村振兴的各项规划、政策、制度归根结底是由人来执行和完成的，人是乡村振兴成败的基础和关键，是乡村产业发展、民主实践、生态保护、文明建设的实践者。习近平总书记指出："乡村振兴，人才是关键。要积极培养本土人才，鼓励外出能人返乡创业，鼓励大学生村官扎根基层，为乡村振兴提供人才保障。"在乡村现代化进程中，无论是乡村领导体系引领作用的发挥、制度体系的设计与执行，还是治理方法的创新与实践、公共服务的供给，都离不开人的作用发挥。新时代，构建专业化乡村人才队伍体系，需要将人力资源开发放在首位，深入发掘培育乡土人才，积极引导乡村外部人才下乡，发挥新乡贤作用，"新乡贤不但是乡村振兴中的关键力量，也是社会主义

[①] 郎友兴、万莼：《乡村治理制度形成、演变与运行的机理——基于浙江省象山县"村民说事"制度的研究》，《浙江社会科学》2022年第3期。

核心价值观在个体层面上塑造起来的榜样力量，同时也为中国传统文化在社会层面的参与者和实践者"[1]，提升基层干部专业化水平，打造一支结构合理的乡村人才队伍，充分发挥人才资源优势，夯实农业农村现代化与乡村振兴的人才基础。同时，完善乡村人才配套保障，健全人才激励机制及管理服务机制，打通人才晋升渠道，优化工作和生活环境，确保人才进得来、留得住，自觉投身于乡村振兴伟大实践。总而言之，在推动乡村振兴实践进程中，党和国家需要厚植人才发展生态，为青年人才流向农业农村领域构建一站式服务平台，并在资金贷款、信息技术保障与农业项目开发等方面予以倾斜，营造尊重乡村人才的良好社会氛围，为乡村社会人才培育提供基础保障。

总的来说，随着中国特色社会主义进入新时代，国家治理体系和治理能力现代化对国家各个领域都提出了新要求，实现国家现代化转型需要各个领域的现代化发展，乡村社会是推动国家治理现代化的重要基石。党的二十大强调"全面推进乡村振兴""健全共建共治共享的社会治理制度，提升社会治理效能。""健全基层党组织领导的基层群众自治机制，加强基层组织建设，完善基层直接民主制度体系和工作体系，增强城乡社区群众自我管理、自我服务、自我教育、自我监督的实效。"这些都对新时代新阶段的乡村治理及乡村振兴提出了新要求。"基础不牢，地动山摇"，乡村是国家的基层基础，在国家现代化中处于关键位置。进入新时代，中国共产党提出乡村振兴发展战略并将其划分为三个历史阶段，以构建乡村振兴政策体系、基本实现农业农村现代化发展目标与全面实现农业强、农村美、农民富作为其战略性阶段目标，这都对乡村治理体系的重构与现代转型提出了新要求，对实现乡村善治，助推乡村共同富裕，以及第二个百年奋斗目标的实现都具有重要意义和深远影响。

---

[1] 孟冬冬：《新乡贤文化视角下乡村治理的现实困境与实现路径》，《农业经济》2022年第5期。

第 三 章

党领治理：乡村振兴战略中的能力型乡村党组织体系

第一节 乡村党组织体系的发展历程

中华人民共和国成立后，为巩固新政权并实现现代化建设，需要构建与新中国相适应的乡村党组织体系。然而，在新中国成立初期，考虑到要建设纯洁党的队伍、增加党的工人成分，中共中央对于在农村吸纳新党员、新建乡村基层党组织仍保持慎重态度，一定程度上限制了农村党员发展。[①] 随着土地改革的基本完成以及农业合作化运动逐步展开，党领导乡村的理念和方式也开始发生转变。中共中央于1952年颁布《关于在"三反"运动的基础上进行整党建党工作的指示》提出今后要在农村大力发展党员，在没有党组织的12万个新区乡村、2万个老区乡村中建立党组织。[②] 最初乡村党组织建设从乡一级开始，随着合作社进一步发展，乡村党组织建设逐步延伸到乡村社会内部。1954年11月召开的第一次全国农村基层党组织工作会议指出，在乡支部统一领导下，在农业合作社和手工业合作社中，可建立党小组，党员多的可建立分支部。数据显示，截至1955年，已经有25万个支部整顿完毕，17万个新支部被创

[①] 中共中央文献研究室编：《建国以来重要文献选编》第2册，中央文献出版社1992年版，第213页。

[②] 中共中央文献研究室编：《建国以来重要文献选编》第3册，中央文献出版社1992年版，第201页。

建。① 短短几年时间里，乡一级普遍建立了乡（镇）党委在村一级（行政村、合作化后期的高级社）普遍建立起了基层党支部，逐步构建起对乡村社会全覆盖的党组织体系。

改造乡村社会，动员农民是党组织的重要功能。为加强对乡村社会有效整合，巩固政权基础，在农村不仅建有党组织，还建有青年团、妇联、民兵连等功能性、群众性政治团体。在当时，农村每家每户几乎都有党员或青年团员、妇联成员、民兵等政治组织成员，广大农民也因此获得了政治组织身份。党组织及其领导下的群众性政治组织是开展乡村政治、经济、文化、社会工作的主体力量。通过"党组织下沉"，不仅将个体化的农民组织了起来，强有力的政党动员机制也将广大农民积极性调动了起来。在这一时期，政党动员的重要目标之一是宣传教育群众，净化思想，发动群众进行社会主义改造。在政治动员中，除了建有专门的宣传教育组织部门及配备专职工作人员外，每个党组织成员也是宣传教育和发动群众的重要力量，青年团、妇联、民兵连等政治团体也承担着宣传党的路线、方针、政策的任务。通过宣传教育，净化洗礼了乡村社会，统一了思想，培养了与社会主义相适应的农民群众，夯实了党的基层社会基础，为凝聚亿万群众投身现代化建设发挥了重要作用。

以合作化为基础的集体主义是社会主义的重要表现形式，是实现共产主义的基础条件。随着合作化逐步加深，合作组织范围不断扩大，集体化水平不断提高。1958年5月，党的八大二次会议确立了"鼓足干劲、力争上游、多快好省地建设社会主义"的总路线。1958年8月上旬，毛泽东先后视察河北、河南和山东等省的一些农村。他在山东同当地负责人谈关于办大社的问题时指出："还是办人民公社好，它的好处是，可以把工、农、商、学、兵合在一起，便于领导。"同年8月，《中共中央关于在农村建立人民公社问题的决议》颁布，全国各地农村相继兴办了人民公社。在推进人民公社化运动过程中，党在乡村的组织形式也不断发展变化，以适应人民公社发展要求。在党中央的大力推动下，农村地区开始普遍建立人民公社，农村基层党组织的设置由原来乡设置党委、农

---

① 宋晓明主编：《中共党建史：1949—1976》，党建读物出版社1996年版，第25页。

业合作社设置总支或支部变成公社管理委员会设置党委、管理区（或生产大队）设置总支或支部，公社管理委员会、管理区（或生产大队）、生产队三级构成农村人民公社的管理机构。[1] 1962 年《农村人民公社工作条例修正草案》将农村人民公社基本核算单位调整为生产队，并规定不同地区可依据人民公社规模来设立党委员会、总支委员会和支部委员会。在党的领导下，许多农村地区开始以生产小队为载体建立党支部或党小组，人民公社、生产大队、生产小队三级党组织体系逐步建立了起来。

随着人民公社、生产大队、生产小队党组织的设立，逐步形成了农村经济、社会、政权一体化组织体系。从管理体制上来看，公社一级的管理委员会、青年团、妇联、民兵连接受公社党总部领导，大队一级的大队管理委员会、青年团支部、妇联、民兵连接受大队党支部领导。党组织无所不包，权力至高无上。张乐天在对人民公社研究中指出，农村基层党组织完全控制了农村基层社会的各组织资源，由此实现对广大农民的政治控制，具体表现在：党支部有权为乡村的其他组织制定大政方针，对其他组织下达工作指令；能够以领导者身份参与其他组织的活动；决定其他组织的领导人的任免；具有资源的配置权。[2] 在公社一级，公社党委通过直接命令方式组织生产、分配资源、管理农村公共事务，对重大工作做出决议并提出指导性和原则性的意见，各个条线也必须贯彻党委工作精神。而在大队一级，党的支部委员会不仅要谈"肥攻水促，选种留种"，还要谈到各个生产队使用种子的情况以及具体的选种留种的方案。[3] 这一时期，党组织通过嵌入基层社会各个领域的组织体系，实现了对整个乡村社会的全面领导，乡村各方面事务均由党组织决策、管理，由此形成了全能型乡村党组织体系。

改革开放后，家庭联产承包责任制逐步确立，乡村经济体制与生产方式发生重大变革，治理体制也需要调整。在较短的时间内，虽然公社

---

[1] 王立峰、孙文飞：《建党百年来农村基层党组织建设的演进历程与经验启示》，《江苏行政学院学报》2021 年第 5 期。

[2] 张乐天：《告别理想：人民公社制度研究》，东方出版社 1998 年版，第 114、411 页。

[3] 张乐天：《告别理想：人民公社制度研究》，上海人民出版社 2005 年版，第 181—182 页。

体制废除后，公社党委、生产大队党支部、生产小队党小组的党组织仍然下沉在村域，并执掌着相当的治理权力。① 但由于分田到户，农户与村集体的联系明显减弱。与原来相比，基层党组织发挥的作用明显下降。经济基础决定上层建筑，经济基础的变革也客观上要求政治改革。1983年，中共中央、国务院颁布《关于实行政社分开，建立乡政府的通知》，对乡政府、乡人民代表大会和乡党委的组建、主要工作进行了相应规定，农村基层组织改革正式开始。到20世纪80年代中期，人民公社体制完全解体。实行乡镇建制后，为使基层党组织更能适应社会发展基本要求，1986年《关于调整和改进农村中党的基层组织设置的意见》指出，农村党的基层组织设置的调整与改进以现有的行政村为党建单位建制，便于统一领导全村的各项工作。② 行政村成为基层党组织建设的基本单位，围绕乡（镇）、村为单位来建设农村基层党组织已经获得党内法规的肯定与支持。在乡村党组织建设调整中，以建制乡（镇）和行政村为单位设置党组织始终是党的农村基层组织建设的核心工作。

总体来看，改革开放以来乡村党组织架构呈现出更加立体化、多元化的特点，统筹引领协调基层社会是其显著特征。在乡镇，乡镇党委是中枢系统，肩负着贯彻执行党的路线、方针、政策，加强基层党的思想建设和组织建设，开展农民思想政治教育，促进党风和社会风气形成的责任。改革开放后基层社会体系的一个最大变化，"就是体制外各种社会成分不断扩大，把异质化、多元化、契约化的多种社会成分和各种社会力量纳入党政主导的公共体制秩序范围内"③。在行政村层面，伴随家庭联产承包责任制的实施和农村改革的深入推进，乡村组织形式和管理体制发生了根本性变革，出现了村党支部、村民委员会和集体经济组织并存的图景，三套牌子、一班人马、干部交叉任职成为普遍现象。另外，共青团、妇联、宗教组织也参与村级治理，村级治理的主体逐渐复杂化、多元化，村级组织内部、组织之间以及组织与国家的关系越发复杂。

---

① 徐勇：《政权下乡：现代国家对乡土社会的整合》，《贵州社会科学》2007年第11期。
② 《中国共产党组织工作辞典》，党建读物出版社2001年版，第558—559页。
③ 周庆智：《在官治与民治之间：关于基层社会秩序变革的一个概括》，《学术交流》2019年第7期。

21世纪以来，随着现代化进程加快，乡村社会走向开放与流动，基层党组织对普通党员、群众的影响力下降，部分党员和群众甚至出现了对基层党组织的认同危机。同时，乡村经济社会结构也不断发生变迁，基层党组织建设亟待加强。党的十六大指出要坚持"围绕中心、服务大局、拓宽领域、强化功能、扩大党的工作的覆盖面"。党的十七大指出，要扎实抓好党员队伍建设这一基础工程，坚持不懈提高党员素质，使党员真正成为牢记宗旨、心系群众的先进分子。在新的时代背景下，重新调适乡村党组织体系结构与功能，能够强化党的政治领导、思想领导、组织领导和功能优势的发挥，也能够以此预防党组织弱化、虚化和边缘化问题，提升乡村治理效果。在发挥好政治领导、动员和整合功能的基础上，如何更好开发新的政党功能，也是提高基层党组织活力和战斗力的重要手段。在功能调整中最具影响的创新是强调基层党组织的服务职能。党的十八大报告明确指出，"以服务群众、做群众工作为主要任务，加强基层服务型党组织建设"[1]。党的十八大以来，针对乡村出现的新情况，以村村联建、村企联建形式将支部建在项目上和社区中，优化党组织设置，实现了党的乡村基层组织工作的动态延伸。在社区层面建立了社区党委或者党总支，吸纳两新组织进入社区党组织体系，根据地方产业特色成立服务型党支部等，以构建全覆盖乡村党组织体系。

构建全面领导型党组织体系是21世纪以来基层党组织体系建设的重要任务。2019年9月，《中国共产党农村工作条例》指出，"把农村基层党组织建设成为宣传党的主张、贯彻党的决定、领导基层治理、团结动员群众、推动改革发展的坚强战斗堡垒，发挥党员先锋模范作用"[2]。从党的政策要求来看，乡村党组织不仅具有领导其他主体的政治功能，还具有协调、动员其他主体的组织统筹功能。党的二十大报告强调"健全基层党组织领导的基层群众自治机制，加强基层组织建设，完善基层直接民主制度体系和工作体系，增强城乡社区群众自我管理、自我服务、

---

[1] 中共中央文献研究室：《十八大以来重要文献选编》（上），中央文献出版社2014年版，第42页。

[2] 《中国共产党农村工作条例》，人民出版社2019年版，第7页。

自我教育、自我监督的实效"。总体来看，构建全面领导型党组织体系以及基层党建引领嵌入乡村治理体制机制，已经成为新时代推进乡村治理现代化的重要抓手。在党的统一领导下，打造充满活力、和谐有序的善治乡村，形成共建共治共享的乡村治理格局成为时代发展的必然命题。

第二节 乡村振兴战略对乡村党组织建设提出的新要求

乡村振兴战略的实施在为乡村发展带来机遇的同时，也对基层党组织建设提出了新要求。乡村党组织是乡村治理的核心领导力量，承担着引导乡村经济社会发展，解决乡村社会矛盾，帮助广大农民实现稳定增收的重任。在新时代推进乡村振兴战略，实现乡村治理有效，必须坚持并加强党的领导。

一 乡村党组织建设发展面临的现实问题

在党中央的有力领导下，乡村党组织体系建设取得了长远进步，农村发展综合领导能力、乡村经济社会全面发展能力都有了明显提升。不过，值得注意的是，随着乡村内外环境不断发展变化，党组织建设发展也面临诸多问题与挑战。

第一，组织虚化、弱化，能力不足。乡村党组织是乡村多元治理格局的领导核心，是推动乡村振兴的重要主体。乡村振兴战略背景下，乡村大量青壮年劳动力外流趋势尚未根本扭转，农村空心化、农民老龄化、农业兼业化现象依然突出，大量人才外流导致农村党员干部队伍青黄不接、后继乏人，面临"组织找人难"问题。许多农村地区的党组织领导班子处于留守型状态，出现了"年老的不能干、年轻的不愿干、有能力的不想干、无能力的干不了"的尴尬局面，严重制约了党组织在乡村振兴中领导核心作用的发挥。[①] 以调研的山东省东部某县为例，该县50岁

[①] 杨根乔：《充分发挥农村基层党组织带头人在乡村振兴中的作用》，《中州学刊》2019年第3期。

以上的村党支部书记占61.5%。该县下辖的某镇49位村支部书记中，30—40岁的占18.37%，41—50岁的占22.45%，51—60岁的占44.90%，60岁以上的占14.29%，最高年龄为70岁。现有农村党员流动性大，作用发挥不明显。在外向型经济影响下，大量农村党员长期脱离农村，有些甚至已经成为"失联党员""口袋党员"，他们在情感上对农村缺乏归属感，在行动上也未能深度参与乡村治理。在新时代推动乡村全面振兴，促进基层社会治理现代化发展对党组织提出了更高要求。不过，总体来看，随着大量中青年党员外流，留守党员存在学历偏低，文化素质能力不足，创新能力不强等问题。以调研的山东省东部某县为例，该县村党支部书记中高中以上学历仅占49%。该县下辖的某镇49位村支部书记中，小学学历的占2.04%，初中学历的占53.06%，高中学历的占24.49%，中专学历的占2.04%，大专学历的仅占12.24%，本科及以上学历的仅占6.12%，缺乏创新意识与创新能力。此外，部分党员无法跟上时代步伐，观念转变较慢，工作方法陈旧，综合能力不足。乡村振兴战略要求全面推行村党组织书记"一肩挑"制度，客观上要求村党组织书记要具备较强的政治领导、经济发展、文化引领、社会治理等方面的能力与素质，但现实中乡村很少有如此全面优秀的人才，难以满足国家政策和农民群众对"一肩挑"村党组织书记的较高期待。以山东省南部县辖某镇为例，村党总支书记17人中，初中学历占17.65%，高中学历占11.76%，中专学历占17.65%，大专学历占47.06%，本科及以上学历占5.88%，综合素质能力都相对不高。虽然一些地区通过乡镇优秀干部兼任、副科级干部待遇、打破晋升"天花板"等方式选拔符合政策要求的村党组织书记，但是短时间内数量不足且质量不高的乡村党组织带头人队伍现状很难得到有效改变。

第二，服务功能不强，引领作用难以有效发挥。党的十八大以来，习近平多次强调，"要把加强基层党的建设、巩固党的执政基础作为贯穿社会治理和基层建设的一条红线"[①]。乡村党组织功能的强弱直接影响着

[①] 中共中央文献研究室：《习近平关于社会主义社会建设论述摘编》，中央文献出版社2017年版，第129页。

乡村振兴的效果。从现实来看，乡村党组织存在服务功能弱化、引领作用不足的问题，不能很好满足群众的多样化需求，组织影响力和号召力受到影响。部分党组织做群众工作本领不足、能力不强，不善于协调利益关系、化解矛盾纠纷，不能很好回应基层群众诉求。例如，研究者在泉州市调研发现，各基层党组织的服务基本是根据上级党组织要求开展的，但不能很好地根据党组织所在社区的具体实际设计开展一些特色活动，服务手段传统单一，缺乏个性化服务，真正贴近群众服务方式方法不多。[①] 这一定程度上影响着基层社会对党组织的认同感。另外，乡村振兴是一个系统性复杂工程，需要党组织深入乡村社会了解真实情况，制定切实可行方案。从基层现实来看，有些党组织主要资源和时间用于考核、迎检、开会等事务性工作，用于服务农民群众的时间少，替民做主现象多，引领力、凝聚力与整合力不强。比如，在推动经济发展方面，党组织对乡村经济组织、合作组织的嵌入和影响不足，无法有效发挥推动乡村经济发展的功能。在引领乡风文明方面，部分党组织依然坚持"重经济发展、轻思想教育"观念，忽视对农民群众价值观培育、思想的正确引导，农村物质文明和精神文明发展相对失衡。

第三，运行机制不完善，功能发挥受限。良好的运行机制是提升乡村党组织综合能力的客观要求。乡村组织振兴和协同治理要求乡村党组织发挥领导核心作用，带动各类组织蓬勃发展，保证正确发展方向，构建起以自身为核心，以专业化经济组织和各类社会组织、活动团队为支撑，以村民自治组织为基础的"多元一体"的乡村组织体系，确保在党组织的领导下，农村社会充满活力、和谐有序、治理有效。[②] 总体来看，乡村党组织在运行机制方面还存在不少问题。为加强基层党组织建设，党中央出台了一系列规范基层党组织建设的规章制度，总体上各地都在有效落实，但在落实中仍然存在诸多不完善之处。基层党组织经常性工作制度不规范，有的乡村地区召开党员大会次数过少；有的乡村党组织

---

① 许美瑜：《社区服务型党组织建设：实践·问题·路径——以福建省泉州市社区党组织为例》，《中共云南省委党校学报》2016 年第 3 期。

② 胡小君：《从维持型运作到振兴型建设：乡村振兴战略下农村党组织转型提升研究》，《河南社会科学》2020 年第 1 期。

生活制度、党员学习教育制度未能按规定执行，党建活动存在形式化、固定化问题等。另外，乡村党组织运行机制具有封闭性。党建引领一定程度上解决了共治平台长效化运行的组织和制度保证，未来有必要进一步探索如何使基层治理更有活力，更能吸纳多方参与，并借此形成参与式认同的新机制。实践中引领机制更多停留在权宜化操作层面，缺少系统性，众多具有积极意愿的社会力量无法有效发挥服务、组织功能，参与基层协同治理的机会较少。例如，南京市基层党组织引领社会治理中由于党的组织不能深度嵌入基层社会治理，党建活动与社会治理对接不够、契合度不高，客观上导致党员、群众和辖区单位更多是被动参与。[①]这些都侧面反映出实践中党组织引领社会治理弱化和党建虚化的现状。

二　乡村振兴客观上要求乡村党组织创新与发展

随着中国特色社会主义进入新时代，实施乡村振兴战略，促进城乡融合发展，实现乡村有效治理都对乡村党组织建设提出了更高要求，不仅要求通过加强党组织建设解决自身发展中面临的现实问题，还要不断创新发展具有较强领导力、凝聚力、整合力、向心力的新时代乡村党组织。

第一，乡村振兴客观上要求加强乡村党组织自身建设水平。习近平指出，"只有基层党组织坚强有力，党员发挥应有作用，党的根基才能牢固，党才能有战斗力"[②]。基层党组织不仅是党的根基与力量之源，也是党发挥政治功能的载体平台，基层党组织的战斗力直接影响党的执政力和影响力。我们党的力量来自组织，组织能使党的力量倍增。乡村振兴战略是一项全局性、历史性的重要任务，具有复杂性、艰巨性，必须构建强有力的乡村党组织体系，为实施乡村振兴战略提供坚强的领导力量和政治保障。政党作为一个政治组织，在组织、动员和整合社会方面具有强大的政治效能；突出政治功能很大程度上就是要突出党组织在政治

[①] 刘玉东、徐勇、刘喜发：《党建引领社会治理的内在机理与系统构建——以南京市域治理为例》，《南京社会科学》2022年第6期。

[②] 《习近平谈治国理政》第2卷，外文出版社2017年版，第173页。

上组织、动员和整合乡土社会的功能，以强大的政治效能推动基层乡土社会排除多元因素的干扰再组织起来，从而为乡村治理提供更为有序的整合空间。① 全面推进乡村振兴工作，必须全面提升党的组织力，突出政治功能，把乡村党组织建设成为推进乡村治理，实现乡村振兴战略目标的坚强战斗堡垒，同时也必须加强党组织对乡村各领域基层组织的政治领导，规范各类村级组织建设，坚决防止党组织弱化、虚化以及边缘化现象。

第二，乡村振兴客观上要求提升乡村党组织的组织统筹力。乡村振兴战略是我国进入中国特色社会主义新时代的一项重大国家战略，是未来"三农"工作的核心和主线。乡村振兴战略是化解新时代主要矛盾、建设社会主义现代化强国、打破现代化进程中乡村衰落铁律、深化城乡发展规律、破解城乡二元格局的必然选择。② 总体来看，乡村振兴涉及产业发展、乡村文明建设、生态美丽建设、人才建设、组织建设以及社会治理等方方面面，在推进乡村振兴中党组织统筹力至关重要。正如习近平指出，"要在推动乡村全面振兴上下更大功夫，推动乡村经济、乡村法治、乡村文化、乡村治理、乡村生态、乡村党建全面强起来"③。中国共产党的强有力领导是搞好乡村事业的根本保障，只有将党的领导贯穿于乡村建设方方面面，才能为乡村振兴奠定坚实的组织保障，这就客观上要求以统筹力建设为基本前提，强化党在乡村执政的组织基础。农村基层党组织是政党在基层社会的延伸，必须以服务基层民众和服务基层社会的发展为己任。④ 提升党组织服务基层社会的能力，必须探索创新党组织设置方式，切实做到哪里有党员哪里就有党组织，并且要让基层党组织不断适应乡村经济社会结构、社会组织形态、生产生活方式的变化，让党的工作覆盖至乡村全部地区以及乡村治理的方方面面，确保党对乡

---

① 李蕴哲、戴玉琴：《乡村治理中基层党组织政治功能强化的三维审视》，《学海》2020年第6期。

② 陈龙：《新时代中国特色乡村振兴战略探究》，《西北农林科技大学学报》（社会科学版）2018年第3期。

③ 《习近平在浙江考察时强调 统筹推进疫情防控和经济社会发展工作 奋力实现今年经济社会发展目标任务》，《人民日报》2020年4月2日。

④ 马勇进：《农村基层党组织功能及实现路径》，《青海社会科学》2017年第5期。

村一切工作的领导。深入推进乡村振兴工作，将乡村党组织的组织力转化为推动发展力，坚持农村改革发展推进到哪里，乡村基层党组织就延伸到哪里，将党组织力量转化为凝聚农民共同助推乡村振兴的发展动力。在乡村振兴中，党组织要成为增强经济发展、加快农村改革发展、促进生态改善、营造良好乡风的推动者和引领者，使党的组织融入乡村经济、文化、社会、生态建设方方面面。

第三，乡村振兴客观上要求提升乡村党组织的治理引领力。政党既有政治性又有社会性，社会性决定着政党功能的实现来源于政党能够在多大程度上融入社会，引领社会。习近平总书记指出，"我们党来自人民、植根人民、服务人民，一旦脱离群众，就会失去生命力。"[①] 乡村党组织担负着组织农民、宣传农民、凝聚农民、服务农民的职责与功能，是党开展一切乡村工作的组织保障。只有坚持走群众路线、保持与农民群众血肉联系，实现对群众力量的有效激活，才能实现社会主义事业的成功"。习近平总书记还指出，"不了解农民，就不会了解中国"[②]。乡村振兴背景下，及时把握群众动态需求，准确了解群众所思、所盼、所忧、所急、所想，是党组织引领乡村治理的现实起点，只有将群众的动态需求把握住，才能够真正自上而下将各种治理力量串联起来，夯实治理基础。毛泽东指出，"为群众服务，这就是处处要想到群众，为群众打算，把群众的利益放在第一位"[③]。坚持和贯彻党的群众路线的内在要求就是坚持人民主体地位。因此，推进乡村振兴一方面要求党组织服务群众，同时又要发挥群众的主体地位，激发农民群众参与乡村振兴的积极性与创造性，与农民一道，合力推动乡村全面发展。提升乡村治理能力，必须始终坚持农村基层党组织在乡村治理中的领导核心地位，把握住党在乡村治理中的领导权、主动权，发挥好党的整合力，引导村民自治组织、农村社会组织和农民等多元主体在乡村治理中发挥各自的优势功能

---

① 《习近平谈治国理政》第 3 卷，外文出版社 2020 年版，第 135 页。
② 中共中央党史和文献研究院编：《习近平关于"三农"工作论述摘编》，中央文献出版社 2019 年版，第 157 页。
③ 中共中央文献研究室编：《毛泽东著作专题摘编》，中央文献出版社 2003 年版，第 1883 页。

及作用。① 同时，还需要不断强化制度、机制建设，确保党建引领社会治理常态化、高效化，这些都对乡村党组织的治理引领力提出了较高要求。

第三节　政党统合：乡村振兴战略中党领治理的乡村党组织体系

一　政党统合的乡村党组织体系内涵与特征

马克思指出，"一切政治权力起先都是以某种经济的、社会的职能为基础的"②。作为现代民主政治的产物，政党在国家治理中扮演着重要角色。当前在国家治理现代化推进中，党领治理已成为推动提升治理体系整体治理能力的重要制度安排。③ 中华人民共和国成立以来，中国共产党一直都是推动国家事业发展的坚强领导核心。实际上，从新中国成立以来，在推进乡村治理和发展的过程中，中国共产党发挥着领导、参与、推动的作用，具有鲜明的"治理型"政党特点。④ 新时代中国共产党承担着实现乡村振兴与推进基层治理现代化的重任，需要充分发挥党领治理的作用。2019年《中国共产党农村工作条例》明确了党领导农村工作的治理要求，表明党的领导在乡村各项工作中的作用越发凸显。在党的有力领导下，实践中乡村各项工作创新出了多种新机制，这些机制是不同地区基于当地具体基础条件、乡村治理不同发展阶段进行的创新与探索。新时代党领治理创新具体形式已经不再单纯是无差别的政治化、行政式组织动员，也不仅仅依靠体制吸纳社会力量，或者局限于对组织与个人的价值领导。实践中的党领治理更加注重通过将基层企事业单位、社区、村庄的党组织凝聚起来，通过党组织体系内的分层引领与动员达到整合社会力量的目的，它具有鲜明的"政党统合"特征。政党统合多种治理

---

① 霍军亮、吴春梅：《乡村振兴战略背景下农村基层党组织建设的困境与出路》，《华中农业大学学报》（社会科学版）2018年第3期。
② 《马克思恩格斯选集》第3卷，人民出版社1995年版，第526页。
③ 黄晓春：《党建引领下的当代中国社会治理创新》，《中国社会科学》2021年第6期。
④ 李春根、罗家为：《从动员到统合：中国共产党百年基层治理的回顾与前瞻》，《管理世界》2021年第10期。

力量是"政党统合治理"的内在要求,具体体现为政党—国家—社会的统合关系与政治性的统合手段。[①] 政党统合强调通过党的政治优势和组织资源对社会进行统合,政党统合在乡村的关键是构建引领型乡村党组织体系,以党组织为核心发挥引领作用。在实施乡村振兴战略过程中,加强引领型乡村党组织体系建设,必须创新政党统合的乡村党组织体系。所谓政党统合的乡村党组织体系,是以乡镇党委为中心,企事业单位、社会组织、村(社区)党组织为枢纽节点的党组织体系建设,建设全覆盖、无缝对接的乡村党组织体系,通过不同层级党组织链接、整合和动员组织内外各种人力、物力、财力、信息资源,在基层党委的有力领导下凝聚乡村内外一切力量推动乡村振兴,实现乡村善治目标。

加强党组织引领作用,其实质就是政党如何处理自身与社会的关系,将基层党组织融入社会,使党组织与群众保持紧密联系,有效动员和整合社会,使党的主张、思想与行动能够获得社会的迅速响应。其实,自中华人民共和国成立以来,中国共产党就通过"政党下乡"构建引领型乡村组织体系实现对乡村社会的有力领导。在新时代推进乡村振兴、实施乡村治理面临的任务更加繁重,更需要党组织强化思想凝聚力、提升制度运转效率,将党的政治优势和组织优势转化为基层治理效能,实现党对各种资源的高度整合。政党统合具有动员的特征,行政动员和社会动员是其主要形式,它以其党组织自身的权威优势、组织优势及资源优势为基础,强力推动各级政府层层落实,并充分动员社会力量积极参与,同时配合一定的保障机制推动落实,意识形态宣传教育、目标考核等措施是其具体表现。[②] 政党统合通过资源渠道赋予和政治吸纳进行政治身份赋予,给予社会力量扶持和参与空间,增强社会力量参与的合法性。政党统合通过加强党的组织建设,实现党组织对乡村治理的全覆盖,有效整合组织、价值、制度等各种资源,增强组织和群众对于政党的认同和

---

① 潘泽泉:《政党治理视域下中国共产党领导的基层社会治理》,《中南大学学报》(社会科学版)2021年第4期。
② 李增元、葛云霞:《动员式治理:当代农村社区建设逻辑及后果分析》,《中州学刊》2015年第2期。

参与公共事务的积极性。

新时代政党统合的乡村党组织体系具有自身鲜明特征。政治引领统合居于首位。通过强化党员领导干部的思想政治教育，实现治理社会向服务社会的话语转变。意识形态理念和价值理念一直都是国家治理社会的重要思想指引，新时代政党统合的乡村党组织体系更加注重价值引领。政党统合的乡村组织体系不仅强调党组织宏观意识形态引导，还利用政治社会化方式，通过党员先锋模范作用，群众的带头示范作用进行情感和价值传播。另外，注重依靠现代管理手段、制度来引导广大人民群众。政党统合的乡村党组织体系充分依靠党组织网络，通过基层党委对区域范围内的组织整合来实现对社会整合；通过党组织网络将基层组织纳入整体性政治框架；通过创新激励和惩戒机制进行良好的制度搭建和职责安排，以动员组织内外力量参与乡村建设。整体来说，政党统合的乡村党组织体系是新时代党领治理背景下，在继承原有动员、吸纳、统领机制基础上，通过政治引领统合、价值引领统合、治理网络统合来强化党组织对乡村资源有效整合的新方式。

表3-1　　党领治理的乡村党组织体系运行机制与显著特征

运行机制类型	表现形式	显著特征
政党统合型	1. 以党组织网络为载体对乡村企事业单位、社区（村庄）各种资源进行的系统性、全覆盖整合 2. 以核心价值观、议事平台、实践活动进行嵌入式引领 3. 以会议、宣传等形式强化思想意识，实施政治引领	整合范围及要素的全覆盖性；价值、思想引领
政党动员型	1. 党委领导、条块联合、社会力量调动构成的组织结构 2. 政治号召、行政执行、社会活力激发相结合的运行模式	重视宣传、教育及典型示范；形成垂直组织领导结构

续表

运行机制类型	表现形式	显著特征
政党吸纳型	1. 党组织对先进分子进行党员身份赋予 2. 党组织嵌入将社会团体纳入党组织体系 3. 依靠权力关系和非正式方式激励进行吸纳力量调动	注重将社会力量转化为体制内力量
政党统领型	1. 基于党组织全方位覆盖，通过较强组织力整合各种资源，引导政府与社会力量参与 2. 依靠核心价值观引领、制度建设、信息技术支持，实现政党与政府和社会之间的赋权与增权	党组织体系全覆盖；资源要素的全面整合
政党协调型	1. 以协调乡村治理主体协作、乡村多元主体共治为整合内容 2. 以结构整合、功能重组、思想领导来协调关系	注重理顺不同主体间关系；强化主体责任及职责定位

注：其他党领治理机制类型（包括政党动员机制、政党吸纳机制、政党统领机制、政党协调机制）是基于学界观点的整理。

总体来看，与其他运行机制相比，政党统合的乡村党组织体系建设有其显著优势。政党动员机制能够基于垂直的组织领导结构压实责任，打破科层内部的条块结构与部门分立的组织结构，同时通过宣传、教育、典型示范组织社会力量、集中社会资源为基层治理"赋权增能"。政党动员机制带有一定的权力"扩张性"，其本身是一把"双刃剑"，如果运用不当，突破了权力运行的合理边界，潜藏着一定的运行风险。政党吸纳机制通过整合先进分子和社会团体，并转化为体制内力量，通过他们带动其他群众和成员等参与乡村建设。不过，政党吸纳机制缺少对整合力量规范化的参与流程设计，在参与过程中存在自主性过强的现象。"政党统领"就是政党通过整合组织、制度、价值、物质等资源，引导国家、社会等多元力量参与社会治理，同时依靠核心价值观引领、制度建设、信息技术创新，实现政党与国家和社会之间的赋权与增能，全面提升社会治理效能的过程。但由于党组织掌握各种资源进而实现对社会的全面掌控，容易使社会秩序陷入僵化状态。另外，政党统领注重行政命令、政治动员，无法摆脱压力型体制烙印，存在社会自发性参与不足的缺点。政党协调机制能够通过结构整合使各个主体各司其职，各尽其责，相互配合，最终形成工作合力。但是随着社会事务的增多，主体在价值观和行为取向上差异化更加明显，往往在共同事务的处理上呈现"有分工，无合作"现象，降低地方治理能力。与之相比，政党统合机制具有以下优势：第一，整合内容上，以党组织网络为载体，能够实现对乡村企事业单位、社区（村庄）各种资源进行的系统性、全覆盖整合。这既包括了对组织和人员的整合，也包括对物力、思想观念的整合。同时，对这些内容的整合不是孤立的，而是通过党组织网络有机联系起来，更具系统性。另外，对资源的链接，通过党建联建等形式可以扩展到乡村外部的企事业单位等。第二，整合策略上，以核心价值观、议事平台、实践活动进行嵌入式引领，实现党组织力量与其他力量之间更加紧密的联系，突破科层制保守僵化、部门区隔的局限性，也可以破解社会自组织羸弱、参与渠道不畅的行动困境。同时以会议、宣传等形式开展思想教育，进行政治引领，能够突破原有党领治理机制延伸不足、成本过高、运行效率低下的治理困境，有效实现治理重心下移，突破多元社会思潮下社会团结的思想政治困境，增强社会凝聚力和向心力，真正激发社会活力，形成有序参与机制。

二 新时代迈向政党统合的乡村党组织体系的内在逻辑

"党组织引领治理是当代中国治理的根本特征。"[1] 纵观历史发展进程，中国共产党始终是乡村各项工作的引领者，新时代更不例外。政党统合是新时代乡村振兴战略中乡村党组织体系创新发展的趋势。总体来看，新时代迈向政党统合的乡村党组织体系有其历史逻辑、实践逻辑、理论逻辑。

---

[1] 李增元：《当代中国农村社区建设的本土逻辑》，《华中师范大学学报》（人文社会科学版）2020 年第 5 期。

(一) 历史逻辑：党领治理发展的趋势

从历史发展进程来看，新时代政党统合的乡村党组织体系有其形成的必然性。中华人民共和国成立初期，为有效实现国家权力向基层延伸，将乡村社会重新组织起来，中国共产党实施政党下乡，实现了每个村里有党员，有党组织。与此同时，中国共产党还建立起青年团、妇联、民兵连等功能性、群众性政治团体。在党的领导下，通过群团组织来组织农民，开展活动，贯彻党的意志。政党下乡不仅将农民组织起来，还注重将组织的农民动员起来完成党设定的目标。在人民公社时期，通过建立党政社合一的人民公社体制，人民公社的党委会、生产大队的党支部、生产小队的党小组成为中国共产党在乡村的基层组织，是农村工作的领导核心。管委会、青年团、妇联等都处于党组织的直接领导之下，由此形成了"纵向到底、横向到边"的总体性治理模式。

改革开放后，随着经济社会体制变革，党的领导方式也不断创新与发展。为适应市场经济发展需求，中国共产党积极推进基层治理变革，建立基层群众自治制度，创新乡村党组织设置方式，实现基层社会再组织化。进入21世纪，党中央相继提出新农村建设、农村新社区建设等乡村发展工程，实施和引导惠农资金、惠农政策、惠农项目输入乡村社会，搭建管理服务供给平台，推动管理型政府向服务型政府转变。同时，在治理过程中更加注重多元主体参与。步入新时代，党组织在基层治理中的核心角色和地位不断增强。在实践中，基层党组织更加注重创新党组织体系，通过推进区域化党建、组织党建联席会议等方式发挥基层党组织的政治领导优势，同时充分挖掘驻本地各单位组织参与乡村治理，引导新兴阶层、积极分子参与乡村治理，另外也注重党组织自身建设与完善，推动村"两委""一肩挑"与交叉任职，提升党组织运行的合法性和权威性。提升执政党价值引领力是增强党组织引导能力的重要方面，"优化乡村内外资源配合，完成乡村内部社会资本重建，强化居民对文化的认同感"[①]。基层党组织也积极改变以往封闭化、行政化、命令化的工作

---

① 尹雷：《式微与重构：后城中村时代"村改居"社区治理困境的社会学阐释》，《齐鲁学刊》2021年第2期。

方式，强调开放化、民主化、协商化的工作方式。通过新的工作机制整合社会资源、力量，满足民众需求，回应民众关切。历史充分表明，中华人民共和国成立以来，中国共产党基于不同时期治理目标的转换和经济社会发展条件的变化，不断创新党领治理方式，以更好地实现对基层社会的有效治理。

（二）实践逻辑：时代发展的内在要求

在中国，中国共产党不仅是国家政治生活的领导核心，而且是中国社会的组织核心。[①] 这种核心地位不仅要求党组织要发挥一般政党的意见表达、价值引导等功能，更要深深扎根群众，嵌入基层治理实践。为保障党的功能发挥，中国共产党将组织全面延伸到机关、企事业单位、街道、村（社区）等，形成了深度嵌入的党组织网络。在运行机制上，中国共产党通过政治领导，在组织和意识形态层面深刻塑造中国特色的党组织体系。作为后发国家的中国，其治理现代化与执政党建设具有密切联系，现代化国家形塑强大政党，强大政党引领现代化国家建设。[②] 在新时代，全面推进乡村振兴是实现中华民族伟大复兴的重要内容，更是党的核心任务，是政党引领现代化发展的时代任务。

马克思指出，社会管理的实现形式必须根据社会与政治发展要求的变化而发展。党领治理作为社会治理方式的基础性内容也必然遵循这一规律。关照现实问题、解决时代矛盾是中国共产党成就伟业的实践品格。[③] 党的十八大以来，中国社会发生了深刻变化。就宏观层面来看，经济和现代化建设取得重大成就，在社会主要矛盾变化的背景下，经济建设已不再是衡量发展的唯一指标，构建共建共治共享治理体系，满足不同群众的社会需求成为重要任务。[④] 从中观层面来看，乡村现代化始终是

[①] 林尚立：《社区自治中的政党：对党、国家与社会关系的微观考察——以上海社区发展为考察对象》，载上海市社科联等《组织与体制：上海社区发展理论研讨会会议资料汇编》，2002年，第45页。

[②] 王韶兴：《现代化国家与强大政党建设逻辑》，《中国社会科学》2021年第3期。

[③] 夏银平、汪勇：《以农村基层党建引领乡村振兴：内生逻辑与提升路径》，《理论视野》2021年第8期。

[④] 王阳、熊万胜：《党政科层体系："制度—关系"视野下的政党治理与国家治理》，《开放时代》2021年第6期。

党的目标追求。新时代乡村现代化目标总体要与建设国家第二个百年奋斗目标相结合,包括到 2035 年在国家基本实现社会主义现代化时乡村振兴要取得决定性进展,到 2050 年建成社会主义现代化强国时,要求实现乡村治理体系和治理能力的现代化。同时,协同好农业、农村和农民现代化三者之间的关系,切实解决好"三农"问题,也是新时代实现乡村振兴的必然要求。① 为适应新变化,党的十八大以来不断强调要构建党委领导、政府负责、社会协同、公众参与、法治保障的社会管理体制,特别是党的十九大强调"党领导一切"。加强基层党组织建设,强化基层党组织在乡村治理中的核心领导地位,增强基层党组织的资源整合能力是实现乡村全面振兴的必然要求。党的十九届四中全会报告进一步强调,加强党对坚持和完善中国特色社会主义制度、推进国家治理体系和治理能力现代化的领导。近几年,党在引领社会治理领域不断创新,基层党组织通过构建跨组织网络可以在不改变"条条""块块"现有隶属关系和职能边界的条件下推动"条块"协同。② 这些都意味着党领治理的基层党组织体系在实践中的创新与发展,也是党政统合的党组织体系根本体现。新时代,各地在创新社会治理实践中强化党领治理作用,充分发挥党组织阵地建设,拓展党组织延伸触角,通过组织体系建设在整合、凝聚社会力量中展现出明显优势,正是政党统合的乡村党组织体系建设的实践探索体现。

(三)理论逻辑:政党整合功能的丰富与拓展

在对党领治理的研究中,学界形成了"政党动员机制""政党协调机制""政党吸纳机制""政党统领机制","政党下乡""政党嵌入""政党吸纳""政党社会资本"等模式,主要强调"基层党组织和其他社会力量的功能平行,探讨党组织作为一个组织进行的调适与创新"③。步入新

---

① 丁志刚、王杰:《中国乡村治理 70 年:历史演进与逻辑理路》,《中国农村观察》2019 年第 4 期。
② 赵聚军、王智睿:《社会整合与"条块"整合:新时代城市社区党建的双重逻辑》,《政治学研究》2020 年第 4 期。
③ 张汉:《城市基层党组织调适的策略与结构——一个组织研究的视角》,《复旦政治学评论》2017 年第 1 期。

时代，中国共产党作为"使命型政党"的政治领导性意涵更加凸显，在对党领治理机制的最新研究中又形成了"超行政治理"①的党领治理形式，也认为"借助于党建的政治引领、激励驱动、网络整合机制实现跨组织协调，为流动社会搭建治理网络，推动治理共同体成长"②。新时代，党的领导是全局性领导，在基层治理中需要发挥党的政治优势和组织优势。实际上，已有诸多学者对我国的国家制度和国家治理体制强调发挥政党主导作用，比较典型的有"政党中心主义"③"政党主导"④，认为中国走的是一条政党组织和主导的现代化治理模式。就基层治理而言，涌现了"党建引领论""权威塑造论""党政整合论"等模式。可以看出，通过中国共产党强大的政治领导力、思想引领力、群众组织力和社会号召力，建构国家与社会紧密的桥梁和纽带，强化社会团结基础，从而有效增强基层治理的韧性已成为社会共识，它更加强调政党整合功能。

"合法性"是组织存在的关键，任何组织的生存和发展都必须建立在一定的合法性基础之上。中国共产党作为执政党，具有极强的"合法性"，在开展乡村治理的过程中能够被社会认可、接受，得到群众支持。执政党与人民群众之间是"动员—支持"的关系，而非"命令—服从"的关系。⑤"动员—支持"关系要求党组织必须通过自身的强大组织力量与社会建立密切联系，使党成为社会的核心，社会成为党的基础。欧内斯特·巴克认为，"政党是把一端架在社会，另外一端架在国家上，并把社会中思考和讨论的水倒入政治机构的水车并使之转动的导管和水闸"⑥。也就是说，政党是社会的产物，社会结构决定和影响着一个政党的活动空间、运作方式等，当社会发生变化时，政党必须通过领导机制的调整以及组织体系创新来巩固其自身发展。同时，新的社会结构为政党引领

---

① 彭勃、杜力:《"超行政治理"：党建引领的基层治理逻辑与工作路径》，《理论与改革》2022年第1期。

② 黄晓春:《党建引领下的当代中国社会治理创新》，《中国社会科学》2021年第6期。

③ 郭定平:《政党中心的国家治理：中国的经验》，《政治学研究》2019年第3期。

④ 林尚立:《当代中国政治：基础与发展》，中国大百科全书出版社2017年版。

⑤ 彭勃、杜力:《"超行政治理"：党建引领的基层治理逻辑与工作路径》，《理论与改革》2022年第1期。

⑥ Emest Barker, *Reflections on Government*, Oxford University Press, 1942.

提供新的空间，支撑政党发展的主体、经济等各类要素，促进政党发展。另外，从历史发展来看，社会治理需要通过党组织来统合各种资源与力量，党领治理的本质是党领资源配置方式，党组织通过机制创新来有效整合各种资源，高效整合资源的能力成为党领治理创新的关键所在。新时代，通过建设政党统合的乡村党组织体系，使政党更好嵌入社会各领域、各组织单位，以此整合、动员一切可以利用的资源，强化资源整合和优化配置能力，为全面推进乡村振兴，实现社会有效治理提供有力保障，既是政党的责任，也是中国特色社会主义制度优越性的根本体现。

第四节　乡村振兴战略中的"政党统合"的能力型乡村党组织体系的实现

习近平总书记在主持十八届中央政治局第一次集体学习时，就对坚持党的领导提出明确要求，强调："党政军民学，东西南北中，党是领导一切的。"党的二十大更加明确指出"党的领导是全面的、系统的、整体的，必须全面、系统、整体加以落实"。中国共产党领导是中国特色社会主义最本质特征，在新时代推进乡村振兴，创新乡村治理，实现乡村治理体系和治理能力现代化必须坚持党的全面领导，构建"政党统合"的能力型乡村党组织体系。

一　建设能力型乡村党组织体系网络结构

加强能力型乡村党组织体系建设，需要不断延伸、扩展党组织体系，将新兴经济组织、社会组织、下乡企事业单位等各种在乡力量主体进一步纳入党组织网络。同时积极链接乡村外部各种资源，构建以乡镇党委为核心对乡村内外党组织进行有效整合的党组织体系网络结构，以更好调动、整合乡村内外人力、物力、财力等各种资源，有效推动乡村全面振兴。

第一，构建以乡镇党委为核心链接新兴乡村经济组织的党组织体系，凝聚乡村经济发展合力。在现代化快速发展中乡村经济结构不断调整，新兴产业不断兴起，新兴经济组织不断壮大，新型农业合作组织、股份合作社、供销社以及旅游、养殖、综合服务产业组织等各种组织，在推动乡村经济社会发展、促进产业融合、创新新兴业态、助力乡村公益事业等方面都发挥着重要作用。农村基层党组织是党在农村领导经济建设、促进经济发展的核心力量，其功能与作用的发挥首先必须体现在对农村经济的引领。[1] 充分发挥新兴经济组织在乡村振兴中的作用，需要加强党领治理作用。《乡村振兴战略规划（2018—2022年）》强调，加强农村新型经济组织的党建工作，引导其始终坚持为农民服务的正确方向。总体来看，在新时代需要将新兴经济组织纳入党组织体系，以党领治理机制整合各种经济组织，强化乡村产业振兴基础。具体来说，结合地方实践经验在符合条件的新兴经济组织中引导建立功能党支部或党小组，进一步扩展成立产业党总支或党支部，实现对新兴经济组织的党组织全覆盖。经济组织没有达到建设党组织要求的，将其党员纳入相邻党组织体系，或者将分散的党员凝聚到产业型党支部中。同时，可以根据经济发展需要，建立"党组织＋"的组织体系，实现乡镇党委，村庄（社区）党组织和新兴经济组织党组织的有机衔接与融合。以乡镇党委为核心，依托各类经济组织功能党支部或党小组，形成乡镇党委、村庄（社区）党组织、新兴经济组织党支部有机衔接的党组织体系，以党组织为纽带打破原有经济组织参与乡村治理与建设的村庄边界、社区边界、地域边界。在条件成熟的地区，探索在乡镇党委有力领导下在乡镇层面成立乡村经济联合组织，优化配置乡村内各类人财物资源，突破村庄边界，通过优势互补、协同配合实现乡村经济融合发展、跨越式发展，以及乡村产业有效振兴。

第二，构建以乡镇党委为核心链接新兴乡村社会组织的党组织体系，凝聚乡村社会建设的组织力量。在社会组织增速发展的社会背景下，社会组织党建是党统合社会和动员群众的重要途径之一，并成为新时代基层党组织建设和社会治理的重要主题。[2] 随着乡村振兴的持续推进和经济

---

[1] 霍军亮、吴春梅：《乡村振兴战略下农村基层党组织建设的理与路》，《西北农林科技大学学报》（社会科学版）2019年第1期。

[2] 王杨：《党如何塑造社会群体？——以社会组织孵化器党建为例》，《社会主义研究》2022年第1期。

社会的不断发展，乡村内部的社会组织不断发展壮大且类型日益多样化。除了一般的志愿和中介组织外，先进管理服务理念的专业社会组织也不断兴起，这些社会组织在巩固拓展脱贫攻坚成果、特殊群体照护、儿童关照、群众多样需求满足、电力服务、信息网络服务、拓宽群众有序参与、参与经济社会建设和社会公共事务等方面都发挥着重要作用。充分发挥社会组织作用，有效规范和促进社会组织运行，需要党领治理来保障。《乡村振兴战略规划（2018—2022年）》强调加强农村社会组织的党建工作，引导其始终坚持为农民服务的正确方向。在新时代推动能力型乡村党组织体系建设，需要将新兴社会组织纳入党组织体系，实现党对社会组织的有机整合，凝聚社会资源。在实践中，可以按照"党建引领、组织强基、联动协作、资源互补、合作推动"思路和原则，在符合条件的社会组织中建立党组织，鼓励党员创办、党员领办社会组织，同时也可以选择组建社会组织联合党委，通过党的领导来增强乡镇政府、社区、村庄、社会组织间的合作紧密度。基层党组织还可以通过政党吸纳机制来赋予基层社会组织领导人正式的政治身份，并增强其社会影响力，延伸其社会网络。2017年民政部出台的《关于大力培育发展社区社会组织的意见》中就提出要加强党对社区社会组织的领导，鼓励把社区社会组织中的优秀党员吸收到社区党组织领导班子中。在实践中，保障社会组织有效运行，必须坚持党建指导社会组织建设、党组织规范社会组织行为的原则，协同推进党组织建设与社会组织管理，以党组织网络实现对社会的有效整合，凝聚起推动社会治理，促进乡村现代化发展的综合力量。

第三，构建以乡镇党委为核心链接下乡企业的组织体系，整合下乡企业力量。资本下乡是全面推进乡村振兴和巩固农业基础地位的重要助推力量。[①] 乡村拥有人力资源、土地、矿产、河流与湖泊等资源要素，吸引着大量拥有资本、信息与人才等资源优势的企业下乡发展。下乡企业具有较强的资源优势，在产业帮扶、促进基础设施建设、改善乡村面貌、

---

① 蒋国河、江小玲：《乡村振兴中的资本下乡与村企关系：互惠难题与合作困境》，《江西财经大学学报》2022年第1期。

拓展就业岗位、就业培训、社会公益等诸多方面都发挥着重要作用。充分发挥下乡企业作用，有效规范和促进下乡企业的高效运行，离不开党的有力领导。从现实来看，可以通过成立下乡企业联合党组织将各种下乡企业有机联系起来，发挥其支持乡村建设的作用；也可以根据下乡企业的功能和资源优势设立专业联合党组织，例如旅游开发产业党组织、粮食生产加工党组织、信息技术服务党组织等，通过各种专业党组织凝聚各种优势资源。为突破组织间的空间阻隔，可以通过建立"网上党支部"加强组织间的沟通与协调。同时，积极探索"党组织+"形式，建立乡镇党委与下乡企业、村庄、乡村原有经济组织、企业以及农户之间的合作，这既有利于解决企业发展、乡村建设过程中存在的困难，又能够扩大下乡企业的发展格局和强化乡村建设力量。

第四，构建以乡镇党委为枢纽链接乡村外部力量的组织体系，整合乡村振兴的外部力量。乡村振兴离不开外部力量的有力支持，包括各级党委政府、具体的政府部门与各种类型的市场主体、社会组织和个体等。这些外部力量拥有各种资源，对于外部力量的链接能够打破乡村内部资源要素不充分的问题，对推动乡村经济发展、社会建设的各个领域都有发挥作用的空间。新时代乡镇街道将实现从"行政末梢"到基层社会"治理枢纽"的转换，政党、国家和社会在此交汇融通合作。[①] 实现乡村与外部力量的有效整合，需要发挥党组织的引领作用。首先，对乡村外部中介服务组织整合。中介服务组织在乡村社会建设中能够发挥自我服务作用。乡镇党委应积极发挥外联作用，主动与中介服务组织中的党组织对接，引导中介服务组织与政府部门及社区服务中心建立合作关系，将社会服务组织专业性资源和公益性资源引入乡村社会。其次，对外部企事业单位的有效引入。企事业单位虽然性质有所不同，但是都具有社会责任心，具有服务乡村社会的公益之心。大部分企事业单位生产、经营、发展所需要的人力资源、生产资源、原料与乡村社会都有着密切联系，通过党组织联建等方式，可以将这些单位资源链接到乡村，通过项

---

① 吴理财：《全面小康社会的城乡基层社会治理共同体建设》，《经济社会体制比较》2020年第5期。

目投资、共同开发、入股、公益活动、捐助等方式,将组织内部的人力、物力、财力资源下沉到乡村,推动乡村产业转型升级、经营方式变革、社会建设进步、社会治理创新等,与此同时,这些单位组织也能够通过参与乡村振兴获得自我需求的满足。《关于向重点乡村持续选派驻村第一书记和工作队的意见》强调向重点乡村持续选派驻村第一书记和工作队,以求更好完成巩固拓展脱贫攻坚成果、全面推进乡村振兴的发展任务。在脱贫攻坚与乡村振兴中,各级党委政府下派的第一书记发挥了重要作用,他们代表着所在单位乃至社会的组织力量。应充分发挥党组织链接作用,激活下派第一书记、工作队员、其所在单位资源以及能链接的其他潜在资源,形成推动乡村振兴的合力。例如,乡村外部各种单位组织的团建、社会实践活动就是一种无形的资源,广阔乡村大地完全可以为他们提供丰富的活动场所与实践基地,这不仅有利于实现城市与乡村单位结对子,丰富拓展城市单位或人员活动空间与实践机制,也有利于带动乡村消费,拉动乡村经济发展。另外,在党领治理下,充分创新灵活多样的城市与乡村直接对接机制,将城市资源有效吸引到乡村社会,以发挥各种资源在推进乡村振兴中的积极作用。

二 强化乡村党组织资源统筹能力

城乡发展不平衡、城乡资源分布不均是乡村振兴的掣肘。要充分发挥党组织的资源配置功能,将聚合的资源和资源整合的主体连接起来,发挥资源优化配置最大作用,以有效推动乡村振兴。

第一,强化以乡镇党委为领导核心统筹乡村内部各种资源的能力。乡村内部资源的有效整合是乡村有效治理的重要基础,要在乡镇党委领导下实现人才、资源、资金和资产的有效整合。首先,以乡镇党委为核心统筹乡村人才。乡村振兴战略的实施,需要最大限度地把群众组织起来,最广泛、最有效地动员一切力量,形成乡村建设的合力。[①] 中国共产党是组织动员一切社会力量有序参与乡村治理的最坚强领导核心,应充

---

① 蔡文成:《基层党组织与乡村治理现代化:基于乡村振兴战略的分析》,《理论与改革》2018年第3期。

分发挥乡镇党委的统筹作用。坚持党建引领，充分发挥政府部门、企事业单位、村庄、社区等党组织凝聚作用，将公道正派、热心基层和群众工作、具备一定技能的人员组织起来，建立各种类型的人才志愿服务队，引导其积极参与人居环境整治、公益服务、民生保障、应急管理、疫情防控、社会服务、经济发展等各方面工作。为发挥组织协同作用，积极探索以乡镇党委为核心，各单位党组织参与的"大党委"制，搭建"党建+共建互联"平台，由单位党组织负责人担任"大党委"兼职党委委员，建立乡镇党委统筹抓、乡镇直党组织协同抓、其他各类党组织具体抓的工作机制，形成整体人才、资源整合力。机制保障式治理是新时期党建引领基层社会治理走向制度化、规范化、常态化的重要保证，要通过物质奖励、精神激励等措施，充分调动多元主体参与积极性，共建乡村治理新格局。其次，以乡镇党委为核心统筹乡村资金。以乡镇党委为核心统筹乡村经济组织资源，改变原来村庄集体经济组织发展过程中面临的资金不足、规模较小、专业化程度不高的问题。以乡镇党委为核心，将具有共同意愿、条件结合程度较高的村庄联合起来抱团发展，在乡镇党委政府牵头下进行集体投资项目。投资项目可以选择当地区位条件较好、产业集聚度较高、土地升值空间较大的繁华区域的商业地产项目或厂房租赁或店铺租赁项目，通过抱团投资降低风险，获取收益，扩大村庄集体经济收入。在地投资模式投资项目由乡镇党委牵头，下辖具有意愿村庄投入资金，在经营运行上由专业化公司负责。这种抱团发展模式一方面能够使村庄的闲置资金得到有效利用，获得固定集体收入，一方面也能够通过乡镇党委的把关和专业化运营降低风险，是推动乡村经济发展及实现共同富裕的可行探索途径。最后，以乡镇党委为核心统筹乡村资源。相较于城市，乡村社会拥有丰富的自然资源，包括土地资源、旅游资源、水资源、矿产资源等。不过，在总体丰富情况下村庄之间也存在很大差异，既有自身发展资源不足、门路不多、单兵作战能力弱的发展困难村，也有一般村和强村。《国民经济和社会发展第十四个五年规划和2035年远景目标纲要》提出"共同富裕"的发展目标，赋予了乡村"抱团发展"新内涵，这也意味着乡镇党委在推动经济发展过程中要充分发挥资源统筹功能。可以由乡镇党委牵头引导村庄抱团发展，支持在土地、水、矿产、旅游等资源条件富裕的村庄开发各种项目，引导社会资本下乡，发挥各种资源互补作用，通过强村带弱村、强强联合村等多种形式协同发展，推动乡村共同富裕。在整合乡村内部资源发展经营项目时，可以由城投公司负责开发建设与运营管理，村集体经济组织联合加入。在乡镇党委统筹领导下，通过抱团发展打破乡村资源分布的传统村庄边界，通过跨区域生产要素流动与资源最大优化配置，为有效对接外部市场资源做好准备，进而实现乡村集体经济资源的最大化盘活利用，通过灵活化投资形式，多样化发展方式，多元化发展项目，有效带动乡村集体经济发展，推动乡村共同富裕，促进农民增收。

第二，强化乡镇党委的乡村外部资源统筹能力。城乡融合发展是新时代乡村有效治理的重要条件，2019年中央一号文件要求"优先满足'三农'发展要素配置，坚决破除妨碍城乡要素自由流动、平等交换的体制机制壁垒，改变农村要素单向流出格局，推动资源要素向农村流动"。在城乡融合发展趋势下，要加强对乡村外部人才、技术等资源的统筹，实现人才、技术等要素在城乡间的自由流动，凝聚推动乡村振兴的外部合力。首先，加强乡镇党委对乡村外部人才资源的统筹能力。《关于加快推进乡村人才振兴的意见》强调要坚持加强党对乡村人才工作的全面领导。因此，应积极贯彻党管人才原则，将乡村人才振兴纳入党委人才工作总体部署，引导各类人才向乡村一线流动。建立乡镇党委统筹负责的人才领导小组，统筹推进全镇人才工作。积极摸清乡村内部人才需求，采用"线上+线下"相结合的模式，积极吸引乡村外部各种人才以各种灵活形式参与乡村建设。乡镇党委要发挥乡村振兴人才工作联系点制度，实现对口联系、对口对接，促进人才工作纵向、横向联结，充分调动乡村外部各类人才积极性。其次，加强乡村党委统筹乡村外部技术资源的能力。在科学技术迫近而来的现代社会，乡村成了被现代技术遗忘的角落，也造成了乡村技术含量严重不足的现象。[1] "乡村振兴战略"离不开技术支撑，需要充分发挥科技服务农业、农村、农民的作用，通过实现

---

[1] 刘祖云、王丹：《"乡村振兴"战略落地的技术支持》，《南京农业大学学报》（社会科学版）2018年第4期。

科技与农业、农村、农民各种要素的有机结合催生乡村新业态，促进乡村现代化发展。乡镇党委应始终秉持专业人干专业事的理念，坚持引进新人才、新技术、新模式，汇集各类资源。通过乡镇党委与乡村外部企事业单位党组织对接，从外部科研院所（机构）、事业单位、企业、社会组织、院校等来获取乡村振兴各领域急需的专门人才，为乡村振兴提供全方位智力支持。最后，加强乡镇党委统筹外部物质资源能力。乡村振兴是党中央实施的一项旨在复兴乡村、促进城乡融合发展，推动国家现代化发展的战略工程，离不开各种力量的参与与支持。乡镇党委应积极做好外联工作，与乡村外部企事业单位、社会力量党组织对接，通过联合党支部、党建联建、结对帮扶等多种形式，以"党建+"构建党建引领乡村振兴共同体，引导整合乡村外部各种单位组织的物质资源、项目资源、资金等与乡村对接，通过联合开发、联合运行、投资入股、志愿服务、公益活动等多种灵活形式，全面支持乡村振兴，推动乡村经济社会又快又好发展。

三 提升乡村党组织自身建设能力

党员队伍质量关系到党组织的战斗力。习近平总书记指出："要加强基层党组织带头人队伍建设，注重培养选拔有干劲、会干事、作风正派、办事公道的人担任支部书记。"党的二十大报告也强调，"健全全面从严治党体系，全面推进党的自我净化、自我完善、自我革新、自我提高"。在新时代加强乡村基层党组织建设推进乡村振兴，关键是选优配强带头人和领导班子，提升乡村党组织自身建设能力，打造一支真正能为群众谋幸福的高素质党员队伍。

第一，外引与内培并重，解决乡村基层党组织"人"的数量问题。乡村基层党组织是实现乡村振兴的坚强领导力量，基层党组织中的人员数量一定程度上影响着其开展具体工作的效果。解决乡村基层党组织建设"人"的数量问题，可以从"内培"和"外引"两个层面着手。首先，注重内部培养。培育、发展青年农民中的优秀分子是"内培"人才的重要来源，是优化乡村党员队伍结构的重要举措。加强后备力量储备，要采取组织推荐、群众举荐的方式建立后备党员干部库，在走村入户工作中不断加强对优秀人员的发掘。在现代化发展中乡村人口外流严重，党员发展面临诸多困难。基于此，可以结合乡村社会地域相近、产业趋同的原则，在两个或两个以上的村庄成立联村党支部，通过区域共建推行"联村党支部"，扩大党员及党员干部选人用人范围。乡镇党委可以按照"政治坚定、精通党务、兴村有为、能力过硬、作风优良"的标准，择优选聘联村党总支书记，既有利于扩充村党支部书记人选来源，又有利于打破村界实现区域融合，带动乡村整体发展。同时各村能够根据经济发展、社会建设、文化发展等需要通过联村党支部扩大党员选人范围，弥补人员不足的问题。其次，注重对外部人员的引进。大力实施返乡人才创业计划，从优秀农民工、回乡大学生、退役军人、退休人员、农村致富能手中发展党员，增强村级党组织后备干部人员储备，条件合适的通过系统培养逐步发展其担任村党支部书记。《中共中央、国务院关于实施乡村振兴战略的意见》明确指出，继续发挥"第一书记"在乡村振兴战略中的作用。选派优秀干部到党组织软弱涣散村和贫困村任第一书记是加强党组织领头雁的一项重要的举措。① 应充分利用相关政策，发挥下派第一书记在加强基层党组织建设，乡村内部造血中的作用。最后，创新完善编制在城市单位工作在乡村的人才使用制度，从城市机关事业单位、企业选拔有乡土情怀、有责任心的正式职工担任村党支部书记，建立以其在乡工作业绩为主的干部考核、提拔、晋升制度，充分发挥其在乡村振兴中的积极作用，同时也为其在乡村振兴中不断成长、建功立业提供广阔舞台。

第二，加强党员干部教育培训，解决乡村基层党组织"人"的质量问题。乡村基层党组织要充分发挥战斗堡垒作用，关键在于拥有一支信仰坚定、素质优良、干劲十足的党员队伍。这就需要加强党员教育，适应乡村振兴需要，全面提升党员素质。树立牢固的政治意识是党员为人民服务的基础。这就要求严格规范基层党组织政治生活，坚持把党的创新理论武装摆在最突出位置，基于乡村振兴发展需要，注重突出党员教

---

① 洪向华：《"第一书记"如何当好农村发展的"领头雁"》，《人民论坛》2017年第36期。

育培训实用性和针对性。坚持推动农村党员教育常态化、规范化、特色化，坚持办好农村党员轮训班、农村主干和后备干部培训班、农村党员发展对象培训班、乡村振兴专题班。紧扣乡村振兴战略这个重大政治任务，根据党员需要量身定制教学内容，精心选配由各种专业人员组成的师资力量，科学设置培训班次，注重互联网学习、细化培训内容、回应关切、解决问题。同时，构建学习型党组织，对不同类型村庄党组织书记和党员进行分类培训，在选树好学习典型上下功夫，将抽象的标准转化为具体可学的样本，融合新的做法进行主动创新。充分利用好现代信息技术拓宽教育渠道，本着"理论与实践相结合，线上与线下相补充"的原则，推进网络教学、经验研讨、观摩实践、专题培训、案例教学等多种教育方式的融合运用，增强党员教育的灵活性，不断提高党员干部的综合能力与水平。

第三，完善党组织建设的配套保障制度建设。加强乡村基层党组织建设，提升党组织综合能力与水平离不开配套制度建设。首先，建立激励关怀机制。乡村基层党员干部工作在乡村第一线，工作压力大、待遇低，要建立适当的激励机制以促进干部创业干事的激情。应根据当地经济发展水平科学核定乡村基层干部报酬，进一步加大绩效考核奖励报酬，在公务员事业编选拔上注重向优秀乡村党员干部、村干部倾斜，拓宽个人发展空间。其次，完善制度衔接机制。以第一书记和驻村干部为代表的下派和挂职人员作为充实乡村党组织力量的重要力量，在乡村振兴中很多制度还只是沿用了脱贫攻坚时期的工作制度，一些更具针对性的细化工作举措还未制定出来。[①]《中共中央、国务院关于实施乡村振兴战略的意见》强调建立选派第一书记工作长效机制。为充分发挥下派党员干部作用，进一步完善编制在原单位，工作在乡村的组织管理模式。同时健全完善下派人员的工作考核方式，实行自上而下考核与自下而上评价相结合的机制，不断提高村民和村干部在第一书记工作评价考核中的比重。再次，实施党支部书记专职化制度。村党支部书记是村庄工作的领

---

① 胡桂彬：《乡村振兴战略下驻村第一书记角色重构与作用发挥研究》，《领导科学》2022年第4期。

头雁，通过专职化可以稳定基层干部队伍，激发创业干事热情。建立村党支部书记资格县级联审认定、组织考察、公开遴选等选拔机制，真正将政治素质高、群众认可的人员挑选出来。切实把畅通村党支部书记职业发展通道作为专职化管理的重要保障，深入完善落实其政治经济待遇、成长晋升、关心关爱、离任保障等相关政策，完善各类社会保障消除其后顾之忧，加大正向宣传提高其职业获得感和社会认同感。最后，建立和落实督查调度制度。坚持完善乡镇领导班子联系村庄（社区）制度，对基层干部进行定期"任职体检"，同时通过落实督查调度严格把关党员发展关，提升发展党员质量。总之，通过系统性制度创新，真正把乡村党组织打造成推动乡村振兴、实现乡村有效治理的强有力领导核心。

四　巩固乡村党组织引领力与凝聚力

随着全面深化改革向纵深推进，乡村发展进入深度转型期，深层次、结构性矛盾日渐凸显，基层治理也随之出现诸多困扰因素，给乡村基层治理现代化带来了时代性挑战。党中央提出"办好农村的事情，实现乡村振兴，关键在党"①。乡村党组织是党在农村的坚强战斗堡垒，是乡村基层治理现代化的引领者。党的二十大强调，"坚持大抓基层的鲜明导向，抓党建促乡村振兴，加强城市社区党建工作，推进以党建引领基层治理，持续整顿软弱涣散基层党组织，把基层党组织建设成为有效实现党的领导的坚强战斗堡垒"。在新时代，构建能力型乡村党组织体系推动乡村建设，要巩固乡村党组织引领力与凝聚力。

第一，强化党组织引领乡村建设的能力。以基层党建引领新时代乡村振兴，有利于扭转历史遗留的农村积贫积弱问题，有利于马克思主义关于党的执政能力建设理论的创新发展，为党组织解决新时期社会主要矛盾提供重要抓手。②乡村振兴背景下乡村党组织引领力的发挥需要以乡村振兴要求为依据，对乡村产业、组织、人才、生态、文化进行全面引

---

① 《中共中央 国务院关于实施乡村振兴战略的意见》，人民出版社2018年版，第61页。
② 唐建明：《以基层党建引领新时代乡村振兴：逻辑理路与实践进路——基于湘西十八洞村等脱贫与振兴经验的调查》，《湖南师范大学社会科学学报》2021年第4期。

领。首先，乡村振兴，产业兴旺是重点。要积极推行"党建+产业振兴"，探索产业发展新模式，增强产业活力。开展"互联网+党建引领促乡村振兴"党建联建活动，通过联建活动联合村党支部、公司党支部、商会党支部、乡村振兴合伙人等，通过"党建+互联网"打造全产业链，创新农业组织经营体系，推动乡村产业发展现代化。其次，乡村党组织要对人才振兴进行引领。乡村振兴要靠人才。乡村振兴要坚持党管人才，注重乡村人才引进、培育与指导。要立足本地实际，坚持"引、育、用"并重，更好统筹人才工作的各个方面，把人才管好用活。基层党委应创新人才引进方式，不断拓宽乡村人才引进渠道，通过召开人才座谈会、人才交流活动和人才政策宣传活动，为各类人才的引进、使用做好全方位服务工作。再次，乡村党组织要对生态振兴进行引领。乡村振兴，生态宜居是关键。要发挥党组织在生态振兴中的引领作用。设立党员志愿服务队、党员服务岗，为党员服务群众、发挥先锋模范作用提供阵地保障。严格落实党建促生态环境保护、党群共建美丽乡村制度，加强党组织对生态建设的把控，防止任何形式的掠夺式资源开发，注重生态的系统化建设和保护，统筹推进山水林田湖草保护和建设，建成生态宜居的美丽乡村。最后，乡村党组织要对文化振兴进行引领。文化振兴是乡村振兴的应有之义。开展党建文化惠民行动。党组织要充分挖掘文化资源，发挥引领协调、统揽全局的中心作用，引导建立以红色文化、乡土文化为主的党史村史馆、文化活动室、道德礼仪堂，配套修建集党建宣传墙、政策明白墙等于一体的党建文化长廊以及新时代文明实践广场，为乡村文化空间营造提供坚强保障。开展党建文化乐民行动，利用村级阵地、乡村舞台等场所，用群众喜闻乐见的方式深化社会主义核心价值观宣传教育，全面推进移风易俗，营造文明乡风。

第二，强化党组织对"人"的凝聚力。构建能力型乡村党组织必须加强对人的凝聚力建设，着力提升基层党组织战斗力和凝聚力。首先，注重对党员整合，提升党组织自身凝聚力。党员是党组织的细胞，是密切联系群众的纽带。党组织对于党员的凝聚不仅要通过参加"三会一课"、主题党日等党组织活动，还需要借助信息化、网络化推进从严治党、加强党员教育，提升党员干部素质和政治觉悟。同时强化党员联系群众和服务群众的能力。要以乡村具体公共事务为载体，建立相应的考察和评价价值，实现农村党员志愿者化，提升党员认同感、服务群众的责任感。普通村民是乡村建设和发展的主体，乡村发展离不开对于普通村民的凝聚。要通过教育引导等政治社会化途径改变农民利益表达意识淡薄的现状，促使农民通过合理合法的途径进行利益表达。① 同时，充分利用党领治理下的村民自治组织和经济社会组织，提升农民群众利益表达的组织化程度。在乡村驻地的企事业单位和社会组织与乡村社会有着密切联系，乡村发展离不开这些组织的参与，应通过建立联合党组织、联席会议等形式，使之成为乡村基层党组织服务基层社会的重要延伸力量。为强化对在外人才的统筹整合，应该畅通渠道，创新与外部人才的联动机制。坚持"党建+青年人才"机制，为青年人才创造"走出去"学习的机会，探索"党建+乡贤人才"模式，把品行好、有能力、受敬重、能奉献的乡贤凝聚起来为乡村发展贡献力量。强化党组织在打造"关注人才成长"为宗旨的一站式服务平台建设中的引领力、组织力，积极为乡村外部各种人才服务乡村搭建良好平台。另外，探索"非公党建1+N"模式，发挥人大代表、政协委员、党外人士在乡村建设中的积极作用。

第三，强化党组织对物质资源的凝聚力。资源整合是指基层党组织通过整合一定范围内的各种资源，实现共同参与基层社会治理的目标。② 资源整合既需要党组织整合基层社会中现有的各种资源，也需要从乡村社会外部整合资源。在乡村振兴背景下，党组织对物质资源的凝聚表现在高效整合城乡内外土地、环境、服务、资本、技术等各种资源要素，通过对城乡内部各种资源的整合促进乡村振兴目标的实现。首先，厘清乡村资源，为凝聚资源打牢基础。乡镇党委要瞄准制约乡村振兴的根本性问题，借势产权制度改革，开展清闲置土地、清问题合同、清逾期债权"三清"行动，全面摸清和厘清资源存量。其次，建立资源管理制度，

---

① 周忠丽、周义程：《利益、组织与价值：农村基层党组织凝聚力弱化的三维解释框架》，《行政论坛》2017年第6期。

② 梁海森、桑玉成：《政党中心的基层社会治理模式比较研究——基于新加坡、马来西亚和越南的案例分析》，《国际观察》2021年第3期。

巩固资源清理和整合成果。完善乡村资源管理相关制度，实施"一个人+一枚章+一套制度"的"三资"监督管理模式，强化乡村资源管理。搭建统一资源平台，实现资源有效利用。乡镇党委搭建平台，建立统一的土地流转市场，对村庄流转土地进行兜底保障、打包运作，实现资本与资源的结合，提高土地价值。同时按照党委牵头、全镇统筹、分片运作的思路，将村庄纳入项目总体规划，形成相互推动、相互提升的乡村治理共建格局。乡村外部特别是城市集聚各种优势资源，而乡村则拥有土地资源与绿色生态等资源优势，要以开放共享机制推动与外部资源要素的优势互补与优化配置。通过党建引领、党建联建等方式，构建城乡资源要素流动共享机制，推动城市资源要素向乡村倾斜与覆盖，不断补齐乡村经济发展与社会治理的短板。

五 强化党组织服务力与引领应急管理能力

乡村基层党组织作为党根植乡村的基层抓手，在乡村振兴中发挥着服务群众和社会治理的功能。加强基层服务型党组织建设和强化治理能力是落实"四个全面"战略布局的内在要求，对乡村振兴推进具有重大现实意义。

第一，加强基层服务型党组织建设，提升其为民服务的能力。邓小平指出，"什么叫领导，领导就是服务"[1]。在全面推进乡村振兴的新阶段，要重点提高基层党组织服务意识、服务能力，不断提升基层党组织的政治功能、组织功能以及服务功能。必须把服务能力和水平作为衡量基层组织建设能力和水平的重要指标，同时把群众是否满意作为评价基层党组织、党员的重要标准。在乡村振兴中，基层社会服务需要的差异性和发展性更加明显，这就要求基层党组织不断拓展为民服务领域和服务内容，为农民群众有针对性提供多样化、多层次服务。现代化发展使得乡村社会潜在风险不断增多，党组织要为基层群众合法维权提供法律和政策服务。在新时代，人们对美好生活向往中精神文化需求日益扩展，提升乡村公共文化能力建设，满足农民群众精神文化需求成为乡村建设

---

[1] 《邓小平文选》第三卷，人民出版社2001年版，第121页。

的重要内容。因此,基层党组织必须注重为农民群众提供精神文化服务。培育践行社会主义核心价值观,开展多样性文化活动,为满足农民群众日益增长的精神文化需求提供良好环境与保障。服务平台和服务载体是建设基层服务型党组织的重要支撑,应不断完善党组织领导、党员支撑的党员红色服务站点,健全服务清单和规章制度,充分利用新媒体平台拓宽服务方式,实现"一站式"便民服务。同时,开展党员志愿者服务活动,组织党员志愿者开展形式多样的服务活动,建立相应激励机制鼓励广大党员积极加入志愿服务队伍。另外,不断健全服务机制。要建立以服务为导向的基层党建工作机制,强化工作责任,完善工作体系,优化一站式服务、首问责任制、限时办结制、网络式服务等为民服务机制。同时,完善党员干部联系服务群众机制,推动干部转变作风,真正有效提升基层党组织为民服务能力与水平。

第二,着力提升新时代基层党组织应急管理能力。随着现代化进程不断加快,新时代乡村社会关系、人口结构、空间布局、组织形式、生活方式、利益格局等都发生了广泛而深刻的变革,乡村社会治理也面临诸多风险与挑战。目前,我国应急管理现代化进程加深,基层应急管理能力已经显著提升,但在处理应急性突发事件中仍存在政府主导型的乡村应急管理没人参与、没物保障,应急队伍素质良莠不齐、应急能力不强,居民应急意识不强、自救互救能力弱等问题。[1] 党组织是开展应急管理的领导者,新时代提高基层党组织的应急管理能力是时代发展必然需求。首先,提升基层党组织应急管理预警能力。应急管理的预警能力提升旨在对乡村潜在冲突进行信息搜集、风险评估以及监测预报等,使风险发展的早期便能发出预警,以防患于未然。[2] 这就要求基层党委在平时工作中全面贯彻"全周期管理"理念,强化危机意识,加强基层灾害隐患排查和信息员队伍建设,基层干部要经常深入乡村一线了解乡村动态,及时对乡村风险及隐患做出科学合理预警。同时,构建数字化的乡村风

---

[1] 李菲菲、庞素琳:《基于治理理论视角的我国社区应急管理建设模式分析》,《管理评论》2015年第2期。

[2] 原珂:《中国城市社区冲突化解与治理机制探究》,《行政论坛》2017年第2期。

险动态识别预警平台，通过人工智能、物联网、大数据等新兴技术全面感知乡村风险源点，对乡村安全运行状态实现动态监测和实时预警。其次，提升基层党组织应急管理动员能力。应急管理事件突发性强、危害性大，需要党组织动员多元主体共同应对。乡村基层动员包括人力资源动员和社会资源动员，这就要求党组织首先要摸清不同资源底数，进行有效盘活利用。在具体实践中，可以通过经济普查、社会调查、政府购买等方式摸清乡村各种资源底数，精准了解居民需求，在提升服务供给精准度的同时提升居民安全感、幸福感和满意度。同时，建立健全沟通协调机制、服务帮扶机制、激励考核机制、应急救济机制，构建不同参与主体的协同配合、协作预防应对机制。最后，提升基层党组织应急管理综合协调统筹能力。习近平总书记指出："统筹发展和安全，增强忧患意识，做到居安思危，是我们党治国理政的一个重大原则。"增强基层应急管理能力，必须把党的领导贯彻到基层应急管理全过程，把基层党组织的政治优势、组织优势转化为治理效能。党的二十大报告也强调，"提高防灾减灾救灾和重大突发公共事件处置保障能力，加强国家区域应急力量建设"。基层应急管理是一项复杂的系统工程，涉及面广、环节众多，需要运用系统思维把各方面工作联系起来系统分析、统筹规划。做好基层应急管理工作，还必须发挥好基层党组织总揽全局、协调各方的引领作用以及党员先锋模范作用。在开展应急管理中，应始终坚持"人民至上""生命至上"原则，既要通过加强党组织领导发挥好应急管理、自然资源、气象、水利、生态环境、交通运输、住房和城乡建设、卫生健康、公安等部门的职能优势，也要通过应急管理议事协调机构发挥党组织在应急管理中牵头抓总的作用。在实践中，建立健全基层应急管理"红色网格"，形成党组织统一指挥下的扁平化应急管理模式，不断增强基层应急管理向心力，推动基层社会和谐稳定运行，人民群众平安幸福生活。

第 四 章

精简高效：乡村振兴战略中的赋权
增能型乡镇政府运行体系

第一节 乡镇政府运行体系的发展历程

乡镇政府是国家权力在乡村的延伸，在乡村治理中发挥着至关重要的作用。在不同历史时期，中国共产党根据乡村发展形势和具体任务要求不断变革乡镇政府运行体系，以适应基层管理的需要。"乡苏维埃"是中国共产党在乡村建立的最早基层政权组织，按照马克思关于巴黎公社政权组织的设计，实行"议行合一制"，即"由人民直接或间接选举的代表机关统一行使国家权力，国家行政机关和其他国家机关由人民代表机关选举产生，各自对国家权力机关负责并受其监督。如在抗日战争时期，《陕甘宁边区乡（市）政府组织暂行条例草案》规定：'乡（市）人民代表会议是人民管理政权机关，采取直接、普遍、平等、不记名的选举制；实行男女平等，提高妇女在政治上、经济上、社会上的地位；发扬民主政治，健全民主集中制，增强人民的自治能力'"。[①] 解放战争时期，中国共产党根据革命形势和管理要求，对解放区行政机构进行了重构，普遍实行六个行政层级结构[②]，乡镇成为解放区政权体系中的最低一级行政机构。乡镇这一级的权力机关为乡镇人民代表会议，由工人、农民、知识

---

① 张新光：《20 世纪以来我国乡镇行政管理体制改革的回顾与展望》，《兰州学刊》2007年第 1 期。

② 六个层级架构一般指大区、省、专员公署、县、区、乡镇六级。

分子、民族工商业者及开明士绅等组成，乡人大选举产生行政委员会和乡人民政府成员，在乡人大闭会期间行使基层管理职权。同时，中国共产党通过建立农会、妇代会、共青团等基层组织，推动权力向乡村延伸，国家政权直接延伸到村庄内部。这一时期，中国共产党从乡村土地关系改革入手对乡村社会进行政治整合，进而对乡村社会权力进行重组，一定程度上保障了革命的成功和基层社会稳定，对后来中华人民共和国高度集中的政治经济体制的形成产生了重大影响。

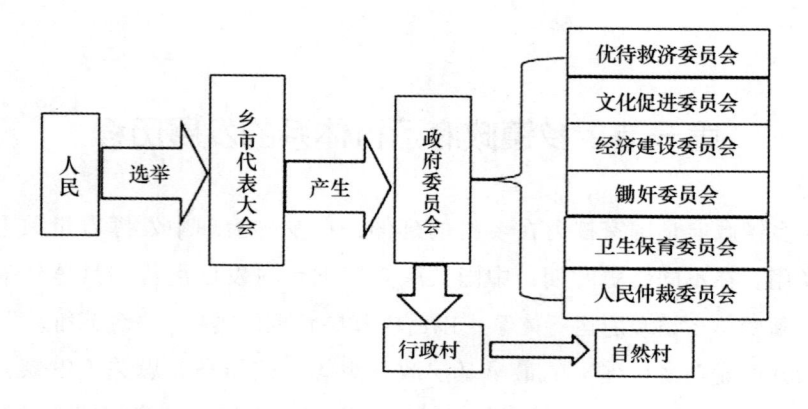

图 4-1 抗日战争时期乡镇政府运行体系

中华人民共和国成立后，中国共产党在全国范围内开展了统一的基层政权建设，实行县、区、乡三级人民代表会议制度，乡镇政府在议行合一的人民代表大会制度框架内运行。1950 年政务院颁布的《乡（行政村）人民代表会议组织通则》《乡（行政村）人民政府组织通则》规定，人民代表会议和人民政府委员会是乡（行政村）的政权组织形式，人民行使政权的机关是乡人民代表大会和乡人民政府，在乡人代会闭会期间，乡人民政府即为乡人民行使政权的机关。这一时期，乡一般不设内部机构，只配备几名专职工作人员，镇政府则按职责范围设置专职干部，人口超过 3 万的镇可根据业务范围分设若干业务股或科。农业合作化和社会主义改造运动的深入开展，推动了乡镇工作重心的转移，促进经济发展、开展文化教育等成为乡镇政府的工作重心。1954 年内务部印发《关于健全乡镇政权建设的指示》，要求乡镇人民政府按工作职责分设各种委员会。1955年国家机关实行货币工资制，乡镇政府工作人员改变了半官半民性质，成为专职行政官员，有力推动了乡镇机构工作人员的专业化、职业化发展，提升了乡村管理成效。

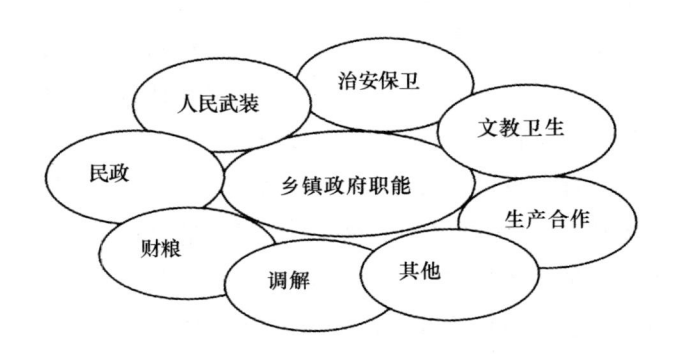

图4-2 中华人民共和国成立初期乡镇政府的主要职责

人民公社时期，乡镇政府体制被"政社合一"的人民公社体制取代。中共八届六中全会通过的《关于人民公社若干问题的决议》指出，人民公社应当实现统一领导、分级管理的制度。公社的管理机构一般分为公社管理委员会、管理区（或生产大队）、生产队三级。管理区（或生产大队）分片管理工农商学兵、自行经济核算，盈亏由公社统一负责。生产队是组织劳动的基本单位。1961年，"《农村人民公社工作条例（修正草案）》明确规定：'农村人民公社是政社合一的组织，是我国社会主义社会在农村中的基层单位，又是我国社会主义政权在农村中的基层单位'，并强调'以生产大队的集体所有制为基础的三级集体所有制'是人民公社的根本制度"[①]。这一时期，人民公社实行党政合一、政社合一，组织结构由党、政、群三部分构成。在权力分配上，公社社员代表大会、生产大队社员代表大会和生产小队社员代表大会是人民公社的各级权力机关，拥有各自职权范围内公共事务的最高决定权。在县人民委员会和其

[①] 蒋天贵、王浩斌：《党的领导与农民主体地位相统一——建党百年来我国农村社会治理主体演进的历史考察》，《南京农业大学学报》（社会科学版）2022年第1期。

派出机关领导下,公社管理委员会根据生产建设、财政、粮食、贸易、民政、文教卫生、治安、民兵和调解民事纠纷等职能设立管理机构,行使行政职权。"文化大革命"后,由群众组织负责人、当地驻军负责人和"革命领导干部"三类人员组建的革命委员会取代了原有的党政领导机构,实行党政一元化领导。此时,各级地方政权机构的革命委员会一般只设政治组、生产组、保卫组、办事组。工厂的革命委员会则一般只设革命、生产、生活三个办公室。国家主导下的政社合一人民公社体制,本质上是在社会一体化基础上将国家行政权力与社会权力高度统一的基层政权形式,不符合乡村社会发展的基本规律,难以为乡村社会提供持续发展的内生动力。"公社坚持不懈地用超经济的强制来消弭张力,规范农民的行为,但是,强制的存在恰恰证明了公社的脆弱。任何一种社会制度都不可能依靠强制长期维持,当与革命相关的强制随着革命的结束和时间的延展而日益弱化的时候,公社也就日益走向了它的终结"[①],建立在强控制力基础上的基层政权体系逐步瓦解。

改革开放以来,家庭联产承包责任制彻底动摇了人民公社体制的经济基础,人民公社体制在以"包干到户"为突破口的农村经济改革中逐步解体。从1979年开始,国家通过"社改乡",重建地方各级人民政府。1982年,新修订的《宪法》明确要求建立乡人民政权,同时就农村基层群众性自治组织进行了制度安排,人民公社管理体制被"乡政村治"取代。20世纪90年代开展了以转变乡镇政府职能和减轻农民负担为目的的"撤乡并镇"工作,实施县对乡简政放权和理顺县乡关系为重点的县乡综合改革,各地纷纷通过理顺条块关系、精简机构、强化农业服务等方式,解决乡镇发展内生动力不足,行政效率不高等问题,提升乡镇管理服务能力。20世纪八九十年代,为更好实现对乡村的管理,县市区及上级部门开始在乡镇设立派出机构,即所谓的"七站八所"。如湖南省横山县白果镇除了政府办等下设机构外,还有农经站、粮食站、司法所等十余个站所,镇上的"这些机构可以分为五大类。其一,镇政府机关事务管理。镇政府办公室。其二,政法部门。派出所、交警队、司法办。其三,社

---

① 张乐天:《告别理想——人民公社制度研究》,东方出版社1998年版,第415页。

会行政管理部门。民政办、计生办、供电所、水利站、林业站、学区、国土所、文化站、广播站。其四，经济行政管理部门。工商所、财政所、农经站。其五，事业和经济单位。农机站、粮食站、肉食站、植保站、种子站、信用社等"①。镇政府下设机构与站所一同完成对乡村的经济管理、民生服务、文化建设等工作。这一时期，与省市不同，乡镇人民政府之下一般不设派出机关，对乡村社会实行直接管理。在行政机构组成上，乡镇人民政府一般仅设置各类办公室，不设立科、局、委、办等二级机构。

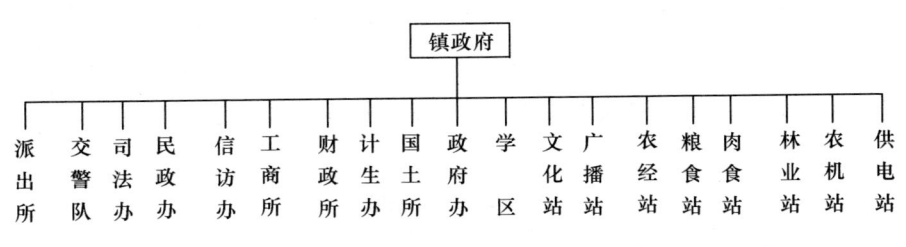

图4-3　白果镇政府系列主要机构②

21世纪以来，中央在安徽等地启动了农村税费改革试点，同步实施了新一轮乡镇机构改革，"其侧重在于精简和控制机构编制与人员，减轻财政和农民负担，巩固农村税费改革成果"③。2004年，国务院印发《做好深化农村税费改革试点工作的通知》，各地纷纷适应减免农业税的新形势，推进乡镇机构改革，精简乡镇机构和人员，加快乡镇政府职能转变，加强乡镇政府社会管理和公共服务功能。同时，对集经营性职能和公益性职能于一身的乡镇事业站所进行改革，将两种职能相互剥离，不再新增自收自支事业单位。2006年，国务院印发《关于做好农村综合改革工作有关问题的通知》，在全国范围内开始进行乡镇机构改革的试点。在国

---

① 于建嵘：《转型期中国乡村政治结构的变迁——以岳村为表述对象的实证研究》，博士学位论文，华中师范大学，2001年，第167页。
② 于建嵘：《转型期中国乡村政治结构的变迁——以岳村为表述对象的实证研究》，博士学位论文，华中师范大学，2001年，第167页。
③ 王东明：《新一轮乡镇机构改革的实践与成效》，《求是》2012年第20期。

家推动下，各地围绕政府职能转变、机构人员精减、行政效率提升、服务能力强化等方面全面推进乡镇体制机制创新，通过压缩乡镇政府机构、严格控制干部人数、精减乡镇工作人员、全面推行乡镇人员编制实名制管理、对乡镇事业站所进行整合等方面的改革创新，提升乡镇政府管理服务能力。2009年，中央机构编制委员会办公室印发《关于深化乡镇机构改革的指导意见》，要求建立精干高效的乡镇行政管理体制和运行机制，建设服务型政府。由此，乡镇政府功能定位逐步开始转向，更加侧重经济发展职能、公共服务职能和社会管理职能，以实现乡村的和谐有序。同时，按照精简统一效能的原则，探索大部门体制和综合设置机构，设若干综合办公室或综合性岗位。变革事业站所管理体制，赋予乡镇更大管理权，上级业务部门主要进行业务指导，综合设置乡镇事业站所，根据其性质采用不同模式对站所进行改革，提升管理服务的效能。

表4-1　　　　　　　　　乡镇事业站所改革模式

具体模式	具体做法
综合服务中心模式	整合为3—5个综合性的服务中心，对没有正式录用手续的人员和富余人员进行清退分流，统筹资源、规范制度、加强管理，提高为农服务综合能力
服务组织模式	逐步转制为企业或中介服务组织，由政府通过签订合同、项目招标的办法向其购买服务
县直部门派出机构模式	将农机推广站等站所改为县直部门的派出机构，有的跨乡镇设置，扩大服务半径和覆盖范围

党的十八大指出，中国特色社会主义新时代，中国进入了全面深化改革新阶段。党的十八大明确了政治体制改革的七项主要任务[①]；党的十八届三中全会确定全面深化改革的总目标是"完善和发展中国特色社会

---

① 七项主要任务为：支持和保证人民通过人民代表大会行使国家权力、健全社会主义协商民主制度、完善基层民主制度、全面推进依法治国、深化行政体制改革、健全权力运行制约和监督体系、巩固和发展最广泛的爱国统一战线。

主义制度，推进国家治理体系和治理能力现代化"①；党的十九届三中全会通过了《中共中央关于深化党和国家机构改革的决定》《深化党和国家机构改革方案》，重点加强党的全面领导，优化政府机构设置和职能配置，推进党和国家机构职能优化协同高效，构建现代化治理体系，提升现代化治理能力。在国家机构改革推动下，乡镇政府开启了新一轮以综合机构设置、功能定位转变、权责配置均衡、治理和服务能力提升等为重点的改革。2017 年，中共中央办公厅、国务院办公厅印发《关于加强乡镇政府服务能力建设的意见》，强调加快乡镇政府职能转变，着力强化公共服务职能。2019 年，中共中央办公厅、国务院办公厅印发《关于推进基层整合审批服务执法力量的实施意见》，要求强化综合服务能力，构建更好的服务群众、简约精干的基层组织架构。2021 年，中共中央、国务院印发《关于加强基层治理体系和治理能力现代化建设的意见》，要求深化乡镇改革，构建党委领导、党政统筹、简约高效的乡镇管理体制。新时代以来的乡镇改革，主要围绕乡镇行政执行、议事协商、为民服务、应急管理、平安建设等能力建设，以赋权增能为保障，力求构建精简高效的乡镇运行体系，实现乡镇治理体系和治理能力现代化，各地在改革中纷纷扩大乡镇政府管理服务权限。同时，向乡镇赋予一定执法权，推进行政执法权限和力量向基层延伸和下沉，将"点多面广、基层管理迫切需要且能有效承接的审批服务执法等权限赋予乡镇，并由省级政府统一制定赋权清单，依法明确乡镇和街道执法主体地位，强化乡镇的统一指挥和统筹协调职责"②。乡镇内设机构实行综合性、扁平化改革，将乡镇原有内设机构按相应职能重新合并，将原来的事业站所进行整合，设立各类服务中心，如山东乡镇普遍设置了"七办五中心"③。同时，对乡

---

① 《中国共产党第十八届中央委员会第三次全体会议公报》，http：//www. xinhuanet. com//politics/2013 - 11/12/c_118113455. htm，2022 年 5 月 6 日。

② 秦前红、陈芳瑾：《"行政处罚权交由"的规范阐释——基于〈行政处罚法〉第 24 条第 1 款之展开》，《法治研究》2022 年第 3 期。

③ 即党政办公室、经济发展办公室、社会事务办公室、综合行政执法办公室、社会综合治理办公室、乡村规划建设监督管理办公室、应急管理办公室，财经服务中心，农业服务中心，公共事业服务中心，为民服务中心，社会综合治理服务中心（根据各地实际机构设置名称可进行调整，但一般不超过"七办五中心"）。

镇站所管理体制进行改革，乡镇事业站所可以实行以乡镇管理为主、上级业务部门进行业务指导的管理体制；经省级政府批准，也可以实行以上级主管部门为主或按区域设置机构的体制。

表 4-2　　新时期乡镇政府需承担的公共服务职能[①]

服务类型	主要内容
基本公共教育服务	提高义务教育质量和水平，改善乡村教学环境，保障校园和师生安全，做好控辍保学和家庭经济困难学生教育帮扶等
劳动就业服务	新型职业农民为主体的农村实用人才队伍建设，加强社区教育、职业技能培训、就业指导、创业扶持等
社会保险服务	基本养老保险、基本医疗保险、工伤、失业和生育保险等；落实社会救助、社会福利制度和优抚安置政策
基本社会服务	为保障对象提供基本养老服务、残疾人基本公共服务，维护农民工、困境儿童等特殊人群和困难群体权益
基本医疗卫生服务	公共卫生、基本医疗、计划生育等
公共文化体育服务	践行社会主义核心价值观，继承和弘扬中华优秀传统文化，加强对古村落、古树名木和历史文化村镇的保护和发展，健全公共文化设施网络，推动全民阅读、数字广播电视户户通、文化信息资源共享，组织开展群众文体活动等
其他公共服务	提供符合当地实际和人民群众需求的农业农村经济发展、农民基本经济权益保护、环境卫生、环境保护、生态建设、食品安全、社会治安、矛盾纠纷化解、扶贫济困、未成年人保护、消防安全、农村危房改造、国防动员等

总体来看，改革开放以来，乡镇政权在简政放权、精简机构、理顺县乡关系等方面进行了积极改革，力求建立起高效的乡镇政府运行体系，以实现对基层社会的有效治理。然而，乡镇政府在治理乡村的具体实践中，管制方式依然强调权力的高度集中，以能够全面且有效控制乡村资源，实现国家意志和治理目标。在管制型政府模式下，政府机构的设置

[①] 《中共中央办公厅 国务院办公厅印发关于加强乡镇政府服务能力建设的意见》，http://www.gov.cn/zhengce/2017-02/20/content_5169482.htm，2022 年 5 月 6 日。

必然是从中央到乡镇基层的链式结构，作为最低一级政府，乡镇政府的法律地位、人事调配、财政保障、权威来源等都离不开县政府，"在同一场域中，组织对组织的依赖程度越高，则在组织结构、氛围和行为等焦点上就越相似"[1]。因此，自20世纪80年代恢复乡镇建制以来，乡镇政府的机构设置按照上级政权机关相应职能设置，承担了上级政府转移的大量事务，最终导致乡镇机构迅速膨胀，人员不断增加，出现了"精简—膨胀—再精简—再膨胀"的恶性循环。同时，那种长期以来形成的"全能主义"政治模式依然未能改变，乡村社会结构仍处于"总体性社会"[2]之下，国家权力和行政控制深入基层，村民委员会成为乡镇行政触角的延伸，村民自治受到乡镇行政权力的影响。总体来看，乡镇政府虽然历经多轮改革，依然普遍存在权小能弱、职能不清、权责失衡、人财薄弱等问题，严重制约了乡村治理体系和治理能力现代化建设，与新时代乡村振兴战略对乡镇政府精简高效的新要求不相适应，一场广泛而深刻的乡镇改革势在必行。

第二节 乡村振兴战略对乡镇政府运行体系提出的新要求

乡镇政府是我国政权组织体系的末梢，是国家与乡村社会关系网络的关键节点，在政府和农民之间起着中枢和纽带作用。乡镇政府运行体系受到乡村经济社会的现实性规定，始终伴随着乡村社会的"演化"和发展相应做出变化，可以说，乡镇政府职能的转变，运行体系的调整是适应乡村社会需求，实现均衡发展的动态过程。伴随乡村振兴的推进，乡村社会政治、经济、文化、社会等系统在功能和结构上不断分化出子系统，经济结构和利益结构持续分化，文化和公共需求更加多元化与个性化，社会系统进行结构性和功能性重组，乡镇治理所面临的环境正在

---

[1] 刘雪姣：《压力型体制与基层政府权责不对等》，《云南行政学院学报》2021年第5期。
[2] 孙立平、王汉生、王思斌、林彬、杨善华：《改革以来中国社会结构的变迁》，《中国社会科学》1994年第2期。

发生根本性变革,对乡镇政府的运行体系提出了诸多新要求。

一 乡村振兴要求完善党全面领导下的乡镇治理制度

随着乡村振兴的深入推进,各种矛盾和风险交织叠加,农民对公平、正义、安全、环境、共同富裕等美好生活的需求日益强烈,民主意识、权利意识、法治意识、平等意识等也在不断增强,对乡镇治理的专业化、智能化、制度化、精准性和实效性都提出了更高要求。乡村振兴战略的初衷是让亿万农民过上幸福生活,"使人民获得感、幸福感、安全感更加充实、更有保障、更可持续"①。只有增强乡镇党政组织的政治功能与组织力,构建党委领导、党政统筹、简约高效的乡镇管理体制,从政治制度的高度巩固乡村社会资源分配共享机制,强化以人民为中心的发展思想,才能更好实现乡村社会发展成果由农民共享。同时,还应该看到,乡村振兴是"开展乡村产业振兴、人才振兴、文化振兴、生态振兴、组织振兴,推进城乡融合发展等活动"②,是一项系统工程,需要协调政府、社会组织、企事业单位、群团组织、农民等多元力量,调配一切可利用资源用于乡村建设与发展。只有完善党全面领导下的乡镇治理制度,才能充分发挥党的集中统一领导体制和集中力量办大事机制优势,为乡村社会治理注入强大能量,提高应对乡村振兴中出现的各种问题的能力,促进乡村社会公平正义,维护乡村社会和谐稳定。通过政党组织系统将其政治意图贯彻于各级行政治理体系当中,将党的实质性领导这一原则嵌入政府治理模式,这是党的全面领导的应有之义,也是处理政党、国家与社会这三者关系必须坚持的基本原则。③事实上,在基层治理体系结构中必须处理好政党、国家和社会的关系问题。然而,在乡村治理实践中,党全面领导下的乡镇治理制度还不够完善,党的统领作用未能有效

---

① 丁元竹:《党的十八大以来党领导社会建设的实践和经验——党的十九届六中全会精神学习体会》,《中国发展观察》2021年第23期。

② 《中华人民共和国乡村振兴促进法》,http://www.npc.gov.cn/npc/c30834/202104/8777a961929c4757935ed2826ba967fd.shtml,2022年5月6日。

③ 尹利民:《中国乡村治理的结构性转换与治理体系塑造》,《甘肃社会科学》2022年第1期。

发挥，党政机构设置不够合理，党政间分工合作的边界和维度不够清晰，党的全面领导与政府、社会组织、市场等多元主体间的功能发挥相互脱节。同时，乡镇党组织设置方式单一，乡镇党组织与群团组织资源配置不够协调，群团组织参与公共服务渠道不够畅通，党的政治资源没有很好地转化成治理资源，社会资源没有很好地融入党的组织体系中。统筹党政机构设置、职能配置，构建运行有效的制度体系，强化和巩固党建引领乡镇治理的作用，完善党建引领的社会参与制度，确保党在乡村振兴工作中始终总揽全局、乡镇政府在乡村振兴工作中履职尽责、多元主体积极参与乡镇治理，是乡村振兴战略进程中完善党全面领导下的乡镇治理制度的必然要求。

二 乡村振兴要求提升乡镇综合治理能力

乡镇是离农民最近的政府管理层级，是国家意志落实到乡村"最后一公里"的重要执行者和组织者，其综合治理能力强弱直接影响到国家政策能否真正落实到基层，直接关系到乡村振兴能否顺利实现。党的十九届四中全会指出"坚持和完善中国特色社会主义行政体制，构建职责明确、依法行政的政府治理体系"[①]。2022年颁布的《中华人民共和国乡村振兴促进法》要求"加强乡镇人民政府社会管理和服务能力建设，把乡镇建成乡村治理中心、农村服务中心、乡村经济中心"[②]。乡村振兴是涉及产业、人才、文化、乡村、组织的全面振兴，在乡村振兴中，各种力量推动乡镇治理环境发生根本性变革，乡村社会出现治理主体多元化、利益结构复杂化、服务需求多样化、治理内容复杂化等新问题和新情况，这些都客观上要求提升乡镇综合治理能力，构建科学规范、系统顺畅、精简高效的基层治理体系。乡镇综合治理能力的强弱受权责关系、治理手段、行政体制、治理方式、功能定位、人财保障等多重因素的制约，其中权责配置是最为关键的因素。回溯历年来的乡镇改革，处理好政府

---

① 《中国共产党第十九届中央委员会第四次全体会议公报》，https://www.12371.cn/2019/10/31/ARTI1572515554956816.shtml，2022年5月6日。

② 《中华人民共和国乡村振兴促进法》，http://www.npc.gov.cn/npc/c30834/202104/8777a961929c4757935ed2826ba967fd.shtml，2022年5月6日。

间的权责关系，提升治理能力始终是改革的重要内容和关键环节。我国政府的运行机制主要是"向上集权、向下分责"的压力型体制，即"一级政治组织为了实现执政目标，完成上级下达的各项任务目标而采取的数量化任务分解的管理模式和任务化的评价机制"[1]。这一体制下，县级政府及其职能部门成为资金与权力的主要掌控者，本该由本部门完成的各项"党政任务"被转移到乡镇政府，而相应的人事权、财权等权力却没有同时下移，乡镇政府面临着"权小、责大、事多""权力有限，责任无限"等权责不统一的治理困境。特别是按照现行法律和行政法规"授权惯例"，乡镇政府虽然具有土地、环保、卫生、教育、社会治安等各项"行政事务"的"落实权"，但并无行政事务的"执法权"，执法权主要分布在县级各部门，且存在横纵向上各执各法、信息不通等"粗放无序"式的壁垒障碍，导致"看得见的管不了，管得了的看不见"，多头、多层执法，执法成本高，执法成效不明显。很显然，乡镇相应权力缺失是导致综合治理能力不强的重要原因所在。加之乡镇对涉及本区域重大决策、规划、项目等参与权和建议权弱化，这些因素都限制着乡镇对辖区内各类治理资源和治理主体的统筹协调能力，影响了乡村社会的治理成效。另外，在现代化进程中，乡村发展各种突发事件增多，社会潜在风险明显增加，面对突发性公共事务，乡镇相关权力缺失，功能发挥受限，综合应急能力较弱。破除"压力型县乡"关系，积极推进乡镇扩权赋能，依法赋予乡镇在综合执法、综合治理、统筹协调、公共服务、应急处置等方面的权限，增强乡镇行政执行、应急管理、平安建设等能力，是乡村振兴战略下乡镇综合治理能力提升的必然要求。

三　乡村振兴要求增强乡镇公共服务能力

提升乡镇政府综合服务能力是实施乡村振兴战略的现实要求。《乡村振兴战略规划（2018—2022年）》提出"把国家社会事业发展的重点放在农村，促进公共教育、医疗卫生、社会保障等资源向农村倾斜，逐步建立健全全民覆盖、普惠共享、城乡一体的基本公共服务体系，推进城

---

[1] 杨雪冬：《压力型体制：一个概念的简明史》，《社会科学》2012年第11期。

乡基本公共服务均等化"①。新时代，党和国家高度重视政府公共服务能力建设，"党的十八大以来，中央先后颁发了《国家基本公共服务体系'十二五'规划》《'十三五'推进基本公共服务均等化规划》《关于建立健全基本公共服务标准体系的指导意见》等一系列有关促进基本公共服务均等化的公共政策，形成了具有中国特色的民生保障制度体系"②。然而，城市和乡村之间差异化的公共产品供给机制仍然存在，严重制约着乡村振兴目标的实现，亟须提高乡镇政府公共服务能力。乡村振兴战略的实施，必然推动农民群众实现更加全面的发展，农民群众公共服务需求也将被逐步释放，乡镇将面临更加多元化的服务对象和日益多样化的服务需求。乡镇政府作为乡村公共服务供给的主导者、提供者和实践者，需要具备与之相对应的服务职责和功能，保证乡村公共服务政策得以贯彻落实。乡镇政府公共服务能力受到权力运作、政府职能、组织结构、权责划分等体制性因素，人事、财政、考核、监督等制度性因素，供给模式、供给主体素质能力等因素的影响（如图4-4所示）。在"压力型体制"下，一方面，县级以上政府及其职能部门对公共服务的供给事项拥有最终决策权，掌握着本应由乡镇政府承担的大量公共服务事项管理权，乡镇政府在公共服务供给过程中被动执行上级政府指令；另一方面，乡镇政府向乡村赋权动力不足，公共服务需求表达和反馈机制不健全，公共服务供给内容存在结构性失衡，农民群众获得感和幸福感不强。同时，在现行财税体制下，乡镇政府的财权和事权不匹配，乡镇政府主要的财政权限被县一级政府掌控，甚至在属于县级以上政府事权上也要求乡镇安排项目配套资金，造成乡镇政府用于公共服务的资金不足，影响了服务的水平和质量。另外，乡村公共服务涉及公共教育、社会服务、医疗卫生等各个方面，而这些事项的管理服务权限分散在不同部门，导致程序烦琐，影响了群众的满意度。目前，虽然很多乡镇已经建立起综合便民服务机构，但由于受县级政府服务管理权限下放不足，部门间业

---

① 《乡村振兴战略规划（2018—2022年）》，http://www.gov.cn/zhengce/2018-09/26/content_5325534.htm，2022年5月7日。
② 姜晓萍、郭宁：《我国基本公共服务均等化的政策目标与演化规律》，《公共管理与政策评论》2020年第6期。

务衔接不够，政府内部数据存在壁垒，公共服务平台功能有待提升等因素影响，"一站式服务""一门式办理"还没有完全实现。因此，按照权力下放、权责一致的原则，积极向乡镇政府赋权增能，完善乡镇财政管理体制，扩大乡镇政府服务管理权限和财政支出权限；进一步加强乡镇公共服务平台和一体化在线公共服务体系建设，优化乡镇政务服务流程，推动县乡之间、县级职能部门之间信息共享、互联互通和业务协同，全面提升乡镇公共服务能力，是乡村振兴战略下乡镇政府公共服务能力提升的发展方向。

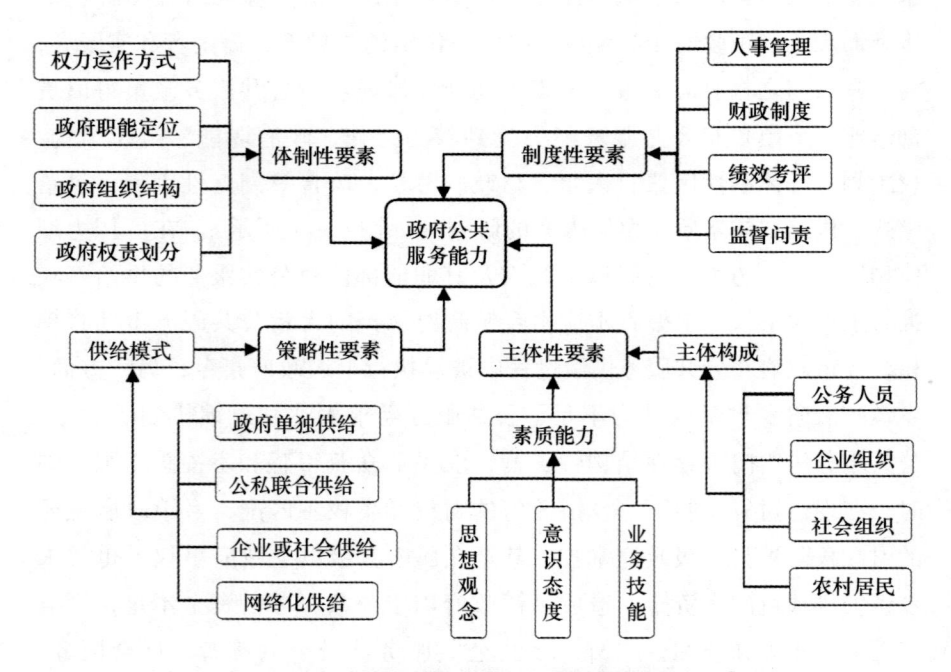

图 4-4 乡镇政府公共服务能力形成的要素条件①

四 乡村振兴要求乡镇实现智能化治理

乡村振兴离不开乡镇的有效治理，而乡镇的有效治理需要科技的有

---

① 郜清攀：《乡村振兴战略背景下乡镇政府公共服务能力研究》，博士学位论文，东北师范大学，2019 年，第 86 页。

力支撑。习近平总书记强调,要"加快用网络信息技术推进社会治理"。《中华人民共和国国民经济和社会发展第十四个五年规划和2035年远景目标纲要》也提出"以数字化转型整体驱动治理方式变革"①。"政治世界是一个言和行的世界。纯粹的政治世界并不足以维持自身的存在,更不能维持人类的存在。除了政治世界以外,人类还需要其他的生存条件,由人类自己创造的器具世界就是人类生存的基本条件之一。"② 现代智慧治理技术在乡镇治理中的作用日益显现,特别是在政务办理、安全监控、风险防控、应急处置、协同办公、综合监管、矛盾化解等方面发挥着越来越重要的作用。乡镇利用区块链、云计算、大数据等先进科技手段,建立起一体化政务服务平台和应用终端,既能够实现内部运行机制的智能化,又能够"基于数据包含的信息以及各方反馈的意见,及时调整决策、纠正决策偏差,促使乡村治理决策科学化"③。同时,借助智能手段能够对数据进行快速收集、分析,及时对信息进行上传下达,实现对突发事件和社会矛盾的及时预警、快速处置、有效化解。比如,在疫情防控实践中,很多乡镇借助智能化手段摸排确定重点人群、重点场所和重点区域,在极短时间内实现了病毒溯源,及时控制住了疫情。此外,乡镇依托智能化手段,还能为农民群众提供高效便捷的医疗、教育、文化、金融等公共服务,实现"一网通办""不见面审批",大大提高了乡镇政府服务效率,有效提升了乡镇政府服务水平。当前,乡镇治理正在从线下转向线上线下融合模式,利用物联网、人工智能、大数据等信息化手段支撑乡镇综合治理,推进社会治理现代化。目前,很多乡镇虽然建立了一体化的信息系统和综合指挥平台,但在运用信息化技术实现综合治理方面依然存在缺陷。一方面,乡镇权力有限,未能实现对乡镇内党的建设、社区治理、综合治理等各系统信息资源进行有效整合,县乡之间未能有效实现信息共享、互联互通、联动处置,跨区域跨部门跨主体的

---

① 《中华人民共和国国民经济和社会发展第十四个五年规划和2035年远景目标纲要》,http://www.gov.cn/xinwen/2021-03/13/content_5592681.htm,2022年5月8日。
② 张以明、张英:《作为现代性基本现象的技术主义》,《学习与探索》2007年第5期。
③ 赵敬丹、李志明:《从基于经验到基于数据——大数据时代乡村治理的现代化转型》,《中共中央党校(国家行政学院)学报》2020年第1期。

沟通协同共治机制未能建立，基层治理数据资源共享不够，数据孤岛现象依然存在。另一方面，乡镇综合指挥平台除了硬件设施外，还需要功能系统等软件设施、相应的科技人才及定期运维。但在目前县乡财政体制下，诸多乡镇政府财力有限，难以进行有效的资金投入，乡镇数字基础设施建设相对薄弱。受资金及技术能力的影响，乡镇已建成的综合指挥平台系统功能不够完备与智能，在数据化分析与研判上能力不强，难以借助智慧平台及大数据准确感知社会发展态势和群众需求，不能对安全隐患、社会矛盾等进行及时预测预警预防，无法对突发事件进行快速处置。充分利用信息技术为乡镇综合治理赋能，加强一体化的信息系统和综合指挥平台建设，强化财政和科技人才保障，实现治理数据资源共享，提高数据分析和应用能力，拓展数据技术应用的治理场景，是乡村振兴战略下乡镇政府智能化治理的重要改革方向。

第三节 乡村振兴战略中的乡镇政府组织运行体系创新内容

乡村振兴重塑乡镇治理基础，推动乡镇政府组织运行体系的适应性变革，以形成与现代化治理相适应的体制机制。在乡村振兴战略实施进程中，产业发展、乡村治理、文化建设、公共服务、组织振兴等诸多方面都对乡镇政府提出了新的要求，亟须从组织结构、职能定位、权力配置、治理方式等方面就乡镇政府组织运行体系进行创新，推动乡镇政府运行体系的规范化、科学化发展，以实现乡村治理体系和治理能力的现代化。

一 简约高效的乡镇政府组织结构

政府的组织结构，是指"构成政府的各个组织、部门、机构的具体设置及其权责分工关系的总和。政府的组织结构是政府功能的载体，是政府完成和实现各项政治或行政目的和任务的组织基础和制度依托"[1]。

---

[1] 郜清攀：《乡村振兴战略背景下乡镇政府公共服务能力研究》，博士学位论文，东北师范大学，2019年，第236—237页。

乡村振兴离不开有效治理，实现有效治理则离不开精简高效的乡镇政府组织结构。深入推进乡村振兴，创新乡村治理体系，需要从县乡关系结构、政府机构设置等方面进行改革创新。

第一，合理化的县乡关系结构。国家结构形式[1]是国家治理体系的重要基础，决定着社会管理体制、权力分配体系和政权组织架构。习近平总书记指出，"一个国家选择什么样的国家制度和国家治理体系，是由这个国家的历史文化、社会性质、经济发展水平决定的"[2]。新中国成立后，我国基于理论、历史、现实等综合因素，选择了单一制的国家结构形式，这是县乡关系的制度性前提和基础，县乡关系"发展既符合我国府际关系发展的一般规律，又因县乡政府与农村社会发展密切相关而呈现出自身的特性"[3]。在我国政权组织架构中，乡镇政府拥有上联国家、下接乡村社会的特殊地位，是政府治理体系的末梢，处于国家与乡村社会的互动界面，国家和乡村社会两个层面都对县乡关系产生了重要影响。县乡关系中最为明显的是"属地管理"，它是我国纵向政府间以地域来划分权责的一种行政制度安排，具体到县乡治理实践而言，容易导致县级政府借"属地管理"之名将行政任务转移至乡镇，造成乡镇运转失衡。伴随乡村振兴战略的深入推进，乡镇面临的治理结构、治理环境等发生了根本性变化，要求推动"属地管理"向"职能管理"转变，实现县乡关系的合理化、规范化。乡村振兴具有典型的"条块结合"特征，需要在县乡层面加强条块之间的统筹协调，明晰县乡职权划分，完善协调和联动机制，使"条条"融入"块块"治理。这就需要理顺县乡行政关系、权责关系，特别是针对乡村振兴覆盖到基层的全域性工作，更要明确县乡间的职责范围，科学界定主管部门和协助部门，避免权责不清，相互推

---

[1] 指中央和地方关系的体制模式，分为单一制和复合制两类，单一制国家结构又分为中央集权的单一制国家结构和地方自治的单一制国家结构两种形式，复合制国家结构分为联邦制复合制国家结构、邦联制复合制国家结构两种形式。

[2] 习近平：《坚持和完善中国特色社会主义制度 推进国家治理体系和治理能力现代化》，《求是》2020年第1期。

[3] 李荣娟、殷旺来：《国家治理视角下中国县乡关系的演进、问题与趋势》，《北京师范大学学报》（社会科学版）2021年第6期。

诿扯皮。比如，全国首批乡村治理体系建设试点单位浙江省云和县规范"属地管理"工作，明晰县乡职责，精准编制事项清单共68项，逐项明确了县级部门和乡镇的主体责任、配合责任，将所有"条条"职能落实到"块块"，强化了县乡系统，形成了有分有统、权责明确、配合有力的工作机制，破除了乡村治理、公共服务、基层矛盾等体制机制障碍。[①] 这些都为乡村振兴进程中的乡镇政府组织结构调整提供了很好的经验启示。

第二，高效化的派驻机构管理体制。乡村振兴是整体性、系统性过程，要求提升乡镇政府的整体性功能，能够对辖区内县级职能部门派驻机构具有一定的指挥协调权，统一协调乡镇政府内设部门、上级派驻机构、各类组织等治理主体，有效整合执法、服务等各类乡村治理资源，及时满足群众各类需求，化解和处置各类矛盾纠纷与突发事件，实现乡村善治。实际上，围绕提升乡镇政府治理能力，国家已启动了多轮乡镇改革，其中都涉及派驻乡镇机构的管理体制改革，力求通过大部门制改革，实现乡镇内设部门及上级派驻机构相关职能的有效整合，赋予乡镇更大管理权限，提升乡镇治理的统一性、整体性和高效性。"但在实际工作中，'大部门'式的设置只是徒具形式，其内部办公仍然是相互独立的，不利于实际工作的有序开展。在实践中，部分乡镇政府为了便于开展工作，仍然按照先前'七站八所'式进行分工，这使得现行机构设置在运行中成了一种摆设。"[②] 同时，乡镇政府缺乏对派驻机构人事、考核、激励等方面的权限，无法实现对派驻机构的有效调度，导致治理资源依然分散在各部门之间，严重制约了乡镇政府治理能力的提升。《中共中央 国务院关于加强基层治理体系和治理能力现代化建设的意见》要求"除党中央明确要求实行派驻体制的机构外，县直部门设在乡镇（街道）的机构原则上实行属地管理。继续实行派驻体制的，要纳入乡镇（街道）统一指

[①] 《云和县规范乡镇（街道）"属地管理"助力全国乡村治理体系建设试点工作》，http://www.yunhe.gov.cn/art/2021/3/31/art_1229376216_59099626.html，2022年5月10日。

[②] 江国华、罗栋梁：《乡镇政府治理职能完善与治理能力现代化转型》，《江西社会科学》2021年第7期。

挥协调"[1]。在国家政策推动下，各地进行了创新实践，如乡村治理体系建设首批试点单位浙江省宁波市鄞州区积极推动派驻机构管理体制改革，进一步强化乡镇对派驻机构的统筹协调能力，由县级职能部门派驻机构和执法中队主要负责人兼任乡镇内设机构副职领导，工会关系、党组织关系等同步转入驻地乡镇，由乡镇统一管理下沉人员的人、财、物。同时，将派驻机构、下沉机构与乡镇内设机构合署办公，设立综合行政执法队，实行"镇队合一"，以乡镇政府名义开展行政执法和其他管理服务工作，提高融合度，提升乡镇治理的现代化水平。[2]地方改革实践为新时代构建高效的派驻机构管理体制提供了有益借鉴。因此，应优化派驻机构管理体制，按照扁平化、柔性化、网络化要求，重组乡镇事业站所，"通过横向打破部门间的隔阂，为基层组织执行政策、实施治理提供便利"[3]，设置综合治理、执法、服务等中心，提升业务融合度，赋予乡镇政府在涉及派驻机构人事、财政、日常管理等方面的更大权限，加大乡镇政府对派驻机构考核权限的比重，强化乡镇政府对派驻机构的统一管理，增强乡镇治理的整体性，进一步形成条块工作合力，促进乡村发展。

第三，扁平化的政府机构设置。政府机构设置受政府职能的现实规定，即政府需要根据履行的政治、经济、社会、文化、生态等职能，成立相应的机构作为政府职能依托。党的十八大以来，国家推动新一轮行政体制改革，"本次改革以加强党的全面领导为统领，以国家治理体系和治理能力现代化为导向，以推进党和国家机构职能优化协同高效为着力点，改革机构设置，优化职能配置，深化转职能、转方式、转作风，提高效率效能，积极构建系统完备、科学规范、运行高效的党和国家机构职能体系"[4]。在国家机构改革推动下，地方机构改革也不断走向深入，

---

[1] 《中共中央 国务院关于加强基层治理体系和治理能力现代化建设的意见》，http://www.gov.cn/zhengce/2021-07/11/content_5624201.htm，2022年5月11日。

[2] 《基层动态丨鄞州区以管理体制改革为核心扎实推进"基层治理全面提升"工作》，https://www.sohu.com/a/582005201_121123866，2022年9月2日。

[3] 洪松：《基层组织事权承接过程中的"有限自主"困境与破解之策》，《领导科学》2021年第21期。

[4] 丁志刚、王杰：《中国行政体制改革四十年：历程、成就、经验与思考》，《上海行政学院学报》2019年第1期。

党和国家先后出台了《关于加强乡镇政府服务能力建设的意见》《关于推进基层整合审批服务执法力量的实施意见》《关于加强基层治理体系和治理能力现代化建设的意见》等指导性意见，要求"有效提升乡镇政府服务水平""统筹优化和综合设置乡镇和街道党政机构、事业单位""深化基层机构改革，统筹党政机构设置、职能配置和编制资源，设置综合性内设机构"，为新时代优化乡镇政府机构设置改革指明了方向。优化政府机构设置，应根据乡村振兴需要对乡镇政府机构进行综合设置，解决当前乡镇机构设置过多、分工过细、效率不高等问题，同县乡关系结构、派驻机构管理体制理顺结合起来，促进乡镇政府机构设置与职能、业务有机融合，推动机构设置科学化、权责更加协同化。习近平总书记强调，"机构宜大则大、宜小则小，关键看怎样摆布符合实际、科学合理、更有效率"。乡镇政府机构设置不应仅对机构进行简单撤并，更为重要的是打破传统"按部门、按行业"机构设置方式，在坚持精简高效原则前提下，对机构职能进行优化、整合，实行扁平化和网格化管理，真正提高办事效率和服务水平。在机构数量上，对职责相同或相近的机构进行大部门综合设置，做到科学合理高效；在机构类别上，应紧扣乡村振兴、基层治理体系和治理能力现代化、乡村经济社会发展、农民公共服务需求等工作重心，根据乡镇发展定位设置机构类别；在机构职能上，大部制改革后，重在实现各部门职能的有效衔接和业务融合，真正提升协同能力。比如，全国乡村治理示范镇莲花镇所在的浙江省衢州市把乡镇工作归类整合为"大党建、大协调、大治理、大执法、大经济、大服务"6个主模块，以及"农业农村""文旅服务中心"等11个子模块。对应主模块整合乡镇内设机构，统一设置党建办、综合督考办、社会治理办、综合信息指挥室、经济发展办和政务服务中心等6个综合机构。各乡镇根据自身定位和特色优势，从11个子模块中自主选择3至5个，设立个性化科室。通过改革，机构数精简比例达63.2%。[①] 在乡村振兴过程中，相对于单一的科层组织而言，需要调适能力更强的统合型乡镇组织结构。应

[①] 《衢州：乡镇机构模块化改革赋权又赋能》，http://www.xinhuanet.com/politics/2020-01/19/c_1125482735.htm，2022年5月11日。

更加注重乡镇党委在乡镇治理中的角色与功能，党政机构统筹优化，强化党组织"元治理"的功能与角色，构建党委领导、党政统筹、简约高效的乡镇治理体系，形成党委组织和行政组织的责任联动机制，实现基层治理体系的有效运转。

二 科学合理的乡镇政府职能定位

职能定位是乡镇政府开展服务的依据和前提，科学合理的职能定位能够提升乡村治理的针对性和精准性，保障乡村振兴各项目标任务的实现。新时代，乡村振兴是涉及产业、人才、文化、生态、组织等全方位的振兴，要求乡镇政府履行统筹经济社会发展、提供优质公共服务、实现乡村有效治理和维护基层社会稳定等职能。这就需要进一步理清乡镇政府应承担的具体职责，推动职能转变，明确不同层级政府的职能分工，提高乡镇政府的现代化治理能力。

第一，推动乡镇政府职能转变。政府职能转变的本质在于政府职责与功能的调整，主要涉及国家治理现代化背景下政府的行动范围与行动方式问题。[1] 全面推进乡村振兴要求乡镇政府的职责定位更加科学、准确，把制度优势转化为乡村振兴的行动优势，推进乡镇治理体系和治理能力现代化。在全面推进乡村振兴背景下，应构建党委领导、党政统筹、简约高效的乡镇管理体制，形成党政统合型治理机制，提升乡镇政府行政执行、应急处置、议事协商、平安建设等全方位能力。推进乡村振兴，根本上要解决乡村发展不充分的突出问题，为乡村社会提供可持续发展的能力，这归根结底离不开经济发展。乡镇政府应加强宏观经济建设职责，根据乡村发展现状、资源禀赋、产业基础等确定经济发展方向和主导产业，建立健全城乡融合发展的体制机制，同时，进一步加强市场监管，营造良好发展环境，促进乡村经济发展，夯实乡镇治理的基础和乡村振兴的保障。新时代，"经济体制的变革、社会结构的变动、利益格局的调整、思想观念的变化""乡村社会阶层分化与流动加速交织，利益多

---

[1] 张喜红：《责任政治建设与政府职能转变：关系、路径与指向》，《学习与探索》2019 年第 12 期。

元与社会主体诉求多元叠加"①，这给乡镇治理带来了诸多新挑战。乡镇政府应强化社会建设职责，进一步强化乡镇政府服务功能，创新服务供给方式，提升乡镇政府服务能力和水平，打造服务型乡镇政府。乡镇治理应加强社会管理能力，健全基层群众自治制度，推进基层法治和德治建设，全面构建综合执法和平安建设机制、矛盾纠纷调处化解机制、应急处置联动机制，健全农村社会治安防控体系和公共安全体系，形成多元主体共同治理的乡村社会发展新格局。乡村振兴要求文化振兴，需要乡镇政府"坚持以社会主义核心价值观为引领，以传承发展中华优秀传统文化为核心，以乡村公共文化服务体系建设为载体"②，健全公共文化设施网络，推进乡村文明建设，满足人民群众日益增长的文化需求，为乡村发展提供有力的思想保证和精神动力。同时，推动乡镇政府职责优化，必须更加突出生态文明建设，加强乡村环境卫生、环境保护、环境治理、人居环境建设等工作，协调好经济发展与生态保护之间的关系，建设美丽乡村。

第二，科学合理的政府职能分工。政府职能分工与乡村经济社会发展相适应是实现乡村振兴，加强国家治理体系与治理能力现代化的必然要求。科学合理的政府职能分工，能够明确不同层级、不同特点的政府合理承担相应职责，有效保障政府合理分配治理资源，提升综合治理成效。新中国成立以来，我国长期实行小部门制，不同层级政府间实行"职责同构"，上级政府借助目标管理、行政问责来促进职责落实，通过问责机制进行的考核越来越走向精细化、可操作化。到乡镇层级，上级政府考核指标内容越来越多，层层加码，诸多与常规化、专业化、去人格化的行政逻辑相背离的治理事务被纳入基层行政领域，乡镇承担了大量法定职能外的治理责任，使得职能错位、缺位、越位现象明显。乡村振兴战略实施以来，乡村发展进入新阶段，乡村社会经济和社会领域产生了诸多治理和发展的新需求，亟须对县乡政府职能分工进行优化。《中

---

① 陈文胜、汪义力：《乡村振兴背景下乡镇治理现代转型研究》，《农村经济》2022年第4期。

② 《中共中央 国务院印发〈乡村振兴战略规划（2018—2022年）〉》，http://www.gov.cn/zhengce/2018-09/26/content_5325534.htm，2022年5月11日。

华人民共和国乡村振兴促进法》要求"地方各级人民政府应当建简约高效的基层管理体制"[1]，这客观上要求在乡村振兴中明确县乡政府职能分工，特别是对乡镇政府职能进行精准配置。一是精准区分县乡政府间、乡镇与派驻机构间的职能分工，改变"职责同构"下乡镇政府与县级政府职能一致的现象，明确乡镇政府与县级政府及派驻机构间在乡村振兴各个领域的主体责任和配合责任；二是强化分工基础上的合作，提升县乡政府间、乡镇政府部门间、乡镇辖区内各机构间的职能协同性，改变过去各自为政、各自执法等问题；三是精准识别发达镇、重点镇、旅游名镇、特色小镇等不同类别乡镇政府的职能需求，杜绝在职能配置中"一刀切"，与乡镇特色发展要求不匹配的现象；四是"精准识别乡镇职能履行能力，建立动态调整机制。对可以承接的职能和无力承接的职能，或直接下放，或具备能力后下放，或先县乡部门协同履行后单独承接职能"[2]。当前，乡村振兴要求优化政府职能配置，加快构建系统完备、科学规范、运行高效的乡镇政府机构职能体系，这就需要精准区分县乡两级政府职能差异，清晰界定事权、财权及共享权益等，并能够根据乡村社会发展需要调整相关权益，破除"上下同构"体制。在此基础上，根据乡镇政府推动乡村振兴需要、特色发展需要、经济社会发展水平等基础性因素，精准识别乡镇政府职能需求和职能履行能力，调整完善职能配置、权限和责任划分，明确治理与服务流程和机制，以优化职权和职责，提升乡村治理成效。

三 完善的政府权力配置

政府职能的有效履行离不开一定的权力保障，"责任的承担伴随着权力的授予，即有责必有权""权力的授予伴随着责任的规定，即有权必有

---

[1]《中华人民共和国乡村振兴促进法》，http://www.npc.gov.cn/npc/c30834/202104/8777a961929c4757935ed2826ba967fd.shtml，2022年5月12日。

[2] 李荣娟、殷旺来：《国家治理视角下中国县乡关系的演进、问题与趋势》，《北京师范大学学报》（社会科学版）2021年第6期。

责"①。乡村振兴丰富了乡镇治理的内涵,要求乡镇政府承担更多乡村治理和服务责任,这离不开完善的政府权力配置,确保乡镇政府具有履行相应职责所需的权限。

第一,综合性权力配置。压力型体制下,县级政府一般通过在乡镇设置派出机构或者办事处来履行公共服务、行政管理、安全执法等职能,比如农业、建设等部门的行政审批主要集中在县一级,乡镇政府缺乏相应权限,导致社会需求与乡镇政府权力不匹配,增加了民众和企业负担,影响了治理和服务的成效。在"事权下沉、实权上移"的权力资源分配制度下,乡镇政府逐渐失去发挥职责的权力基础,难以满足乡村经济社会发展各种需要,无法完成推进乡村振兴的重大任务,乡镇政府陷入"权力有限,责任无限"的治理困境。按照行政学的基本原则,每一个行政层级都应当是责权相对称的,相一致的,这样才能真正调动积极性,提高行政效率,也才可以持续有效地行政。② 在乡村振兴战略实施过程中,乡镇政府承担着政治、经济、社会、文化、生态等综合性职责,理应拥有与职责相适应的综合性权力配置。在明确职责、配置权力过程中,"推动治理重心下移,尽可能把资源、服务、管理放到基层,使基层有人有权有物,保证基层事情基层办、基层权力给基层、基层事情有人办"③。权力是落实责任的工具,乡镇政府对乡村依法行使行政管理和公共服务职责,应按照权责一致、重心下移原则,赋予其相应的经济社会管理权限,增强乡镇履行公共服务、公共管理、公共安全职能的能力。新时代,乡村社会结构更加复杂,利益诉求更为多元、突发事件及矛盾纠纷多发频发,乡村治理面临的环境更为严峻,迫切要求依法赋予乡镇综合管理权、统筹协调权、行政执法权和应急处置权等综合性权力,将直接面向群众、乡镇能够承接的服务事项依法下放,扩大乡镇政府在涉及辖区人

---

① 麻宝斌、郭蕊:《权责一致与权责背离:在理论与现实之间》,《政治学研究》2010 年第 1 期。

② 贺雪峰:《行政体制中的责权利层级不对称问题》,《云南行政学院学报》2015 年第 4 期。

③ 韩奇:《市场化转型中的中央权威再造——基于中国中央—地方关系的考察》,《科学社会主义》2021 年第 1 期。

民利益的重大决策、规划和项目的参与权和建议权,使乡镇政府具有整合辖区各类资源,促进经济发展,为农民提供高效优质服务,有效防范和化解各类风险和矛盾的能力,促进乡村全面振兴。

第二,自主性财权。乡村振兴不仅涉及人居环境的改善、基础设施的完善,还涉及产业振兴、人才振兴、文化振兴等诸多方面,乡村振兴战略的实施对资金的需求越来越大。财权和财力是乡镇政府履行职能的重要基础,在乡村建设与发展中,无论是路面硬化、雨污分流项目、路灯、绿植、垃圾桶等基础设施建设,还是综合治理平台建设、智能系统研发、应急物资保障等与乡村治理密切相关的方方面面,都离不开财政资金的投入。乡镇承担了乡村绝大部分管理与服务职能,农村税费改革之后乡镇政府没有独立的一级政府财权,"由此,乡镇政府没有独立的财政预算,其财政收入严重依赖于县级政府。尽管乡镇拥有来自中央和省级政府的转移支付,但这些转移支付是由县级政府统筹分配的,而且很多转移支付需要县政府的配套资金,于是乡镇政府的财政支出就更加依赖县级政府了"[1]。总体来看,乡镇政府所承担的乡村振兴事权与财政资源严重不匹配。加之,乡镇政府和县级政府之间财政分成缺乏明确法律和制度层面规定,更加重了县级政府对乡镇政府资金的汲取。乡镇政府财税权力的逐级上移和财税自主性的缺失,导致环境卫生、救灾抢险、公共安全、疫情防控等基本工作的经费支出缺口很大,乡村治理能力弱化。《中共中央关于全面深化改革若干重大问题的决定》明确指出,"深化税收制度改革,完善地方税体系,逐步提高直接税比重"[2]。《国务院关于推进中央与地方财政事权和支出责任划分改革的指导意见》指出"合理确定省以下各级政府的支出责任,避免将过多支出责任交给基层政府承担"[3]。《关于加强乡镇政府服务能力建设的意见》规定,"完善乡镇财

---

[1] 庞明礼、于珂:《"有编不用"与"编外用工"何以共生?——基于县乡权责关系视角的解释》,《学习与实践》2020 年第 4 期。

[2] 《中共中央关于全面深化改革若干重大问题的决定》,http://www.scio.gov.cn/zxbd/nd/2013/Document/1374228/1374228.htm,2022 年 5 月 12 日。

[3] 《国务院关于推进中央与地方财政事权和支出责任划分改革的指导意见》,http://www.gov.cn/zhengce/content/2016-08/24/content_5101963.htm?trs=1,2022 年 5 月 12 日。

政管理体制。合理划分县乡财政事权和支出责任,建立财政事权和支出责任相适应的制度。结合乡镇经济发展水平、税源基础、财政收支等因素,实行差别化的乡镇财政管理体制"[1]。在国家政策推动下,很多地方开始试点乡镇财政管理体制改革,比如,全国乡村治理示范镇四川达州市大竹县庙坝镇按照"一级政府一级财政"的改革方向,实行"镇财镇管镇用县监督"和独立预决算,对下放的事权预算专门的工作经费,不断加强办公经费、城乡环境治理经费预算保障,科学返还财政性收入,城市基础设施配套费、县级土地出让金、社会抚养费均100%返还乡镇,国税返还地方留成部分25%的4个百分点、地税返还县级分享部分的30%,乡镇造血功能不断增强,切实提高了财政自给能力,有力推动了乡村治理和公共服务水平。[2] 由此,应科学划分乡镇发展类别,分类放权,给予不同的财政支持,健全乡镇自行规范、管理能力和激励约束机制,促进乡村发展。针对县乡政府财政事权和支出责任不清的问题,应按照公共财政支出改革和乡村振兴战略要求,遵循财政事权与支出责任相匹配的原则,系统重构县乡财政管理体系,完善县对乡镇财政管理体制,合理划分县乡两级财政收支范围,明确界定县乡两级支出责任,建立财政事权、支出责任与收入规模相匹配的财政体制。针对乡镇财力不强的问题,在对地方主体税种进行补位的基础上,应按照行政效能和规范高效运行要求,进一步理顺县乡财力分配关系,适度上移县级支出责任,对适宜留在乡镇征管的财政收入项目应全额留在乡镇,使基层能够拥有制度化的自有财源,对于县乡的共享收入要加大乡镇的分成比例。同时,加大对乡镇政府的转移支付力度,确保乡镇政府履行公共职能和提供基本公共服务的支出需求。针对乡镇财政自主权不强的问题,县级政府应进一步向乡镇下放财权,加大对乡镇的财力倾斜力度,允许乡镇政府可以统筹安排使用更大范围的财政资金,扩大乡镇政府的自主预算经费的比重,推进财务自主核算,优化乡镇政府资金管理和使用方式,

---

[1] 《关于加强乡镇政府服务能力建设的意见》,http://www.gov.cn/zhengce/2017-02/20/content_5169482.htm,2022年5月12日。

[2] 《四川达州市大竹县庙坝镇:深化改革强服务健全体系促发展》,http://www.farmer.com.cn/2021/12/20/99884773.html,2022年5月12日。

健全和完善乡镇政府履行职能的财力保障机制,提升用于乡村建设、治理与服务的财政能力。

第三,务实高效人事权。政策导向虽然源于中央,但政策推进必须依托基层政府,这是一个无法逾越的环节。[①] 乡镇政府是乡村振兴战略的直接执行者,其实施成效取决于乡镇政府的政策执行力,归根到底是人的执行力。习近平总书记强调"推动乡村全面振兴,关键靠人,要建设一支政治过硬,本领过硬,作风过硬的乡村振兴干部队伍"。目前,上级政府掌控着乡镇政府编制管理权,及县级部门派驻机构和人员的指挥协调权、管理考核权和人事建议权,乡镇政府面临人手不足问题,为了承接乡村振兴及上级政府安排的各种任务,只能聘用编外人员,导致"有编不用"与"编外用工"共生现象,严重影响了治理效果。为了破解这一难题,各地进行了积极有益的探索,比如,全国乡村治理示范镇莲花镇所在的浙江省衢州市通过统筹编制资源向乡镇一线倾斜,扩大乡镇人事权限。横向统筹大小乡镇之间的编制,给常住人口多、区域面积大、发展任务重的乡镇多增加编制。纵向调整收回县级层面事业编制,补充乡镇力量。同时,打破乡镇层级行政、事业、编外和派驻干部等多种人员身份,设置62个岗位,变身份管理为岗位管理;制定派驻机构干部考核办法,以乡镇党委意见为主,规定派驻干部"任命听乡镇意见、提拔由乡镇主导、调动经乡镇同意",形成"条线"听"块面"的乡镇工作机制。[②]《中共中央 国务院关于加强基层治理体系和治理能力现代化建设的意见》要求"县直部门设在乡镇(街道)的机构原则上实行属地管理。继续实行派驻体制的,要纳入乡镇统一指挥协调""推进编制资源向乡镇(街道)倾斜,鼓励从上往下跨层级调剂使用行政和事业编制"[③]。因此,应赋予乡镇更为灵活自主的人事权,创新用编用人制度,统筹使用各类

---

① 王雪珍:《乡村振兴战略背景下乡镇政府政策执行力的提升——以Y市F镇为研究对象》,《湖南行政学院学报》2022年第3期。
② 《衢州:乡镇机构模块化改革赋权又赋能》,http://www.xinhuanet.com/politics/2020-01/19/c_1125482735.htm,2022年5月13日。
③ 《中共中央 国务院关于加强基层治理体系和治理能力现代化建设的意见》,http://www.gov.cn/zhengce/2021-07/11/content_5624201.htm,2022年5月13日。

编制资源，扩大其对辖区内行政人员管理权限，"按照属地管理原则，对于乡镇辖区范围内的行政人员管理、考核、调配，乡镇政府应有一定考核权、建议权和一定范围内的统筹权，包括对部门事项和人员的统筹协同和指挥调度权力"①。同时，对艰苦边远乡镇落实相关补贴政策，提高基层干部待遇，确保基层需要的人才进得来、留得住、干得好。此外，应进行科学考核，将考评结果作为乡镇领导班子建设和干部选拔任用、评优评先、激励约束的重要参考，激发乡镇干部推动乡村振兴政策落实的内生动力，同时统筹规范面向乡镇的督查检查，切实减轻乡镇工作人员负担，引导乡镇工作人员将更多时间和经历用于乡村治理、乡村建设，有效推动乡村振兴高质量发展。

四 智能融合的乡镇政府治理方式

新时代，以互联网、人工智能、大数据、区块链等现代智能技术为核心的数字科技在乡村地区应用场景不断拓展，应用程度不断加深，融入乡村振兴的各个环节、各个领域，成为推动基层治理体系和治理能力现代化的内在要求和重要手段。"互联网的发展使社会实践由现实社会向虚拟社会拓展。正如习近平总书记指出：'现在，以互联网为代表的信息技术日新月异，引领了社会生产新变革，创造了人类生活新空间，拓展了国家治理新领域'。"② 乡村振兴要求加强乡村社会治理、应急处置、公共服务等数字化、智能化建设，将数字技术运用于乡镇政府治理中，提高乡村治理成效。

第一，智能化治理体制。乡镇智能化治理体制是依托现代化智能技术，在政府主导下，公众参与、多元协同，打造智能公共平台，提升信息处理能力，满足多元主体需求，优化公共事务治理效率，实现智能技术与乡村社会治理深度融合的体制机制。近年来，各地乡镇政府在乡村振兴中广泛运用大数据和智能技术，推动治理方式向智慧治理转变。然

---

① 孙彩红：《向基层放权赋能亟需厘清几个关键问题》，《国家治理周刊》2022年第1期。
② 颜泽梅、鲍中义、敖梦：《网络群众路线的生成逻辑及践行方式探析》，《贵州省党校学报》2022年第1期。

而，由于受限于科层制行政管理体制，条块分割下各级政府及职能部门间缺乏密切联动机制，政府治理体制和行政运行机制呈现碎片化，无法有效协同应对基层治理难题。随着乡村振兴战略的深入实施，复杂且繁多的乡村社会事务日益增加，要求不同层级、不同部门间加强协作治理，构建智能化治理体制。比如，全国乡村治理示范镇浙江省湖州市吴兴区织里镇以大数据为支撑，积极整合消防、安监、公安等多部门资源，建立社会治理综合信息指挥中心，构建织里镇乡村治理大脑——"智慧织里"，下设"智慧安防""智慧消防""智慧安监""智慧人口管理"等子项目，构建起各部门间信息共享、问题联动处置的智慧化治理机制，为乡村治理植入"最强大脑"，取得了积极成效。近5年，织里刑事案件年平均降幅达18%，消防灭火救援效能提升近20%，企业用电隐患综合下降37.9%。[1] 一方面，智慧治理作为一种依托现代智能技术的技术治理形态，治理系统生成的治理指令或治理方案依赖于治理体系中的多元治理主体提供的信息，并依靠多元治理主体落实，多元治理主体间的有效沟通、协同合作程度决定着治理的效能。因此，应坚持"党建＋智能化"，发挥党委统揽全局、协调各方的作用，将多个部门、多元主体、各个行业等整合成"大系统"，实现治理主体、治理客体、治理资源、治理工具等有机联合，适应基层社会治理现代化要求的"合作联动"智能治理思维。另一方面，数据是智慧治理的主要依据，智慧治理体制的有效运行离不开数据的开放和共享。党的十九大报告强调"打造共建共治共享的社会治理格局"，实现"多元主体共同参与基层社会治理"，要求完善数据共享机制，释放数据红利。乡村振兴涉及公共安全、医疗卫生、教育文化、公共服务、社会治安等诸多领域，催生大量数据，实现对数据的有效获取、快速处理和依法管理，服务于乡村建设与治理，是促进乡村发展，实现和谐稳定的关键。因此，这就需要在"明确数据所有者、数据管理者、数据使用者等主体的职责和权利边界的基础上，破除地区之间、层级之间和部门之间的数据壁垒，建

---

[1] 《浙江省湖州市吴兴区织里镇开创乡村治理新模式：积极打造乡村治理的织里样板》，http://www.farmer.com.cn/2021/12/16/wap_99884375.html，2022年5月13日。

设统一的基层治理数据库,建立和完善乡镇、街道与部门政务信息系统数据资源共享交换机制"①,让数据多跑路、群众少跑腿,通过提升基层治理数据整合能力提高乡镇政府政务服务能力,增强群众的获得感、满意度。

第二,智能化设施、平台与系统。大数据等现代信息技术在乡村治理实践中的运用催生了智能治理这一新型治理模式,而完善的智能化设施、平台与系统则是保障乡镇治理智能化高效运转的软硬件支撑,是乡村振兴的重要保障。《2022年数字乡村发展工作要点》要求,"加快补齐数字基础设施短板,包括持续推进乡村网络基础设施建设、推动农村基础设施数字化改造升级"②。智能化设施、平台与系统主要包括网络、传感器、摄像头、数据存储系统、数据分析系统、云计算平台、智能服务终端等,共同构成了智能治理的基础。其中,由数据存储、数据分析、指令下达等组成的智能治理系统是乡镇智能治理体系运转的核心,决定着乡镇智能化治理的能力和水平高低。乡镇依托智能治理系统强大的计算能力和深度学习算法,"智能治理作为一种技术治理形态,算法是智能治理的核心,智能治理在某种程度上就是人工智能的算法在进行治理"③,通过对乡村治理中各个领域的大数据进行采集、筛选、分析和处理,能够有效识别和分析研判乡村防火、洪涝、治安、安监、生态、疫情防控等诸多领域的各种风险隐患,准确判断治理事项的发展和演变趋势,并根据不同的应用场景生成与之相匹配的治理方案或科学的治理指令,及时消除安全隐患,完成特定的治理任务或化解各类治理难题。同时,智能治理在乡镇的应用不仅能够防范风险隐患,更为重要的是借助先进技术手段来精准掌握和有效满足群众在公共服务、政务服务、基层民主等领域内的各类需求,优化与群众密切相关的各类事项处理流程,提高办事效率,提升群众满意度。而这就需要乡镇政府在广大乡村地区推广普

---

① 陈鹏:《基层政府智慧治理能力提升:现实困境与化解路径》,《深圳社会科学》2022年第3期。

② 《2022年数字乡村发展工作要点》,http://www.cac.gov.cn/2022-04/20/c_1652064650228287.htm,2022年5月14日。

③ 陈鹏:《国家治理的智能化转向及其实施进路》,《探索》2021年第3期。

及智能政务应用软件和政务服务终端，真正让群众感受到智能治理带来的便利和成果。近年来，以全国乡村治理示范镇为代表的诸多乡镇在智能治理方面进行了积极探索，加大投入力度，不断完善智能化设施、平台与系统，充分发挥其在服务群众、促进乡村振兴的作用，取得了明显成效。如浙江省桐乡市乌镇以数字化引领乡村治理现代化，不断加强智慧网络基础设施建设，建有5G基站10个、万兆级光缆26条、Wi-Fi点位5000余个，扩大免费网络覆盖范围，安装大量的智能窨井盖、智能消防栓、治安监控。[1]建设了"乌镇管家"云治理平台，汇聚25个部门、20多个平台的数据和13项条线功能，形成"1+4+X"中心模式，"1"是指'一个中心'，由社会服务治理联动和社会治安立体化防控两大功能合成；'4'是指'四个平台'，由数据集成平台、监测预警平台、分析决策平台、共治服务平台组成；'X'是指云平台对治安、安监、民情等相关基础数据进行整合，构成一张'社会治理大网'"[2]，以"乌镇管家"赋能乡村智治，有力促进了乡村发展。乌镇的智能化治理改革实践为加强智能化设施、平台与系统创新提供了有益借鉴。建设集信息采集、数据分析与处置、数据反馈与决策、风险防控与预测、态势上报与信息共享、方案制订与指令下达等于一体的智能治理系统平台，强化县乡村衔接、协同规划、共建共享信息基础设施和融合基础设施，健全基层智慧治理标准体系，拓展应用场景，是乡村振兴中创新乡镇政府组织运行体系的重要内容。

第三，数据安全保障。人工智能以大数据收集为基础，若没有相应的数据支撑，乡镇智能化治理根本无法实现。收集社会治理的基础数据不是最终目的，更重要的是要将各面的社会治理数据聚集并形成社会治理的大数据。[3]智能化治理是一把双刃剑，在提高治理成效的同时，伴随而来的是数据安全问题。人工智能数据的获取、分析和应用具有极强的

---

[1] 《浙江省桐乡市乌镇镇数字化引领乡村治理现代化："乌镇管家"赋能乡村智治》，http://www.farmer.com.cn/2021/12/16/wap_99884368.html，2022年5月14日。

[2] 农业农村部农村合作经济指导司乡村治理指导处：《"乌镇管家"赋能乡村治理——浙江省桐乡市乌镇镇大力推进乡村治理数字化》，《农村经营管理》2021年第3期。

[3] 刘灿华：《社会治理智能化：实践创新与路径优化》，《电子政务》2021年第3期。

领域扩展性,同时又兼具隐私性,在数据采集、数据输入、数据分析、数据决策等环节都存在相应风险,关系到个人信息安全甚至国家信息安全。"数字信息的过度采集和非法使用,可能对农民群众的权利和隐私造成侵犯"[1];社会治安、自然灾害、公共安全等领域的智能决策可能对部分人的生命财产安全造成威胁;算法的偏好可能加剧社会偏见或歧视,影响乡村社会公平正义;政府、社会、企业、农民等不同治理主体进行数据共享时则可能涉及"行政机密""社会组织机密""商业机密""个人信息泄露"等问题;更为严重的是数据一旦遭到攻击,则意味着智能化治理系统的停转,无法提供政务服务、风险预警、矛盾化解等功能,将对乡村造成严重的经济损失和社会后果。近年来,随着数字乡村建设的推进,数据安全成为基层治理现代化转型的关键问题。数据安全的实现离不开相应法律法规的保障,虽然在 2022 年 6 月我国颁布了《数据安全法》,但地方还缺乏相应立法,特别是针对数据采集、数据共享、数据处理、数据监管等方面的法律法规还不健全,影响了乡镇政府利用数据进行乡村治理的安全性。乡镇智能治理是一种技术治理,所有的乡村数据最终汇聚到乡镇智能治理平台和系统中来,进行数据智能化处理、分析和应用于决策,在此过程中,数据的安全性取决于乡镇智能治理系统和治理平台的安全性,根本上由相应的科技人才所决定。由于县乡严重缺乏专业的大数据、人工智能、物联网等方面人才,平台与系统建设对外部技术的过度依赖容易导致诸如企业等在政务算法中带有自身利益企图和价值取向,面临政务数据和公共数据泄露风险。习近平总书记强调,"要采取特殊政策,建立适应网信特点的人事制度、薪酬制度"。加强科技人才的引进与培养,对智能治理系统与平台相关使用者进行技术培训,提升技术运用水平与专业能力,组建起专门技术队伍,支撑智能化治理的网络安全是新时代乡镇政府组织运行体系建设的重要内容。

---

[1] 陈冰:《互联网企业数据与国家安全》,《新民周刊》2021 年 7 月 25 日。

第四节　乡村振兴战略中的赋权增能型
乡镇政府运行体系的实现

乡村兴则国家兴，加强乡镇治理体系和治理能力现代化建设，是实现乡村振兴战略的重要内容和现实要求。乡镇政府是国家行政组织架构中最基层的行政机关，处于开展社会治理、提供公共服务、应对突发事件的最前沿位置，对于促进乡村社会发展、稳定至关重要。"新时代，权责一致思路下的基层放权赋能是社会发展的普遍共识，也是深化基层治理的基本方式。"[①] 党的二十大报告也着重指出，"转变政府职能，优化政府职责体系和组织结构，推进机构、职能、权限、程序、责任法定化，提高行政效率和公信力"。强化政府治理能力仍然是新时代各级地方政府职能转变的重要价值指引。从实践来看，强化乡镇治理能力，需要从组织架构、权力责任、财政、人事、管理体制、治理方式等方面深化乡镇政府运行体系改革，构建赋权增能型乡镇政府运行体系，以有效促进乡村全面振兴。

一　构建简约高效的乡镇政府组织机构

在传统上下同构的组织架构设置下，乡镇政府部门过多，治理资源、治理职能、治理权力分散化、碎片化，难以实现治理的高效化、便利化。在乡村振兴战略实施中，应按照科学、综合、高效的原则，对乡镇政府组织机构进行重新优化配置，构建简约高效的乡镇政府组织机构，强化面向乡村的行政执法、应急管理、社会治理、公共服务、经济发展等工作，提升现代化治理能力。

第一，综合行政执法机构。长期以来，"基层执法权和执法力量的配置与执法实践需求之间的强度倒挂，使得本应作为基层执法重心的乡镇街道事实上成为执法力量最薄弱之地，进而形成'看得见的管不了，管

[①] 王鲁豫：《权责一致思路下的基层放权赋能多维度解析》，《领导科学》2021 年第 20 期。

得了的看不见'的执法异化现象，在一定程度上影响基层社会治理效果"①。乡村振兴迫切要求提升乡镇政府综合行政执法能力，解决基层交叉执法、执法留有空白、执法效率不高等问题，打通乡村执法的"最后一公里"。总体来看，应在已拥有的执法权限基础上，进一步整合"自然资源、生态环境、城镇管理、农业农村市场监管、安全生产、文化市场、交通运输等各领域"② 执法力量和资源，组建统一的乡镇综合行政执法机构，由乡镇全面负责指挥、管理和调度，建立各执法部门间协调配合、信息互通、资源共享、联合执法机制，统一以乡镇名义开展执法工作。综合考虑乡镇发展阶段、治理水平、资源禀赋等客观实际，将乡村经济社会领域内发生问题频率高、与农民日常生活关系密切的执法权限及相关机构进一步下沉乡镇，不断扩大乡镇的综合行政执法权限。对于法律法规明确规定部分执法权限及机构不能下沉至乡镇但却为乡镇所急需的，可确定人员担任乡镇综合行政执法机构联络员，根据工作需要派员集中办公或定期参加联合执法，确保执法成效。应建立乡镇政府与县直执法部门等机构的执法协同、部门联动协作、执法争议协调处理等机制，实现执法的衔接配合，提高执法规范化水平。在设立乡镇综合行政执法机构进程中，进一步推动上级执法机构和人员下沉乡镇，与综合行政执法机构联合办公，共同承担综合执法权等职责，由乡镇政府行使上级派驻人员的指挥协调权、管理考核权、推荐提名权、反向否决权，以有效集成执法资源、集中执法主体，实现一支队伍管执法，保持执法队伍的稳定性和专业性，切实解决乡镇在诸多领域内无权执法、执法程序不规范、执法力量不足等问题。

第二，综合应急管理机构。乡村振兴要求统筹推进应急管理与乡村治理资源整合，提升乡镇政府安全及应急防范能力。"处理危机是再早也不过分的事情，没有必要等到危机已经到达爆发阶段才开始着手处理。

---

① 徐晓明：《行政处罚权下沉乡镇街道制度的内在取向及实施路径》，《中州学刊》2022年第4期。

② 司军干、曾正治、秦琪：《构建简约高效的基层管理体制 推进乡镇综合行政执法规范化建设》，《行政科学论坛》2021年第11期。

因此，危机管理的核心便是把握正确处理危机的时机。"① 与乡村关系最为紧密的乡镇政府无疑是处理乡村突发事件，有效化解危机的重要主体。"但目前来看，基层应急管理工作部门之间防范突发事件的衔接不够紧密，监测预警与部际联动研判能力有待提升，没有形成迅速及时的反应机制和统一指挥的工作机制"②，严重影响了应急处置能力。目前，基层防灾减灾、安全生产、公共卫生安全等职责及相应权限主要分散在县级政府部门及派驻乡镇机构，比如民政所负有救灾职责、国土资源管理所负有地质灾害防治职责、派出所享有应急冲突处置职责等，职权的分散不利于应急处置工作合力的形成。乡镇应急管理工作涉及自然灾害、生产事故、突发事件、公共安全、日常生活等各个方面，呈现出系统性、复杂性、突发性等特征，需要有专门的综合应急管理机构应对。应统筹基层各种力量和资源，充分整合驻地公安、林业、水利、自然资源、消防、医疗、交通运输、住建等部门建立乡镇综合应急管理机构，统一负责指挥、协调乡镇应急管理各项工作。同时，县级政府职能部门应进一步推动应急资源和重心下沉，赋予乡镇急需的应急管理机构和应急综合执法权力，强化乡镇政府应急处置能力，比如将消防职能下沉至乡镇，在乡镇成立消防工作站，推动实体化运行，打通火灾防控的"最后一公里"；将120急救中心职能下沉至乡镇，设立120急救站，提升乡村急救服务能力；将安全生产行政执法、消防监督行政执法权力等赋予乡镇，提升乡镇的应急管理能力。此外，应推动应急管理机构进一步向乡村延伸，在行政村（社区）设立应急服务站（点），加强基层应急救援力量体系建设，充分利用基层警务人员、民兵、预备役人员、医务人员、志愿者队伍、企事业应急队伍等重要力量，共同维护乡村社会安全稳定。

第三，综合公共服务机构。加强乡镇政府公共服务能力建设，满足农民群众公共服务需求，是推进乡村振兴战略，实现乡村全面发展的重要内容。长期以来，"许多乡镇管理权限上移，比如工商所、地税所、国

---

① 张国庆主编：《公共政策分析》，复旦大学出版社2014年版，第261页。
② 程万里：《提升基层应急管理能力的实施困境与路径选择》，《人民论坛》2022年第8期。

税所、司法所、国土房管所、畜牧兽医站、卫生院、中心小学校等机构均是中央、市上垂直管理和区直部门的派出机构或直属单位"①，政务服务、公共服务权限分散在上级政府职能部门，乡镇政府服务能力不强。因此，应将上级政府部门设在乡镇的财政、司法、农业、林业、文化、城管、国土、劳动保障、水利、广电、民政、卫健、住建、自然资源、税务、公安等涉及政务服务、公共服务的事业站实行属地管理，由乡镇统一协调指挥。同时，采取授权、委托等方式，整建制下放相关机构、部分资源使用、社会管理和人员考核使用等权限，重新整合基层行政审批和公共服务职责基础上成立综合性服务机构（中心），统一为群众提供收缴党费、党团关系管理等党群服务事项，办理行政审批、给付、许可等审批服务类事项及承担其他公共服务事务性职能。乡镇政府应在综合性服务机构（中心）开设民政、社保、就业、医保、卫健、户籍、人社、公共资源交易、农村产权交易、市场监管、退役军人服务、供水供电、文体、教育等与群众关系密切的服务窗口，建立和完善办事指南和工作规程，为广大农民群众提供高效优质的服务。应注重推动各部门工作业务的衔接与融合，推行"全科"综合受理模式，对于承接审批服务职责较多的经济发达镇和重点镇，可设立专门的审批服务机构，实行"一枚印章管审批（服务）"，真正方便群众一站式办理各项业务，实现"进一扇门，办所有事"。乡镇政府还应以群众需求为导向，积极推动与群众生产生活、办事创业息息相关的政务服务、基本公共服务事项进驻村（社区）办理，加强村（社区）综合服务站点建设，完善乡、村两级服务功能，增强群众的获得感和幸福感。

第四，综合社会治理机构。乡村振兴要求"要加强农村基层基础工作，构建乡村治理新体系，建设平安乡村"②。新时代，乡村社会矛盾纠纷种类多样、主体多元、利益分化、成因复杂，对新形势下乡镇政府创新社会治理、深化平安建设、维护社会稳定提出了新要求。长期以来，

---

① 许韵笛：《加强乡镇政府服务能力建设——以重庆市黔江区为例》，《重庆行政》2018年第2期。

② 《中共中央 国务院关于实施乡村振兴战略的意见》，http：//www.gov.cn/zhengce/2018-02/04/content_5263807.htm，2022年5月16日。

基层公安、维稳、法庭、信访、劳动、司法、民政、城管等部门在各自职权范围内承担着矛盾纠纷受理与化解、社会和谐稳定等工作。然而，仅凭单一部门无法有效解决因多重原因、多重诉求导致的复杂矛盾纠纷，农民群众在各部门之间奔波寻求问题的解决，时常遇到部门间相互推诿扯皮、踢皮球等问题，随着时间的推移进一步激化了矛盾，严重威胁着乡村社会的和谐稳定。如何把矛盾纠纷化解在基层，成为乡镇治理亟须考虑的现实问题。乡镇政府应整合政法、维稳、综治、司法、信访、安监、法律服务、矛盾调解等部门单位资源力量，健全完善综合性社会治理机构（综治中心），推动基层综合治理、平安创建和维护社会稳定一体联动，实现"小事不出村、大事不出镇、矛盾不上交"。综合性社会治理机构应推动"多中心"向"一中心"转变，推动综合接待、法律服务、人民调解、警调衔接、信访代办、劳动争议调解、诉讼服务等多职能融合，实现相关职能部门集中办公、联合接访、调解矛盾纠纷，统一受理、分流、调处、回访群众投诉与矛盾纠纷，实现人民调解、行政调解、司法调解的无缝对接，提升乡村社会综合治理能力，增强人民群众安全感。综合性社会治理机构应加强与综合执法、综合服务、综合应急、市场监管等机构的工作对接和协调配合，向上对接好县级综治中心，向下指导村级综治中心，统筹整合现有资源形成有机工作整体，提高管理服务效能，充分发挥乡镇在矛盾纠纷化解和源头管控中的基础作用，形成共建共治共享的基层社会治理格局。

第五，综合经济发展机构。乡村振兴是一项系统工程，其关键和基础在于产业振兴，本质上离不开乡村经济发展。长期以来，受区域位置、权力配置、财政分成、发展能力等因素影响，乡镇经济发展基础十分薄弱。特别是乡镇政府在土地规划、市场监管、税收、环保等方面缺乏相应权限，政府投资项目审批、建设用地规划许可、市场行为监管等与经济发展密切相关的权限主要集中在县级职能部门，且驻地企业的税收大部分收归县级以上政府，乡镇政府缺乏发展产业的动力和资源，乡镇存在主导产业缺乏、产业链条较短、质量效益不高、同质化严重等问题。新时代，招商引资、项目建设、项目储备等工作在乡镇越来越重要，急需一个综合性机构来主导经济发展工作。应整合工商、发改、国土、住建、农业农村、税务、市场监管等上级部门派驻站点、机构的经济发展相关职能，组建综合经济发展机构，扩大乡镇政府在项目审批、产业发展、招商引资、国土资源管理、镇域经济发展规划、土地规划建设、农村经济管理、企业管理、统计、商贸流通乡村振兴等方面的权限，增强乡镇在经济发展方面的主导权和决定权。好的营商环境是乡镇经济高质量发展的关键，综合经济发展机构应强化与发改、财税、环保、安监、工信、商务等职能部门联动，推动县级部门职能窗口下沉，打造"一站式服务中心"，向市场主体提供代办注册、政策发布、创业培训、执照领取、用工对接、金融支持、政策申领、项目备案等服务，让企业办事"零跑腿"，提升企业、群众办事满意度、获得感。与此同时，强化综合经济发展机构的市场监管职能，乡镇政府在服务好市场主体的同时，应与上级职能部门加强联动，强化市场监管职能，全面落实食品药品及特种设备等安全监管，强化市场主体交易行为和竞争行为监管，加强农副产品等价格监管，引导经营者诚信守法经营，严厉查处扰乱市场秩序的行为，营造公平竞争的市场环境。此外，加强对村集体资产的管理，引导发展现代农业，促进乡村集体经济发展，推动乡村产业振兴。

二 实现科学精准的乡镇政府功能定位

随着国家治理体系和治理能力现代化建设和乡村振兴战略的深入实施，乡镇政府的功能定位也应做出相应调整，实现科学化、合理化、精准化。当前，我国乡镇政府的功能定位与乡村振兴的要求还存在一定脱节，亟须适应现代化治理的需求，强化综合执法、应急管理、社会治理、公共服务、宏观经济发展与市场监管等功能，实现从管制型政府向服务型政府转变。

第一，综合行政执法功能。随着乡村振兴战略的实施，乡村社会结构、生产方式、农村利益格局和农民思想观念发生深刻变化，城乡人口加速流动，地区差异化、人口老龄化、村庄空心化、需求多元化、治理复杂化等相互交织叠加，催生出一系列新问题、新情况，乡镇日益成为各种利益关系的交汇点和社会矛盾的汇聚点，这些都客观上对乡镇综合执法能力建设提出了新要求。在推进乡村振兴进程中，消防安全、自然灾害、农村交通、安全生产、食品药品安全、乡村治理等重点领域的社会管理事务大都涉及多个部门、多个领域，仅凭单一的政府部门无法有效解决。长期以来，基层行政执法权主要掌握在县级政府及其职能部门派驻在乡镇的机构中，由于权力分配不均、职能相互重叠、执法权限分散，纵向重心难以贯穿基层，横向分散难以形成制度合力，在乡村公共安全管理、人口资源环境监管、乡村市场监管、乡村规划建设等领域内出现多头执法、执法效率低、执法成本高等问题。为了更好提升乡村治理成效，亟须对基层行政执法权进行整合，"通过法定程序向乡镇政府下沉，促成政府事权纵向间的重新分配"①，实现综合执法。党的十九届四中全会明确提出，"进一步整合行政执法队伍，继续探索实行跨领域跨部门综合执法，推动执法重心下移，提高行政执法能力水平"②。中共中央办公厅、国务院办公厅印发的《关于推进基层整合审批服务执法力量的实施意见》要求"积极推进行政执法权限和力量向基层延伸和下沉，组建统一的综合行政执法机构，按照有关法律规定相对集中行使行政处罚权，以乡镇和街道名义开展执法工作"③。乡镇政府作为中国行政权力架构下的最基层政府，处于直面群众、受理诉求、提供服务的一线，对乡村各方面的情况最为熟悉，发现问题的能力更强，是综合执法功能的最佳承担者。由于乡镇执法环境复杂，综合执法的专业性、技术性都决定了乡镇综合执法功能的有效实现是一个系统性、长期性过程。近年来很多地方积极探索赋予乡镇政府综合执法权，如全国乡村治理示范乡镇威县梨园屯镇为改变过去"权责不一"（属地管理事项有 44 项，其中 27 项执法权在县直部门）的情况，威县推动行政执法和服务重心下沉，下放 293 项执法事项至梨园屯镇，实现了"看得见的管得了，上级满意，群众

---

① 江国华、卢宇博：《中国乡镇政府治理体系转型的立法回应》，《中南民族大学学报》（人文社会科学版）2021 年第 6 期。
② 《中共中央关于坚持和完善中国特色社会主义制度 推进国家治理体系和治理能力现代化若干重大问题的决定》，《人民日报》2022 年 5 月 22 日。
③ 《中共中央办公厅 国务院办公厅印发〈关于推进基层整合审批服务执法力量的实施意见〉》，http://www.gov.cn/zhengce/2019-01/31/content_5362843.htm，2022 年 5 月 22 日。

认可"。① 乡镇承担综合执法功能需要依托专门的机构和人员，与县直执法部门等机构建立联动机制，有效集成执法资源、集中执法主体，逐步实现基层一支队伍管执法。比如，全国乡村治理示范镇泰州市靖江市新桥镇以镇综合指挥中心为载体，搭建"红色网格"，将全部党员纳入网格，通过指挥中心调度各条线部门，依托移动终端App，随时随地接收指挥中心平台分派的事件、案件任务，形成上下联动、齐抓共管、信息互通、网格互联、执法互动的工作格局，有效化解基层治理普遍面临的"多头管理、相互推诿、流程复杂、效率低下"的难题。② 乡镇执法权力的综合集中，容易引发权力的运行无序与操作越界，造成恶意执法、随意执法等问题，损害群众利益。因此，应加强对综合行政执法工作的监管，确保权力不被滥用，提高执法规范化水平。

第二，应急管理功能。新时代，乡村社会治理面临诸多风险挑战，风险呈现出复杂性、多样性等特征，主要集中在洪涝、干旱、地震等自然灾害，疫情、食物中毒等公共卫生事件，交通、生产、溺水等安全事故，煤气、用电、防火等居民日常生活安全等领域，随机性、关联性、危害性越来越强，极易引发社会恐慌，造成群众生命财产损失，破坏乡村经济发展和社会稳定大局。根据国家应急管理部数据，2021年，全国各种自然灾害共造成1.07亿人次受灾，直接经济损失3340.2亿元；共发生各类生产安全事故3.46万起、死亡2.63万人。③ 习近平总书记指出，"应急管理是国家治理体系和治理能力的重要组成部分"。乡村振兴要求"推进更高水平的平安法治乡村建设"，统筹乡村发展和安全，全面加强乡村应急管理工作，为乡村振兴提供安全保障。乡镇政府最了解乡村范围的自然环境、建设规划、道路交通、物资储备等，处于防范化解乡村各种风险和应急管理处置的最前沿，是协调各种力量和资源进行应急处

---

① 《威县创新推行权责一致基层治理体制——乡镇干部不再冤 治理效能成倍翻》，http://heb.hebei.com.cn/system/2020/08/31/100433598.shtml，2022年5月22日。

② 《泰州市靖江市新桥镇：借力改革试点 赋能乡村治理》，http://www.farmer.com.cn/2022/01/28/99887380.html，2022年5月22日。

③ 《应急管理部：2021年全国各种自然灾害共造成1.07亿人次受灾》，https://baijiahao.baidu.com/s?id=1722440214716763728&wfr=spider&for=pc，2022年5月22日。

置的枢纽，在突发事件的事前防范、事中应急处置、事后恢复总结等方面起着不可替代的作用。作为与群众关系最为密切的一级政府，乡镇政府在应急管理方面责无旁贷。强化应急预防、应急准备、监测预警、应急处置及救援、恢复重建等一系列能够保证应急管理水平、管理效果的能力，是保证乡镇政府有效应对各种突发事件的重点和关键。然而，在实践中，我国长期实行"乡镇有事、城区增援"的模式，大量应急处置权限和资源调配权力集中在县级职能部门手中，基层应急管理体系不完善，应急管理综合协调机制不健全，"基层应急管理工作部门之间防范突发事件的衔接不够紧密，监测预警与部际联动研判能力有待提升，没有形成迅速及时的反应机制和统一指挥的工作机制"[①]，应急队伍专业性不强，应急保障水平不足，干部群众应急意识不强，应急技术手段有待提升，灾害易发区和事故危险源"全程全覆盖"的监控、预警网难以建立，严重制约了乡镇的应急管理能力。近年来，各地政府为了提升应急管理能力，进行了许多有益探索，提供了宝贵的经验借鉴。比如，全国乡村治理示范镇云南省保山市昌宁县卡斯镇依托"雪亮工程"建设，推进辖区重点单位、部位、路面视频监控、卡口等前端建设，建成高清视频监控64套，整合社会视频监控资源38路，全部联网接入派出所视频监控中心。组建群防群治组织与派出所联动联勤，聘请环卫工人、商铺业主中的治安积极分子共60人为信息观察员直通派出所，快捷高效获取各类情报信息，有效化解了各类安全隐患风险。[②]新时代，应推动应急重心下移、资源下沉、保障下倾，依法落实乡镇应急处置权，重构县、乡、村综合性应急救援力量体系，加强平安乡村、安全生产、信息网络等建设，提升乡镇政府综合监测、风险早期感知、识别、研判和预报预警能力，全面强化乡镇应急管理功能。

第三，社会治理功能。农业农村农民问题是关系国计民生的根本性问题，乡村社会和谐稳定是实现乡村振兴的基本要求。乡村振兴推动乡

[①] 程万里：《提升基层应急管理能力的实施困境与路径选择》，《人民论坛》2022年第8期。
[②] 《保山市昌宁县卡斯镇：强化自我管理 建设平安乡镇》，http://www.farmer.com.cn/2022/01/28/99887404.html，2022年5月22日。

村市场化、信息化、民主化等进程加快，进一步加速了乡村社会的开放流动，重构了乡村的社会关系结构与利益格局，乡村阶层结构和利益诉求日益多元，农民群众在民主、法治、公平、正义、安全、环境等方面要求日益增多，对政府的要求和期望越来越高，给乡村社会治理带来了全新的挑战。"各种类型的流动和变化正重塑着地方的社会结构、日常生活和价值观念，挑战村庄原有的治理结构、体系和能力。流动乡村的形成无疑给传统二元化、静态、外部性和管制性的治理模式带来挑战。"①近年来，由征地补偿、集体产权改革、林权改革、房屋拆迁、医疗事故、退耕还林等工作引发的农民和村自治组织，农民和企业，农民与政府、农民与农民之间的矛盾日益增加，呈现出源头多发、形式多样、性质复杂等特征，且民事、行政、轻微刑事纠纷等并存、共融、相互渗透，农民上访事件不断，治理难度日益增加，严重影响了乡村社会的和谐稳定。乡镇政府是应对、解决乡村社会矛盾和纠纷的重要主体，其社会治理能力和应对机制对于解决纠纷、维护乡镇秩序十分重要。党的十九大报告中提出，"推动社会治理重心向基层下移，发挥社会组织作用，实现政府治理和社会调节、居民自治良性互动"②。2017 年，中共中央办公厅、国务院办公厅印发的《关于加强乡镇政府服务能力建设的意见》，强调乡镇政府在提供基本公共服务的同时，还需提供社会治安、矛盾纠纷化解等其他公共服务。长期以来，"由于中国国情的特殊性、社会矛盾凸显和维护社会稳定的压力很大等因素的制约，恐怕政府在社会治理中仍然要扮演主要角色，而非政府组织则只能居于配属地位"③，乡镇政府多以行政命令、法律规则等方式开展社会治理活动，以政府干预程度高的强制型工具为主要治理手段，非政府主导的自愿性工具、调适性工具、引导性工具等使用不足，社会组织、企业组织、市场组织等参与社会治理严重

---

① 谢小芹：《"脱域性治理"：迈向经验解释的乡村治理新范式》，《南京农业大学学报》（社会科学版）2019 年第 3 期。
② 《决胜全面建成小康社会 夺取新时代中国特色社会主义伟大胜利——在中国共产党第十九次全国代表大会上的报告（2017 年 10 月 18 日）》，人民出版社 2017 年版，第 49 页。
③ 王学杰：《从政府主导到公民自治：我国社会治理工具发展的基本取向》，《理论探讨》2014 年第 1 期。

不足。乡村自治功能弱化，无法有效进行自我管理与服务，更不能参与到乡镇社会治理之中，制约了乡镇政府的社会矛盾处理能力和社会治安维护能力。《乡村振兴促进法》要求，"健全乡村矛盾纠纷调处化解机制，推进法治乡村建设"。事实上，近年来诸多乡镇政府在提升社会治理能力方面先行先试，取得了积极成效。比如，全国乡村治理示范镇浙江省绍兴市诸暨市枫桥镇依靠群众就地化解矛盾，坚持法治思维和法治方式，打造镇、村两级公共法律服务体系。整合市场监管、便民服务、综治工作、综合执法四个平台于一体，打造镇级综治中心。强化矛盾源头防范，精心打造"老杨"等品牌调解室，建成镇、村两级联合调解中心。近5年，调解组织受理矛盾纠纷超过9万件，调解成功率达98%。加强社会心理服务建设，聘请心理服务专家教授组建30人指导队伍，培养网格员、民警、人民调解员等心理疾患摸排骨干队伍102人，搭建心理志愿服务平台，对重点对象开展心理疏导，实现了风险隐患的早发现、早解决。[①] 枫桥经验为乡村振兴背景下强化乡镇政府社会治理功能提供了改革方向。新时代，乡镇政府必须创新乡村社会矛盾化解机制，优化法治保障机制，加强综治中心规范化建设，完善基层社会治安防控体系，健全乡镇矛盾纠纷一站式、多元化解决机制和心理疏导服务机制，有效维护乡村社会和谐稳定。

第四，公共服务功能。乡村振兴是乡村社会的全面振兴，最终目的是提高农民的生活水平，逐步实现农民的自由全面发展。在乡村振兴过程中，广大农民群众在满足基本服务需求基础上，将进一步产生更高水平、更高层次、更为多元的教育服务、就业创业服务、社会保险服务、基本社会服务、基本医疗卫生服务、公共文化体育服务、基本经济权益保护等服务需求。同时，乡村振兴催生企业、社会组织等众多公共需求，如产业振兴要求乡镇政府提升产业发展水平，为企业开展税收、金融、土地等配套服务，引导和支持返乡回乡人员创新创业，开展扶持"双创"

---

① 《浙江省绍兴市诸暨市枫桥镇探索构建乡村治理新格局：坚持发展新时代"枫桥经验"实现"四个统一"》，http://www.farmer.com.cn/2021/12/16/99884374.html，2022年5月24日。

服务；生态振兴则要求乡镇政府推进农村生态保护，持续改善乡村人居环境；文化振兴要求乡镇政府提高综合文化服务水平，增加文化公共服务供给；等等。长期以来，乡镇政府以招商引资、综治维稳为工作中心，公共服务职能不断弱化，"相对抓经济、维稳等职能而言，公共服务在乡镇政府履职中处于弱势地位，公共服务运行的支撑力量比较薄弱"[1]，在公共服务能力和水平方面存在的短板弱项始终未得到根本解决。在压力型体制下，乡镇政府公共服务供给受制于县级政府，提供什么服务、如何提供服务往往决定于上级政府，乡镇政府成为被动执行者。这些因素叠加，导致公共服务与群众需求脱节，服务总体供给水平、效率和质量远远不能满足群众需求。乡镇面临的诸多问题倒逼乡镇政府提升服务能力，通过更为灵活的服务方式，更为高效的服务质量，更为丰富的服务内容，有效满足人民群众日益增长的美好生活需要。《乡村振兴战略规划（2018—2022年）》明确提出了"健全农村基层服务体系"要求，并出台了系列措施，包括"制定基层政府在村（农村社区）治理方面的权责清单，推进农村基层服务规范化标准化。整合优化公共服务和行政审批职责，打造'一门式办理''一站式服务'的综合服务平台。在村庄普遍建立网上服务站点，逐步形成完善的乡村便民服务体系"[2]。在国家政策引导下，诸多地方进行了改革探索，比如全国乡村治理示范镇山东省聊城市东昌府区侯营镇高标准升级便民服务中心，打造"政务客厅"，完善开发便民应用，大力推进"网上办，掌上办"，实现了"扫一扫，码上办，零次跑"，在各村聘用便民服务代办人员，让老百姓在家门口享受各项便民服务。编制服务指南，将镇级服务事项全部纳入，建立前台综合受理、后台分类审批、综合窗口出件的服务模式，同时设置"乡呼县应"窗口，对乡镇无法独立解决的事项，可通过该平台与上级联动，快速解决问

---

[1] 侯志阳：《强化中的弱势："放管服"改革背景下乡镇政府公共服务履职的个案考察》，《中国行政管理》2019年第5期。
[2] 《中共中央 国务院印发〈乡村振兴战略规划（2018—2022年）〉》，http://www.gov.cn/zhengce/2018-09/26/content_5325534.htm，2022年5月24日。

题。① 乡镇政府作为最基层政权机关，承担着促进经济发展、维护社会稳定、完善基层民主、保障改善民生等重要职责，是基本公共服务的重要提供者，更是开展基本公共服务的前沿阵地。新时代，乡镇政府服务能力建设是社会治理的重要内容，是实现乡村振兴的重要保证。应围绕涉及群众切身利益事务，强化乡镇政府公共服务职能，增强乡镇议事协商能力，扩大服务管理权限，提高服务智能化水平，健全公共服务需求表达和反馈机制，打造服务型乡镇政府。

第五，宏观经济发展与市场监管功能。经济基础决定上层建筑，乡村经济发展是提高乡村公共服务水平，实现乡村有效治理的根基。乡村振兴离不开产业振兴，离不开村庄集体经济的发展壮大，更离不开强有力的乡镇财政支撑。习近平总书记强调，"产业振兴是乡村振兴的重中之重，要坚持精准发力，立足特色资源，关注市场需求，发展优势产业，促进一二三产业融合发展，更多更好惠及农村农民"。长期以来，乡村经济基础薄弱，产业创新发展能力不强，产业可持续发展和农民可持续增收面临短板制约，外部环境和市场形势变化更增加了乡村经济发展的不确定性，农村基层组织运转严重依赖上级政府财政转移支付，难以有效满足农民群众文化、医疗、教育等公共需求，造成"说话没人听、办事没人跟"的尴尬局面。《中华人民共和国乡村振兴促进法》要求"各级人民政府应当坚持以农民为主体，以乡村优势特色资源为依托，支持、促进农村一二三产业融合发展，推动建立现代农业产业体系、生产体系和经营体系，推进数字乡村建设，培育新产业、新业态、新模式和新型农业经营主体，促进小农户和现代农业发展有机衔接"②。如何更好发挥乡镇政府宏观经济发展功能，各地政府因地制宜，进行了大量实践探索。比如，全国乡村治理示范镇江西省吉安市吉安县大冲乡积极推广"一领办三参与"（村干部或致富带头人带头领办，村党员主动参与、村民自愿参与、贫困户统筹参与）扶贫产业发展模式。围绕"重点发展、龙头带

---

① 《聊城市东昌府区侯营镇：厚植乡村文化，健全服务网络，保障人居环境》，http://www.farmer.com.cn/2022/03/18/99890868.html，2022 年 5 月 24 日。
② 《中华人民共和国乡村振兴促进法》，http://www.gov.cn/xinwen/2021-04-30/content_5604050.htm，2022 年 5 月 24 日。

动、统筹培育",进一步做大做强富民产业,提升产品附加值。加重产业发展在村级重点工作考核中的比分权值。针对积极性高的村委会,统筹整合资金,优先推进农业基础设施建设,在统筹落实上级有关产业奖补政策基础上,乡里对村委会及致富带头人再奖励。推行"公司+合作社+农户(贫困户)"模式,贫困户在获得土地出让金的同时,通过不断丰富利益联结机制,获得更多收益。[①] 新时代,乡镇政府应强化顶层设计,根据不同村庄资源禀赋特点分类引导和帮扶,宜农则农、宜工则工、宜商则商、宜游则游,打造有生命力的新发展业态。同时,积极推进农村产权制度改革,加强集体经济发展规划、项目、资金统筹,强化造血功能,壮大农村集体经济。在乡村经济和产业发展中,政府主要发挥规划制定、政策引导和示范带动作用,"产业的选择、要素的配置、主体的行为以及价格的形成等,应该由市场来发挥决定性作用"[②]。不过,由于市场经济具有自发性、盲目性、滞后性,特别是市场主体具有逐利性,加之法治意识不强,容易在医疗卫生、农资、食品药品等与群众生活密切相关的领域哄抬物价、以次充好,破坏市场秩序,给农民群众生命安全带来威胁,不仅阻碍地方经济社会发展,还有可能冲击乡村的和谐稳定局面,亟须强化市场监管,规范市场秩序。不过,目前在市场监督管理领域的执法权配置中,执法权集中在县级,且分散在各职能部门之间,难以形成合力取得好的执法效果。因此,应进一步强化乡镇政府市场监管职能,扩大执法权限,强化法治宣传教育,营造良好的法治环境和营商环境,实现乡村经济社会快速发展,助力乡村全面振兴。

三 配置权责一致的乡镇政府权力

权力配置是在一定政治体制和行政管理模式下,权力在不同行政层级及部门间的具体分配。在中国政府行政体系中,乡镇政府处于权力链的最底端,拥有的权力资源较少,却承担着大量的行政性事务,行政职

[①] 《吉安市吉安县大冲乡:"三力"助推产业"三治"共享成果》,http://www.farmer.com.cn/2021/12/04/99883400.html,2022年5月24日。

[②] 黄祖辉、李懿芸、马彦丽:《论市场在乡村振兴中的地位与作用》,《农业经济问题》2021年第10期。

责远远超出了其拥有的权力,导致权责不匹配,影响了乡镇政府职能的履行。党的十九届三中全会通过的《深化党和国家机构改革方案》,强调"赋予省级以下机构更多自主权,突出不同层级职责特点,允许地方根据本地区经济社会发展实际,在规定限额内因地制宜设置机构和配置职能"[①]。实现权责一致的乡镇政府权力配置,是提升基层治理能力,推进乡村振兴的重要内容。

权责对等、权责分明是现代政府科层制管理的基本原则,只有权力和责任对等一致才能保证治理成效。权责一致意味着有权必有责,有责必有权;责大则权大,责小则权小。乡镇是国家治理的基础单元,是实施乡村振兴战略的重要组织单位。随着乡村振兴战略的实施,乡村经济社会的快速发展,赋予了乡镇更多经济社会管理职责。按照乡镇政府在乡村振兴中承担的职责,赋予相应的管理服务权限,实现综合性行政权力配置,是创新乡镇政府运行体系的关键和重点内容。然而,在实践中,乡镇缺乏与其职责相匹配的综合管理权、统筹协调权、应急处置权,及对涉及本区域重大决策、重大规划、重大项目的参与权和建议权,导致乡镇在处理乡村事务中常常陷入"思想教育手段不管用、经济手段不能用、法律手段不好用、行政手段不敢用"的困境,影响了基层社会治理的效果。乡镇一级执法权限较低,仅负责一些简单、常规化的事务,在一些诸如林业、殡葬等行政执法中,缺乏相应执法权,承担了大量与执法、监管相关的工作,呈现出明显的"层级配置""查处分离""重心较高"等特征。[②](如表4-3、表4-4所示)新时代,乡村振兴要求乡镇政府更好履行在农村经营管理、安全生产、生态保护、公共安全、防灾减灾、扶贫济困、市场监管、乡村治理、自然资源和规划建设、疫情防控、公共服务等职责。确保基层拥有治理服务所需的行政许可、行政处罚、行政强制、应急处置、服务审批等综合性权力,为乡镇高效履职提供有力保障,是实现乡村振兴的关键所在。同时,应改变公共服务等相

---

① 《中共中央印发〈深化党和国家机构改革方案〉》,http://www.gov.cn/zhengce/2018-03/21/content_5276191.htm#1,2022年5月24日。

② 陈柏峰:《乡镇执法权的配置:现状与改革》,《求实》2020年第1期。

关职能分散在县级政府部门及派驻机构的格局，实现服务功能和资源整合，推动服务资源和设施向村庄延伸。比如，全国乡村治理示范乡镇九江镇所在的广东佛山南海区开启政务服务扁平化改革，实施区、镇和社区三级服务中心服务扁平化管理，以空前力度将审批事权下沉镇街。九江镇在承接区审批权限后，稳步推动乡村资源、服务、管理重心下移，其中，镇、村两级共28个党群服务中心100%完成规范化建设，27个村（居）社区行政服务中心实行"一门式"对外服务，取得了积极成效。①这些经验做法都为新时代创新乡镇政府综合性行政权力配置提供了有益借鉴。

表4-3　　　　　　　　公共安全管理类事务②

执法权	执法主体	是否有派出机构	内部权限划分	负责具体执法业务的机构
安全生产执法权	县级安全生产管理部门	否	无	设在县级部门内的执法监察大队
道路安全执法权	交警大队	是	适用简易程序的违法行为由交警中队进行执法，适用一般程序的违法行为由交警大队负责执法	设在县级的交警大队；设在乡镇的交警中队
社会治安与消防执法权	县级公安行政管理部门	是	县级部门负责警告和五百元以上罚款的治安处罚决定以及行政拘留；派出机构有权作出警告和五百元以下罚款	县级公安局；乡镇的公安派出所
水政执法权	县级水利行政管理部门	是	县级部门能够作出执法决定；派出机构能够开展监督检查工作，但是不能独立作出执法决定	设在县级部门内的水政监察大队

① 《佛山唯一！南海九江拟认定全国乡村治理示范乡镇》，https://www.sohu.com/a/488864151_161795，2022年5月25日。

② 陈柏峰：《乡镇执法权的配置：现状与改革》，《求实》2020年第1期。

表 4-4 人口环境资源监管类事务[①]

执法权	执法主体	是否有派出机构	内部权限划分	负责具体执法业务的机构
城镇、村镇规划执法权	乡镇政府	否	无	乡镇综合执法队
人口与计生执法权	乡镇政府	否	无	乡镇计生办
殡葬行政执法权	县级民政管理部门	否	无	设在县级部门内的殡葬执法大队
国土行政执法权	县级国土资源行政管理部门	是	县级部门能够作出执法决定；派出机构能够开展监督检查工作，但是不能独立作出执法决定	设在县级部门内的国土执法监察大队
林业行政执法权	县级林业行政管理部门	是	县级部门能够作出执法决定；派出机构能够开展监督检查工作，但是不能独立作出执法决定	设在县级部门内的林政稽查大队
环境行政执法权	县级环保行政管理部门	否	无	设在县级部门内的环境监察大队

向乡镇精准放权赋权是实现权责一致权力配置的关键，也是提升乡镇治理体系和治理能力现代化的现实需要。然而，上级政府在向乡镇政府赋权的过程中，一方面，行政审批赋权过少，行政处罚赋权过多，实际上是将大量监管责任下放乡镇，带来了更多管理责任，事权的过度下放导致基层权责失衡；另一方面，赋权存在"一刀切"现象，向乡镇政府下放权力呈现同质化，下放事权的"数量"与"质量"不平衡，将一些乡镇不需要或用不好的权力赋予乡镇，推升了行政成本，未能达到预期效果。作为政府权责配置的理想状态，权责一致通过明确的标准授予

---

① 陈柏峰：《乡镇执法权的配置：现状与改革》，《求实》2020 年第 1 期。

权力，匹配相应责任，有助于形成稳定的行政心理预期和行为准则。① 在向乡镇政府放权赋权时，应注重协同性、全面性、服务性，综合考虑乡镇发展阶段、发展定位、发展需求等因素进行相应赋权，功能不同、赋权的事项也应不同。上级政府职能部门应根据乡镇基本情况，遵循差异化、精细化、精准化原则，以清单制的方式明确下放权限和服务事项，厘清权责边界，实现分工合理、权责一致、运行高效，提升治理能力。通过编制权力清单、责任清单、服务清单等，构建"政府权力进清单、清单之外无权力"的管理责任体系，进一步明确责任主体、权力主体和服务主体，作为乡镇政府履职、监管和责任界定的重要依据，发挥其在权力约束、便民服务、决策辅助等方面的重要作用。对未列入权责清单的事项，县级政府不能随意将工作任务转嫁给乡镇政府，切实实现精准赋权、精准履职，推动基层治理规范有序高效运转。同时，"随着简政放权等改革的不断推向深入，必须要重视地方政府特别是基层政府的监管能力，解决好基层政府接不住、管不好的问题"②。在具体事权下放过程中，存在大量权责清单外的责任事项，且事权总量增长过快，事权的承接效果总体不够理想。如果只一味地强调事权下放，不注重承接，必然会导致原来有人管的事情，放出去后，没有人管了，或是管理效果更差。③ 事权的下放并不是上下级政府间权责的简单转移，而是涉及层级间、部门间组织机构及各类资源的重新组合，离不开相应的机构承接、相应的人员执行、相应的设备保障和相应的财权基础。部分下放的事权具有一定的专业性，如综合执法权、复杂的行政审批权和公共服务办理事项，需要相应的专业人员和专业设备。因此，在下放权力的同时，应同步推动机构下沉，将相关人员、设备、财权等一并赋予乡镇，或者实行干部"上派下挂"，选派乡镇干部到赋权部门学习，派遣赋权部门业务骨干到乡镇挂职帮扶，提升乡镇赋权承接能力，实现权力责任、人员编

---

① 倪星、王锐：《权责分立与基层避责：一种理论解释》，《中国社会科学》2018 年第 5 期。
② 马宝成：《推进放管服协调发展 更好发挥政府作用》，《行政管理改革》2015 年第 7 期。
③ 毕瑞峰、段龙飞：《"放管服"改革背景下的地方政府事权承接研究——基于广东省中山市镇区的调查分析》，《中国行政管理》2018 年第 8 期。

制、工作机制、经费保障协同放权，确保乡镇政府接得住，做得好。

四 保障稳定可持续的财政来源

财政是乡村振兴的基础和关键，财政资金构成了乡镇政府治理能力的物质基础，是提升乡镇政府公共服务、应急管理、经济发展等其他各项能力的前提。科学的乡镇财政体制，对优化资源配置、提高资金效益、推进公共服务、实现基层稳定具有重要作用。在乡村振兴战略背景下，实现稳定可持续的财政来源，需要赋予乡镇一定的制度化财源，加大上级政府财政转移支付力度，增强乡镇财政支出自主权和对各类资金的统筹协调权，强化财务管理制度，重塑乡镇财政管理体制。

第一，赋予乡镇制度化财源。农村税费改革弱化了乡镇的财政基础，财政拨款成为乡镇财政收入的主要来源，乡镇政府的治理体系和公共服务体系建设几乎完全依赖于上级财政支持，乡镇发展的内生动力不足。乡镇财政是基层治理的重要支柱，是乡镇政府有效履行职能，推进乡村振兴的重要基础和前提。2020年，中共中央、国务院印发《关于新时代加快完善社会主义市场经济体制的意见》，要求"健全地方税体系，调整完善地方税税制，培育壮大地方税税源，稳步扩大地方税管理权"[1]，赋予了地方政府更大范围的税收管理权，这为适当扩大乡镇政府税收管理权，构建稳定可持续的、与事权相匹配的充足财源奠定了政策基础。针对目前乡镇政府仅负责征收税源分散、收入不稳、征收难度大的小税种问题，应按照公共财政管理"一级政府、一级财政"的基本原则，进一步扩大乡镇政府的征收税种范围，将上级政府收入以外实现的各项工商税收收入、耕地占用税、契税和非税收入等都纳入乡镇收入，或提高乡镇分成比例，建立乡镇政府制度化的财源。在对地方主体税种进行补位的基础上，使基层能够拥有制度化的自有财源，确立起财源与事权相匹配的财力保障机制。[2] 对于县属税源稳定，经济基础发展好的县，可将适

---

[1] 《中共中央 国务院关于新时代加快完善社会主义市场经济体制的意见》，http：//www.mofcom.gov.cn/article/b/g/202006/20200602974309.shtml，2022年5月27日。

[2] 颜昌武：《以放权赋能改革破解基层治理困境》，《人民论坛》2022年第10期。

宜乡镇征管的财政收入项目按照属地原则全额留在乡镇，如乡镇行政区划范围内本土企业税收、招商引资企业税收、总部经济企业税收、机关事业单位和社会团体缴纳的税收等，作为乡镇的固定收入，从经济层面保障乡镇政府自主职能的发挥。"分税制改革划分了中央和省级政府的税收分成标准，但未对省级以下的财政体制做出明确安排，因此，省级以下的财政体制只能由地方政府自行决定"①，这为县级政府确定县镇共享税种，提升乡镇政府税收分成比例留下了政策空间。对于县属税源不稳定，税收依赖于乡镇的县，可按税种分享收入的方式，将企业所得税、个人所得税、增值税、房产税、城镇土地使用税、城市维护建设税、印花税、耕地占用税、土地增值税、转移房屋权属契税、资源税等税基较为稳定的税种列为县镇共享税收，并适当提高乡镇的分成比例；在乡镇区域内实现的土地指标交易、国有资产（资源）出让、国有土地使用权出让等一次性因素较大的收入，净收入也可由县乡按比例分成。同时，应按照县、乡两级收入分享方式，根据乡镇近几年财政收入平均完成情况，综合考虑乡镇运行情况和经济基础，科学核定乡镇收入总基数。当乡镇收入超过总基数时，超收部分中属于乡镇的，应全额留给乡镇，用于乡村治理与建设；属于县的也可部分或全额返还乡镇，激励乡镇招商引资、发展地方经济的积极主动性。此外，还应进一步加强收入管理，大力推动乡村产业发展，优化盘活辖区各类资源，积极培育优质税源，并强化依法治税，做到应收尽收，进一步增强乡镇政府的财政收入，全面提升促进乡村振兴，实现共同富裕的财政基础。

第二，强化财政转移支付。财政转移支付是财政资金在不同层级政府间初次分配基础之上的再次分配，主要包括一般性转移支付②、专项转

---

① 王伟同、徐溶鋆、周佳音：《县乡财政体制改革：逻辑、现状与改革方向》，《地方财政研究》2019年第11期。

② 主要包括均衡性转移支付和体制性转移支付两个子类。均衡性转移支付主要是为促进基本公共服务均等化，给予乡镇的财力性补助；体制性转移支付主要是为实现特定社会经济发展和公共服务保障目标，给予乡镇的财力性补助。

移支付①和特殊转移支付②等形式,是国家调控经济发展的重要手段。庞大的转移支付资金不仅是中央政府平衡其与地方政府之间的财政关系和促进地区间基本公共服务均等化的重要工具,更是完善分税制财政体制、发挥现代财政治理作用、促进共同富裕的积极杠杆。③ 2020 年,国务院办公厅印发的《关于进一步推进省以下财政体制改革工作的指导意见》,要求"厘清各类转移支付功能定位""优化转移支付结构""科学分配各类转移支付资金"④,充分发挥转移支付在增强基层公共服务保障能力,推动落实中央重大决策部署的重要作用。因此,应进一步加大对乡镇的财政转移支付力度,以乡村振兴需求为导向调整优化转移支付结构,对转移资金进行科学有效分配,夯实乡村有效治理的财政基础。一方面,提高一般性转移支付规模和比例,特别是均衡性转移支付,重点围绕农村教育、农业、医疗卫生、社会保障、文化体育、镇域维护、乡村治理及生态补偿等公共服务领域进行转移支付,推动乡村振兴战略实施,促进基本公共服务均等化,提升乡村治理的现代化水平。一般性转移支付基于"因素法"来计算转移支付数额,是中国转移支付体系中最为科学和规范的部分,应扩大一般性转移支付的规模,发挥其在均衡地方财力差异、提高地方财政积极性等方面的积极作用。⑤ 另一方面,对种类繁多的专项转移支付项目进行简化和归并,聚焦乡村有效治理与全面发展进行转移支付,主要用于居家养老服务补助等民生保障、群防群治经费等镇域管理、农村危房改造专项补助等建设工程类专项补助、农村生活污水处理设施长效管理补贴等节能环保类补助、农田基础设施管护等"三农"

---

① 主要是上级政府对承担委托事务、共同事务的乡镇政府,给予的具有指定用途的资金补助,以及对应由乡镇政府承担的事务,给予的具有指定用途的奖励或补助。

② 2020 年,中央新增"特殊转移支付",主要用于地方落实"六保"任务,维持地方正常运转。

③ 杨六妹、钟晓敏、叶宁:《分税制下财政转移支付制度:沿革、评价与未来方向》,《财经论丛》2022 年第 2 期。

④ 《国务院办公厅关于进一步推进省以下财政体制改革工作的指导意见》,http://www.gov.cn/zhengce/content/2022 – 06/13/content_5695477.htm,2022 年 5 月 28 日。

⑤ 龚锋、陶鹏:《财政转移支付与地方税收竞争——来自中国县级层面的证据》,《经济评论》2022 年第 3 期。

支持类补助，允许资金在不同民生项目中调配使用，提升资金使用的灵活性，增强乡村发展的能力。进一步改进专项转移支付制度，将更多公共服务领域的专项转移支付列入一般性转移支付管理，对重大单个项目以外的专项转移支付资金更多采用指定使用方向而不指定具体项目的方式管理，以利用地方政府信息优势发挥转移支付资金更大效用。① 在实施转移支付时，应优先采用因素法分配资金，综合考虑乡镇财政收入与支出比及乡镇自有人均财力等因素，赋予不同因素不同权重与标准，科学确定、分档设置转移支付分配系数，并根据乡镇财政支出实际效果等进行动态调整，提高资金使用效益。转移支付确需以项目形式下达，可采用项目法分配资金，结合乡镇实际采取竞争性评审等方式，确保资金分配的规范、有序。同时，应进一步减少财政转移支付的层级，探索由"中央及省级政府将转移支付直接支付给县级政府，县级政府的转移支付直接对接乡镇"② 等方式，避免上级政府截留、挤占和挪用转移支付给乡镇的资金，将上级下达资金列入乡镇政府本级预算，强化资金使用的监管，确保乡村振兴重点工作能够顺利完成。

第三，增强乡镇财政支出自主权。长期以来，我国实施"乡财县管"的财政体制，"乡镇失去了在预算编制、账户设置、集中收付、政府采购和票据管理等方面的权力，仅在形式上保留本级人大对预算的审批权，乡镇的财政法律地位徒有其表"③。县级政府统一管理乡镇的财政收入，兜底保障乡镇政府的必要开支，既造成了乡镇的依赖性，丧失了发展经济的动力，又限制了乡镇财政支出范围，影响了资金使用效率。财政支出范围主要取决于一定时期国家在基层的工作重点，而当下实现乡村振兴无疑是最大的中心任务，这就要求乡镇政府增加在产业发展、公共服务、应急处置、民主政治、组织建设、乡村治理等方面的支出。2020年，财政部印发《关于深入推进财政法治建设的指导意见》，要求"优化政府

---

① 石磊、王奎泉、朱悦：《央地关系、转移支付与保基层运转》，《财经论丛》2022年第1期。
② 王玉华、李森：《基层政府公共服务能力研究——基于完善省以下财政体制的视角》，中国财政经济出版社2010年版，第188页。
③ 熊伟：《分税制模式下地方财政自主权研究》，《政法论丛》2019年第1期。

间事权和财权划分,建立权责清晰、财力协调、区域均衡的中央和地方财政关系,形成稳定的各级政府事权、支出责任和财力相适应的制度,逐步实现政府间财政事权和支出责任划分法治化、规范化"[1]。但目前,由于乡镇政府财政自主权缺失,无法将资金真正用于乡村振兴和群众所急需的领域,服务型乡镇政府难以建立。县级政府应转变对乡镇财政预算管理理念,将乡镇财政视作一级独立财政,真正由乡镇政府根据辖区内支出事项依法依规自主编制、执行年度收支预算(调整预算),推进基层财务自主核算,扩大乡镇政府的财政自主权。"财政自主权是乡镇政府优化治理结构、提高治理能力的基础。通过重新建立乡镇一级的独立财政账户,财政自主权使得乡镇政府的财政能力能够与当地经济发展同步推进,由此不仅可以提高乡镇政府实际可支配的财政资源,也可以使得乡镇政府灵活支配资金,将优先财政配置到更符合可持续城市化发展的领域。"[2] 县级政府不应干预乡镇合法的预算编制和执行,允许乡镇扩大自主预算经费比重,加强乡镇经费使用自主性、灵活性和机动性,实现资金使用效益的最大化,充分调动乡镇当家理财、培植财源、组织收入、发展经济、振兴乡村的积极性,激发乡镇自我发展的内生动力。在乡村振兴背景下,国家通过转移支付等方式对乡村投入了大量建设与发展资金,应避免乡镇走"建设财政"的老路。应在稳定税源基础上,对县乡两级政府支出责任重新界定,对乡镇进行政策倾斜,适度上移县级支出责任,兜底保障"三保"支出,让乡镇拥有对各部门下达的归口资金统一协调使用的权力,将更多资金优先满足社会保障和就业、产业发展、公共安全、节能环保、医疗保障、灾害防治、教育、社区、公共服务及应急管理等事关乡村振兴的民生支出。

第四,完善乡镇财务管理制度。乡村振兴本质上是国家推动的新一轮乡村建设运动,必然带来中央及地方各级政府对乡村发展的大量资金支持,在赋予乡镇制度化财源,强化乡镇支出自主权的同时,更应该注

---

[1] 《财政部关于深入推进财政法治建设的指导意见》,http://www.gov.cn/zhengce/zhengceku/2020-03/06/content_5487997.htm,2022年6月2日。

[2] 高翔:《选择性培育:赋予乡镇政府更多自主权的实践逻辑及其优化》,《探索》2019年第1期。

重乡镇政府财政管理能力建设，进一步完善乡镇财务管理制度。2017年，中共中央办公厅、国务院办公厅印发《关于加强乡镇政府服务能力建设的意见》，要求"硬化乡镇预算约束，强化预算执行，规范经费支出，严格监督管理，严禁乡镇举债，防范和化解债务风险，保持财政收支平衡。加强和规范乡镇财政国库集中支付制度改革，推进乡镇国库集中支付全覆盖"①。2020年，财政部印发《关于深入推进财政法治建设的指导意见》，从"健全财政收支预算管理""全面实施预算绩效管理""加强财政部门内部控制""依法加强属地监管"②等方面就深入推进财政法治建设，进一步为建立科学、高效、规范的乡镇财务管理制度提供了根本遵循。首先，按照"量入为出""收支平衡"的原则，强化乡镇政府预算管理，"加强专项资金预算分析，提升管理使用效率，特别是针对惠农支农资金，要跟进督导落实。要按照完整性、真实性原则，科学编审年度财政决算，充分凸显乡镇财政预算的制度刚性"③。加大对乡镇预算执行监管监测，及时进行财政调节，确保预算的精准执行。其次，严格执行"收支两条线"管理，全面推行乡镇国库集中收付，保证资金运行安全。强化财政资金内控管理制度和内控体系建设，完善并执行好预算、工程、合同、采购、收支、资产等经济活动领域内财政资金内控管理制度，严格实施不相容岗位相互分离、集体议事决策机制、关键岗位轮岗等要求，发挥好内控的基础保障作用。再次，规范乡镇财政支出管理，严格落实"支出有预算、开支有标准、审批有程序"的要求，规范财政拨款和财务报销手续，全面推行乡镇公务卡结算制度。最后，将乡镇政府收支纳入绩效管理，建立健全乡镇财政"预算编制有目标、预算执行有监控、预算完成有评价、绩效结果有应用、结果应用有问责"的全过程预算绩效管理机制，以自评和外部评价相结合的方式开展绩效评价，强化绩效评价结果应用，提高乡镇资金使用绩效和财政资源配置效益。另外，突出

---

① 《中共中央办公厅 国务院办公厅印发〈关于加强乡镇政府服务能力建设的意见〉》，http://www.gov.cn/xinwen/2017-02/20/content_5169482.htm，2022年6月2日。

② 《财政部关于深入推进财政法治建设的指导意见》，http://www.gov.cn/zhengce/zhengceku/2020-03/06/content_5487997.htm，2022年6月2日。

③ 郭玮：《创新落实乡镇财政体制改革》，《人民论坛》2016年第28期。

数字赋能,加强乡镇财政的资金监管,完善和落实乡镇财务公开制度,形成人大、会计、审计、纪检、群众等组成的大监督格局,做到关口前移,切实发挥"乡镇公共财政服务平台"和"一卡通"对资金的规范管理作用。建立乡镇财政资金监管信息数据共享机制,实现乡镇财政资金"事前、事中、事后"全过程、全领域的监督,确保财政资金安全和使用效益最大化。

五 创新灵活有效的乡镇用人机制

乡村振兴的关键是人才振兴。人是所有政策和制度的落实者、践行者,是一切政策和制度发生作用的根本。"上面千条线、下面一根针",乡镇干部及工作人员是乡村振兴各项任务的具体执行者和实施者,处于提供基本公共服务、防范化解各类突发事件和社会矛盾的最前沿,是提高基层治理现代化水平的关键所在。2019年,中共中央办公厅、国务院办公厅印发《关于推进基层整合审批服务执法力量的实施意见》,要求"创新基层人员编制管理,统筹使用各类编制资源,赋予乡镇和街道更加灵活的用人自主权"[①]。新时代,构建乡镇自主灵活的用人机制,需要推进编制资源下沉,加强公务员队伍建设,激发事业编制人员积极性,进一步规范编外人员管理,形成乡村治理的人力资源合力,共同推动乡村振兴。

第一,推进编制资源下沉乡镇。随着乡镇行政管理体制和"放管服"改革的深化,乡镇管理的区域和事项不断增加,承担着招商引资、应急处置、社会服务、生态环保、安全生产、乡村治理、信访维稳、市场监管等诸多职责。然而,乡镇现有的编制资源无法满足繁重的工作任务,乡镇政府处于"人小、事多""权小、责大"的权责失衡状态,"上级强化痕迹管理、过程管理,办事必须留痕,拍照、做材料等事务耗费了管区干部大量时间精力。繁杂的治理任务使得管区干部疲于应付,难以有

---

① 《中共中央办公厅、国务院办公厅印发〈关于推进基层整合审批服务执法力量的实施意见〉》,http://www.gov.cn/zhengce/2019-01/31/content_5362843.htm,2022年6月2日。

充分的时间思考和回应群众真实需求"①。乡镇事务的"只增不减"与编制人员的"只减不增"成为制约乡镇治理成效的突出矛盾。党的十九届三中全会通过的《中共中央关于深化党和国家机构改革的决定》强调："统筹使用各类编制资源，加大部门间、地区间编制统筹调配力度，满足党和国家事业发展需要。"②党的十九届四中全会也明确提出，"推动社会治理和服务重心向基层下移，把更多资源下沉到基层，更好提供精准化、精细化服务"③。国家机构改革的逐步完成为推动编制资源下沉乡镇，将乡镇政府真正建设成为一级"权责完备"的自主政府创造了条件。在不增加县域编制限额的情况下，缩减县级各个职能部门的编制（县级的各个职能部门，倒是有很多人浮于事的现象），扩充乡镇政府编制和人员，切实改变乡镇"半政府"状态。④ 提升乡镇政府综合治理能力，必须强化乡镇政府编制。首先，县级政府应通过加大内设机构和职责整合力度、深化事业单位改革试点、整合精简执法队伍、及时收回个别部门长期闲置的编制及部分职能弱化部门的编制等方式，加大编制资源内部挖掘力度，积极盘活编制存量，强化从上往下跨层级调剂使用编制，在制订用编用人计划时，优先保障乡镇需要。严格落实乡镇编制"专编专用"，对上级部门从乡镇借调工作人员的行为进行规范管理，严格控制自下而上调整编制，杜绝乡镇编制资源被挤占或挪用。其次，围绕乡村振兴和乡村治理现代化要求，精准下沉编制资源，重点围绕提升基层治理能力、应对突发公共卫生和自然灾害事件能力、公共服务能力、综合执法能力、经济发展能力等，将编制资源用于充实党的建设、综合治理、公共安全、综合便民服务、退役军人服务等党政工作机构、事业单位人员力量。按照"满足需要""应核尽核"原则核对乡镇编制，适当增加编制员额，打

---

① 田先红：《行政包干制：乡镇"管区"治理的逻辑与机制》，《理论与改革》2021 年第 5 期。

② 《中共中央关于深化党和国家机构改革的决定》，http://www.gov.cn/zhengce/2018-03/04/content_5270704.htm，2022 年 6 月 6 日。

③ 《中共中央关于坚持和完善中国特色社会主义制度 推进国家治理体系和治理能力现代化若干重大问题的决定》，《人民日报》2022 年 6 月 6 日。

④ 周少来：《乡镇政府体制性困局及其应对》，《甘肃社会科学》2019 年第 6 期。

破乡镇编制上限，允许乡镇满编运行，通过公务员、事业单位招考及干部交流等方式及时对空编缺员的乡镇进行人员补充。最后，增强全周期管理意识，建立下沉编制跟踪问效机制，强化全过程监管，防止编制"一放了之"，确保编制下沉成效。强化机构编制刚性约束，严禁上级部门随意干预乡镇编制资源配置事项，加强编制使用效益评估，重点就编制是否精准下沉、是否满足工作需要、是否符合岗位需求等进行评估，及时动态调整、优化编制资源配置，促进基层治理体制创新发展。

第二，加强乡镇公务员队伍建设。新时代，国家大力实施乡村振兴战略，以促进农业全面升级、农村全面进步、农民全面发展，加快农业农村现代化，这离不开一支熟悉乡村、热爱乡村、能力过硬的乡镇干部队伍。习近平总书记强调，"推动乡村全面振兴，关键靠人。要建设一支政治过硬、本领过硬、作风过硬的乡村振兴干部队伍"。公务员是乡镇干部队伍的重要组成部分，是乡村振兴战略的重要组织者和推进者，努力建设一支高素质、专业化的公务员队伍，事关乡村振兴的成败。然而，在实际工作中，由于乡镇事务繁杂，乡镇公务员承担大量繁杂工作，加之公务员来源渠道、职级与职务并行、选拔任用等方面还存在诸多问题，"很多时候乡镇岗位尤其是党委书记岗位，除了少数在脱贫攻坚一线等重大工作中表现突出的能被提拔任用，其他大都是从上级机关选派下来的，属'空降'人员"[1]，乡镇公务员队伍不稳定，影响了乡村治理的成效，亟须强化乡镇公务员队伍建设。首先，根据乡镇工作需要，在进行编制核定时适当增加公务员编制，推动公务员编制向乡镇倾斜，分层级管理县、乡编制，县直机关不得挪用、挤占或变相占用乡镇公务员编制，确保专编专用，对缺编的乡镇应及时进行补足。《中共中央、国务院关于实施乡村振兴战略的意见》明确提出"健全从优秀村党组织书记中选拔乡镇领导干部、考录乡镇机关公务员、招聘乡镇事业编制人员制度"[2]。因此，应进一步拓宽乡镇公务员人员来源渠道，在继续进行省考招录的基

---

[1] 杜社娟、王文凯：《治理现代化背景下乡镇领导干部选拔任用存在的问题及优化对策》，《领导科学》2020年第20期。

[2] 《中共中央国务院关于实施乡村振兴战略的意见》，http：//www.gov.cn/zhengce/2018-02/04/content_5263807.htm，2022年6月6日。

础上，强化对"三支一扶"、大学生"村官"、优秀村干部等基层工作人员的定向招录，充实乡镇公务员力量。其次，形成一个良性、畅通的流动、晋升机制。"公务员身份决定了他们的工作动力、政治责任和角色期待。乡镇政治激励的空间小、措施少，如果过多的公务员无法向上流动，他们就会归咎于晋升流动机制不畅，质疑政治公平问题，从而不仅难以调动工作积极性，还可能成为乡镇运转的梗阻。"[1] 应按照"重实绩、重实干、重基层"的选人用人导向，充分发挥遴选机制，注重从乡镇选拔熟悉基层党建、乡村振兴、生态环保、社会治理工作的干部，拓宽完善乡镇公务员上升渠道。2019年，中共中央办公厅印发《公务员职务与职级并行规定》，要求"推行公务员职务与职级并行、职级与待遇挂钩制度，健全公务员激励保障机制，建设忠诚干净担当的高素质专业化公务员队伍"[2]。应统筹领导干部选任与职级晋升，充分考虑不同干部的不同发展需求，严格落实公务员职务与职级并行制度，在职级职数设置上向乡镇倾斜，注重为在疫情防控、应急处置、服务群众、脱贫攻坚、乡村振兴等急难险重工作中表现突出的公务员晋升职级，落实相关待遇保障，打破论资排辈、平衡照顾等桎梏，激励基层公务员敢于担当、干事创业。同时，强化乡镇公务员能力培养，实施乡镇和县直部门优秀干部双向挂职、任职交流，优化县乡干部结构，提高乡镇公务员基层治理能力；加强培训指导，实现基层业务培训全覆盖，提升基层治理能力。最后，强化考核引导。推行乡镇干部岗位责任制、服务承诺制、业绩评议制、失职追究制，"完善社会满意度评价及第三方考评办法，加大群众满意度在考核评价中的权重"[3]，改进绩效评价奖惩机制，注重考核结果运用，"将乡镇干部绩效考核的结果与干部的提拔、晋升、推优等政治层面挂钩，即与政治激励挂钩，这个过程因岗位与人员的双向选择机制而具有了实现社会激励的效果""将乡镇干部绩效考核的结果与个人的年度绩效考核

---

[1] 杨华：《公务员、事业编与编外用工——乡镇人事管理的三元结构及其效应》，《西北师大学报》（社会科学版）2021年第2期。

[2] 《中共中央办公厅印发〈公务员职务与职级并行规定〉》，http：//www.gov.cn/zhengce/2019-03/27/content_5377422.htm，2022年6月6日。

[3] 王翠娟：《权责对等：提高乡镇政府服务能力的关键》，《学习时报》2017年3月20日。

奖金挂钩，即与经济激励挂钩，这个过程因为被嵌入到了一个'熟人社会'场域之中而具有了社会激励的效果"[1]。真正在提升保障乡镇公务员待遇基础上激发其工作热情，提升乡村治理能力。

第三，激发事业编制人员积极性。乡村振兴进程中乡镇政府面临繁重复杂的治理任务，相较于上级政府而言，乡镇科层制及专业分工相对不明显，不同身份乡镇工作人员混编混岗使用，协同解决乡村治理中出现的各种问题，完成上级部门下派的工作任务，成为乡镇常态化的运行机制。事业编制人员占乡镇干部总数的比重大，是乡镇政府工作人员的重要组成，承担着社会治安、水利、信访维稳、社会保障、联村联企、拆迁征地、突发应急、民政福利、文化、公共服务、税收等工作，是乡村治理的重要力量。然而，在实际工作中，由于事业单位工作人员不足，岗位固化，加之与行政编制人员承担同样的工作，却在晋升机会、薪酬待遇等方面存在差距，影响了工作成效。事业编在人数上较公务员多一倍，又因身份限制基本不流动，因此长期在一个乡镇工作，容易成长为基层工作经验丰富、群众工作老道的"老乡镇"，将他们充分调动起来可以使基层工作达到事半功倍的效果。[2] 加强乡镇综合治理能力，要充分调动乡镇政府事业编制人员工作积极性。首先，应根据工作需要，进一步强化事业编制人员配置，推进编制资源下沉，赋予乡镇对上级职能部门派驻机构和站点事业编制人员的统筹协调权，进一步加强社会招聘和从优秀村干部中选聘的力度，确保建立一支与乡村振兴、乡村治理所适应的事业编制人员队伍。其次，赋予乡镇政府更加灵活的用人自主权。拓宽事业编制人员的成长空间，增加晋升机会，打破编制身份界限，在对行政和事业编制实行分类管理基础上，按照"以岗选人、人岗相适"的原则，推动两类身份人员在乡镇党政机构和事业单位之间的统筹使用，提高提任乡镇领导班子成员比例，破解乡镇事业编制人员晋升"天花板"难题，以缓解乡镇政府人员力量不足问题，增强事业编制人员干事创业

---

[1] 田孟：《控制权理论视角下乡镇干部职业倦怠现象及其治理——基于江西省 YF 县 FX 镇乡镇干部绩效考核工作试点的调研》，《求实》2020 年第 5 期。

[2] 杨华：《基层干部"忙闲不均"：生成逻辑及破解之道——基于中部省份 L 镇的调查》，《求索》2022 年第 1 期。

主动性。同时，可参照县以下公务员职务与职级并行制度，建立乡镇事业单位管理岗位职员等级晋升制度，调动事业单位人员工作积极性。对于专业技术岗位的专业型、技能型乡镇事业编制人员，应增加中、高职称岗位设置，结合乡镇工作特点，增加工作年限、考核等次、群众满意度测评等因素权重，适当降低论文、课题等学术成果方面要求，畅通乡镇事业编制人员职称晋升。再次，健全乡镇事业编制人员交流使用机制。由于"一般乡镇干部由于政策的限制，无论是横向乡镇之间，还是纵向乡镇与县直之间，交流渠道均不顺畅，难以实现正常流动""这种政策壁垒造成难以根据各个乡镇建设任务的轻重统筹使用全县的干部资源，造成新的不公平"[1]，可以通过上下、横向、外派等多种方式，有序推进乡镇与县级机关间、乡镇之间人员交流，打破不公平现象。根据工作表现，将偏远乡镇事业编制人员交流到县直事业单位和县城周边乡镇，破除"一个岗位干到老"的事业编制身份壁垒；让有政治理想、远大抱负的事业编制人员交流到乡村治理难度较大乡镇，积累治理经验，作为党政机构储备干部；选派乡镇事业编制人员到发达地区政府部门、企事业单位等挂职锻炼，学习先进工作经验，提升工作能力。最后，进一步提高薪酬待遇，缩小事业编制人员与行政编制人员的工资待遇差距，实现两类身份人员在工作、生活待遇上的同步提升，将车改、车补等政策惠及事业编制人员。落实艰苦边远地区津贴和乡镇工作补贴政策，进一步加大绩效工资差距，探索推行绩效量化考核和薪酬奖励机制，实现多劳多得、少劳少得、不劳不得，激发事业编制人员队伍活力。

第四，规范乡镇"编外人员"[2]管理。新时代，伴随简政放权改革的不断深入，机关事业单位编制管理日趋严格，"财政供养人员只减不增"成为乡镇政府用人的刚性约束。随着行政审批、综合执法、公共服务等经济社会管理服务权限下沉乡镇，加之日益复杂、繁重的乡村治理任务，乡镇政府陷入"一人多职、一人多能"的治理困境。为了完成上级安排

---

[1] 宋崇豪：《当前乡镇干部队伍建设存在的问题与对策建议》，《领导科学》2019年第13期。

[2] 编外人员是指不纳入编制管理，采用单位聘用或劳务派遣方式，用于行政辅助、执法辅助、技术辅助和后勤服务等岗位的工作人员。

的各项工作任务，保障乡镇有序运转，维护乡村和谐稳定，乡镇政府不断外聘"编外人员"，成为"职责同构"体制下压力传导的无奈之举。但"在乡镇的编外用工实践中，一些地方对编外人员的岗位需求、招聘渠道、人员类别、用工期限、用工数量和用工条件等，缺乏统一的规定和标准，招聘程序缺乏规范，编外人员进入渠道多样，这势必对公务员队伍的理性化建设形成冲击，最终有损基层政府的公信力，削弱基层治理的有效性"①。2019年，中共中央印发了《中国共产党机构编制工作条例》，明确要求"要严格控制编外聘用人员，从严规范适用岗位、职责权限和各项管理制度"②。因此，一方面应按照"必要、精干、高效"的原则，在现有编制结构基础上，根据乡镇面积、经济总量、辖区人口、承担权责等实际，科学核定编外人员额度，确保编外人员在额度内招聘使用，重点保障应急管理、社会治理、综合执法、疫情防控、公共服务等领域内的用人需求。规范编外用工约束机制，对工作量不足或用于阶段性工作的编外额度，要适时或待阶段性任务完成后及时收回额度，实现对编外人员的标准化、精细化、动态化管理。加强对编外用工的日常监督和重点核查，强化编外用工审批程序，做到"先批后用"，编外人员正式到岗后，应及时向上级人社、编办等职能部门备案，将编外人员以实名制方式纳入统一管理系统，确保基础数据的完整准确。另一方面，应强化正向激励引导，"在现有管理制度的基础上，积极借鉴公安机关警务辅助人员分级分类管理的成果经验，对编外用工的岗位分类和岗位职责进一步细化，并建立与工作岗位、工作年限、工作绩效、考核结果等相挂钩的待遇调整机制"③。乡镇可探索实行特别聘员制度，聘任服务达到一定年限，特别优秀的编外人员聘为特别聘员，相应提高薪酬标准，强化编外人员事业担当和工作积极性。同时，加强对编外人员的考核，注

---

① 颜昌武：《刚性约束与自主性扩张——乡镇政府编外用工的一个解释性框架》，《中国行政管理》2019年第4期。

② 《中共中央印发〈中国共产党机构编制工作条例〉》，http://www.gov.cn/xinwen/2019-08/15/content_5421505.htm，2022年6月8日。

③ 金华市金东区委编办：《对机关事业单位编外用工管理的思考——基于金华市金东区的案例》，《中国机构改革与管理》2020年第7期。

重用工纪律、工作业绩和群众满意度，将考核结果作为绩效奖惩、薪酬调整、续聘、解聘或终止劳动合同的重要依据，切实保障编外人员的合法权益，真正发挥乡镇编外人员作为正式编制人员的有效补充，推进其在乡村治理中的积极作用。

六　建立规范合理的县乡关系

新时代，国家实施乡村振兴战略，促进经济社会发展，满足广大农民群众对民主、公平、生态、社会等领域日益增长的美好生活需要。乡村全面振兴离不开简约高效的基层管理体制，特别是需要科学合理的县乡关系作支撑。中国是多层级单一制的政府体制，县具有对上级政策进行转化和制定本地政策的双重功能和权力，乡镇则是政策的具体组织者和执行者，只有县乡两级政府相互协同、密切配合，才能实现国家与乡村社会的有效对接，实现乡村的可持续发展。构建科学合理的县乡关系，要求进一步优化县乡行政管理体制，完善县乡财政体制，建立科学的考核机制，充分发挥县乡联动作用，共同致力于乡村振兴。

第一，优化县乡行政管理体制。县乡关系是府际关系的基础组成部分，理顺县乡行政管理体制，推进两者间的整体性、系统性和协同性，实现县乡之间权责清晰、高效运转，确保治理有效，无疑是基层治理体系和治理能力现代化的实践要求。2017年，中共中央办公厅、国务院办公厅印发《关于加强乡镇政府服务能力建设的意见》，强调乡镇政府除了提供教育、劳动就业、公共文化体育等六类基本公共服务以外，"还要提供符合群众需求的农业农村经济发展、农民基本经济权益保护、环境卫生、环境保护、生态建设、食品安全、社会治安、矛盾纠纷化解、扶贫济困、未成年人保护、消防安全、农村危房改造、国防动员等其他公共服务"[①]，明确了乡镇政府的主要职责。然而，压力型体制下，县乡"职责同构"，"由于自上而下的纵向职权边界不清、职责划分不明，部分上级政府及相关部门以属地管理原则为由，将本该自己承担的职责和任务

---

① 《中共中央办公厅 国务院办公厅印发〈关于加强乡镇政府服务能力建设的意见〉》，http://www.gov.cn/zhengce/2017-02/20/content_5169482.htm，2022年6月8日。

转嫁到乡镇政府，致使乡镇政府任务过重、权责失衡"①。县乡关系失衡，主要表现在县对乡镇的资源剥夺、任务转嫁和权力保留，导致乡镇未能拥有与其职责相匹配的经济社会管理权限，无法有效调动辖区内人财物等资源，影响了治理能力和实际效果。因此，应在厘清县乡权责边界基础上，根据乡镇发展定位、承接能力、特色需要等向乡镇赋权，精准赋予乡镇与其职责相适应的权限。可创新实施赋权方式，改变传统由县级职能部门向乡镇放权做法，改为乡镇向县级职能部门要权，由县级部门根据政策要求列出"放权事项"，乡镇根据自身需求和承接能力申请"授权事项"，满足差异化发展需求。另外，打破县乡"职责同构"，改变乡镇政府与县级职能部门一一对应的机构设置方式。积极构建县乡机构"一对多、多对一"的制度机制，即允许乡镇一个机构对应县级多个职能部门，也允许乡镇多个机构对应县级一个职能部门，进一步理顺乡镇与县级职能部门间工作对接、请示汇报和沟通衔接关系，解决职责分割、多头管理、缺位、错位、不到位等问题，形成权责一致、协作配合、高效运作的新型县乡关系。在县乡机构"一对多、多对一"工作机制下，强化乡镇政府与县级职能部门的业务协同，搭建"乡呼县应"工作平台，完善县乡责任划分与落实体系，共同解决群众反映突出、关注度高的市场监管、生态环境、公共服务、政务审批、综合执法等领域问题，切实提升乡村治理水平和服务能力。与此同时，强化派驻机构属地管理，赋予乡镇对派驻机构的日常管理、工作调度、考核评价等综合管理权限，派出部门仅负责业务管理，构建乡镇统一有效调度的管理体系。由乡镇对公安、司法、市场监管、自然资源与规划等派出机构人员进行统一指挥调度，确保法定职责履行和乡镇事务协助，强化乡镇的统筹协调和综合管理能力。强化对派驻机构人员的组织领导，加强对派驻机构负责人的管理，赋予乡镇对派驻机构人员的调整建议权。将派驻机构公用经费、乡镇补贴、编制资源等下沉乡镇，由乡镇负责使用，保障派驻机构职责履行的需要，凝聚合力推进乡村发展。

---

① 郑志龙、赵春草：《乡镇政府社会治理能力的评估与提升路径》，《行政论坛》2020年第5期。

第二，完善县乡财政体制。县乡财政体制是乡村有效治理，实现乡村振兴的重要保障。"乡财县管"财政支出集权，提高了县级政府统筹全县财政支出安排的权力，弱化了乡镇政府财政支出的自由裁量权，加剧了财政支出结构扭曲，挤占了地方民生性支出。[1] 财政主要是为公共服务提供保障资金，而事权和支出责任则明确了资金提供的主体，决定县乡政府的职能发挥，若职责划分不清，则会导致越位或缺位。当前，我国正处于巩固脱贫攻坚成果同乡村振兴有效衔接的关键阶段和重要时期，如何优化县乡财政体制，进一步明确县乡财政权责，特别是在基本公共服务领域县与乡镇共同财政事权和支出责任划分，保障资金真正投入到乡村治理和发展的亟须领域，成为乡村振兴战略成败的关键。2018年，国务院办公厅印发《基本公共服务领域中央与地方共同财政事权和支出责任划分改革方案》，要求"科学界定中央与地方权责，确定基本公共服务领域共同财政事权范围，制定基本公共服务保障国家基础标准，规范中央与地方支出责任分担方式，加大基本公共服务投入，加快推进基本公共服务均等化，织密扎牢民生保障网，不断满足人民日益增长的美好生活需要"[2]。由此，中央和地方政府的财政权责得到进一步明确，也为不同层级地方政府间财政管理体制的调整提供了基本的政策依循。一方面，应科学调整县乡间的财政关系，明确财政事权和支出责任划分。"乡财县管"下的财政体制，乡镇收支完全由县级政府决定，对于乡镇政府而言，"收多收少一个样"，丧失了发展经济的动力，对于县级政府而言，"改革后县级财政需要承担本级以及乡镇两级的支出责任，压力非但没有减缓，反倒有所增长"[3]。应对国家确定的义务教育、学生资助、基本就业服务、基本养老保险、基本医疗保障、基本卫生计生、基本生活救助、基本住房保障等八大类基本公共服务种类进一步细化，根据基本公共服

---

[1] 姚鹏、李金泽、孙久文：《县乡财政支出集权能增加地方民生性支出吗？——基于安徽省"乡财县管"准自然实验的证据》，《中国农村经济》2022年第2期。

[2] 《国务院办公厅印发〈基本公共服务领域中央与地方共同财政事权和支出责任划分改革方案〉》，http://www.gov.cn/xinwen/2018-02/08/content_5265033.htm，2022年6月8日。

[3] 王伟同、徐溶鋻、周佳音：《县乡财政体制改革：逻辑、现状与改革方向》，《地方财政研究》2019年第11期。

务事项的受益范围、实施重要性和均等化程度等因素，按照"谁的职责谁买单"原则，县乡分别承担属于各自组织实施的财政事权支出责任。对于县乡共同的财政事权支出责任分担，则应充分考虑乡镇财力基础，以县级政府承担为主，乡镇政府承担为辅，优化财政事权和支出责任划分，确保为农民群众提供高质量公共服务。针对乡镇财力不足的情况，应进一步完善省、市对县、乡政府的财政转移支付制度，赋予县乡政府特别是乡镇政府更大的支出权限，县级政府通过加大转移支付力度、调整县乡收入划分，确保乡镇政府真正将资金用到乡村振兴所必需且急需的领域，增强基本公共服务保障能力。另一方面，县乡财政体制的优化应着眼于化解县乡隐性债务，增强县乡财政的可持续发展能力。2017年7月，中央政治局会议提出"要积极稳妥化解累积的地方政府债务风险，有效规范地方政府举债融资，坚决遏制隐性债务增量"。2018年，中共中央、国务院印发《关于防范化解地方政府隐性债务风险的意见》《关于地方政府隐性债务问责办法》，推动地方政府改革财政管理体系，消除地方政府财政风险隐患。应按照"谁举债、谁负责，谁使用、谁偿还"的原则，县乡在各自管理权限内对债务各负其责，通过压减建设类项目支出预算，从严控制公务运行等一般性支出，开源节流等方式化解债务。健全地方政府债务限额分配机制，落实债务限额管理，同时不断强化县乡财政收入能力，确保县乡债务化解有稳定的财力保证。

第三，建立科学的考核机制。考核本质上是自上而下的责任分解与压力传导，是对权力进行监督，推动国家重大决策部署在地方各级政府间贯彻落实的重要手段，是激励广大干部干事创业的重要举措，更是政府职能落实的指挥棒。县市级政府通过量化考核、绩效排名与择优提拔这种政治锦标赛式的激励范式与政治生态控制着乡镇政府职能管理，为了使乡镇政府绩效考核更切合乡镇发展实际，县市政府对乡镇政府推行绩效考核分类，通过绩效考核分类引导乡镇政府的发展定位。[1] 然而，在县级政府对乡镇政府进行考核评价时，存在重留痕轻实绩、名目繁多、

---

[1] 秦晓蕾：《我国乡镇政府绩效考核控制、博弈中的异化及改革路径》，《江苏社会科学》2017年第3期。

层层加码、多头重复、频率过高、指标不够科学等问题，导致乡镇基层应接不暇、不堪重负，影响了治理成效。2018 年，中共中央办公厅印发《关于统筹规范督查检查考核工作的通知》，要求"从中央和国家机关做起，各级党委和政府要坚决撤销形式主义、劳民伤财、虚头巴脑的督查检查考核事项，大幅度压缩数量，对县乡村和厂矿企业学校的督查检查考核事项要减少 50% 以上"①，真正为基层政府肩负，让乡镇干部拥有足够的时间用于乡村振兴，促进乡村发展。首先，应将考核工作与乡村振兴有机结合，科学设置评价指标，将乡村人居环境整治、产业发展、文化建设、治理成效、农产品质量安全、社会保障、公共服务、公共安全、医疗卫生、信访稳定等乡村振兴中心任务纳入考核指标，重点突出可量化的考核指标和能衡量乡村振兴的考核指标，调动乡镇推进乡村振兴战略的积极性、主动性和创造性。指标体系的构建应立足"个性化、可量化、能定责"的原则，根据乡镇发展实际，差异化设置考核指标和分值权重占比，避免"一刀切"。同时，严格考核准入事项，建立考核指标准入退出制度，未经审批的指标一律不准纳入考核体系，提高考核指标的准入"门槛"，优化整合考核指标，避免考核指标的泛滥化、无效化和抽象化。其次，严格控制考核频率和考核总量，整合同类考核，对没有法律法规及中央、省或地区明文规定，不属于乡镇职责范围、违反中央基层减负规定的考核事项进行清理。同时，注重平时考核和年终考核、阶段性考核和最终考核相结合，能在平时完成考核的事项一律不纳入年终集中考核，对于能通过平时调研督导、情况报送、问题核查等方式掌握考核指标进展的，且无须核实印证的，不再重复考核，提升考核的效率。再次，树立"实绩"考核导向，将群众满意不满意、工作结果作为考核评价权重的关键内核，规范基层考核中的"一票否决"、签订责任状、示范创建等事项。由于我国绩效考核体系是一个单一的对上负责的管理体制，民众的话语由于无法有效地输入到绩效考核体系之中，民众满意度在事实上无法对乡镇政府的政府考核产生实质性的影响，乡镇政府只关

---

① 《中共中央办公厅印发〈关于统筹规范督查检查考核工作的通知〉》，http://www.gov.cn/zhengce/2018-10/09/content_5328884.htm，2022 年 6 月 10 日。

注上级政府的委托任务，乡镇政府自主性的强化，却进一步导致了乡镇政府选择性治理的强化。① 乡镇考核应以群众满意度为导向，深入乡村一线，吸纳群众参与考评，充分了解群众对政策落实、改革成效的获得感，实现综合考评和群众考评相结合。最后，赋予乡镇对县直部门的考核权，实现县与乡的双向考评。乡村振兴离不开县直部门和乡镇的协同配合，存在着大量县乡共同完成的事项，而现有的考核体系是县对乡的单向考核，无法有效评价县直部门的工作成效，造成部分事项乡镇"吹哨"后，县直部门慢"接哨"或处置慢等问题。因此，通过乡镇对县直部门的"逆向考核"，改变县对乡的单向考评，扩大乡镇对县直部门履职尽责的话语权和评价权，能够优化政府行政能力，提升乡村发展的整体合力。同时，强化乡镇对县直部门派驻机构的考核，由派出部门和乡镇共同确定工作任务，形成评价指标，进行联合考核，将考核结果与绩效奖励挂钩，激发派驻机构人员工作主动性。

七　健全智能融合的乡镇政府运行机制

习近平总书记在中央全面深化改革委员会第二十五次会议上强调，"以数字化改革助力政府职能转变"。智能化背景下，数字技术被广泛运用于乡镇政府办公、社会治理、公共服务等领域，成为保障乡村振兴战略顺利实施，推进基层治理体系和治理能力现代化的有力支撑。"互联网、大数据、云计算、物联网、人工智能等新一代技术的飞速发展推动着第四次工业革命以前所未有的态势席卷而来。第四次工业革命不仅仅是一场技术革命和经济革命，同时也是一场深刻的社会治理革命。"② 新时代，以数字赋能乡镇治理，构建智能融合的乡镇政府运行机制，要求实现组织机构的智能联动、政府办公的高效智能、治理方式的智慧化及完善的智能基础设施保障，以实现乡镇政府的高效运行，提高社会治理的精准性，公共服务高效化。

---

① 吴理财、刘建：《乡镇政府绩效考核体系创新路径及影响——基于 G 市的案例分析》，《北京行政学院学报》2018 年第 2 期。

② 王法硕：《智能化社区治理：分析框架与多案例比较》，《中国行政管理》2020 年第 12 期。

第一，实现基层政府组织机构的智能联通联动。在第四次工业革命的深入影响下，以及乡村振兴战略的实施推进中，乡村治理面临诉求多元化、治理环境复杂化和治理场景网络化等诸多新特征。为了应对日益复杂的乡村治理，乡镇政府组织机构需要进行优化配置，以期实现组织机构的扁平化、精简化，提高行政执行能力。不过，各部门间及不同综合性机构间往往存在信息障碍和业务壁垒，各自为政的现象依然存在，极大制约了乡村治理的成效。"互联网、物联网、大数据、云计算等现代信息技术（ICT），以及人工智能技术，正在深度改变我们的生活。进一步而言，作为现代先进生产力的代表，现代信息技术还重塑了人群的关联方式、人际间的沟通方式、公共参与方式，因此也深刻地影响了社会治理的方式、深度和广度。"[1]充分利用现代科技，以数字化理念、技术和手段打通乡镇组织机构间的堵点，实现机构间智能融合、业务联动，提升乡镇政府的行政执行、行政监督、市场监管、应急处置等能力，成为乡镇治理体系和治理能力现代化的必然选择。一方面，应大力推进数字政府建设，实现组织机构的一网融合。乡镇政府应建立统一高效的乡镇智能治理中心（智慧大脑），纵向联结省市县及乡村，横向将政府部门、综合性机构、县直派驻机构等网络接入其中，推动网络互联互通，强化信息共享、业务协同，"畅通政府部门内部、政府部门之间以及政府与企事业单位、社会组织等其他社会治理主体之间的资源整合渠道，建立健全社会治理资源的标准体系和管理制度，加强对人、财、物、信息、组织等资源的整合力度，支持大数据相关企业与社会治理各相关部门、行业领域的业务合作和资源对接"[2]，实现资源的共建、共享和合理配置。同时，优化"智慧大脑"功能模块，设置综合行政执法、应急处置、公共服务、社会治理、市场监管等不同模块，不同模块间既有分工又有集成，既要服务于各个机构平时开展的主要业务，又能确保各个机构在面对乡村振兴重大事项或涉及多机构工作任务时，乡镇政府能够借助"智

---

[1] 唐有财、张燕、于健宁：《社会治理智能化：价值、实践形态与实现路径》，《上海行政学院学报》2019年第4期。

[2] 张贵群：《社会治理智能化发展的现实困境与实施路径研究》，《领导科学》2020年第6期。

慧大脑"发布统一指令，实现不同机构间的协同行动。另一方面，加快不同组织机构间各类数据资源的共享开放，为乡镇政府综合决策提供数据依据。各组织机构间应依托"智慧大脑"，建设并相互开放辖区内人口、电子证件、自然资源、信用信息、企业、地理信息、教育、卫生、社会保障、公共服务等基本数据库及以应用为导向的专题数据库，完善与地方政府部门间政务信息系统数据资源共享交换机制，推动与税务、金融等国家垂直管理部门的数据共享，实现公共数据权威、高效、精准共享，满足乡镇治理的现实需要。

第二，实现政务办公智能化。乡镇政府是我国最低一级政府，承担着大量的乡村治理任务，职责范围十分宽广且复杂度高。长期以来，乡镇政府多采取线下、面对面、纸质阅办等为主的传统办公方式，即便部分工作进行网上办公，也多局限于局域网，与高效集成、运转有效的智能化办公存在较大差距，不仅导致工作效率低下，而且容易产生信息安全风险等问题。党的十九届五中全会提出："加强数字社会、数字政府建设，提升公共服务、社会治理等数字化智能化水平。"[1] 随着数字化、信息化进程加快，通过数字赋能和信息化技术手段，加快电子政务建设，推进办公方式智慧化，降低行政成本，提高工作人员办公效能，成为乡镇治理现代化的必然选择。一方面，完善智慧化办公平台，提高办公效率。与传统政府办公自动化模式相比，智慧政府不仅体现在办公过程中通过对新技术、新机器和新设备的应用，实现办公的无纸化、科学化和自动化，还赋予政务办公更多智慧和智力因素，多了一些包括采用人工智能、知识管理以及移动互联网等手段在内的更为人性化、智慧化的技术支持和设置，使政府办公更加便捷高效。[2] 乡镇政府应建设横向覆盖所有组成机构、纵向联结上级政府及乡村的智慧办公平台，优化工作流程，推动业务整合，全面打造数字化的智能办公、移动办公，实现文件处理、外出（请假）、会议、督查、考勤、重大事项请示报告、资产使用管理、

---

[1] 《中共中央关于制定国民经济和社会发展第十四个五年规划和二〇三五年远景目标的建议》，http://www.gov.cn/zhengce/2020-11/03/content_5556991.htm，2022年6月16日。

[2] 司林波、刘畅：《智慧政府治理：大数据时代政府治理变革之道》，《电子政务》2018年第5期。

公务接待等业务电脑或手机一键式办理，实现随时随地办公。同时，根据不同工作机构、不同工作岗位的业务性质和工作内容，结合工作人员的业务权限、工作方式等，进一步优化智能化办公系统，在满足基本功能基础上使办公更加人性化。另一方面，利用大数据辅助办公决策，提高决策的科学化。办公智慧化的一个重要表现是利用人工智能、大数据、区块链等新技术辅助乡镇政府精准预测和客观分析现实状况，"对政府信息进行精准预测和客观分析，避免主观决策、片面决策，提高了决策的科学性"①。数据辅助办公决策的关键是数据的真实性、丰富性、完整性，应实现乡镇组织机构间及各级政府间数据资源的优化整合，建立数据交互"中枢"，加快数据流转效率，实现跨部门、跨机构的业务流程高效对接，实现信息集成、数据共享、业务互联，确保数字化办公决策能力。

第三，实现治理方式智能化。乡村振兴的根本目的是提高农民生活水平，满足农民群众日益增长的美好生活需要，而治理有效是乡村振兴的重要根基。"这是一场不仅表现在技术革命或经济革命的现象，同时也是一场深刻的社会治理的革命，将'改变市场、组织机构，以及政府与公民关系的治理方式'，对公共治理和公共服务领域也将带来革命性的变化。"②《中华人民共和国国民经济和社会发展第十四个五年规划和2035年远景目标纲要》明确提出要"以数字化助推城乡发展和治理模式创新"③。通过数字化重塑乡镇政府治理流程和治理模式，推动乡镇政府运行方式的数字化、智能化、整体化、扁平化，实现行政监管、应急处置、政务服务等数字化治理，是提高乡镇治理成效的重要手段。首先，以数字化赋能监管方式，强化行政监督能力。推动县级职能部门和乡镇监管类业务系统的一网集成，数字化再造综合执法流程，实现行政检查、行政处罚、行政强制等监管执法事项全程网办，打造横向到边、纵向到底

---

① 何振、彭海艳：《人工智能背景下政府数据治理新挑战、新特征与新路径》，《湘潭大学学报》（哲学社会科学版）2021年第6期。

② 米加宁、章昌平、李大宇、徐磊："'数字空间'政府及其研究纲领——第四次工业革命引致的政府形态变革"，《公共管理学报》2020年第1期。

③ 《中华人民共和国国民经济和社会发展第十四个五年规划和2035年远景目标纲要》，http://www.gov.cn/xinwen/2021-03/13/content_5592681.htm，2022年6月18日。

的统一行政执法监管格局，有效解决群众关切的综合监管事项。聚焦电动车安全、平台经济、食品药品安全等乡村重点领域安全，可充分利用产品统一赋码、电子预警围栏等新型技术手段，集成打通税务、市场监管、网信等部门数据，及时进行风险预警、线索核查、调查处置，提升监管的智能化水平，有效维护市场秩序和群众生命财产安全。其次，以数字化赋能应急处置，提高应急管理能力。应建立多部门多层级实时联动的网上统一应急指挥体系，建立健全大数据辅助决策机制，提升政府决策预警能力和处置能力，实现应急队伍、资源的精准高效调配，迅速化解风险隐患。围绕疫情防控、自然灾害、燃气安全、生产安全等乡村关键风险领域，应充分利用卫星遥感、人工智能等手段，整合气象、水利、自然资源、安监、公安、卫健等部门数据，构建数字化全链路风险闭环管理体系，及时发出预警、生成处置方案，提升应急处置和风险化解能力。最后，以数字化赋能政务服务，提高服务质量。数字技术驱动传统职能服务向数字化、网络化和智能化的精准服务转变，大数据、区块链等技术的应用为公众提供更优质的服务。[①] 依托政务服务平台，逐步实现网络终端、电脑端、移动端和自助端的协同联动，在服务事项标准化基础上打造线上线下全面融合的政务服务体系，扩大服务事项网上受理、办理的数量和种类，实现"一网通办"，确保服务质量。依托网络平台，拓宽政务服务表达渠道，精准识别群众需求内容、需求层次、需求规模等服务需求信息，动态掌握实施效果，提高公共服务精准性。依托数字化手段，梳理群众高频刚需的政务服务事项，深度开发各类便民应用软件，设置高度集成的功能模块，整合服务、系统集成、数据共享，实现服务一站式集成、精准化直达、智慧化体验。

第四，加强乡镇治理的智能化基础设施保障。网络设施、数据资源、系统集成、平台支撑和安全保障是实现乡镇治理智能化的重要支撑。长久以来的二元结构体制使得乡村的治理智能化资源配置与城镇存在较大差异，特别是光纤、5G 网络等基础设施配置失衡，阻碍了智能技术在乡

---

① 魏丽艳：《高质量公共服务制度执行的工具适配与运用研究》，《厦门大学学报》（哲学社会科学版）2022 年第 3 期。

村治理中的推广应用。① 2022 年，中央网信办、农业农村部、国家发展改革委等 10 部委联合印发《数字乡村发展行动计划（2022—2025 年）》，明确要求开展"数字基础设施升级行动""推进乡村信息基础设施优化升级""推动乡村传统基础设施数字化改造升级"②。乡镇政府处于上联县级政府、下联乡村的关键位置，应注重打通县乡村的网络联结堵点，实现顺畅互联互通。一方面，加强基础资源集约建设。建设乡镇一体化智能化公共数据平台，向上接入国家、省、市、县公共数据平台，向下联结社区（村庄）数据平台，实现各行业各领域系统互联互通，提升公共数据获取的便利性。智能化建设要侧重于"一体化"建设，重点是整合各类系统，统一系统间的数据标准，搭建"一朵云"的系统架构。③ 集约开发政务办理、健康卫士、政策解读、监测预警等智能化组件、业务智能模块及应用终端，满足乡村治理、公共服务、应急处置等多样化需求，支撑公共平台的快速、便捷使用。建设一体化数字资源系统，整合乡镇范围内数据资源，与上级部门资源共享，提升系统数据收集的能力，为乡镇决策提供数据依据，实现智能治理的精准化和高效化。另一方面，强化乡镇治理数据安全保障。智能化治理"也增大了社会治理中可能的平台垄断、算法决策失灵、大数据杀熟、代码规制的风险性以及数据信息伦理挑战、隐私保护、智能犯罪的安全性"④。应将数据资源的开发使用纳入法治化轨道，"不仅仅要在立法、执法、司法和守法等各环节中推进社会治理的智能化建设，更要在社会治理智能化的各项工作中融入法治精神与法治规则"⑤。进一步完善乡村治理网络安全工作责任体系，强化制度建设，建立数据隐私保护制度和安全审查制度，建立数据资源清单管理机制，明确数据安全的主体责任和监管责任，加强政企数据和个

---

① 冷茂林：《乡村治理智能化的风险挑战与应对之策》，《领导科学》2022 年第 8 期。
② 《中央网信办等十部门印发〈数字乡村发展行动计划（2022—2025 年）〉》，http：//www.gov.cn/xinwen/2022 - 01/26/content_5670637.htm，2022 年 6 月 18 日。
③ 刘灿华：《社会治理智能化：实践创新与路径优化》，《电子政务》2021 年第 3 期。
④ 何继新、张晓彤：《我国社会治理智能化研究：理论进展与逻辑理路》，《杭州师范大学学报》（社会科学版）2022 年第 4 期。
⑤ 周汉华、刘灿华：《社会治理智能化的法治路径》，《法学杂志》2020 年第 9 期。

人信息保护，实现数据归集、共享、开放、管理等规范化、制度化。加强乡镇治理技术人才的培养与引进，对技术保障人员、数据使用人员、数据监管人员等强化安全业务培训，强化信息安全和隐私保护意识，全面增强应用数据水印、数据存储传输加密等技术能力。构筑乡镇治理公共数据全生命周期安全防护体系，建立风险评估制度，对涉密信息系统进行分级保护，对网络安全进行等级保护，制定推广地方或行业安全标准规范，全面提升数据、系统、应用终端等乡镇智能化治理因素全流程应用防护能力，规避数字技术滥用引发的治理风险。

第 五 章

协同共治：乡村振兴战略中的
精细化乡村管理服务体系

第一节　乡村管理服务体系的发展历程

　　中国是一个历史悠久的农业大国，农业农村发展既是保持社会稳定、国家富强、人民幸福的关键所在，也是实现中华民族伟大复兴的重要保障。传统社会，在中央集权统一管理与支配下，代表皇权统治的县级政府是连接官治与民治的稳定器，是地方行政管理的基层组织。从组织结构上来看，县级政府设有负责教育、治安等与乡村社会相关的职能部门，如明清县政府的巡检司专掌缉捕盗贼诸事情，具有稽查人口、维持治安作用；闸官专门掌管各州、县水闸储泄启闭事务，具有保障闸座功能发挥、促进地方经济发展的作用；税课司大使则掌典商税征收诸事，此外，还专门设置了管理银库和粮仓的州库大使和州仓大使。乡村社会大都依靠宗族、士绅治理，乡绅士族通常拥有丰厚的土地、财产以及相当的社会地位与号召力并受过良好的教育，能够为乡村社会提供一定的公共产品和服务，是乡村社会名副其实的精英群体。因此在大多数情况下，州县官员们在"礼遇"乡村绅士方面，总是十分积极，以求得绅士对其下的教化、征税、治安、断案、农事、水利工程等各项事务的鼎力支持。[①]宗教文化与伦理规则支撑造就了士绅阶层，他们积极参与地方公共事务，协助地方政府维持社会治安、征收赋税、教化民众等日常事务，也热衷

---

① 刘琼、张铭：《传统中国乡村社会治理模式问题再认识》，《东岳论丛》2012年第11期。

于治水赈灾、架桥铺路、兴修水利等公益事业。士绅在一定程度上作为国家代理人与农民进行沟通交流，向下传达国家指令、向上反映农民诉求，维持乡村社会和谐稳定的秩序，是政府的有力助手。不过，传统时期乡村重大公共事务的处理都离不开政府的参与。

除此之外，村落共同体中地位较高、具有威望的族长、长老等是非正式权力结构的构成部分，他们是调解邻里纠纷、促进社会和谐必不可少的力量。尽管传统社会已经具有经济与社会力量参与，但经济与社会力量多具有自发性质，提供的服务也十分有限。当然，由于经济与社会力量的生长，广大农民可以获得诸如庙会、灯会、茶市等公共文化服务与说书、蹴鞠、戏曲等有限的休闲娱乐服务。在中国传统社会，民间还通过各种"会"的形式，如奖励学子举业的文会、文昌会、采芹会、宾兴会、兴贤会、惜字会，举办慈善事业的育婴会、保良会、长生会等，以修桥补路为宗旨的义渡会、船会、桥会、路会，承办地方公共事务的漕会、图会、禁会、乡评会等，或为繁荣地方文化教育，或为调解民间纠纷、申明教化、净化民风习俗，或为拯救困于生老病死之际的弱势群体输纳钱粮、急公好义，或为地方交通便利与出行安全。[①] 相对来说，在传统乡村社会公共服务能力较为有限，公共服务水平较低。

中华人民共和国成立初期，乡村管理服务结构发生质性变革。在政权下乡中逐步构建了与新中国相适应的乡村管理服务体系。概言之，新中国成立初期，我们在经济变革基础上取得了诸如"农村基层政权建设、人民当家作主、农民政治意识增强、农民平等享有政治权利、农民高度的政党认同和政权归属"等一系列成就，这为新中国成立后乡村治理体系实践打下了坚实的政权基础、主体基础和组织基础。[②] 这一时期，在国家大力支持下在乡村修建了农田、公路、水利等公共基础设施，教育、医疗和养老等公共服务水平显著提升，在很大程度上改变了乡村落后面貌，对经济与社会稳定起到了积极作用。在教育方面，面对中华人民共

[①] 杨建华：《传统基层社会治理文化的现代转型》，《中国特色社会主义研究》2015 年第 5 期。

[②] 李华胤：《我国乡村治理的变迁与经验探析》，《毛泽东邓小平理论研究》2019 年第 5 期。

和国成立初期高达80%的文盲率,国家确立了"教育为工农服务,为生产建设服务"的方针,陆续颁布了《关于改革学制的决定》《小学暂行规程(草案)》《中学暂行规程(草案)》,鼓励农民集资办学,聘用民办教师,我国初步建立起覆盖农村的基础教育体系,扫除了大量农村文盲,改变了农村社会落后面貌。据不完全统计,1952、1953两年中,山东省共扫除文盲近40万人,其中农民文盲35万人。[①] 至1955年11月底,全省有92843个合作社和大部分乡村办起了民校。[②] 在医疗方面,在以"预防为主"方针指导下,在全国范围开展了爱国卫生运动,并参照苏联医疗卫生模式建立了以食品、劳动职业、环境、学校和放射五大卫生为主的公共卫生体系。同时,还实行了国家财政支持、农村集体组织统筹资金的民办公助合作医疗制度,建立起县、乡、村三级医疗卫生服务体系,培育了大批乡村医疗服务人才,建构起乡村医疗卫生服务体系基本架构。在养老方面,乡村主要实行集体养老和个人自我养老相结合的制度,社会保障较为有限,这一时期的乡村社会保障体系并未涵盖生育与工伤等方面。

表5-1　　　　　　　　1949—1978年农村社会保障服务项目

	农村
养老保障	除五保户是集体保障外,其余人员是家庭保障;没有退休制度
医疗保障	个人出资+集体保障,合作医疗
工伤保障	无
生育保障	无

资料来源:根据刘志昌《中国基本公共服务均等化的变迁与逻辑》,中国社会科学出版社2014年版,第71页。

总体上来看,过渡时期的乡村管理服务体系呈现出低水平和低质量特征,不能很好满足农民群众医疗、卫生、娱乐等方面需求,也难以保障广

[①] 山东省地方史志编纂委员会:《山东省志·教育志》,人民出版社2003年版,第627页。
[②] 青年团山东省委办公室:《青年团山东省委关于目前农村扫盲工作进行情况的检查报告》(1955年12月29日),A004-01-79卷,山东省档案馆藏。

大农民日常生产生活需要。随着农业生产合作社兴起，政府、农民和农业生产合作社均参与到乡村公共管理与服务供给中，这一时期的乡村公共服务经费主要源于农民公积金、公益金、管理费以及农民投入的活劳动。

伴随着土地改革和农业合作化全面展开，集体化水平不断提高，乡村发展逐步进入人民公社时期。"政社合一"与"一大二公"是这一时期乡村管理服务体系的显著特征。这一时期国家权力全面渗透乡村社会，党和政府掌握着乡村各种资源，通过集中管理、统一供给对基层社会进行全方位管理。国家权力的强力下渗和对乡村社会的强力整合，最终形塑出了印有特殊时期烙印的农村治理形态，而这种带有特殊时期烙印的农村治理形态又衍生出以全能型管控为内核，依托计划性建构而成农村服务供给体制——政府一元化主导下的农村公共服务体系。[1] 这一时期由于国家财力有限，乡村主要采取自给自足的服务供给机制，实施"计划控制、公社集资、农民生产"的管理服务模式。公社可以通过农民集体生产上交的公益金、公积金、生产费基金以及对农民分配的劳动报酬进行扣减这两种方式筹集资金，在行政指令下以工分为报酬组织广大农民进行公共服务生产建设，如建学校、修水库、修公共食堂等，管理服务较为广泛，涵盖了农民的衣食住行、生老病死、婚丧嫁娶、生产经营。具体来说，农业生产建设主要包括治理江河湖海水利工程、推进农业机械化、发展农业气象服务、建设农村公路等。[2] 文化教育方面，这一时期在乡村深入开展了扫盲活动，同时还加强基础教育、高等教育、业余教育以及职业教育建设，兴建广播站、文化站，加强对农民意识形态教育。医疗卫生方面，继续实行农村合作医疗制度，进一步加强卫生宣传教育活动；建立农村卫生院，鼓励城市医疗工作者到农村服务；组建起一批赤脚医生队伍，使广大农民能够享受基本医疗卫生服务，解决看病难的问题。据长期追踪研究农村合作医疗制度的安徽医科大学卫生管理学院估算，在1958到1962年，我国农村开展合作医疗的比重已经从10%上

---

[1] 毛铖：《我国农村治理变革与农村服务体系变迁》，《求实》2017年第8期。
[2] 杨振杰、刘笑笑：《中华人民共和国农村公共服务供给70年：回顾与展望》，《湖北民族学院学报》（哲学社会科学版）2019年第3期。

升到46%。① 在这一时期，人民公社还负责为社员提供社会优抚、灾荒救济、知识青年安置等各方面服务。如表5-2所示，是人民公社时期乡村公共服务筹资方式，农田水利、基础教育、医疗卫生等基本公共服务所需资金来源，主要来源于农村集体经济支持的形式。

表5-2　　　人民公社时期乡村主要公共服务和产品的筹资渠道

公共服务和产品类型	资金来源
1. 小型农田水利工程	凡是社队有能力全部承担的，应自筹解决；对困难社队，国家给予必要补助
2. 所有水利工程	在国家财政大力支持下，地方及社队积极自筹
3. 教育部门举办的农村中小学	国家预算支出为主，社区集体支出一部分，个人需承担少部分
4. 农村社队集体办学	集体负担为主，国家财政给予一定支持，剩下少量学杂费由个人负担
5. 公社卫生院	实行"社办公助"模式，从社队劳动积累资金中支出
6. 农村"合作医疗"	由社区集体负责基本医疗费用，同时国家对基层卫生人员培训项目进行补助
7. 大队卫生所	几乎完全依靠集体经济力量
8. 公社范围内农业事业单位	国家财政预算和公社集体资金共同作用
9. 公社文化和广播事业	公社集体支出为主，国家适当补助

资料来源：根据林万龙《中国农村社区公共产品供给制度变迁研究》，中国财政经济出版社2003年版，第53页。

总体来看，这一时期乡村基础设施有了很大改善，基础教育越来越普及，同时，合作医疗制度的推行使农民健康水平不断提高。在高度集权和计划经济体制下，乡村管理服务涉及经济、政治、文化等多方面，体现了强制性、计划性与单向性特点。到20世纪70年代末，人民公社管理服务体制的弊端日益明显，公社体制最终走向终结。安徽省凤阳县小岗村18位农民率先"分田单干"，打破了计划经济的平均主义模式，自

---

① 《农村医改》，http://www.360doc.com/content/14/1106/10/19500449_423010718.shtml，2022年7月29日。

此家庭联产承包责任制在农村拉开序幕。随着经济体制的转变，国家与乡村社会关系也由单向性转向双向性、互动性。发端于广西合寨村的村民自治探索开了我国"乡政村治"的先河。所谓"乡政"，是指在乡镇一级，国家设置了最低一级政权组织，在政治上管辖广大农村社会；而"村治"则是指村民自治，其核心力量是村民委员会这一自治组织。[①] 作为群众性自组织，村民委员会具体负责村庄农田水利设施建设、宣传国家法律法规、维持乡村社会治安、调解村民矛盾纠纷等各项事务，保障村民开展形式多样的自治活动。同时，国家进一步明确了村民委员会的性质、建设、试行等细则，并在全国农村地区实施村民自治制度，我国乡村治理全面进入了"乡政村治"时期。乡村管理服务体系是顺应这个治理模式政府公共管理服务与村庄自我管理服务相结合的产物。

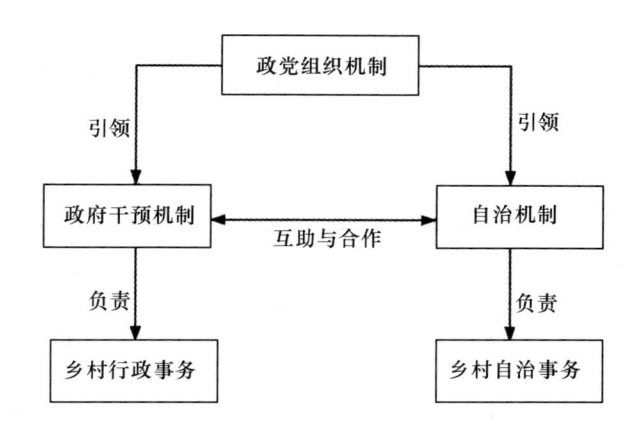

图 5-1 "乡政村治"时期的乡村管理服务机制

20世纪80年代中期开始，随着乡镇行政管理体制改革的深入，政府对通过集资摊派、"三提五统"筹资方式供给农村教育、医疗、养老的公共服务方式进行了改革。具体来说，教育方面，国家确立了"地方负责、

[①] 戴利朝：《20世纪以来农村基层社会管理体制的演变历程》，《云南民族大学学报》（哲学社会科学版）2017年第6期。

分级管理"的乡教育管理体制，形成以政府办学为主体，社会多元力量共同参与的办学机制，在乡村全面普及义务教育。医疗卫生方面，通过推进事业单位承包责任制、调整卫生收费标准等方式整合医疗卫生资源，分担医疗资金压力，扩大医疗服务项目，形成了多元化的乡村医疗卫生服务供给体系。农村养老服务在这一时期延续了之前的供给格局，继续依附于五保供养而向鳏寡老人提供，并停留在解决温饱和维持基本生存的层面上，属于农村集体福利事业。[①] 基础设施建设方面，农田水利、道路等公共基础设施多采用集资、摊派等方式筹措资金，由基层政府和集体组织共同解决。总体上讲，20世纪八九十年代的公共服务体系改革，实现了从单一供给主体到多元供给主体的转变、从国家免费供给到居民付费享受的转变，公共服务的供给效率与服务质量大大提高，从根本上改变了计划经济时期公共服务供给的总体短缺状态。[②] 不过，乡村管理服务涵盖范围较小与供给不均衡，农民多层次、多样化、多方面的服务需求无法及时得到满足，城乡公共管理与服务水平仍然存在差距。

进入21世纪以来，农村税费改革重塑了基层治理的形态，由"单中心治理"模式逐步走向党领导下的"多元共治"模式。[③] 2006年国家全面取消农业税，并实施了新农村建设和乡镇改革，逐渐加大对农业农村建设的投入力度。为进一步推进新农村建设，强化农村管理与服务能力，党的十六届六中全会提出，"推进农村社区建设"，把"全面开展城市社区建设，积极推进农村社区建设，健全新型社区管理和服务体制"作为重大任务。而后建立了251个社区建设实验区，农村社区建设的试点工作全面开启。一直以来国家高度重视农村社区建设，将其作为公共服务下乡、强化乡村管理与服务能力的重要举措。2010年，"十二五"规划纲要

---

① 黄俊辉：《农村养老服务供给变迁：70年回顾与展望》，《中国农业大学学报》（社会科学版）2019年第5期。

② 郁建兴：《中国的公共服务体系：发展历程、社会政策与体制机制》，《学术月刊》2011年第3期。

③ 王晓莉：《中国百年乡村建设的历史沿革与有效性初探》，《行政管理改革》2021年第4期。

强调：加快社会主义新农村建设，增强农村社区的公共管理与服务功能，完善城乡社会资源的优化配置，实现农村社区建设的全覆盖。伴随着农村社区建设的全面推进，乡村管理与服务模式也随之发生变化，"一门式办理""一站式服务"模式兴起，探索既能为农民实现养老、医疗、教育等公共职能领域的社会保障，又能根据实际需求为老年人、儿童以及残疾人提供差异性、针对性服务，实现农村社区医疗、养老、教育的全覆盖，努力为广大农民提供更多更优的公共产品和服务。与此同时，随着市场经济发展，各类经济组织、社会组织、群团组织以及村民个人等积极参与乡村治理，大大提高了农村社区管理服务效率。截至2014年，全国共建成，农村社区综合服务中心7310个，农村社区便民服务站54513个（见表5-3），此外，还建有农村社区卫生服务中心（站）、农村社区文化中心（室）等服务设施。

表5-3　　　2012—2014年全国农村社区公共服务基础设施数量　　　单位：个

年份	社区公共服务设施总和	社区综合服务中心	社区便民服务站
2012	25689	3098	22591
2013	49996	5550	44446
2014	61823	7310	54513

数据来源：根据民政部《2012年二季度各省社会服务业统计季报》《2013年一季度各省社会服务业统计季报》《2014年四季度各省社会服务业统计季报》等多个报告。

不难看出，新中国成立70多年来，在中国共产党有力领导下，乡村管理服务体系经历了多个发展阶段，在满足人民群众日益增长的物质文化需求方面发挥了重要作用。伴随着现代化的深入推进，党的十八届三中全会首次提出国家治理体系和治理能力现代化，强调要全面深化改革，实现伟大复兴的中国梦。党的十九大报告明确指出"中国特色社会主义社会进入新时代"，强调重视农业农村农民的发展问题，并作出实施乡村振兴战略的重大部署。同时，还详细阐明"产业兴旺、生态宜居、乡风文明、治理有效、生活富裕"的目标任务。新时代，社会主要矛盾发生重大转变,经济也从高速增长阶段转向高质量发展阶段。乡村管理服务进入新发展阶段,深入推进城乡基本公共服务均等化,促进农业高质高效发展、乡村宜居宜业、农民富裕富足,是新时代乡村管理服务体系创新的新任务。

第二节 乡村振兴战略中的管理服务体系面临的挑战及新发展要求

经过几十年发展,我国乡村管理服务体系不断创新与发展,随着乡村振兴战略的深入实施与推进,在新时期乡村管理服务体系发展也面临诸多挑战。与此同时,乡村全面振兴战略的实施也对乡村管理服务体系创新提出了新要求。

一 乡村振兴战略中乡村管理服务体系存在的现实问题

我国全面迈入乡村振兴新时代,客观上要求乡村管理服务的创新与发展。经过不懈努力,农村管理服务体系建设取得了较大进步,但是在深入推进乡村全面振兴中仍然存在诸多不完善之处,在满足人民群众对美好生活向往实现方面还有差距。

第一,管理服务主体缺乏高效联动与融通。随着乡村振兴各项工作的全面推进,管理与服务内容越来越多元,要求越来越高。乡村建设需要协同发挥不同主体的乡村建设优势,如乡贤的乡土动员能力、政府的政策支持、社会组织的资源动员与丰富经验、企业对接市场的能力等,推动乡村建设进程中的多元主体协作机制,通过多主体功能整合,实现乡村建设资源最优化配置。[①] 乡村管理服务实践中存在多元主体自身能力有限、融入程度不够、积极性不高等问题,难以有效支撑乡村全面振兴发展。新时代乡村建设面临任务更多,在层层压力之下,在"办事留痕"原则下,基层政府干部忙于开会、造表、填资料、拍照、"走访"应对上

---

① 吴惠芳、陈健、王惠、罗钦涛、魏浩:《多元主体参与乡村建设实践路径与效能的比较研究》,《中国农业大学学报》(社会科学版)2022年第1期。

级检查等时间多，真正用于服务群众的时间少。① 基层政府穷于应付上级各项下派任务，减负效果并不明显，服务乡村力不从心。社会组织服务供给能力也不成熟，规模还较小、内部治理结构不合理、优秀人才少、人才流失率高、管理理念和方式相对落后、资金来源结构也不合理。② 作为重要的参与主体，村民参与意识不强，能力欠缺。根据2019年人口变动情况抽样调查，我国农村居民初中文化程度者占41.5%，有小学、高中和大专及以上文化程度的农民分别占34.6%、11.3%和4.7%，还有7.9%的农民未上过学。③ 农村老龄化和"空心化"问题依然明显，大部分农民仍然存在"等""靠""要"思想，无法与其他参与主体进行协同配合。

第二，管理服务财政缺口仍然较大。乡村公共服务涉及内容较多，覆盖面较广，需要大量资金投入。中央财政衔接推进乡村振兴补助资金在达到千亿元规模的基础上持续增加，2022年衔接资金规模已经达到1650亿元，同口径较2021年增加84.76亿元，增长5.4%，然而，2017年至2021年，我国财政收入年均增长率为4%，显著低于2013年至2017年平均增长率7.5%的水平。同期，国家财政农林水事务支出占财政总支出的比例由9.3%上升至9.7%。④ 长期来看，财政收入增速下降导致财政优先支持乡村振兴战略的压力增大，高质量推进乡村振兴的财政支撑也面临诸多困难。涉农经营主体融资难问题长期存在。虽然"两权"（农村承包土地经营权和农民住房财产权）抵押融资机制的引入成为缓解农民信贷约束问题的一个重要路径。但是，除少数实力雄厚的龙头企业外，新型农业经营主体普遍遇到"贷款难"的问题，尤其是小微经营主体的

---

① 杜智民、康芳：《乡村多元主体协同共治的路径构建》，《西北农林科技大学学报》（社会科学版）2021年第4期。

② 陈岳堂、李青清：《基层治理制度变迁逻辑与公共服务供给侧改革协作路径》，《中国行政管理》2019年第4期。

③ 白描、苑鹏：《现代化进程中我国农民全面发展的制约因素与推进路径》，《改革》2021年第12期。

④ 《高质量推进乡村振兴的机遇与挑战》，http://stock.10jqka.com.cn/20220704/c640215026.shtml，2022年7月29日。

融资难度更大。① 即使国家每年给予农业农村巨大资金支持,但基础设施建设对资金需求较大,逐渐稀释了对非基础设施建设项目的投入。经济增长的考核目标加上自主决定的支出结构,必然使得地方政府的指出结构偏向于生产性公共品,而没有动力保障或提高对非生产性公共品等基本公共服务的投入和支出水平。② 因此,虽然各级政府对"三农"领域投入不断增加,但财政缺口较大的情况依然存在。在乡村公共服务建设中,基础设施建设以及其他软硬件建设都需要财政资金的大力投入,而产业振兴、人才振兴等服务领域的资金需求也较大,这些都对财政资金提出了较高要求。

  第三,管理服务专业化、精细化水平不高。经过几十年探索,乡村管理服务专业化、精细化建设虽然取得了一定成效,但仍然存在创新性不强、动力不足等问题。习近平总书记强调指出:"产业振兴是乡村振兴的重中之重,要坚持精准发力,立足特色资源,关注市场需求,发展优势产业,促进一二三产业融合发展,更多更好惠及农村农民。"在产业标准化建设服务过程中,个别地区对当地特色产业结构的方向和重点把握不够,不注重地方特色,照搬照抄导致水土不服。特别是存在"千村一面"的规划现象,不能很好地针对各地独具特色的自然资源、区位条件与人文环境进行规划,导致规划的可操作性不强,缺乏生命力而难以发挥应有的调控作用。③ 在推动产业发展中,农业产业化服务不到位。2017—2018年批准创建的62个国家现代农业产业园中,涉及粮食、棉花、油料、糖料等重要农产品的仅有17个,以粮食为单一主导产业的仅有2个,且集中在黑龙江省,非粮化倾向比较严重。部分产业园在产业选择上,地域特色不够鲜明,同质化现象比较严重,没有凸显当地优势

---

  ① 韩慧、吉富星:《财政金融协同支农的多元挑战与规范创新》,《地方财政研究》2022年第5期。
  ② 魏福成:《基本公共服务最优供给规模、供给不足及原因分析》,《华中师范大学学报》(人文社会科学版)2020年第3期。
  ③ 陈美球等:《乡村振兴背景下农村产业用地政策选择——基于"乡村振兴与农村产业用地政策创新研讨会"的思考》,《中国土地科学》2018年第7期。

农业资源。①部分基层干部缺乏大局意识和干事创业精神，主动创新性不够。大部分乡村地区面临经济发展困境，缺乏对优秀人才的引育机制，难以吸引具有专业知识、专业化技术以及具备较丰富的乡村振兴经验的高水平人才队伍。精细化管理存在形式化现象，制度精细化对基层干部而言更多变成了一种"作业压力"。过于注重形式导致只注重表面功夫，乡村管理精细化的实质内涵变味。村庄结构既包括人地关系、种植结构、经济状况，又包括血缘地缘形塑的社群，村民交往要遵循村庄规范。②另外，部分基层干部开展工作脱离乡村实际，缺乏因地制宜、接地气的工作方法。

第四，管理服务数字化技术赋能不强。《关于做好2022年全面推进乡村振兴重点工作的意见》明确指出，要大力推进数字乡村建设，加强农民数字素养与技能培训，以数字技术赋能乡村公共事务，加快推动数字乡村标准化建设等。在数字化技术赋能乡村管理服务过程中，比较明显的是农村数字化基础设施薄弱，农民群众数字化素养不高，乡村缺乏数字化技术专业人才。农村数字化基础设施的开发与利用程度较低，城乡之间的互联网普及率仍然存在较大差距。第49次《中国互联网络发展状况统计报告》显示，截至2021年12月，城镇地区互联网普及率为79.5%，而农村地区互联网普及率为57.6%，城乡之间仍存在较大数字鸿沟。受传统生产生活方式影响，农民信息意识呈现一定的封闭性，既难以满足应用信息技术的基础条件，又缺乏应用数字技术手段推进农业农村发展的主观能动性和积极性，致使农业农村数字化进程缓慢。③不少农民群众由于年龄较大、文化水平有限，缺乏学习和使用数字化、信息化水平的技能，"数字农民"比重较低。截至2021年12月，中国整体的网民规模为10.32亿，而农村网民规模为2.84亿，相对偏低。在传统思维

---

① 肖琴、罗其友：《国家现代农业产业园建设现状、问题与对策》，《中国农业资源与区划》2019年第11期。

② 刘锐：《事务结构、条块互动与基层治理——农村网格化管理审视》，《贵州社会科学》2020年第4期。

③ 秦秋霞、郭红东、曾亿武：《乡村振兴中的数字赋能及实现途径》，《江苏大学学报》（社会科学版）2021年第5期。

模式下，数字化技术在实践中应用接受率低，广大农民群众学习现代化农业技术的主动性不高，应用数字技术水平十分有限，有文化、懂技术、会管理的新型农民数量较少。另外，与城市相比，乡村对外部人才吸引力不足，高素质、专业化、数字化的复合型人才到乡村工作的意愿较低。

表 5-4　　　　　中国数字乡村发展水平综合评价得分

区域	2011 年	2012 年	2013 年	2014 年	2015 年	2016 年	2017 年	2018 年	2019 年	综合排名
北京	0.1071	0.1140	0.1284	0.1236	0.1264	0.1346	0.1565	0.1570	0.1794	11
天津	0.0336	0.0431	0.0557	0.0608	0.0695	0.0884	0.0914	0.0864	0.4500	19
河北	0.1251	0.1201	0.1323	0.1566	0.1894	0.1784	0.2027	0.2244	0.5188	3
山西	0.0897	0.1087	0.1137	0.1252	0.1402	0.1487	0.1362	0.1329	0.5664	8
内蒙古	0.0763	0.0785	0.0834	0.0933	0.1005	0.1079	0.1180	0.1134	0.1184	22
辽宁	0.0940	0.1091	0.1159	0.1035	0.1127	0.1196	0.1222	0.1220	0.1252	18
吉林	0.0788	0.0930	0.0833	0.0888	0.1030	0.1115	0.1173	0.1176	0.1083	21
黑龙江	0.1032	0.1143	0.1029	0.1283	0.1212	0.1276	0.1345	0.1332	0.1504	16
上海	0.0505	0.0563	0.0743	0.0991	0.1012	0.1130	0.1175	0.1218	0.1333	23
江苏	0.1734	0.1994	0.1674	0.1790	0.2031	0.2221	0.2463	0.2618	0.2882	2
浙江	0.1405	0.1592	0.1585	0.1686	0.1842	0.2052	0.2217	0.2694	0.3003	4
安徽	0.0867	0.1178	0.1117	0.1358	0.1222	0.1380	0.1387	0.1684	0.1883	12
福建	0.0827	0.1034	0.1120	0.1102	0.1220	0.1408	0.1556	0.2045	0.2018	10
江西	0.0662	0.0799	0.0793	0.0828	0.1013	0.1166	0.1351	0.1422	0.1449	20
山东	0.2131	0.2341	0.2534	0.1757	0.1976	0.2244	0.2499	0.2678	0.2727	1
河南	0.1183	0.1363	0.1565	0.1706	0.1887	0.1872	0.2041	0.2260	0.2774	7
湖北	0.0715	0.1093	0.1544	0.1363	0.1327	0.1724	0.1922	0.1945	0.1846	9
湖南	0.0898	0.1068	0.0941	0.1062	0.1209	0.1387	0.1561	0.1780	0.2000	14
广东	0.1278	0.1517	0.1705	0.1575	0.1743	0.1985	0.2321	0.2565	0.3002	5
广西	0.0921	0.0841	0.0972	0.1056	0.1198	0.1330	0.1446	0.1631	0.1808	15
海南	0.0166	0.0248	0.0302	0.0343	0.0417	0.0441	0.0521	0.0607	0.0622	30
重庆	0.0409	0.0448	0.0526	0.0634	0.0706	0.0798	0.0881	0.1057	0.1135	27
四川	0.1218	0.1429	0.1540	0.1741	0.1597	0.2020	0.2157	0.2546	0.2555	6
贵州	0.0607	0.0593	0.0446	0.0547	0.0669	0.0822	0.1005	0.1272	0.1350	26
云南	0.0621	0.0685	0.1024	0.1148	0.1046	0.1234	0.1431	0.1577	0.1691	17

续表

区域	2011年	2012年	2013年	2014年	2015年	2016年	2017年	2018年	2019年	综合排名
陕西	0.0857	0.1063	0.1164	0.1111	0.1192	0.1278	0.1565	0.1719	0.1970	13
甘肃	0.0496	0.0583	0.0627	0.0722	0.0845	0.0951	0.0964	0.1079	0.1209	25
青海	0.0234	0.0277	0.0387	0.0374	0.0443	0.0528	0.0554	0.0577	0.0627	29
宁夏	0.0333	0.0412	0.0492	0.0517	0.0464	0.0617	0.0715	0.0827	0.0684	28
新疆	0.0828	0.1026	0.0681	0.0736	0.0824	0.0915	0.0970	0.0950	0.1019	24
全国均值	0.0866	0.0999	0.1055	0.1098	0.1184	0.1322	0.1451	0.1588	0.2059	—

资料来源：根据朱红根、陈晖《中国数字乡村发展的水平测度、时空演变及推进路径》，《农业经济问题》2022年第3期。

第五，社会化管理服务机制不健全。党的十九届四中全会指出，"完善党委领导、政府负责、民主协商、社会协同、公众参与、法治保障、科技支撑的社会治理体系"。提升乡村管理服务水平，需要社会力量的积极参与。在良好发展机遇下近年来我国农业社会化服务组织不断壮大，2020年全国有89万家各类社会化服务组织，其中从事托管、半托管组织达到44万家。不过，从当前来看社会化农业服务具有显著的地域性特征，社会力量很难打破地域界限参与当地的市场竞争，社会化服务水平仍然不高。社会服务组织各个部门分隔运转，相关数据难以共享，面临信息不对称、数据量和供给性不足等问题，带来"信息孤岛"困境，难以为农民群众提供更加真实、准确的农业信息，严重挫伤了农民群众的参与积极性。社会化农业服务体系融资渠道需要进一步完善。我国当前多数地区农业生产仍以分散小农生产为主，农业生产规模化程度低，金融机构营利性目的较强，涉农信贷业务积极性不高，不利于现代农业发展。尽管金融机构本外币涉农贷款和农村贷款的余额总体上逐年增长，但是，在总量增长的背后，涉农贷款和农村贷款占金融机构贷款余额的比重分别从2013年的27.26%和22.56%下降到了2019年的22.55%和18.68%；而且两者的同比增长率分别从2011年的24.04%和23.98%下降到了2018年的5.59%和6.14%，虽然之后明显回升，但增速均低于同年度总贷款余额的增速。① 除金融机构对涉农项目财政资金支持力度不够外，农业生产者对于农业保险的认可度不高，农业保险市场化程度较低。同时，部分农业保险产品审批门槛较高，审核较为严格，农户个人申请很难得到批准。② 乡村社会化服务组织部门之间存在分工不明确、定位不清晰、布局不合理等现象，社会化服务组织很难与农民形成利益共同体，不能形成服务的有效合力。另外，由于缺乏有效的监督约束与问责机制，一些社会化服务组织在经营过程中违法乱纪，给农民群众带来经济损失，不利于农业社会化服务体系的健康运行。

二 乡村振兴战略对乡村管理服务体系提出的新要求

乡村振兴，治理有效是基础。新时代，习近平总书记特别重视基层社会管理服务，多次强调管理服务对乡村社会的重要性。在全面实施乡村振兴战略中，乡村治理水平不断提升，公共服务日益优质均衡，人民生活水平大大提高。但是我们也应该看到，在新时代人民群众对美好生活的需要不断提高，城乡之间的基本公共服务仍然存在差距。党的二十大报告指出，"着力解决好人民群众急难愁盼问题，健全基本公共服务体系，提高公共服务水平，增强均衡性和可及性，扎实推进共同富裕"。在新时代，全面推进乡村振兴对乡村管理服务体系提出更多新要求。

第一，乡村振兴客观上要求强化多元服务主体参与。党的十九届四中全会提出了"建设人人有责、人人尽责、人人享有的社会治理共同体"的目标。当前，我国乡村治理已经进入一个新的历史时期，基层政府、社会、居民个体等都在乡村治理中发挥着不可替代的作用。在此背景下，国家十分强调多元主体协同合作，提倡构建包容多元主体共同参与的管理服务体系，打造共建共治共享的新格局。进入新时代，我国社会主要矛盾已经发生转变，农民需求更加多样，不仅有物质生活方面的需求，对休闲娱乐、社会保障、养老服务、文化教育等需求也提出了新要求，

---

① 王小华、杨玉琪、程露：《新发展阶段农村金融服务乡村振兴战略：问题与解决方案》，《西南大学学报》（社会科学版）2021 年第 6 期。

② 徐淑红：《乡村振兴背景下完善农业社会化金融服务的路径选择》，《农业经济》2022 年第 5 期。

仅仅依靠政府无法从根本上满足农民多元化与多层次需求，多元主体参与有助于丰富乡村振兴需要的社会资源，在更广更深程度上保障农民利益。数字乡村建设是一个多元主体共同参与、协同推进的发展过程，要促成多元主体的广泛参与，明确各主体的角色定位和职责，充分激发各主体的积极性和创造力，形成多元主体协同共进的局面。① 在新时代，可以依托数字平台系统推进数据互联互惠，利用数字技术将多元主体汇聚在同一治理空间，规避传统乡村治理的"孤岛效应"，充分发挥各自优势，打造以数字技术助推乡村振兴的新增长极，努力开启乡村数字治理协同新模式，为管理服务创新提供有力支撑。

第二，乡村振兴客观上要求促进服务供需有效对接。习近平总书记指出，确保重要农产品特别是粮食供给，是实施乡村振兴战略的首要任务。保障粮食等重要农产品的供给，提升农业竞争力，端牢中国人的饭碗，需要强化农业社会化服务体系建设。对于具有较高的贷款需求新型农业经营主体来说，无论是传统金融还是新兴互联网金融或内部合作金融，在金融信贷供给上仍有明显缺失。因此，需要强化新型农业经营主体融资供需信息对接和动态监测，鼓励涉农金融机构进一步完善基础性金融服务，继续增加"三农"领域信贷投放并加大对新型农业经营主体支持力度。2022年中央一号文件指出，要推动建立统一的农产品供需信息发布制度。现实中，农民群众缺少市场信息和政策信息的了解，农经信息与用户需求不匹配。根据乡村在各异的自然条件与振兴基础上实现振兴的不同科技需求，畅通涉农科技供需信息互通渠道，建设技术转化应用服务体系，强化以需求为导向的科技精准供给，通过技术跨代利用快速提升技术水平，是增强科技创新驱动乡村内生发展的必然选择，也是推动乡村振兴跨越式发展的现实路径。② 随着乡村信息化快速发展，数字技术不断向农业生产、农村发展和农民生活领域渗透，有效拓展了乡村产业振兴和农业农村现代化的发展空间和创新路径，为农业产业链延

---

① 曾亿武等：《中国数字乡村建设若干问题刍议》，《中国农村经济》2021年第4期。
② 柴国生：《科技精准供给驱动乡村振兴的时代必然与现实路径》，《科学管理研究》2021年第1期。

伸、农产品附加值提升，以及乡村生产生活现代化提供了新的技术支撑。这既是新时代推动乡村产业高质量发展的必然要求，也为乡村全面振兴注入了全新动力。要在充分把握我国现实经济发展基础上，积极利用互联网技术创新农业生产方式，立足特色资源发展优势产业，加大政策支持，促进一、二、三产业融合发展，推动乡村社会高质量发展，切实夯实乡村振兴经济基础。习近平总书记强调，要不断提高人民群众的获得感、幸福感、安全感。获得不仅仅是物质层面的获得，还包括精神层面的富足，要尊重供给对象的意愿和需求，因地制宜分类推进公共文化服务，满足农民差异化、个性化的文化需求，提升农民公共文化服务获得感。

第三，乡村振兴客观上要求改革管理服务机制。乡村振兴战略关系我国未来乡村发展质量和水平，关系全面建设社会主义现代化国家战略全局的历史性任务，是新时代全面做好"三农"工作的总抓手。随着互联网技术的快速发展，信息技术已经运用到乡村建设的各个方面，乡村管理逐步走向信息化、网格化，乡村管理服务体系建设开始由传统型向智慧型、现代型转变。《中共中央 国务院关于做好2022年全面推进乡村振兴重点工作的意见》提出要大力推进数字乡村建设，要加快推动数字乡村标准化建设，并且进一步提出要研究制定数字乡村发展的评价指标体系，要持续开展数字乡村试点，为乡村振兴战略的实施赋能。[1] 要以数据要素为切口，通过政府资金引导、社会资本广泛参与，激发对农业生产的赋能作用，畅通公共资源向乡村投入通道，为乡村振兴进行数智赋能。同时，需要科学构建乡村管理服务机制，以数字化技术赋能乡村振兴，创新管理服务体系，打造以责任细分建立起来的网络化治理体制。进一步压实各级政府责任，全面落实落细五级书记抓乡村振兴要求，助推构建责任清晰、各负其责、合力推进的乡村振兴责任体系，完善精细化基层治理，真正满足广大农民群众对美好生活的向往。

---

[1] 文丰安：《数字乡村建设：重要性、实践困境与治理路径》，《贵州社会科学》2022年第4期。

第三节　乡村振兴战略中的精细化乡村管理服务体系构成及基本特征

乡村振兴战略背景下，乡村经济发展模式有所转变，乡村社会治理结构不断变迁，治理任务更加复杂化，这些都对乡村管理服务体系规范化、专业化提出了更高要求，需要构建精细化乡村管理服务体系。新时代，伴随着物联网、人工智能、云计算等技术应用，精细化、数字化、高效化是乡村社会治理的未来发展趋势。具体来说，新时代的精细化乡村管理服务体系应包括网格化管理体系、智慧化公共服务体系、农业社会化服务体系等诸多方面内容，秉持多元主体协同共治理念，强化信息技术支撑，并始终贯彻以人民为中心的价值追求，为农业全面升级、农民全面进步、农村全面发展提供动力。

一　精细化乡村管理服务体系的构成内容

创新精细高效的乡村管理服务体系是时代发展的必然命题，需要"通过增强政府与社会主体的互动，借助于标准化、信息化技术，将复杂问题逐一分解至多个群体或机构，由多元管理机制联动多方力量解决问题，以社会参与提升地方治理和公共服务供给的灵敏度和细致化程度，突出了精细化社会治理的主体和'以服务促管理'的价值导向。"[①] 精细化乡村管理服务体系是实现精细化乡村治理的重要内容。

（一）网格化管理体系

在经济社会快速发展中，乡村社会结构、利益格局和农民群众思想观念都发生了深刻变化，广大农民群众生活方式变得更加多样化、现代化，利益诉求日益提升，这些都推动着乡村治理方式的创新与发展。在善治理念指导下，国家和基层社会治理创新设计具有强烈的问题意识和目标导向，网格化服务管理恰恰迎合了国家从管理到管理与服务并重的

---

① 郭占锋、李轶星、张森：《迈向精细化的乡村治理——以一个陇西移民村的治理实践为例》，《西北农林科技大学学报》（社会科学版）2021 年第 1 期。

方向转变，被顶层设计者和地方政府看作有效应对基层社会治理问题的政策工具，努力解决基层治理碎片化、社区治理内卷化等问题。[①] 构建以信息技术为支撑的网格化管理体系是新时代乡村社会治理创新的重要内容之一，亦是乡村振兴的重要内容。

  乡村网格化管理是指在乡镇管辖区域内，综合人口分布、自然环境、历史文化等方面因素，把辖区按照一定标准合理划分为若干管理网格，按照精细化管理理念开展相关管理工作。一般情况下，每个独立网格配备适当数量且具备专业素养和技能的网格员，协助上级政府和村庄开展信息采集、矛盾纠纷化解、政策宣讲、民意收集、管理服务等工作。同时，充分借助网络信息技术把独立的网格连接起来，实现信息共享、人财物等资源有效整合。党领治理是网格化管理的重要基础，充分发挥共产党员先锋模范作用，将基层党组织和党员纳入"网格化"管理中，筑牢基层战斗堡垒，为引领推动现代社会治理网格化工作奠定坚实基础。高素质的网格员队伍是保证，"每个管理区都配备网格员轮班巡查，对区内所辖公共设施、环境卫生、治安状况等进行全时段监控，一旦发现问题，立即通报指挥中心，指挥中心核实后再发往相关职能部门并限时解决，从而实现城乡社区管理的主动化、动态化和精细化"[②]。新时代，推进县级网格化管理中心、县级相关职能部门和乡镇、村庄（社区）可利用信息平台整合乡村资源，实现数据共享协同管理，在网格内利用现代网络技术、手机 APP、微信平台等，结合数字化政府、智慧社区建设提升网格化管理的信息化水平，增强网格化管理的服务品质，加速网格化管理的精细化、科学化、制度化。

  网格化管理以服务群众为目标，以现代信息技术为依托，实现基层精准管理精准服务。作为城乡社区治理的重要手段——网格化管理，其基本功能本应定位于便于民众表达诉求，交流和沟通的重要平台，作为

[①] 伊庆山：《新时代我国农村社区网格化服务管理创新研究——基于 S 省网格化政策实践调查》，《兰州学刊》2020 年第 9 期。

[②] 王卓：《走好新时代群众路线 网格化社会治理模式的群众基础》，《人民论坛》2020 年第 20 期。

政府了解社情民意，知晓民众需求的一种途径和载体。[1] 不过，随着社会发展进步，网格化管理应用范围不断扩大，逐渐被赋予综治维稳等功能。通过运用网格化管理综合信息系统平台，实现对管理对象、管理过程和管理结果的数字化收集，能够更加直观了解对象需求，形成发现、处置、反馈的一体运行机制，使乡村管理工作变得更加科学、快捷、精准与高效，更好搭建起群众和政府之间的沟通桥梁。另外，网格化管理体系也有助于增强农民群众主体意识，激发农民群众参与乡村治理热情，形成有活力的乡村治理秩序。

（二）智慧化公共服务体系

高质量公共服务既是推动我国经济高质量发展的强大动能，更是扎实推进共同富裕的重要保障。中国特色社会主义进入新时代，"美好生活需要"反映出人民群众对高质量公共服务的新期待，对幼有所育、学有所教、劳有所得、病有所医、老有所养、住有所居、弱有所扶等七大基本公共服务的美好期盼。当前，世界正进入以信息产业为主导的经济快速发展时期，大数据、云计算、物联网和人工智能等数字技术迅猛发展与广泛应用，使网络经济、信息经济、空间经济为代表的智慧产业蓬勃发展。党的十九届五中全会明确提出："加强数字社会、数字政府建设，提升公共服务、社会治理等数字化智能化水平"。2022年中共中央办公厅、国务院办公厅印发的《关于推进实施国家文化数字化战略的意见》明确指出，到"十四五"时期末，基本建成文化数字化基础设施和服务平台，形成线上线下融合互动、立体覆盖的文化服务供给体系。随着电信网络的不断发展和ICT技术不断进步，以及城镇化进程不断推进，农民对信息化的需求不再满足于原来的基本语音通信、上网方式，而是逐步转向对移动互联网和通信信息产品服务的需求。因此，在推进乡村振兴进程中，需要充分把握数字化、网络化、智能化融合发展契机，利用信息技术提升公共文化数字化建设水平，打造能够满足人民群众多层次需求并适应数字乡村发展要求的智慧化公共服务体系。

---

[1] 杨宗辉、田野：《网格化管理的再思考》，《暨南学报》（哲学社会科学版）2017年第12期。

智慧化乡村公共服务体系建立在数字化基础之上，将智能技术融入乡村日常公共管理服务中，采用智能化管理和运营方式，提高教育、医疗、卫生等公共服务的效率和水平，为群众提供高效、便捷、安全的公共服务，以信息化、智慧化的方式助力乡村振兴。智慧化公共服务体系包括智慧化教育、智慧化公共医疗、智慧化公共文化服务、智慧化养老服务等方面。从教育技术学视角来看，教育智慧化是教育信息化发展的新阶段，教育智慧化的过程是教育理念、媒体、技术、资源、手段和方法的智慧化。[①] 智慧化乡村教育体系始终以智慧教育为抓手，全面推动教育数字化转型，通过人工智能、大数据、云计算等新技术，推动教育全链条创新融合发展。以信息技术赋能，搭建乡村教育综合信息网络平台，完善地区教育网和校园网，实现数字化课件、教学资源库、虚拟图书馆等数据资源共享，从而"构建起德智体美劳全面培养的新型教育体系，带动教育、教学、治理、服务全方位变革"[②]。智慧医疗是现代信息科学技术在医疗领域的深度运用。智慧医疗涉及医学、人工智能、计算机及通信等技术，是一门交叉学科，其研究领域涵盖电子病历、医疗健康大数据分析与挖掘、医疗自然语言处理、智能医学影像分析、智能问答系统、智能辅助诊断、远程医疗、远程会诊、智慧医院、个人隐私保护等方向。[③] 借助物联网、大数据、无线网络等信息技术，通过当地健康卫生服务的线上平台，将医疗资源进行优化整合，使农民群众能远程诊疗、远程体检，远程进行个人健康指导以及医疗咨询，实现信息共享，从而保证患者不受时间、空间限制便可以享受到高质量的医疗资源，进一步推动医疗智慧化。智慧化公共文化服务体系，"其实质是文化服务载体、文化服务方式、公众文化生活方式的数字化智慧化，使人民群众能够随

[①] 王运武、彭梓涵、张尧、王宇茹：《智慧教育的多维透视——兼论智慧教育的未来发展》，《现代教育技术》2020年第2期。

[②] 高晓影：《区域智慧教育新生态发展研究——以湖南长沙智慧教育示范区为例》，《中小学电教》2022年第3期。

[③] 班晓娟：《"健康中国"行动下的智慧医疗》，《工程科学学报》2021年第9期。

时随地、无障碍、无差别（待遇无差别）地获得其所需的文化服务"①。它能够便捷广大农民群众获取文化信息资源、进行数字图书阅读等。基于"互联网＋"的智慧化养老服务体系融合了传统的家庭养老和社区养老以及机构养老等方式，广泛应用各种新兴的互联网＋工具以及互联网＋设备为老年人提供便捷管理与便捷服务。

数字乡村公共服务体系是传统农村公共服务模式在新时代乡村振兴过程中的升级版，建基于电子政务向数字政府嬗变、农民现代信息技能提升而内生的农业农村现代化全面转型。② 在乡村振兴战略背景下，网络信息技术在乡村社会发展中得到了广泛应用，加快了"互联网＋公共服务"模式的延伸，有助于发挥整合优化乡村资源、掌握分析农民信息、感知社会舆情动态等重要功能，保障农民共享数字福利，激发农民参与主动性与积极性，全面提升乡村数字化、智慧化与科学化水平，推进乡村治理体系和治理能力现代化发展。乡村振兴的落脚点最终是改善农村居民生活质量，而智慧化公共服务可以通过综合性数字平台的信息发布与办理指南等，缩短办事流程、提高办事效率，节省广大农民的时间、精力，提升"一站式、个性化"的服务效能。通过智慧化公共服务平台建设，能够有效整合数据要素，破解信息不对称难题，促进政府各个部门之间的交流与对接。另外，智慧化公共服务也有助于促进服务主体利用大数据分析群众需求，使政策制定和实施更具针对性和科学性，缩小城乡之间公共服务差距，使供需达到平衡，促进城乡基本公共服务均等化、高效化和智能化，实现供需衔接与服务效能的最大化，推动乡村善治目标实现。

（三）农业社会化服务体系

产业振兴是乡村振兴的重中之重，《中共中央、国务院关于做好2022年全面推进乡村振兴重点工作的意见》中提到，要聚焦产业促进乡村发展，持续推进农村一、二、三产业融合发展。健全农业社会化服务体系，

---

① 徐望：《公共数字文化建设要求下的智慧文化服务体系建设研究》，《电子政务》2018年第3期。

② 方堃、李帆、金铭：《基于整体性治理的数字乡村公共服务体系研究》，《电子政务》2019年第11期。

推进农业农村现代化,才能更好为乡村振兴"赋能",实现乡村产业振兴。2017 年,中央设立了以支持生产托管为主的农业生产社会化服务财政专项。2020 年项目资金增长到 45 亿元,实施省份达 29 个,示范带动全国农业生产托管面积超过 15 亿亩次,其中,河北、山西、安徽、山东、河南的生产托管面积分别超 1 亿亩次以上,内蒙古、吉林、湖北、湖南等省生产托管面积分别达 5000 万亩次以上。[①] 新时代,我国农业社会化服务面临供给主体单一、资金短缺、人力资源不足等问题,阻碍农业现代化发展,影响乡村振兴进程。实践表明,农户家庭经营加上完备的社会化服务更符合我国国情农情,更适合我国现代农业特别是粮食等大宗农产品生产。

  农业社会化服务体系是社会发展到一定阶段的产物,是指为农业生产和发展的各个环节提供科技服务的各类组织和个人及其服务内容所构成的网络与组织系统。农业社会化服务体系提供的服务主要包括:优化调整农业产业结构,提高农业的市场化、组织化程度,提高农民的现代技术运用水平以及提高农民的政策信息获取能力四个方面。农业社会化服务体系由各种为农业发展提供服务的主体组成,承担不同的服务任务。政府和公共服务机构作为农业社会化服务体系的供给者,从总体上对农业产业发展进行了重大部署,详细制定了农业产业的未来目标和发展规划,同时还要规范各农业主体的行为,增强主体间的协同合作,在农业社会化服务体系中起着不可或缺的管控和引导作用。市场化龙头企业在社会化服务体系中发挥带动作用,通过对农产品进行精深加工,与农户之间结成各种利益联结机制,以服务来带动农户走向市场。农业专业组织和其他社会服务组织是农户和农户、龙头企业、政府以及市场之间的纽带,是促进农业增产增收以及农产品走向市场的关键所在,有利于优化农业产业结构,促进农业产业化大生产。新时代,农业产业的兴旺需要多种生产要素的优化配置。在市场经济条件下,这些流动着的生产要素需要一个组织化的承载主体,农民合作社组织因其组织化、市场化、

---

① 《农业现代化辉煌五年系列宣传之十四:社会化服务助推农业现代化》,http://www.ghs.moa.gov.cn/ghgl/202105/t20210527_6368581.htm,2022 年 8 月 3 日。

专业化、集约化等特质，成为农村产业发展之所需生产要素承载的重要主体，亦成为推动农业现代化的农村新型组织形态。[①] 科研教育单位是加快农业科技进步和实现农业增产、农民增收、农村发展的主要推动力量，与涉农部门合作广泛参与公益性农技推广服务工作，培养现代农技人才。培育多种形式的新型农业经营主体，推动新型农业经营主体高质量发展是农业农村优先发展、乡村全面振兴和农民增收致富的必由之路。

建立和完善现代农业社会化服务体系，能够不断提高农产品附加值，延长产业链条，优化产业结构，促进普通农户、家庭农场、农业合作社、农业企业、社会化服务组织等各类农业经营主体融合，使其在家庭经营基础上发展规模经营、集约经营，加快推进农业生产专业化、商品化和社会化，从而为农业又好又快发展奠定基础。随着数字经济的快速发展，农业社会化服务体系也从原来统一管理、统一标准的服务模式向多元化、定制化、个性化服务模式转变。[②] 农业社会化服务体系的完善可以有效激活其统一经营的功能，提高生产要素资源的配置效率，实现农业生产效率的高效提升，反过来又能促进城市服务业发展，全面推进乡村振兴，实现城乡融合发展。

二 精细化乡村管理服务体系的基本特征

新时代，伴随着乡村振兴战略的全面展开与互联网技术的不断革新，我国乡村经济社会结构持续优化，不断推动管理服务体系的优化与重建。在此背景下，乡村管理服务体系也逐步发生深刻变革，主体协作日益高效、涵盖内容更加全面、管理服务愈加专业，逐步向着精细化、正规化方向发展，彰显了乡村经济社会发展的新特征。新时代，精细化乡村管理服务体系也具备诸多新特征。

（一）多元主体协同共治

党的十九大报告强调要完善党委领导、政府负责、民主协商、社会

[①] 何燕：《乡村振兴背景下西北地区农民专业合作组织的治理创新实践》，《甘肃社会科学》2020年第1期。

[②] 管辉、雷娟利：《数据要素赋能农业现代化：机理、挑战与对策》，《中国流通经济》2022年第6期。

协同、公众参与、法治保障、科技支撑的社会治理体系，充分体现了党领导下多元主体参与、协同合作治理的理念，是实现乡村全面振兴的重要支撑。进入中国特色社会主义新时代，乡村经济体制、社会结构、生活方式、价值观念都发生急剧变化，农民职业分化程度提高，主体间的利益关系更加复杂，社会需求更加全面，乡村逐渐演化为经济多元化、利益多元化、文化多元化、阶层多元化、需求多元化的新型社会。一般而言，乡村社会需求越多元化、个性化，单中心治理结构越难满足农民的实际需求，也就越需多元主体协同治理。[1] 充分认识到政府、市场和社会力量发挥的不同作用，并采取一系列激励举措调动各主体参与主动性，坚持协同共治的发展理念，促使多元主体功能互补，对推进乡村全面振兴、实现国家现代化尤为重要。与传统治理结构相比，基层治理中的"三治"协同是多元主体协同，是"党委领导、政府负责、社会协同、公众参与"的社会治理格局，包括政府（和协调部门价值、利益和目标差异，带来的决策本位主义、相互推诿问题，治理中的"信息孤岛""搭便车"问题）、市场（公共服务供给效率、市场供给与制度供给）和社会（如何协调社会组织与自治组织关系，民众参与意识与参与能力关系，多元参与和社会自我调节关系）三者协同。[2] 其中，基层政府扮演协调者、分配者和监督者角色，村两委是联系基层政府与农民群众的纽带，通过党领治理、村民自治方式加强基层治理水平，提升公共服务效能。广大农民群众是乡村管理服务的直接享有者与利益相关者，能够凭借经济实力、道德品行和社会威望参与乡村治理，是维持乡村社会秩序、构建管理服务体系的必要基础。总的来说，新时代精细化乡村管理服务体系需要充分发挥政府、市场和社会等多元主体的协同作用，这既是适应时代发展要求重塑国家与社会关系的根本要求，也是深化农村综合改革、优化社会资源，满足农民群众全面发展的客观要求。

---

[1] 侣传振：《互联网时代农村协同治理模式、演进逻辑与路径选择》，《湖南农业大学学报》（社会科学版）2019 年第 6 期。

[2] 谢小芹：《乡村社区"三治协同"的理论逻辑与社区实践》，《学术探索》2021 年第 4 期。

（二）精细化全覆盖模式

党和国家高度重视社会治理，党的十八届五中全会提出"加强和创新社会治理，推进社会治理精细化，构建全民共建共享的社会治理格局"的总目标。新时代建立精细化管理服务体系是加快乡村社会发展步伐、促进基层治理现代化的有效路径。党的十九大、十九届四中全会进一步强调，要"坚持和完善共建共治共享的社会治理制度"，发挥多元主体协作实现乡村精细化管理服务的全覆盖。在一个利益大分化时代，民众的公共服务需求也相应地呈现出多元化特征，实现基本公共服务供给的精准化和精细化是基层社会治理现代化的必然要求。[1] 当今社会，需要在尊重文化多元化和观念差异基础上，提供针对性与个性化服务，尽可能满足生活在乡村的所有居民的社会需求。在基层公共服务精细化治理语境中，"精"必须落在对民众需求进行真实完整的信息收集、科学挖掘、高效传递和调适使用，必须对民众分级化、个性化和隐含性公共服务需求开展前瞻性谋划；"细"则是体现在转变传统基层公共服务"管理主义"供给模式，强调民众个体化信息采集、挖掘、分析系统与多元主体供给体系匹配融合的创新再造过程。[2] 新时代要在充分考虑空间布局、发展水平和文化底蕴基础上，将不同文化、不同职业、不同年龄的所有群体纳入网格化管理服务体系中，并借助综合服务平台，盘活、整合、优化各种资源，提供教育服务、文化服务、医疗服务、养老服务、体育服务等涉及生产生活的基础公共服务，保证服务对象精准覆盖全体人群，提高个性化、精准化管理服务水平，实现管理服务的全域覆盖、全员覆盖、全时段覆盖。在乡村振兴战略背景下，精细化管理服务体系既包括网格化、信息化管理为导向的多单元治理模式，也包括社会化、现代化为导向的多主体服务模式。在实践中，需要通过行政手段促使管理服务主体协同合作，实现国家治理重心与公共服务资源下沉，整合所有可以利用的各种资源延长治理链条，以"横向到边、纵向到底、全方位、无死角"

---

[1] 唐皇凤、吴昌杰：《构建网络化治理模式：新时代我国基本公共服务供给机制的优化路径》，《河南社会科学》2018年第9期。

[2] 何继新、郁琢、何海清：《基层公共服务精细化治理：行动指向、适宜条件与结构框架》，《上海行政学院学报》2019年第5期。

的管理服务机制提供全覆盖服务，提升管理的有效性与服务的针对性。新时代构建的精细化管理服务体系需要将管理服务深入各个空间、各个领域和覆盖所有居民，通过革新政府职能、整合重组公共资源的方式，拓宽民意反映渠道，提升服务治理能力，形成"组织全覆盖、管理精细化、服务全方位"的长效运行机制，真正实现乡村管理服务的精细化、全覆盖。

（三）现代信息技术支撑

党的十九届五中全会把"国家治理效能得到新提升"作为我国经济社会发展的重要目标，从社会主义民主法治更加健全、国家行政体系更加完善、社会治理特别是基层治理水平明显提高、防范化解重大风险体制机制不断健全等方面提出具体要求，同时还进一步指出要"推进数字乡村建设"，妥善运用现代信息技术，最大限度发挥支撑作用，推进乡村管理服务的现代化。数字乡村是新时代国家农业农村信息化发展的总体布局，是数字中国战略的重要组成部分，是新时代经济社会发展的重要战略目标。[1] 2021年中央一号文件也强调，要深入推进农村改革，提升基本公共服务水平，强化乡村社会治理智能化建设。在乡村振兴战略背景下，物联网、大数据以及云计算等新兴技术迅猛发展，打破了部门之间信息孤岛，优化配置社会资源，建立以信息技术为支撑的综合管理服务平台，将政府、市场、社会以及广大农村居民串联起来，推动不同主体之间、政府部门之间的有机衔接。现代信息技术具有资源整合、数据共享的重要功能，已经成为构建精细化管理服务体系、推动乡村全面振兴的核心驱动力。当今社会，5G、大数据、云计算等技术的应用促进了人工智能技术发展，无论是主体关系调整还是管理服务变革都应该顺应信息革命时代潮流，契合大数据技术的快速发展，以精准识别农民群众新需要、新诉求、新期待，让数字化更好赋能乡村管理服务。数字乡村建设通过运用互联网技术，构建便捷有效、开放共享、绿色协调的乡村治

---

[1] 王胜、余娜、付锐：《数字乡村建设：作用机理、现实挑战与实施策略》，《改革》2021年第4期。

理模式，推动乡村社会发展方式由粗放运营向统筹集约转变。① 乡村振兴战略实施进程中，通过利用网络信息平台，可以改变信息不对称、供需不匹配、发展不平衡等问题，基于不同居民的实际情况和特定需求提供针对性公共服务，扩大乡村管理服务资源的覆盖范围，强化乡村管理服务的精细化水平，加快构建精细化乡村管理服务体系。与此同时，依托数字技术的乡村电商日益崛起，增强居民与外界的沟通交流，激发广大农民群众的参与热情，促进农村产业链的转型升级，形成乡村全面振兴的新业态。新时代，现代信息技术作为治理乡村社会、提供公共服务的重要手段，能够推动实现供需有效对接，在提供精准化服务中增强主体参与能力，提升综合管理水平，为农民群众提供全覆盖、多层次、专业化的公共管理与服务，以信息技术引领乡村管理服务新发展，以数字赋能促进乡村治理实效再提升。

（四）以人民为中心的价值追求

新时代，习近平总书记高度关注民生福祉，多次强调要"打造共建共治共享的社会治理格局"，充分体现了以人民为中心的价值追求，是对进一步加强和创新社会治理提出的新要求，为新时代创新乡村管理服务指明了方向。中国共产党自成立以来一直都把维护人民利益作为根本出发点，积极践行"以人民为中心"的发展理念，这既是对马克思主义以人为本思想的坚持与创新，又是对儒家以仁爱为核心的实践民本思想的传承与发展。因此，新发展阶段乡村振兴要以民生为先为基本遵循，全面促进乡村民生事业发展。② 在乡村振兴战略推进中，乡村社会管理服务需要更加关注农民本身，创新、丰富并升华以人民为中心的实践内涵，将以人民为中心的价值理念与以乡村全面振兴为目标的追求相融合，使管理服务的民生内涵更加深刻。在党的有力领导下，新时代建构的乡村管理服务体系坚持以人民为中心的服务宗旨，围绕农民群众个性化、多样化需求进行公共管理、提供公共服务，通过各主体的通力配合、协同

---

① 沈费伟、叶温馨：《数字乡村建设：实现高质量乡村振兴的策略选择》，《南京农业大学学报》（社会科学版）2021年第5期。

② 吴业苗：《"民生为先"：乡村治理的基本遵循——兼论乡村振兴中的实践问题》，《社会科学战线》2022年第6期。

共治，整合乡村社会资源，共享乡村社会信息，实现乡村管理服务的智能化、精细化、标准化。乡村振兴的实践重构和再造了乡村互惠规范和公民参与网络的整体环境，使得民生在实践中涵纳以人民为中心与善治，并作为良好的制度伦理促进治理社会资本形成，促进了公共资源的有效供给，进而有效推动乡村振兴的治理的发展。[①] 乡村振兴背景下的各级政府坚持以人民为中心的服务宗旨，积极回应社会关切，激发农民参与管理服务的主动性和积极性，提升乡村管理服务水平，增强管理服务质量，使改革发展成果更多更公平惠及全体人民，将"以人民为中心"的理念落到实处。

第四节　乡村振兴战略中的精细化乡村管理服务体系的实现

党的十八届五中全会指出，"加强和创新社会治理，推进社会治理精细化，构建全民共建共享的社会治理格局"。自此，"精细化治理"成为优化社会治理模式、实现国家治理现代化的新思路。随着互联网技术的快速发展，乡村管理服务体系建设也迈入了新发展阶段。新时代，需要善于利用信息技术构建精细化乡村管理服务体系，以数字技术赋能乡村管理服务，提升乡村综合治理能力。

一　创新"数字化＋网格化"融合的乡村管理体系

网格化治理是基层社会治理的重要手段，在提升乡村治理能力和水平方面发挥着重要作用，在新时代也需要进一步结合时代发展要求进行不断创新与发展。在深入推进乡村振兴中创新乡村管理体系，应该树立"互联网＋网格化"双网融合的治理理念，强化数字技术支撑，形成多元主体联动的治理机制。

（一）"互联网＋网格"双网融合理念

当今社会，伴随着互联网技术的不断普及，区块链、云计算、人工

[①] 黎珍：《乡村振兴视角下乡村治理的内在逻辑分析》，《贵州社会科学》2021年第11期。

智能等数字技术广泛应用于乡村社会，推动乡村治理向数字化方向转型。农业农村部发布的数据显示，2020年全国县域政务服务在线办事率为66.4%，县级农业农村信息化管理服务机构覆盖率为78.0%，"雪亮工程"行政村覆盖率为77.0%。① 乡村振兴战略背景下，数字技术作为重塑生产关系、创新社会治理的新工具，给农业农村农民带来新活力，是实现乡村全面振兴的核心驱动力。党的二十大报告也着重强调"完善网格化管理、精细化服务、信息化支撑的基层治理平台"。"互联网+"时代，创新乡村治理需要革新理念，形成"互联网+网格"双网融合的理念思维。第一，创新治理理念，构筑"互联网+治理"融合思维。随着大数据时代到来，运用互联网技术提升乡村社会治理智能化水平是大势所趋。互联网背后的逻辑是信息化驱动，信息技术是革新乡村组织架构，优化乡村社会资源，实现治理现代化不可或缺的推动力。传统管控型治理更多的是在管控和维稳思维下发现问题与解决问题，行政化倾向更加明显，政府与公众之间的利益是离散的，诉求表达的方向也不一致，不利于分歧的化解与利益共融。故而传统的管控型网格化治理模式需要升级为积极的服务型网格化治理模式。② 应摒弃传统管控思维，以"治理就是服务"为引领，以为民利民惠民便民为导向，以创新地方基层治理为主线，充分借助信息技术将不同参与主体凝聚起来，构建网络化治理主体，推动多主体合作互动，真正构建起"共建、共治、共享"的新局面。第二，坚持"创新驱动、数据共享"发展理念，探索"互联网+"治理新格局。党的十九届四中全会明确提出要建立健全运用互联网、大数据、人工智能等技术手段进行行政管理的制度规则。大数据时代的数据共享需要从以"得"为核心的数据交换过渡到以"用"为核心的数据互用性能力建设。③ 这一过程需要坚持"创新驱动、数据共享"发展理念，牢牢抓住数

---

① 《让数字化更好促进乡村善治》，http://nrra.gov.cn/art/2022/5/13/art_382_195162.html，2022年8月12日。

② 祁文博：《网格化社会治理：理论逻辑、运行机制与风险规避》，《北京社会科学》2020年第1期。

③ 张楠、赵雪娇：《理解基于区块链的政府跨部门数据共享：从协作共识到智能合约》，《中国行政管理》2020年第1期。

据是基础战略性资源和重要生产要素这个牛鼻子,积极探索"互联网+"与"网格化管理"相结合的乡村治理新模式。在大数据时代,政府要从"政府信息化"迈向"信息化政府",依托信息采集输送体系实现网络信息在线更新以及实时传输,推动粗放型管理走向精细管理,提高民众的满意度和认同感。积极形成网络联动机制,通过加强部门间数据共享、联通推动各项工作有序开展,大力推进乡村治理由粗放到精确、由被动到主动转变,真正使信息技术在乡村治理中发挥支撑作用。第三,树立"数字化+网格化"相融合的精细管理理念,完善精细化基层治理。国家"十四五"规划指出,要"加强和创新社会治理","完善共建共治共享的社会治理制度",有效发挥数字技术的推动作用,建立科学化部署、网格化管理、精准化供给的基层治理机制。习近平总书记强调:"要用好现代信息技术,创新乡村治理方式,提高乡村善治水平。"提升乡村治理精细化水平,织密网格是基础,要做实做细网格化,落实主体责任,打造基层治理"一张网",形成以网格点为微治理单元的"网格化+数字化"治理模式,实现"互联网+"与"网格化管理"的双网融合。另外,延伸网格链条构建网格管理精准服务体系,在党建引领下全面扩大乡村工作服务网,在精细化治理理念指引下形成以村党支部为核心、网格党小组为基础、农村党员为主体的新型党组织体系,构建起"横向到边、纵向到底"的乡村党建服务工作新格局。利用好"互联网+"优势,大力推进"互联网+政务服务"向乡镇、村(社区)延伸覆盖,进一步拓宽网上办理与农民生产生活密切相关的行政审批、便民服务等事项空间,因地制宜实现线上自助式"零跑腿"服务,真正提升乡村管理服务便利化、共享化水平。

(二)以数字化技术为依托强化网格人才队伍建设

网格人才队伍是网格化治理的重要基础。网格化治理的成效离不开专业化人才队伍建设。在创新改革中应注重以数字化为依托强化网格人才队伍建设,真正发挥网格化治理效能。第一,充电赋能,建设专业化专职网格员队伍。网格员承担着了解民意、转达民情、解决民事等任务,是连接群众与政府的关键纽带,网格员队伍质量影响着乡村智治水平。随着时代发展进步,发挥网格化治理成效离不开一大批智慧型、优秀技术型及复合型人才队伍。在乡村网格人才培养层面上，需要借助数字化人才培养平台机制，大力推进网格管理服务专业人才掌握乡村网格数字化治理技术，保证网格人才的专业化管理服务能力水平。[1] 政府相关部门需要对网格工作者进行信息技术应用指导和常规化、整体性培训，不断提高网格员法律、应急、卫生、社会工作等专业知识储备。同时，还需要网格员娴熟掌握智能设备操作技能，具备较好的人际交往、沟通协调能力，提升应对各种问题的综合素质。另外，充分发挥服务对象对网格员的评估效能，不断完善评价结果与绩效薪酬紧密联系的监督考核机制，提高网格员的工作积极性与主动性。第二，壮大网格力量，引导形成"公益性岗位＋兼职网格员＋网格志愿者"的辅助网格员队伍。社会治理离不开各种社会力量的积极参与，提升乡村治理能力，也需要积极吸纳兼职网格员参与乡村社会治安、联防联控等，最大限度发挥其人熟、地熟、情况熟的优势，使其当好党和政府决策的宣传员、社情民意的收集员以及社会文明新风的传递员。另外，应积极整合吸纳热心公益事业的居民、单位、社会组织等各类社会力量组建"网格志愿者服务队伍"，引导其在网格内开展"组团式"服务。同时，不断壮大以党员为骨干的"街长""楼长""巷长""志愿者"队伍，从细微之处入手疏通基层社会的"毛细血管"、改善基层社会的"微循环"，实现基层社会的有效"微治理"。此外，还要充分运用大数据信息技术手段推动实践"订单式"服务，提升有效服务农民群众的质量与水平。第三，优化完善"互联网＋督查"机制，强化基层干部网格责任落实落地。网格长、网格员在网格化治理中充当"基层探头"作用。在推行网格化治理过程中，很多地方网格长、网格员基本与村组干部身份重叠，如网格长一般由行政村的党支部书记或村民委员会主任担任，网格员基本由村民小组长担任，也有一些地方另外聘任专职网格员。[2] 村干部处在国家行政治理体系与乡村自治体系的关键环节，既是政府公共治理的代理人，也是村民当家人，是

---

[1] 何继新、付美佳：《乡村"互联网＋网格化"服务管理的演变趋势、模型构建与运作规则》，《湖南行政学院学报》2021年第1期。

[2] 陈寒非：《网格化简约治理——基于湘北L县农村新冠肺炎疫情防控实践的考察》，《学术交流》2020年第5期。

两个体系利益的结合点。因此，要强化基层干部网格责任意识与担责精神，构建"互联网＋监督"的基层干部担责考评机制，形成目标靶向、实效性强、广泛覆盖的监督新模式，有效提升基层干部履职能力，强化网格治理成效。

（三）打造"网格＋网络"共同支撑的多元主体联动治理机制

随着中国特色社会主义进入新时代，创新基层治理是加强基层治理体系和治理能力现代化的核心内容。新时代创新乡村治理，需要以信息化为支撑、以网格化为抓手，整合各项资源构建多元主体联动参与乡村"互联网＋网格"治理的新格局，充分发挥大数据在推动乡村治理体系和治理能力现代化中的作用。第一，群众诉求一"网"协同，矛盾纠纷"格"内化解。习近平总书记多次强调，要坚持把解决好"三农"问题作为全党工作的重中之重，指出，"要完善社会矛盾纠纷多元预防调处化解综合机制，把党员、干部下访和群众上访结合起来，把群众矛盾纠纷调处化解工作规范起来，让老百姓遇到问题能有地方'找个说法'，切实把矛盾解决在萌芽状态、化解在基层"。在新时代化解矛盾纠纷，可以以网格化管理为导向，信息化为支撑，"增加各方治理主体表达意见的渠道，着力提升基础信息的采集、社情民意的收集，使全体网格治理参与者都可以就某一公共事务的治理在平等的高度上充分发表自己的观点和看法，促进'共识性话语'结构的建构，及时有效地反映群众诉求，从而精准定位治理目标，提高网格化治理的目标达成功能"[①]。针对基层矛盾纠纷多发频发突出问题，将党建嵌入网格化治理结构，构建"党建引领、网格支撑、民意保障、积分激励"的社会治理"网格＋积分"工作体系，形成横向到边、纵向到底的日常矛盾纠纷排查机制，促进全民参与信访化解，实现小事不出村、矛盾不上交。第二，"大数据＋网格化"助推乡村治安维稳。深入推进网格化管理是破解治安难题的重要途径，应以网格化管理为牵引，充分发动群防群治力量，通过矛盾纠纷化解、社会治安联防、突出问题联治等强化基层治安维稳能力建设。为此，需要打破

[①] 吕童：《网格化治理结构优化路径探讨——以结构功能主义为视角》，《北京社会科学》2021年第4期。

农村基层党组织、基层政府、公安机关、村民委员会、农村治安自治组织和广大村民在社区治安治理中的互相割裂的状态，通过社区治安治理共同体汇聚不同主体力量，共同推进治安事务的解决，让社区与政府、警察一起成为社区治安治理制度的供需主体，同构社区治安治理制度供求和谐体。[1] 通过大数据、人工智能等现代科技手段搭建以乡镇综合治理网络平台为核心、网格化治理信息管理系统平台为节点、网格员网络终端为基础的综合社会治理网络信息平台，推动网格管理向网格服务转变。充分发挥社会综治系统对人、地、事、物、组织等要素的全面信息采集功能优势，依托信息技术进行预警研判、维稳防控，预防和打击犯罪，引导动员群众积极参与乡村治安、维稳工作，共同构筑良好的乡村社会和谐稳定环境。第三，健全"互联网＋网格"的联动协同机制，有效实现应急防控。现代社会各种应急突发事件日益增多，并呈现出复杂性、高传播性、高危害性、广影响性等特点，给乡村社会发展和农民群众带来较大威胁，要不断健全多元主体协同联动机制，增强乡村应急防控能力。加强乡村应急防控要加快转变政府职能，强化政府与市场、社会力量等其他主体沟通协作机制，逐渐淡化"行政"色彩，鼓励社会力量、志愿组织、居民等积极加入。不断强化基层网格治理韧性，健全跨区域、跨部门的资源集中统一的指挥协调机制，"需要进一步明确政府数据共享的流程与权限，突破现有'数据孤岛'和'数据鸿沟'的影响，形成数字政府的业务大数据体系，实现跨层级、跨地域、跨系统、跨部门、跨业务数据的流通交互和互认共享"[2]。有效实施风险防控，应借助大数据平台将各地区、各部门、各种主体的应急资源整合到统一的资源系统中，依托大数据联动协同机制、网格化管理协同机制，实现对应急突发问题的及时发现与及时处理，应急资源的及时共享、及时调配，人员的快速集结与职责有序分工，以有效应对乡村应急突发事件，保障乡村社会长治久安。

---

[1] 潘晶晶：《农村社区治安治理共同体的建构困境与进路——基于 H 省"一村一警"模式的考察》，《中国人民公安大学学报》（社会科学版）2022 年第 2 期。

[2] 王淼：《"大数据＋网格化"模式中的公共数据治理问题研究——以突发公共卫生事件防控为视角》，《电子政务》2021 年第 1 期。

二 打造数字技术赋能的智慧化乡村公共服务体系

优化乡村公共服务对乡村经济社会发展至关重要，健全和完善乡村公共服务体系是实现乡村振兴的客观需要。在新时代，可以依托现代信息技术构建智慧化的乡村公共服务体系，提升乡村综合服务水平，不断满足广大人民群众日益增长的美好生活需要。

（一）构建"人机交互、精准供给、个性学习"的智慧化乡村教育体系

教育既是国计，又是民生。在乡村振兴战略大背景下，要根据时代发展需求创新乡村教育模式，进一步加大智慧化乡村教育体系建设，实现现代教育体系的智慧化、精准化发展。第一，创新教育教学方式，实现数字教育支撑。伴随着互联网技术的快速发展，现代教育逐渐呈现智慧化、数字化新特征。自党的十九大将"智慧社会"建设上升为国家战略以来，我国出台了一系列加速教育数字化建设的相关政策，推动教育变革和创新。构建"互联网＋教育"智慧化教育体系是推进乡村教育现代化建设、实现乡村教育振兴的必由之路。当今社会，必须坚持以智慧校园为导向，以数字技术为支撑，促进人工智能、大数据与学科专业、教学模式的深度融合，"推动人工智能与大数据支持的教育模式融合创新，即探索基于信息技术的新型教与学方式，重塑教学评价和教学管理方式，构建'互联网＋'背景下的人才培养新模式"[1]。稳步推进乡村智慧校园基础设施建设，加快学校教学、管理、服务等设施信息化、智能化和数字化的改造与升级。同时不断增强教育服务供给能力，用数字化全面赋能教育体系现代化。第二，引入名师公益课堂，强化"互联网＋"同步课堂建设。随着教育信息化战略的持续推进，我国"互联网＋教育"模式发展迅速，《"十四五"国家信息化规划》明确提出，"推进信息技术、智能技术与教育教学融合的教育教学变革"。在现实中可以借助信息技术突破教学时空限制，引入名师公益课堂等教学新形式，有效汇聚优

---

[1] 王运武、李炎鑫、李丹：《智慧教育示范区建设的现状、内容与对策》，《现代教育技术》2019年第11期。

质教育资源,发挥课堂实时互动的直播授课、线上名师、课后服务等功能,全面推进数字技术赋能。充分利用国家智慧教育公共服务平台,不断扩大优质教育资源的覆盖范围和应用对象,创新构建"互联网+教育"的乡村教育形态,加快推进教学资源和教学技术的深度融合,实现智能化感知学习需求、精准化推送教育资源、个性化服务技术手段的一体化发展。通过智慧化媒体课堂使乡村地区学生与城市学生享受到平等的教学资源,"主讲教师在主讲课堂授课,教学点学生在接收课堂通过交互媒体收看,并与主讲课堂教师进行教学互动,实现双向同步教学"[1]。另外,在数字技术支持下形成校际协同、校企联动、选课走班等灵活教学组织模式,深化网络学习空间应用,整合优质数字化教学资源构建线上线下混合教学新形态,推动城乡教育均衡发展。第三,依托物联网技术,建立高体验、高适配、高效率的教育系统。伴随着"互联网+教育"的快速推进,乡村学校课堂教学逐渐从依靠经验转向依靠数据和经验,依托物联网、大数据、云计算和人工智能等技术,准确把握学生的认知特征与学习情况,提供个性化、科学化的教学服务,建立高体验、高适配、高效率的教育系统,打破各层级"信息孤岛"。一方面,立足于智慧教育发展要求,形成行政决策、协同共建、学校行动、监督治理的教育模式,加快推进教育从"管理"到"治理"的全面转变,实现精准施教。另一方面,积极推行基于大数据的区、校一体化教育管理,通过人工智能技术实现管理流程数字化,推动管理业务流程再造,为精准制定决策提供支持。[2] 建立涵盖教育数据、师生信息和学校文件的安全保障体系,加强对师生信息和教育数据的安全监管能力,实现教学过程的实时管理、教学课堂的有效监管、教育资源的优质共享、教学数据的有序流动以及教学质量的及时评测,全面推进乡村教育体系的数字化、智慧化转型。

---

[1] 刘韬、郑海昊:《智慧化教育导引下的教育扶贫创新及其实现》,《高等工程教育研究》2022 年第 1 期。

[2] 吴砥、李环、尉小荣:《教育数字化转型:国际背景、发展需求与推进路径》,《中国远程教育》2022 年第 7 期。

(二) 构建防、诊、治、康、护、养于一体的智慧化乡村公共医疗卫生体系

乡村振兴战略背景下，需要依托数字技术积极探索"互联网+医疗健康"新模式，着力构建防、诊、治、康、护、养于一体的智慧化乡村公共医疗体系。第一，依托数字技术建立医疗信息和资源流动的"医联网"通道。随着大数据、云计算、移动互联等现代信息技术在公共医疗卫生领域的广泛应用，进一步促进信息技术与医疗健康的融合发展。党的二十大报告明确指出，"促进优质医疗资源扩容和区域均衡布局，坚持预防为主，加强重大慢性病健康管理，提高基层防病治病和健康管理能力"。新时代加强乡村公共卫生服务能力建设，需要大力推进数字技术的广泛应用，推动医疗卫生工作重心下移、医疗卫生资源下沉，实现跨乡镇、跨层级、跨网络的医疗资源互通共享，使优质医疗资源向基层医院流动，促进当地医疗公共服务全面提质增效。同时，还需要突破医疗资源的时空局限和资源约束，这就需要现代科技的深度运用。因此，急需厘清诊疗数据、运作数据、健康数据和医患交互数据等多源多模态医疗健康数据在服务过程中的产生与流通规律，探明医联网机制设计与医患行为改变的人机共融演化机理，建立医联网环境下的大数据治理、互认共享质量控制、数据流耦合、安全隐私保护和人机共融决策机制，推动医疗健康管理从院内数据整合、个体响应向跨地域跨组织网络化资源共享、人机共融智能的全生命周期医疗健康转变。[①] 打造线上线下相结合、诊前诊中诊后服务一体化、院内院外双应用的医疗管理服务机制，逐步形成"基层首诊、双向转诊、上下联动、急慢分治"的乡村就医新格局。第二，加强防控预警，完善集中统一的公共卫生应急管理体系。新时代，我国面临的各种突发性公共卫生事件和难以预料的风险挑战增加，应充分利用现代信息技术做好风险事前监测、预防和应急处置工作，拓宽风险监测预警渠道，提高实时分析、集中研判、动态监测、信息上传下达、协同防控能力。同时还需要完善应急医疗公共设施与物资，科学调配人

---

① 杨善林、丁帅、顾东晓、李霄剑、欧阳波、齐佳音：《医联网：新时代医疗健康模式变革与创新发展》，《管理科学学报》2021年第10期。

力物力，切实发挥公共医疗应急保障功能，全面提升乡村公共医疗体系的综合防范能力。在突发疫情等紧急情况时，要坚持三医联动、协同应对，统筹各类医疗资源、人力资源和物资准备，强化区域协作，完善医疗救治费用保障机制，在基本医疗保险的基础上，发挥大病保险与医疗救助的保障功能，构成"三重"综合保障制度。[①] 另外，积极发挥乡村社会宣传动员能力，激发政府、市场、社会组织以及农民群众等多元主体参与积极性，建立防治结合、联防联控、群防群治的应对机制，提升乡村公共卫生应急处理能力。第三，借助云平台，探索"互联网+医疗"的健康卫生服务新模式。《关于积极推进"互联网+"医疗服务医保支付工作的指导意见》明确提出要大力支持"互联网+"医疗服务模式的创新，更好满足便民就医需求。因此，必须加快推进互联网医疗服务相关平台建设，积极引导优质资源下沉，建立"多学科、全覆盖、一体化"的互联网医疗新生态，借助云平台整合各级医疗资源，便捷农民群众医疗服务。同时，加大对当地特色云平台的推广使用，推动市、县、乡、村医疗健康四级互通，促进公共医疗数据信息共建共享，真正发挥医疗健康数据效益，更好满足人民群众的医疗需求。在当今互联网时代，加大农村地区基础建设，做到村村有网络，家家能上网，则利用"互联网+保险"对农村中老年居民进行保险知识普及。[②] 以技术创新推动医疗服务智能化、数字化，推进互联网与医疗健康服务的融合发展。

（三）构建特色化、协同化的智慧乡村公共文化服务体系

公共文化服务体系是满足人民群众基本精神文化需求，保障和改善民生的重要内容。党的二十大报告指出"发展面向现代化、面向世界、面向未来的，民族的科学的大众的社会主义文化，激发全民族文化创新创造活力，增强实现中华民族伟大复兴的精神力量"。乡村公共文化建设是振兴文明乡村的精神动力，在新时代可以以数字技术为支撑构建智慧化乡村公共文化服务体系，实现乡村公共文化服务供给精准有效。第一，

---

① 王延中：《新冠肺炎疫情防控背景下中国医疗卫生与医疗保障制度的优化》，《社会保障评论》2022年第3期。

② 王正文、尹红莉、崔靖茹：《基本医疗保险制度对农村中老年居民生活质量的影响研究》，《中国软科学》2022年第2期。

强化互联网新兴技术支撑，精准供给公共文化服务。在数字化时代，应持续推进信息技术在公共文化服务体系中的应用，提升智慧化公共文化服务供给品质，切实满足人民群众多元化、个性化的精神文化需求。具体运行中，可以借助"互联网＋"这一载体完善公共文化服务需求收集与表达机制，特别是加强对老年人、残疾人以及留守儿童等特殊群体的需求调查，以需求为导向满足人民群众多层次多样化需求。同时充分利用互联网新兴技术，"组织专家学者和政府工作人员深入农村基层进行调研，对不同农民群体的需求进行收集、整理和提炼，构建需求反馈机制，对已实施的服务项目进行满意度调查，及时调整供给策略，构建精准化供给机制"[1]。此外，还可以利用线上线下互动式服务提升公共文化资源效能，形成"信息收集＋按需生产＋需求反馈＋社会供给＋政府配送"的乡村公共文化服务运行机制，推动乡村公共文化服务供给精准化。第二，以数字技术为支撑，挖掘具有本土特色的公共文化服务项目。面对乡村特色公共文化服务项目开发不足、项目制度化水平不高的现状，应加大对具有本土特色的公共文化服务项目的挖掘，推进乡土文化项目制度化建设进程。可以以数字技术为支撑，在全方位了解乡村公共文化资源基础上积极打造具有乡土特色的精品文化元素，积极拓宽乡村特色文化产业链，着力打造精品文化项目，为居民创造优质化、科学化、专业化的文化环境。一方面，政府部门要完善农村公共文化服务体系建设，为文化产业发展提供必要的软环境，提升吸引力；另一方面，政府要引导、培育、支持农村特色文化产业发展，运用市场准入、价格调节、财税优惠等政策，减少行政审批环节，适当放宽条件，积极引导各类市场主体开发农村文化资源，加大对乡村旅游、民间手工业、民宿业等农村特色文化产业的支持力度，进一步向市场开放。[2] 另外，通过公共文化数字支撑平台消除文化隔阂，推动公共文化项目与文化产业的融合发展，丰富乡村公共文化产品线，形成集文化展演与特色服务于一体的公共文

---

[1] 刘红：《乡村振兴背景下农村公共文化服务体系建设研究》，《社会科学战线》2022年第3期。

[2] 耿达：《公共文化空间视角下农村公共文化服务体系建设研究》，《思想战线》2019年第5期。

化品牌，促进乡村文化振兴。第三，强化沟通协作，构建乡村社会共建共治共享的文化供给机制。文化建设离不开多元主体共同参与，应强化多元主体间的沟通交流与合作，在强化公共文化认同感与归属感基础上加强文化供给。以此为基础，充分发挥公共文化服务的价值引流与辐射作用，在中层设计和具体实施上，借助文化产品供给不断拓宽社会主流价值的地方性阐释，在乡民生产生活、社会交往和公共参与中嵌入现代文化符号，例如，打造具有时代特色的文化场馆、加大对村庄草根模范的宣传力度、增补体现社会主义核心价值的电影和书籍等，加快推进村庄内外价值导向的融合，建构乡民关于共建共治共享的文化认同，为乡村治理提供真正的智力支撑。[①] 政府要坚定"掌舵者"角色，强化与社会协同合作，激发市场主体、企业、社会组织以及农民群众的参与热情，激励和引导社会资本、市场力量和村民个体有序参与，构建横向主体联动、纵向层级融通的智慧化公共文化服务供给体系，形成公共文化服务供给合力。同时，建立互动协调机制，以多元主体利益协调机制、信息资源共享机制等保障乡村公共文化服务智能化发展，提高乡村公共文化服务供给效能。

（四）构建"互联网+人工智能"智慧化养老服务体系

在现代化发展进步中，农村老龄化问题日益严峻，党的十九大将"不断提升农村养老服务能力"作为实现农业农村现代化的重要内容。党的二十大强调指出："实施积极应对人口老龄化国家战略，发展养老事业和养老产业，优化孤寡老人服务，推动实现全体老年人享有基本养老服务。"加强养老服务建设是时代发展的必然。互联网时代，加强对乡村养老服务体系建设应大力推进数字技术的应用，构建"互联网+人工智能"的智慧化养老服务体系，探索科学化、专业化、标准化的智慧养老服务产业。第一，建立"云化"管理平台，打造联动乡村养老服务机制。2021年中央一号文件明确提出，要健全县乡村衔接的三级养老服务网络，推动村级幸福院、日间照料中心等养老服务设施建设，发展农村普惠型

---

① 曹海林、任贵州：《乡村治理视域下的公共文化服务：功能定位与实践路向》，《南京农业大学学报》（社会科学版）2022年第3期。

养老服务和互助性养老。① 新时代要利用农村养老院、幸福院、颐养之家和合作社等养老服务载体，打造"县—乡—村（社区）"三级养老服务网络，强化对各类养老服务资源优化整合，为农村老年人提供多层次养老服务。政府应明确农村互助幸福院相关立法，依法确立互助幸福院养老服务在农村经济社会生活中的地位，在现有农村互助养老服务日常管理制度基础上，规范互助养老服务合同条款，保障老年人养老的基本权益，发展生活照料、康复理疗、家政服务、精神慰藉等专业化服务，促进居家养老服务资源城乡共享，健全完善县（市）、乡、村三级公共文化服务机制，织密农村居家养老服务供给网络。② 以村庄、社区为依托有效对接民生、医疗、养老等多个领域、多方资源，搭建服务广泛、技术先进、功能完善的智慧养老管理平台，明确县乡村三级主体功能定位，推动多主体协同合作，优化乡村养老保障能力。同时，通过"云化"管理平台，强化农村养老"互联网＋"功能，实现"家政＋护理＋应急＋其他"于一体的综合性养老服务。第二，加快医养融合，构建乡村智慧化养老服务新格局。在乡村振兴战略实施进程中，在有条件的乡村地区应依托数字技术加快"医疗＋养老"结合的养老服务模式，推进乡村养老服务智慧化。以数字技术为支撑强化养老服务信息平台建设，促进"互联网＋"智慧养老服务，使远程医疗服务逐渐延伸到乡村，实现医养资源的上下互通、协同合作与共建共享。支持社区卫生服务机构（乡镇卫生院）、养老机构转型升级为医养结合服务机构，加大服务机构的建设密度，扩大社区服务机构的辐射半径。③ 另外，通过岗位培训及老年医学、康复护理、营养学等专业学习，加大对医养护理师、康复师的培养力度，发展居家型乡村健康养老服务，全面提升医养结合养老服务质量。第三，采

---

① 《中共中央国务院关于全面推进乡村振兴加快农业农村现代化的意见》，http://www.lswz.gov.cn/html/xinwen/2021－02/21/content_264527.shtml，2022年8月15日。

② 郑吉友：《农村居家养老服务协同供给体系构建研究》，《广西社会科学》2019年第6期；郑吉友：《辽宁省农村居家养老服务供给研究》，博士学位论文，东北大学，2017年，第116页。

③ 李长远：《我国医养结合养老服务政策推进的基本经验与未来设想》，《宁夏社会科学》2022年第3期。

用"互联网+"养老手段，探索科学化、专业化的智慧养老服务产业。"互联网+"时代，要立足我国老年人实际发展需要加强乡村养老服务产业发展，因地制宜探索发展科学化、职业化、智慧化的养老服务模式。政府要出台优惠政策扩大乡村养老服务开放力度，广泛吸引社会组织和本土企业投资社会化养老服务机构，激发农村养老服务市场活力，优化养老服务产品供给，打造股权合作和公办民营的养老服务新模式。通过市场运营和企业组织的专业化运作实现乡村养老服务的高质量供给，为农村老年人提供普惠性、多元化、全方面的养老服务，推动养老事业和老龄产业的协同发展。积极探索城乡融合养老服务发展新模式，充分挖掘农村健康养老产业潜力，吸引城镇地区老年人时段性或季节性到农村养老，比如到农村地区的养老机构养老、参与种植或收获、体验民风民俗等，在充实农村养老服务供给水平的基础上带动一批农村本土本乡的组织和企业。[①] 整合城乡养老服务资源，利用城市资金、技术、人才、产业方面的优势带动乡村养老服务发展，充分利用农村旅游资源催生"观光旅游"、"养生民宿"以及"康养小镇"等养老服务新业态，大力发展康养产业，推进乡村智慧化养老服务产业创新。

（五）创新乡村公共服务信息技术赋能机制

2022年中央一号文件指出，"以数字技术赋能乡村公共服务，推动'互联网+政务服务'向乡村延伸覆盖"。伴随着物联网、云计算、大数据等信息技术发展，乡村公共服务模式、手段都发生了重大转变，加强与信息技术融合发展是推动基层服务精准化、智能化和差异化发展的客观要求。第一，推进"复合网络平台"建设，构建多元主体联动协同机制。新时代，伴随着农民需求多元化、差异化发展，公共服务供给模式发生转变。"复合网络平台型"模式下的社区公共服务智慧化供给是一种通过连接大数据平台、网格化管理平台、综治平台、党建及政务平台等，构建多元主体复合协同交互网络，实现社区民众更加便捷、快速的需求表达、服务共享以及监督反馈，多元供给主体依托复合网络平台建构服

---

① 杜鹏、王永梅：《乡村振兴战略背景下农村养老服务体系建设的机遇、挑战及应对》，《河北学刊》2019年第4期。

务网格、制定服务流程，实现服务精细化和闭环化管理。① 依托"互联网＋"智慧化服务平台破除政府部门间壁垒，发挥政府规划统筹作用，制定多元主体共同参与的执行政策。同时，加大财政投入力度，通过优惠政策鼓励市场主体与社会组织参与，正确处理好政府、市场和社会组织之间的关系，强化政府、市场主体与社会资本合作，形成分工明确、互通互联的公共服务供给新格局。多元供给主体依托复合网络平台构建公共服务网络，共享公共服务数据、整合各种资源，实现精细化和高效化的公共服务。第二，建立健全智慧化公共服务的人才培养体系。拥有一支掌握数字技术、会用数字技术的公共服务人才队伍，是提升公共服务能力的重要因素。应加强与大数据行业内企业合作，加大对乡村公共服务工作人员的技能培训，提升公共服务人员对互联网新兴技术的应用能力。各级政府要大力支持本地高校与企业联合培养大数据人才，本地高校可以与企业协同制定人才培养目标及课程安排，发挥高校教书育人的优势及企业市场化的优势，共同推进大数据人才的培养，以满足社会对大数据人才的需求。② 健全智慧化人才培养体系，推进政策措施、信息技术与人才体系的有效衔接，"结合乡村特色产业发展和市场需求，统筹推进本土人才培育和各类人才下乡，实现乡村人才数字化理念、知能的'提档升级'"③。同时建立乡村人才数字培育库，优化数字公共服务技能，提供智慧化公共服务的精准人才智力支持。第三，搭建"大数据＋公共服务"监管机制，保障数据安全。智慧化公共服务体系以数据为载体，融合物联网、人工智能等新兴现代技术，促进信息空间、物理空间和社会空间的充分融合，提高公共服务水平，提升农民幸福感。数据的汇聚、存储、加工、分享是智慧乡村建设基础，它能够给农民群众的日常生产生活带来极大便利，但同时也给信息安全增加了更多复杂性和不

---

① 何继新、李露露：《城市社区公共服务智慧化供给功能价值意蕴与建设模式设计》，《海南大学学报》（人文社会科学版）2019 年第 4 期。

② 马志敏：《大数据驱动下政府公共服务：创新机制及发展路径》，《经济问题》2020 年第 12 期。

③ 赵德起、丁义文：《数字化推动乡村振兴的机制、路径与对策》，《湖南科技大学学报》（社会科学版）2021 年第 6 期。

确定性。在智慧化时代，更需要加强公共安全管理，切实维护信息网络安全，注重数据安全，保障乡村公共服务智慧化供给。必须制定数据安全保护行业规范，制定数据共享使用标准体系，明确数据所有权和使用权，规范不同主体对乡村数据收集与使用限度。特别是在目前数据所有权界定不清的情况下，为保障公共服务使用者权益，预防数据滥用，应从顶层制度设计着手，构建数据共享的一般法律框架，明确哪些数据属于隐私数据，哪些可以共享和利用，加快大数据信息安全和个人隐私保护立法；完善公共服务提供机构服务资质审查制度，增加信息安全性、合规性要求。[1] 发挥政府引领作用，鼓励企业、高校及科研机构增加数据保护研发投入，搭建"大数据+公共服务"监管机制，借助数字技术将政府、专业监管机构、自治单位和居民紧密联结在一起，共同推动公共服务安全高效。

三 打造农业科技和装备支撑的农业社会化服务体系

进入全面建设社会主义现代化强国新征程，农业现代化是必须要处理好的重大问题，加强农业现代化发展离不开完善的农业社会化服务体系。党的二十大报告明确提出，"构建优质高效的服务业新体系，推动现代服务业同先进制造业、现代农业深度融合"。农业社会化服务业发展也需要实现现代科技与现代农业的融合发展。科技支撑是农业社会化服务体系建设的核心，要加快培育农业科技社会化服务多元化主体，打造多元融通、协同有力的农业科技社会化服务体系，助力农业现代化提档升级。

（一）构建多元主体协同合作的农业社会化服务体系

建设农业社会化服务体系，离不开政府、龙头企业，合作组织、科研院所和农业生产者等各多元主体的共同努力，必须要健全多主体互动协同机制，充分调动各方面各主体积极性，以开展形式多样，内容丰富的社会化服务。第一，充分发挥政府部门组织者、统筹者与协调者作用。

---

[1] 宁靓、赵立波、张卓群：《大数据驱动下的公共服务供需匹配研究——基于精准管理视角》，《上海行政学院学报》2019年第5期。

政府在以农业社会化服务发展促进农业现代化发展的过程中，要充分发挥主导和协调作用，使市场、社会等多方与农户形成合力，根据农户的异质性需求不断加强农业社会化服务的供给侧改革。① 各级政府要不断完善相关政策，并且充分发挥财政资金作用，在政府引导支持下，鼓励农业企业、农村集体经济组织、专业合作公司等发展农业基础设施建设，推广农产品新技术。推进农业现代化离不开良好的生态环境，政府应狠抓基层生态环境治理，扎实做好农产品质量安全与标准管理工作，引导各类服务主体在完善的法律法规指导下开展服务工作。鼓励科研人员立足农民现实需求和农业区域现状展开科研工作，健全对农业科技服务的补助机制，激励涉农企业为农民提供农业科技服务。第二，强化龙头企业联农带农能力。农业龙头企业在助推农业农村现代化、高质量发展的过程中发挥着引领示范作用。龙头企业借助于自身的市场势力和资本实力优势，组织统一生产将小农户的耕地转化为农产品原料基地，将小农户的农业生产转化为企业产业链条上的初级环节，并通过"自上而下"方式为小农户提供各类农业社会化服务，满足小农户的服务需求。② 发展农业社会化服务要以农业龙头企业为核心，打造利益共享资源互通的农业社会化服务共同体。对于涉农龙头企业而言，应加快服务转型，明确"资源整合者"的定位，树立"资源不求所有，但求为我所用"的新型资源观和企业发展观，充分利用自身的"声誉力、专家力、奖赏力"等渠道优势，吸引不同类型的优质服务功能商和规模农户加入，共同构建农业社会化服务供应链协同网络，共生共创，共赢共享；对于已转型为服务集成商的龙头企业，在服务供应链管理中应强化管理框架意识，把握管理重点，不断提高供应链管理能力和管理效率。③ 农业龙头企业应与农户建立利益共享、风险共担的组织形式和经营机制，与农户结成共同出

---

① 刘洋、余国新：《农业社会化服务与农业现代化耦合协调发展研究——以新疆为例》，《经济问题》2020 年第 8 期。

② 韩春虹：《农业社会化服务组织模式与小农户满意度的比较研究——一个新制度经济学分析视角》，《现代经济探讨》2022 年第 8 期。

③ 彭建仿、胡霞：《农业社会化服务供应链构建：管理框架与组织模式》，《华南农业大学学报》（社会科学版）2021 年第 4 期。

资利益均沾的合作体系。鼓励龙头企业应用数字技术，对接淘宝、抖音等电商平台，利用直播带货等形式促进农产品供销有效对接，实现产销一体化。第三，充分发挥农民专业合作组织服务功能。农民专业合作组织是连接农民与市场的媒介与桥梁，其能够提供产前、产中、产后全过程、多元化的配套服务，对于调整农业传统生产模式、增加农民收入具有不可忽视的作用。新时代，必须进一步完善农民专业合作组织扶持政策体系，通过税收优惠、财政补贴、信息服务等形式进行分类扶持，发挥其在农业现代化中的独特功能。同时，加强培训，提升农业专业合作组织管理、运行的专业化水平，发挥其组织农民、推动农业产业化发展的作用。

另外，充分发挥科研教育单位的支撑作用。农业科研单位作为农业科技创新主阵地，在调整农业结构、推动科技发展中承担着重大社会使命。要充分发挥农业高校学科特色优势，主动对接粮食安全、生态安全、乡村振兴等国家重大需求，强化有组织科研和产学研协同攻关，有力支撑我国农业农村现代化。组织科研人员深入学习习近平新时代中国特色社会主义思想，增强"四个意识"，坚定"四个自信"，做到"两个维护"，牢记"国之大者"，切实用党的创新理论武装头脑、指导实践、推动工作；引导广大党员和干部职工深刻认识"中国共产党为什么能，中国特色社会主义为什么好，归根到底是因为马克思主义行"，在推进科技强国建设、实现高水平科技自立自强的征程上不断强化国家战略科技力量主力军的使命责任。[1] 运用"互联网+"新模式提升科研管理科学化水平，积极探索建立涉农高校、科研院所组成的农业科技服务联盟，将服务"三农"和科技成果转移转化的成效作为学科评估、人才评价等各类评估评价和项目资助的重要依据，真正发挥科研教育单位在农业社会化服务中的引领作用。与此同时，健全不同参与主体的协同互动机制，要进一步健全各主体之间联合互助的制度安排，加强利益捆绑合作，凝聚供应链合力。鼓励引导各类主体之间开展多种形式的联合协作，构建多

---

[1] 聂常虹、姜秉国、贾宝余：《科研院所党建与科研深度融合问题研究》，《中国科学院院刊》2022 年第 5 期。

元主体之间以服务为桥梁的利益联结、风险共担的命运共同体。鼓励各类涉农组织依托技术、装备、市场、信息等优势，采取"农资+服务""科技+服务""互联网+服务"等方式，积极向农业服务业拓展，开展农资供应、技术集成、农机作业、线上线下对接等综合农事服务，促进技物结合、技服结合，发挥其助农兴农作用。

（二）强化农业社会化服务的科技和装备支撑

中共中央办公厅、国务院办公厅印发的《乡村建设行动实施方案》指出，"加快建设农业农村遥感卫星等天基设施。建立农业农村大数据体系，推进重要农产品全产业链大数据建设"。只有大力加强农业关键核心技术攻关，提升农机装备研发应用水平，强化农业科技支撑，才能更好提升农产品生产组织化、精细化、集约化水平，推动农业现代化发展。第一，强化现代农业科技创新支撑。习近平总书记指出，农业现代化关键是农业科技现代化。实现乡村产业振兴，推动农业现代化发展，离不开农业科技支撑。注重农业科研投入和人才培养，强化对农业科技创新的鼓励与引导机制，在相关政策方面凸显对农业科技创新的激励和导向，基于红利效应激发涉农主体开展科技创新的积极性，促进农业创新主体多元化发展。[1]加强农业信息技术与粮食产业的深度融合，建设农业农村遥感卫星等天基设施，通过传感设备、农业航空植保、测土配方施肥等重大技术提高农业产业发展现代化水平。发展智能化、自动化的农业机械化技术与装备，开发基于导航系统和地理信息系统的农业机械化作业系统，不断提高劳动生产率。在农业信息市场信息体系建设中，要把农业产销信息数据库建设作为重点，融农产品产销市场行情、农业科技成果、科技人才、农业资源等信息为一体，真正让科技助力农业现代化，提升服务效益与质量。第二，提升农业机械化水平。在现代农业发展中，要加快推动农业机械产业高质量发展，强化农业机械化推广应用。为充分发挥农业机械化在促进农民增收过程中的作用，一方面，可通过农机跨区域作业实现区域间农业生产资料的最大效用，需要完善农机跨区服

---

[1] 刘畅、郭一迪、马国巍：《黑龙江省农业高质量发展与农业科技创新能力的协同发展水平》，《科技管理研究》2021年第14期。

务的保障机制；另一方面，大力支持加工环节农机的研发与投入，降低农产品自然损耗，提升农产品附加值，为形成完整的农业产业链条建立基本条件保障。① 同时，高质量促进智慧农业装备发展，加强和规范重点产品行业标准化管理，强化落实重点生产销售企业主体责任。另外，加大统筹规划力度科学布局农机器具的存放维修空间，完善育种、生产、加工等农机基础作业配套设施，拓宽高标准农田建设项目实施范围，进一步延长农机具的使用寿命期限，提升农机具适用水平。

打造高效农业社会化服务体系，还需要不断提升农机装备研发应用水平。在新的市场条件下，需要发挥政府引导作用，合理加大对现代智慧农业科技创新、转化、推广、购置的财政支持力度。建议成立现代智慧农业科技创新重大专项基金，用于扶持农业生产前沿技术科技攻关，支持发挥农业重大科研成果的技术带动与示范作用。② 加快农机产业结构调整升级，努力推进以市场需求为导向以及技术创新相联系的创新体系，用现代新兴技术调整传统产业，大力推动制造工程建设向智能化发展，助推农业制造装备数字化，构建完善的智能制造专门体系。着力突破高效播种、低损收获等关键技术以及薄弱环节、特殊区域和特色作物农机装备制造，推动智能控制、卫星定位、农业物联网、大数据、农机自动驾驶、农业传感等技术与农机装备的融合应用。通过设立农业装备技术发展专项资金来支持新兴用具的研发工作，搭建农机企业与农机用户联系平台，使新产品快速投入实际使用中。同时，大力加强与科研机构、高等院校密切合作，注重科技创新人才、管理人才和高级技工培养工作，锻造技能扎实的农机职业队伍。乡村振兴战略背景下，设施农业既是顺应现代化发展要求的重要举措，又是保障农民增收增产的必要路径，对农业现代化具有重要作用。政府要在设施农业用地上进行适当财政补贴，积极引导各类民间资本投入设施农业机械化种植，加快建立多元化投入机制，鼓励由科研单位和龙头企业牵头制订设施农业建设标准、品种方

---

① 陈涛、杨佳怡、陈池波：《农业机械化促进农民增收的作用机制与路径：基于农业生产环节的可分性》，《华中农业大学学报》（社会科学版）2022 年第 4 期。

② 韩佳伟等：《装备与信息协同促进现代智慧农业发展研究》，《中国工程科学》2022 年第 1 期。

案和技术指南，实现设施农业投资效益最大化。积极开展设施农业装备数据库建设。从行业管理、政策制定、产业服务等方面的需求入手，发挥政府部门、科研机构、行业社团的力量，进行设施农业装备数据信息的采集整理工作，形成数据信息采集长效机制，建设设施农业装备数据库，为设施农业装备补贴实施、各地产业投资建立指引，为设施农业用地管理提供依据。[①] 通过制度、政策及财政支持，积极引导鼓励设施农业规模化发展，提高设施农业发展科学化水平，助力农业现代化升级。

四 健全乡村管理服务能力的金融支持体系

农村金融服务是推动农民生活质量改善的重要手段，是实现乡村全面振兴的必要方式，为乡村全面振兴发挥着重要的杠杆作用。2018年以来，国务院先后发布了《关于实施乡村振兴战略的意见》《乡村振兴战略规划（2018—2022年）》等重要政策文件，指出要提高金融资源配置水平，全面激活农村金融服务链条，把更多金融资源配置到农村经济社会发展的重要领域和薄弱环节，提高金融服务乡村振兴能力和水平，更好满足乡村振兴多样化金融需求。党的二十大报告明确指出，"完善农业支持保护制度，健全农村金融服务体系"。深入推进乡村振兴战略，强化乡村管理服务能力，必须加强金融支持体系建设，提升金融服务乡村振兴水平。第一，加大公共财政支农力度，建立"开源节流"式财政保障机制。新时代，要加强政府在"三农"方面的资金投入力度，完善"开源节流"式的财政保障机制。要坚持惠农、支农、补农原则，加大对区、乡、村三级基层综合服务站扶持力度，增加用于农业服务设施的资金投入，提高农业服务的效率。一方面，"开源"即增加财政涉农支出规模，确保基层政府基本财政保障，同时，还要激发社会资本投资活力，不断拓宽农村融资渠道。近年来，政府高度重视"三农"问题，按照农业农村优先发展要求不断加大政策优惠和财政支农力度，优化乡村产业扶持政策，并设立专项资金支持特色产业发展，保证地方政府进行管理服务

---

① 谭智心、张云华：《设施农业用地供需状况、政策执行困境与优化策略》，《改革》2020年第11期。

时有充足的财政费用，切实发挥财政在乡村治理中的支撑作用。在乡村振兴战略背景下，政府要发挥行政力量指引作用，通过以奖代补、购买服务、贷款贴息等方式，鼓励、支持和引导各类民间组织和社会资本参与，形成"政府主导、市场化运作、社会参与"的多元融资格局。另一方面，"节流"即科学统筹财政支出，实现供需有效对接。地方政府要做好统筹者、分配者角色，科学规划财政资金，根据当地发展实际状况与需求合理配置资金，精准对接农民个性化、差异化需求，切实加强长效管理服务。应重点加大对医疗、教育、养老、社保等方面资金投入，增强基础服务设施建设以及老年人、青少年以及边缘群体财政支持力度，补足民生短板。

与此同时，推进涉农资金整合，构建自上而下的新型农村合作金融组织体系。自党的十九大报告提出"实施乡村振兴战略"以来，国家更加重视农业农村农民发展问题，进一步加大对乡村社会的财政支持，加强涉农资金统筹整合，探索建立财政支农长效机制。地方政府要推进涉农资金统筹整合改革，整合各项支农惠农资金，合理使用涉农资金，提升财政资金使用效益。同时，为解决资金支持不足、融资难等问题，探索在以信用社、农商行和贷款公司等金融机构为主体的结构体系中推进股份制改革，拓宽融资渠道，发挥政府、合作社和金融机构的比较优势，构建自上而下新型农村合作金融组织体系。要深化农村信用社体制改革，强化其服务功能，加强对农信社的指导、管理与监督职责，使基层联社获得更多自主权。同时以数字技术为支撑，建立服务于全部金融机构的集数据共享、政策扶持、中介服务等为一体的网络信息平台，创新金融服务产品，充分发挥其管理服务作用。尤为重要的是，要推动以合作组织为基础的农村合作金融与商业性金融、政策性金融错位发展、联动发展。[1] 利用合作组织联合担保，加强农村金融合作，增强抵御风险能力，拓宽农村融资渠道，加快资金的流通与周转。中国农业银行、农村商业银行与小型贷款公司、合作金融公司等新型金融机构要充分发挥骨干作

---

[1] 蒋永穆、王丽程：《新中国成立 70 年来农村合作金融：变迁、主线及方向》，《政治经济学评论》2019 年第 6 期。

用,坚持市场化运作,加快涉农资金整合,健全农业保险制度,开展贷款、投资、资本管理等业务,强化县域金融服务,满足主体多样化的金融需求,促进农村合作金融发展。新型农村合作金融组织作为健全农业社会化服务体系、实现农村现代化的重要突破口,能够为广大农民在生产、生活、技术、服务等多方面提供经济支持,改善农民生产经营方式,增加农民实际收入,化解社会风险,推进脱贫攻坚与乡村振兴的有效衔接。

另外,创新农村金融产品和服务方式,探索"互联网+农村金融"等多种融资模式。2022年中央一号文件首次将"强化乡村振兴金融服务"作为一项重要内容,分别从金融供给主体和基础设施建设两方面提出实现路径,突出金融机构在农村产业发展和区域发展中的重要作用,让金融功能真正延伸到乡村。金融是乡村经济发展的核心,技术创新、产业转型升级以及信息基础设施建设都离不开金融的投入。在乡村振兴中,应当鼓励金融机构不断深化农村产权融资创新,创新农村金融产品和服务方式,搭建数字普惠金融服务平台,积极探索"互联网+农村金融"等多种融资模式,不断拓宽融资渠道,满足农业农村领域的多样化需求,提升金融服务介入乡村社会的广度和深度。大数据时代,积极搭建数字化服务平台,鼓励政府、农业合作社和金融机构组合运用信贷、保险、证券、租赁等工具推进数字乡村建设,有机整合银行信贷业务联结农业保险服务,创新推出"惠农贷""人才贷""农业保险贷""思乡贷"等信贷产品。深入开展"保险+期货"县域覆盖试点工作,为符合条件的新型经营主体提供无息抵押和担保,发放银行贷款,并根据不同农户的差异需求制定个性化、多样化的金融产品,引入"订单农业+保险+期货"发展模式,充分发挥农业金融保险服务体系的支撑作用,增强金融服务质量,使数字普惠金融更好助力乡村振兴。在乡村振兴战略实施过程中,基于信息通信技术,使金融机构与乡村企业相互关联,并在满足相关监管规定的前提下,为中小微企业提供更加灵活的金融服务。[1] 设立

---

[1] 周林洁、韩淋、修晶:《数字普惠金融如何助力乡村振兴:基于产业发展的视角》,《南方金融》2022年第4期。

乡村振兴绿色发展基金，运用"互联网+大数据+绿色金融工具"，打造线上线下一体化的乡村金融服务体系，大力发展绿色信贷、绿色债券等金融产品，提升绿色金融支持乡村振兴的质量和水平。另外，深化资源要素的市场化配置改革，拓宽农村"三权"抵押贷款融资方式。自党的十九大以来，党中央高度重视农村土地制度改革，积极探索"三权分置"改革，在全国广大农村地区大力推进土地经营权抵押贷款。2020年、2021年以及2022年连续三年的中央一号文件中均提出"开展第二轮土地承包到期后再延长30年整县试点"，推动开展集体经营性建设用地使用权抵押融资，健全土地经营权流转服务体系。在国家大力支持下，可以通过创新抵押、担保、出租、合作或入股等形式，搭建信息共享平台，深化农业产业改革，开展以土地、房屋、山林等资产为核心的信贷服务，将农业生产资料的拥有权或经营权进行价值化，实行农村"三权"抵押贷款融资方式，探索"农地抵押+其他产权担保"贷款、经营权直接抵押贷款、混合抵押担保等农地抵押贷款模式，缓解农民资金短缺问题。同时，地方政府要加大对农村土地经营权抵押贷款的支持力度，提供与之相应的配套措施，提高农民参与土地抵押贷款的积极性与主动性。支持金融机构根据农民群众个性化需求与农地经营权的综合情况制定精细化和差异化的价值评估机制，激活土地资源的潜在价值及资本功能，创新土地经营权抵押贷款产品和服务方式，灵活运用数字技术简化抵押贷款程序，降低交易成本，促进农业发展资金积累。此外，进一步推广"三权"抵押款融资方，积极引入PPP模式，打破土地经营权的地方垄断，降低农业企业融资风险，提高土地经营权流转效率，让农民群众真正享受到乡村振兴带来的"红利"。

健全乡村管理服务能力的金融支持体系，还需要完善农村财政监管和风险预警机制，实现资金动态化实时管理。乡村振兴战略大环境下，伴随着"互联网+农村金融"等多种融资模式的快速发展，乡村地区面临着由于技术不适用、数字化不平等以及资金使用不合理等问题带来的市场风险、道德风险以及信用风险。必须深化财政管理体制改革，完善农村财政监管和风险预警机制，实现资金动态化实时管理，化解金融风险，提升预警能力。一方面，要改变单一抵御风险的传统模式，发挥地方政府对农村财政资金的助推作用，由基层政府指导、鼓励并扶持新型农村合作金融组织，明确乡村合作金融组织的定位职责，制定金融稳定工作方案，对各类金融组织进行针对性、专业化监管，增强防御金融风险能力。同时，地方政府通过减免税收、财政补贴、以奖代补等激励措施加强与银行、担保公司合作，创新"政＋银＋担"金融服务模式，构建乡村金融风险分担补偿机制，有效对接社会资本、分散乡村产业风险，增强经营主体抵御和转移自然灾害风险能力。另一方面，借助现代金融科技及数字技术，搭建数字化金融信息服务平台，及时、准确、全面掌握各类主体的生产经营情况，建立风险预警机制，切实提升风险规避能力。各级政府积极推进与科研机构及高校合作，积极引进先进技术，培养专业化科技人才，提升农村财政风险的识别、监测和预警水平，强化农村财政监管和风险预警机制的科技支撑保障能力。与此同时，增强农村居民的金融风险防范意识，畅通农村财政投诉渠道，对涉农资金实施全流程监督管理，规范金融行为，发挥好政府兜底保障功能。

五 强化乡村管理与服务能力的数字技术支撑体系

进入新时代，国家十分重视现代信息技术发展，强调要加快数字技术与农业农村农民的有机结合，以推进数字乡村建设，实现高质量的乡村振兴。2019年印发的《数字乡村发展战略纲要》指出要以现代化技术为支撑，推进信息技术与农业农村深度融合，加快数字乡村建设，实现乡村全面振兴。党的二十大也强调指出，"加快发展数字经济，促进数字经济和实体经济深度融合"。大数据时代，必须秉持开放、共享、协同的大数据发展理念，以信息技术为手段搭建管理服务平台，形成多元主体协同共治的管理服务体系，通过数字赋能提高管理服务的精细化与精准度。第一，树立大数据理念，强化信息化管理服务的软硬件设施建设。乡村振兴必须强化大数据理念，挖掘数据资源潜力，夯实数据基础设施建设。党员干部要树立大数据意识和大数据理念，及时转变乡村治理思维，用大数据赋能乡村治理。乡村治理创新需要构建以大数据基础设施建设为依托的硬件保障，"互联网＋"时代可以通过政府补贴、组织让利、企业下乡等方式增加数字化基础设施建设投入资金，提升网络入户全员覆盖率，增进互联网对农民生产生活各方面的渗透，将物联网、云计算等与乡村治理有效衔接。依据"宽带中国"理念，我国可加快千兆光纤、物联网通信、5G等网络设施铺设进程，从居民生产、生活等现实需求出发，建设可扩容教育、医疗等功能的乡村专网。[①] 加快建设与乡村社会发展相统一的政务信息基础设施，完善农村教育、医疗卫生、养老服务等领域的信息技术设施设备，同时积极利用5G、物联网等现代技术建立农村公共服务电子政务系统，推进硬软件设备转型升级，提升信息化管理服务的软硬件水平。第二，搭建数据共享平台，助力乡村整体性治理格局。大数据时代，国家治理的决策必须要以海量的数据搜集及其分析为重要参考，这个工作量是相当庞大的，仅仅依靠政府管理部门的力量是远远不够的，必须充分调动起企业、高校、智库、社会组织甚至是社会家庭及普通公民的力量才能完成好。[②] 政府要扮演好乡村治理的引导者、协调者、资源分配者等多重角色，建立数据资源库和信息分享平台，强化大数据赋能效果，提高公共服务的精准度与精细化。通过现代信息技术搭建数据共享平台，及时获取乡村各领域信息，打破各主体之间的"信息孤岛""数据壁垒"，最大程度实现数据共享、服务协同，使各主体能够充分发挥自身资源、技术以及创新等优势，积极主动参与乡村社会管理、提供公共服务与产品，降低管理服务成本，增强社会治理互动性，破解乡村治理碎片化难题。另外，明确政府内部、政府间权责界限，加强政府部门之间的协同合作，政府以门户网站为基础，依托大数据和现代信息技术整合政务服务资源，建立覆盖乡村的一体化服务平台，全面推行"一窗受理、集成服务"模式，实现政务服务的数字化、网络化、便捷化与透明化，推动乡村治理便捷化发展。

另外，推进数字技术与农业的深度融合，探索"互联网+新型农业"发展模式。《乡村振兴战略规划（2018—2022年）》将"培育农业农村新产业新业态，打造农村产业融合发展新载体新模式，推动要素跨界配置

[①] 宋常迎、郑少锋、于重阳：《"十四五"时期数字乡村发展的创新驱动体系建设》，《科学管理研究》2021年第3期。

[②] 冯锋：《大数据提升国家治理决策水平的逻辑探析》，《东岳论丛》2022年第6期。

和产业有机融合,让农业一二三产业在融合发展中同步升级、同步增值、同步受益"作为壮大乡村产业的实施途径。① 新时代,要持续推进数字技术与农业深度融合,加强数字信息与农业产前供应体系、生产体系和产后加工销售体系的结合,加快推动智能感应、智能分析、智能监测等新兴技术在农业中的应用,创新现代农业新兴产品,推动智慧农业发展。同时还要充分考虑区域间资源要素差异,坚持因地制宜,依托"互联网+"创新模式促进数字技术与农机作业、畜牧养殖、农产品加工等产业的融合发展,实现现代化农业转型升级。如通过发展乡村旅游、田园综合体、农产品电子商务等农村新产业新业态,不断促进农业经营方式的调整,发挥新型农业经营主体的引领作用,推动农业内部的产业分化与创新,充分挖掘包括农业社会化服务在内的农业经济增长新源泉。② 积极依托大数据、云计算等数字技术进行全面数据采集和分析,根据农情特点和地区差异,对农产品加工、流通和消费各个环节进行实时调整,促进传统农业向现代智慧农业转变。同时,"内培外引",构建数字化乡村人才培养体系。大数据时代,无论是现代信息技术的运用,还是数据信息的收集、整理与加工,都离不开专业人才支持。因此,必须重视人才培养,构建多层次、多类型、多元化的数字化人才培养体系,促进大数据技术的创新和升级。推行数字人才"引培并重"政策,重视本土农业数字人才的培育,积极推进数字人才孵化器建设,以此为抓手培育中高端数字农业种养人才、管理人才、运营人才,并加强农村数字人才梯队建设。③ 政府要强化外部人才引进机制,健全完善人才选拔和引进政策,形成高素质、多层次、结构合理的信息服务队伍。还要重视本土人才回流,鼓励、支持大学生与外出能人,尤其是对信息技术相关专业的人才重点跟进,完善激励保障措施,为乡村全面振兴提供信息人才支撑。

---

① 陈秧分、王国刚:《乡村产业发展的理论脉络与政策思考》,《经济地理》2020 年第 9 期。

② 钟真、黄斌、李琦:《农村产业融合的"内"与"外"——乡村旅游能带动农业社会化服务吗》,《农业技术经济》2020 年第 4 期。

③ 张蕴萍、栾菁:《数字经济赋能乡村振兴:理论机制、制约因素与推进路径》,《改革》2022 年第 5 期。

另外，加大人才内部培养力度，强化乡村数据治理的内生力量。扩大"内培"对象范围，除领导干部、基层信息员、网格员外，还可以将新乡贤、乡村教师、新型职业农民、基层农技人员、新型农业经营主体的管理者等作为重点培训对象，采取理论学习和实操训练相结合、现场教学和外出集训相结合的方式，提升其大数据知识水平和业务能力，培育壮大大数据乡村基层服务队伍。[①] 加大激励措施，对示范带动作用发挥好、农民认可度高、专业技术过硬的信息技术人才进行奖励激励，造就一批稳定的数字化乡村人才队伍。

---

① 王波、孙一力：《大数据助力乡村治理现代化的实现路径》，《宏观经济管理》2021年第7期。

第 六 章

科学合理:乡村振兴战略中的现代化乡村治理方法体系

第一节 乡村治理方法体系的发展历程

乡村治理方法是国家治理体系必不可少的组成部分,乡村治理方法科学与否直接关系到乡村治理的高质量发展。在历史发展进程中,乡村治理方法不断变迁。乡村治理方法的历史变迁反映着我国乡村治理体系的不断完善与进步,治理能力的不断提高。在传统社会,乡村治理更多注重自治,给士绅和宗族留下了较大参与空间。作为介于国家和地方的群体,士绅既包括地方精英、告老还乡的官员,也包括德高望重的长者等。一方面他们依赖国家公权力来治理乡村社会,国家也通过士绅群体完成收取赋税等任务,帮助维护乡村社会稳定。另一方面,士绅拥有对乡村治理的非正式权力,依靠宗法制度和自身威望开展乡村治理,在处理地方事务上有着高度话语权。在传统社会中,士绅大多都受到儒家文化的熏陶,而儒家本身注重教育,他们掌握着乡村的礼法权力。[①] 以秦汉时期为例,士绅自治主要体现在十里一亭、十亭一乡,三老、啬夫、游徼等负责处理辖区范围内的公共事务,三老主要承担当地民风习俗教化,啬夫主要负责调解民事纠纷,并且向当地民众征收赋税,游徼则主要承担社会治安管理,打击违法盗窃行为。由地位较高的士绅构成乡村社会

---

① 薛晓阳:《乡村学校文化责任的历史变迁与教育回归》,《教育研究与实验》2022 年第 1 期。

中的权威,这些士绅大多是掌握乡村社会中的社会人文习俗,熟悉当地的民风民俗,最重要的是遵守法律法规、恪守规矩。[1] 士绅运用自身非正式权力治理乡村社会,通过伦理道德教化民众,促进乡村文化传承和发扬。在传统熟人社会,宗族长也拥有较高的社会地位,在传统社会治理中具有重要影响力。由宗族长或士绅根据宗法制度来制定社会规范,约束社会行为,处理社会纠纷,调解邻里矛盾,维护乡村社会秩序,促进社会稳定。总体来看,传统乡村治理不仅依赖正式制度,还依靠宗法族规等乡村自组织规范,乡村非正式制度在处理乡村事务、解决矛盾纷争、促进文化传承及经济发展等方面都发挥着重要作用,这些基于非正式制度规范衍生出来的具体治理方式是传统乡村社会自我治理的重要支撑。

中华人民共和国成立后,宪法、组织条例及地方规章是乡村治理的重要遵循,以此为基础乡村治理开启了法制化时代。新中国成立初期,为巩固新生国家政权基础,稳定社会秩序,亟待重构新型乡村治理体系。1950年《乡(行政村)人民政府组织通则》颁布,1951年废除了保甲制,在乡镇之下设行政村,行政村是乡村最基本的行政管理单元。另外,国家颁布了《土地改革法》,出台了《农民协会组织通则》和《关于划分农村阶级成分的决定》等规定,"通过国家政权在乡村社会末端建立起基层政权组织,将广大农民组织起来,将土地分配给无地、缺地、少地的农民"[2]。中华人民共和国成立初期,国家也颁布了一系列组织条例规范乡村治理。1952年,颁布了《治安保卫委员会暂行组织条例》,1954年《中华人民共和国宪法》颁布。在宪法指导下,广大农民积极参与乡村治理,开展乡村建设。1954年,国家还颁布了《关于健全乡政权组织的指示》,强调根据乡村建设实际情况来划分不同村级工作单位。1956年,颁布了《农业生产合作社示范章程》和《高级农业生产合作社示范章程》,国家权力开始广泛介入农村社会生活的方方面面,我国农村社会

---

[1] 王杨:《传统士绅与次生治理:旧基层社会治理形态的新考察》,《浙江社会科学》2020年第2期。

[2] 李华胤:《我国乡村治理的变迁与经验探析》,《毛泽东邓小平理论研究》2019年第5期。

呈现出"强国家—弱社会"的格局。[1] 随着合作化程度不断提高，1958年8月9日《中共中央关于农村建立人民公社问题的决议》颁布，提出建立人民公社，实现政社合一，"将各合作社与社员的一切生产生活资料归公社所有，实行由公社进行统一经营、统一管理、统一核算、统一分配的管理体制"[2]。截至1958年底，人民公社达到2.6万个，参加的农户占总数的99%。1962年9月，《农村人民公社工作条例修正草案》指出，推动人民公社体制建设，构建三级管理机制，促进人民公社体系化建设。在人民公社之下设置生产大队，由生产大队管理生产小队，生产小队是农村最基础单元，由生产小队负责乡村治理各项事务。在人民公社时期，农民高度集中化、生活集体化，农村治理体现出政治化特征。

改革开放后，在经济体制转换中人民公社解体。1980年2月，广西河池地区宜山县果作村选举产生了第一个村民委员会，开展造林大会战、修建码头和机耕路、集资解决村民用电等，村干部推进民主协商，谨慎开销，账目清楚，定期公开公示，干群关系融洽。[3] 与此同时，改革开放后国家恢复乡镇建制。1983年，中共中央、国务院通过了《关于实行政社分开建立乡政府的通知》，要求形成"乡镇—行政村—村民小组"的管理体制。[4] 1987年《中华人民共和国村民委员会组织法（试行）》颁布，提出把乡镇作为基层政权组织，村民委员会作为基层群众自治组织。由此，乡村治理进入"乡政村治"时代。改革开放后，农村受到了封建迷信、土地纠纷、生育乱象、催粮派款等威胁，因此乡镇政府承担着维持社会治安、促进社会和谐的职能；乡镇政府通过落实国家政策，负责当地的经济规划和乡村建设，从而推动市场经济秩序的稳定，推动乡村经

---

[1] 公丕祥：《新中国70年进程中的乡村治理与自治》，《社会科学战线》2019年第5期。

[2] 舒展、罗小燕：《新中国70年农村集体经济回顾与展望》，《当代经济研究》2019年第11期。

[3] 袁金辉、乔彦斌：《自治到共治：中国乡村治理改革40年回顾与展望》，《行政论坛》2018年第6期。

[4] 董帅兵：《中国共产党领导乡村治理的百年历程、基本经验与实践启示》，《西南民族大学学报（人文社会科学版）》2022年第3期。

济有序运行。① 当然，在税费时代，征收税费是乡镇政府的重要职能。经过十年试行后，1998 年，国家颁布实施了《中华人民共和国村民委员会组织法》，为村民自治提供法律指引。在法律指导下，由村民委员会带领广大村民开展自治活动，村民委员会还协助乡镇政府开展计划生育、赋税征收、土地流转等工作。在国家行政管理与村民自治协同配合下，我国乡村经济社会发展水平得到了明显提升。农业生产取得了很大进步，农林牧渔总产值从 1978 年的 1397 亿元增加到 2005 年的 39450.9 亿元；我国农村经济持续稳步发展，农民的生活不断得到改善，农村居民人均可支配收入持续增加，从 1978 年的 133.6 元/人增长到 2005 年的 3370.2 元/人。② 整体来看，改革开放以来，我国乡村治理主要体现为国家与社会共治特征。在党的有力领导下，乡镇政府指导下，以国家相关法律法规、组织条例等为依据，广大农民开展自我治理活动。乡镇政府基于国家法律规定，对乡村社会承担法定的行政管理与公共服务职能。

21 世纪以来，在现代化进程中乡村治理各种事务逐渐增多，人才外流严重，社会矛盾纠纷增多，对加强和改进乡村治理方法提出了新要求。在此背景下，各地都在实践中探索新的乡村治理方法。浙江省杭州市余杭区小古城村于 2005 年开始进行"众人的事由众人商量"的探索性实践，构建出协商民主的系统性制度，并得到了有效的运行。③ 实践中，我国乡村治理更多注重协商方式，民主评议会、民主听证会、民主协商会都是其中的典型协商载体。2008 年 10 月，中共中央通过《关于推进农村改革发展若干重大问题的决定》，提出建立健全村民自治体系，强化村务公开、财务监督、民主评议，推动民主治理和民主监督深入发展，不断完善基层群众自治制度，推进村民自治制度的规范化、程序化。④ 通过发

---

① 陈军亚、肖静:《从"乡政村治"到"乡村治理":政权建设视角下的农村基层政治变迁——对"乡政村治"框架的再认识》，《理论月刊》2022 年第 6 期。

② 丁志刚、王杰:《中国乡村治理 70 年:历史演进与逻辑理路》，《中国农村观察》2019 年第 4 期。

③ 郎友兴、万莼:《基层协商民主的系统构建与有效运行——小古城村"众人的事由众人商量"的经验与扩散》，《探索》2019 年第 4 期。

④ 公丕祥:《新中国 70 年进程中的乡村治理与自治》，《社会科学战线》2019 年第 5 期。

挥党领治理作用，建立健全村民自治民主协商机制，不断提高乡村自治活力，提高乡村治理现代化水平。在新的历史条件下，以民主协商为核心的各种治理方法在乡村治理实践中不断被创新出来，为乡村民主治理注入了活力。

在乡村建设与治理深入推进中，党和国家更加重视乡村治理体制探索和创新，注重乡村治理方法的科学性。2010年10月28日，全国人民代表大会常务委员会重新修订了《中华人民共和国村民委员会组织法》，进一步完善了村民自治体系和组织机构建设，严格规定村民委员会人员的产生与罢免等程序，加强村民自治的民主监督功能。① 促进村民自治进一步深入发展壮大，加强乡村基层自治的体系化、制度化建设。党的十八大报告明确指出，"健全基层党组织领导的充满活力的基层群众自治机制"②，推动了我国基层自治的进一步发展，通过不断完善村民自治的顶层制度设计，建设现代化的村民自治体系，为中国基层治理的深化与发展进一步明确了方向。随着我国的乡村治理体系不断完善，各地探索出了诸多乡村治理实践方法，例如积分制、清单制等。积分制主要体现在诚信档案、高福利激励、城市文明等方面。③ 清单制主要是通过制定小微权力清单来规范村级组织权力，强化村级事务公开透明，提高办事效率。宁海县在2014年3月，梳理并颁布了《宁海县村务工作权力清单三十六条》，通过制定小微权力负面清单制度厘清权力运行边界，规范权力运行，惩戒乡村微腐败问题。④ 安徽省天长市推行"清单+积分"的新型管理制度构建防治"小微腐败"监督机制，通过治理腐败净化了党的肌体，有利于发挥农村党员"肌体细胞"的职责职能作用。⑤ 在深入推进村民自

---

① 公丕祥：《新中国 70 年进程中的乡村治理与自治》，《社会科学战线》2019 年第 5 期。
② 张清：《习近平"法治国家、法治政府、法治社会一体建设"法治思想论要》，《法学》2022 年第 8 期。
③ 朱政：《"三治融合"乡村治理体系探索——以"积分制"治理为素材》，《湖北民族大学学报（哲学社会科学版）》2022 年第 4 期。
④ 张新文、张龙：《政党整合、群众路线与村治创新——基于乡村治理典型案例的讨论》，《华中农业大学学报》（社会科学版）2022 年第 2 期。
⑤ 张新文、张龙：《政党整合、群众路线与村治创新——基于乡村治理典型案例的讨论》，《华中农业大学学报》（社会科学版）2022 年第 2 期。

第六章　科学合理:乡村振兴战略中的现代化乡村治理方法体系　245

治进程中,浙江省嘉兴市桐乡市高桥镇越丰村 2013 年率先开展了自治、法治、德治建设试点,成立村级道德评判团,形成了"一约两会三团"为重点的"三治融合"新载体,充分发挥法治、德治在农村治理中的积极作用,获得党和国家的高度重视。2015 年中央一号文件提出:"要从农村实际出发,善于发挥乡规民约的积极作用,把法治建设和道德建设紧密结合起来。"① 在突出村民自治的同时,强调法律法规、村规民约的作用,为乡村法治建设创造了新的历史条件,从而推动乡村治理体系的发展。2016 年"中央一号文件"强调村民自治要在法律指导下开展,以此来不断探索基层党组织领导下的村乡村自治的实现形式,"发挥好村规民约在乡村治理中的积极作用"②。总体上来看,这一阶段伴随着村民自治机制的日益成熟,在自治基础上越来越强化法治、德治的作用,预示着我国乡村治理方法创新进入新阶段。

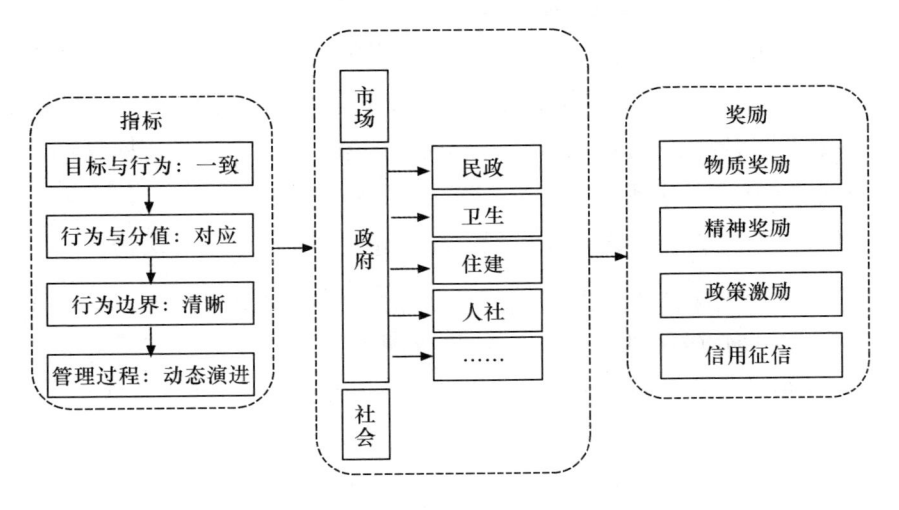

图 6-1　积分制的制度设计③

---

① 高其才、池建华:《改革开放 40 年来中国特色乡村治理体制:历程·特质·展望》,《学术交流》2018 年第 11 期。
② 高其才、池建华:《改革开放 40 年来中国特色乡村治理体制:历程·特质·展望》,《学术交流》2018 年第 11 期。
③ 刘雪姣:《从制度安排到实际运行:积分制的两难困境及其生成逻辑——基于鄂中 T 村的调研分析》,《甘肃行政学院学报》2020 年第 6 期。

进入新时代，我国乡村现代化水平不断提高，乡村治理方法发展也趋向体系化、系统化。党的十九大正式提出了乡村振兴战略，明确强调要"加强农村基层基础工作，健全自治、法治、德治相结合的乡村治理体系"[1]。我国的乡村治理方法呈现出多元化、系统化特点，在乡村治理中，越来越融入现代化、智能化因素，强调科技对加快推进乡村振兴的重要作用，推动乡村治理的现代化发展，打造乡村善治体系。《国家乡村振兴战略规划（2018—2022年）》中要求，坚持自治为基、法治为本、德治为先。[2] 在基层党组织领导下，推动乡村基层自治不断完善和创新，从而建立健全富有生命力的村民自治体系。与此同时，随着信息技术的不断发展进步，在强调自治、德治、法治三治融合基础上，乡村治理也非常注重信息技术的运用，各地开启了"互联网+乡村治理"的有益探索，乡村智治成为乡村治理的又一重要方法。2019年，中共中央、国务院发布的《数字乡村发展战略纲要》明确将数字乡村作为乡村振兴的战略方向。[3] 互联网、物联网、大数据等数字技术被运用到乡村产业发展中，乡村数字化、信息化建设为乡村振兴提供新路径。例如，江苏省丰县将数字化与现代农业相结合，先后成为国家"互联网+"农产品出村进城试点、国家数字乡村拟试点示范县。[4] 技术支撑推动产业振兴不断发展，促进乡村治理体系现代化发展。在党建引领下，自治、法治、德治、智治、科技支撑的多元治理方法是实现乡村善治目标，开创乡村建设的新局面，不断推动乡村治理稳步发展的必要条件。

---

[1] 周德祥：《乡村"三治"建设中农村基层党组织组织力提升路径探析》，《中州学刊》2021年第8期。

[2] 李燕凌、陈梦雅：《数字赋能如何促进乡村自主治理？——基于"映山红"计划的案例分析》，《南京农业大学学报》（社会科学版）2022年第3期。

[3] 李翔、宗祖盼：《数字文化产业：一种乡村经济振兴的产业模式与路径》，《深圳大学学报》（人文社会科学版）2020年第2期。

[4] 唐文浩：《数字技术驱动农业农村高质量发展：理论阐释与实践路径》，《南京农业大学学报》（社会科学版）2022年第2期。

第二节 乡村振兴战略对治理方法体系提出的新要求

进入新时代,我国现代化进程中乡村社会发生了深刻变革,我国乡村治理进入新阶段,要不断推动治理方法的多样化、体系化、科学化发展,实现乡村治理工具的现代化创新。随着我国乡村建设向纵深处推进,需要不断创新乡村治理方法,促进乡村治理能力不断提高,加快乡村治理转型升级。

一 治理方法多样化

进入新时代,我国乡村振兴战略也迈入了新阶段,更加突出多样化的治理方法。在乡村治理中,坚持精准施策、综合施策要求改变传统单一的治理方法,推进治理方法多样化。乡村振兴战略的实施,要不断推进方法创新,根据乡村社会的实际情况探索多样化的治理方法,促进乡村治理机制的不断完善。坚持治理方法多样化是推动乡村地区经济、政治、文化发展的客观要求。党的十九大报告提出,实施乡村振兴战略要坚持治理有效,治理有效需要提高治理方法的针对性和有效性。在乡村振兴战略实施过程中,我国乡村城镇化水平不断提高,数字化和现代化建设进程加快,但是由于我国乡村地区仍然存在发展不平衡、不充分的问题,乡村治理方法单一,治理过程缺乏系统性。现代乡村治理需要积极探索乡村治理新模式,推动治理主体、治理机制、治理功能多元化发展,加快实现自治、法治、德治、智治的有机融合,为乡村振兴提供更多有效的方法和策略。在信息化时代,融入数字化元素,推动科学技术与乡村治理相融合,更加有利于推动乡村经济社会发展,提高乡村城镇化水平,加快农业农村现代化进程。在实践中,诸多地区就十分注重通过治理方法的多样化发展推动乡村治理科学化,例如积分制、清单制等就是典型代表。浙江省平湖市作为民政部确认 48 个全国首批农村社区治理实验区之一,在乡村治理中,创新推出了"积分+分红"的治理方式,坚持基层党建引领,促进乡村治理方式的不断推广。将积分制融入自治、法治、德治之中,2020 年,该做法入选中央农村工作领导小组办公室、农业农村部"在乡村治理中推广运用积分制"首批典型案例。① 由此，广大农民参与乡村治理的积极性不断提高，为乡村治理方法提供了经验和借鉴。实现乡村治理方法多样化，能够为乡村振兴提供策略支持，为乡村治理营造良好氛围，推动多元主体共同参与。在坚持党建引领下，不断完善乡村治理体系建设和工作机制，推动乡村治理方法多样化、系统化发展，提高乡村治理能力和水平，对于实现乡村治理有效、推动乡村振兴具有重要意义。

二 治理方法体系化

治理方法体系化，就是要在党建引领下坚持多种方法的有机融合，"通过多元治理方法协同产生治理效果倍增的复合效应，才能更好地推动实现乡村善治的现代乡村治理目标"②。在乡村治理中，体系化要求以数字化、信息化的现代科技为支撑，通过自治、法治、德治、智治的有机结合，加快实现乡村治理现代化进程，并为乡村振兴战略的实施提供支撑。新时代，乡村治理方法呈现出体系化特点，国家越来越强调将乡村建设中实现三治融合，并通过技术赋能助力乡村振兴。推动现代乡村治理体系的建设是国家和社会关系变革外部驱动、乡村治理结构内源优化和围绕着新时代"以人民为中心"价值立场生成的新逻辑结构。③ 从现实来看，自治是乡村治理的基础工程，法治可以为自治、德治提供法律保障，德治是价值引领，三者相互联系、相互支撑，共同促进乡村治理体系的完善。随着现代化不断发展，数字治理越来越成为一种新型的治理方式，基于信息技术支撑的数字乡村、智能农业蓬勃发展。在乡村治理中，越来越强调数字乡村建设，将智能化融入乡村治理体系中，推动治理现代化建设。2021年，广东省梅州市蕉岭县入选第三批全国乡村治理

---

① 《"小积分"撬动"大治理"浙江平湖开启乡村治理新模式》，https://xw.qq.com/cm-sid/20211026A07ORW00，2022年8月18日。

② 邱春林：《新时代乡村治理体系现代化的路径选择》，《中南民族大学学报》（人文社会科学版）2023年第1期。

③ 张明皓：《新时代"三治融合"乡村治理体系的理论逻辑与实践机制》，《西北农林科技大学学报》（社会科学版）2019年第5期。

典型案例，同时也是全国乡村治理体系建设试点单位。蕉岭县紧扣"三治融合"治理体系建设总目标，在全面梳理先前改革成果的基础上探索实施了"支部引领、多元共治、全要素联动"的乡村治理机制，着力挖掘内生治理资源、提升内生治理效能，扎实推进试点工作，探索形成了"一个支部管事、一张清单明事、一套机制议事、一个地方说事、一种方法评事、一揽子改革解难事"的"六事"乡村治理形式。① 这些地区的做法对于我国乡村地区的治理提供了重要借鉴意义。进入新时代，需要不断完善自治、法治、德治、智治相融合的乡村治理方法体系，发挥基层党组织引领作用，打造协同共治治理格局，推动乡村治理法治化、规范化和有序化，坚持以德治村、以礼治村，培养乡村社会良好风尚。运用科学技术为乡村振兴赋能，将智治引入乡村治理中，坚持以科技为支撑，不断加强乡村振兴体系化、制度化、智慧化建设，提高乡村治理信息化水平。

三 治理方法科学化

治理方法科学化是乡村振兴战略下现代乡村治理的一个新要求，乡村治理方法科学化，要求在乡村振兴战略导向下，遵循乡村发展的运行规律，根据各地实际情况选择缜密协调、低耗高效的科学方式，有针对性加强和改进治理，以实现乡村地区系统化、精细化治理。不讲科学的治理方法，不仅无法取得理想的治理效果，还可能加剧影响乡村治理中的薄弱环节。② 进入新时代，随着我国乡村产业结构调整和社会结构转型，简单的规则建设思路已经不能够完全满足乡村治理需要，需要借助理性化的技术工具，用科学的方式推动乡村治理实践，利用现代化信息技术和数字化管理提高乡村治理能力，推动乡村振兴科学化、合理化。另外，通过建立精准、量化的信息平台和监督反馈体系，确保乡村治理的合理化、高效化、精细化，保障乡村地区的持续健康发展。乡村振兴

---

① 《广东省蕉岭县创新"六事"治理方式提升乡村善治效能》，http://www.hzjjs.moa.gov.cn/xczl/202105/t20210518_6367916.htm，2022年8月18日。

② 周定财：《中国共产党乡村治理的百年回望及经验启示》，《北方民族大学学报》2021年第5期。

战略下的产业兴旺强调以乡村整体价值和村民利益为准则，开发乡村各类资源，形成符合乡村发展特点和规律的乡村经济结构和产业发展，生态宜居则是要打造环境优美、生态宜人的现代化乡村，贯彻落实"绿水青山就是金山银山"的理念，乡风文明就是以党组织为基础，打造乡风文明、文化繁荣的现代乡村，治理有效则是强调用现代治理理念来重塑乡村治理生态，实现三治有机融合，乡村振兴的实施效果要用农民生活富裕程度来评价。① 在乡村振兴战略实施中，要坚持治理方法科学化，尊重客观规律，提高治理精度。福州市晋安区寿山乡九峰村是全国第二批全国乡村治理示范村之一，依托于当地独特的地理位置和历史悠久的文化传统，遵循当地发展的客观规律。认真践行"绿水青山就是金山银山"的理念，因地制宜，精准施策，找准方向，持续发力，全力缔造新时代新农村"共谋、共建、共管、共评、共享"美好环境与幸福生活的九峰样板。② 由此，为乡村治理方法科学化打造了新样板，促进乡村振兴战略有序开展。总之，只有坚持治理方法科学化，才能够推动乡村振兴提质升级，增强广大农民群众幸福感、获得感、安全感，才能够更好完善乡村治理体系，推动乡村治理更加有效。

四 治理工具现代化

在乡村治理体系现代化进程中，乡村治理工具的作用日益凸显，直接关系着我国乡村治理的现代化水平。国家顶层设计从宏观上指明了乡村治理的发展方向，2018年中央一号文件第一次正式提出了"数字乡村"的概念。2019年《数字乡村发展战略纲要》提出，推动乡村治理体系的数字化发展，创新乡村数字治理的制度建设，跨越中国城镇发展的"数字鸿沟"，培育信息时代下的新型农民。2020年，随着我国数字乡村工程建设的加速实施，相继出台了《数字农业农村发展规划（2019—2025年）》和《2020年数字乡村发展工作要点》，我国乡村的信息化进程加

---

① 沈费伟、叶温馨：《数字乡村建设：实现高质量乡村振兴的策略选择》，《南京农业大学学报》（社会科学版）2021年第5期。

② 《晋安区寿山乡九峰村实施乡村振兴典型案例》，http://nyj.fuzhou.gov.cn/zz/xxgk/xncjs/201910/t20191011_3056614.htm，2022年8月18日。

速，农业农村的数字化转型态势更加明显。① 数字化的作用日渐凸显，不断促进治理工具在乡村治理现代化中的运用。虽然我国整体数字产业建设不断提升，但是乡村数字产业发展仍然存在诸多不足。实现乡村治理现代化，推进乡村高质量振兴，必须让技术赋能。如海南省琼海市作为2020年国家数字乡村试点地区，通过运用现代化的信息技术，推动乡村基础设施建设的数字化、智能化转型。在城乡交通网络、乡村慢道、街区改造和旅游服务设施建设等方面，积极推动5G全覆盖，推动了智慧交通、智能电网等的建设。② 由此，极大提升了琼海市基础设施建设水平，进一步促进了数字产业链的发展，改善了乡村生态环境，带动乡村旅游服务产业的快速发展。乡村社会形态的巨大变化和乡村振兴的现实需要，加速了乡村治理工具现代化发展趋势。进入新时代，乡村内外潜在不稳定因素增加，加剧了乡村治理格局的复杂性和不确定性，社会开放性、流动性冲击着原本封闭环境下的乡村治理形态，这些都对革新治理工具以适应现代化乡村治理发展提出了新要求。与此同时，大数据、物联网、5G、人工智能等科学技术的迅猛发展和经济水平快速提高，为乡村治理工具的现代化发展提供了可行性。运用现代化治理工具，推动数字生产、数字生活发展，可以有效畅通基层治理的"最后一公里"。在推进乡村振兴战略中，国家具有强大的科技实力和充足的人力物力资源为乡村治理工具现代化发展提供技术支撑和经济基础，坚持治理工具现代化，用数字赋能乡村发展，积极探索数字乡村建设新模式，既是乡村振兴的客观要求，也是时代发展的必然选择。

第三节 乡村振兴战略中的乡村治理方法 创新遵循的基本原则

我国始终在坚持加快推进农业农村现代化进程中积极探索新的治理

---

① 张蕴萍、栾菁：《数字经济赋能乡村振兴：理论机制、制约因素与推进路径》，《改革》2022年第5期。

② 程叶青等：《海南省新型城镇化发展模式及驱动力分析——以琼海市为例》，《地理科学》2019年第12期。

方法，推动乡村治理体系和治理能力现代化。科学有效的乡村治理方法是实施乡村振兴战略的关键环节，对于构建文明和谐的新时代乡村具有重要意义。正如党的二十大报告指出的，"只有用普遍联系的、全面系统的、发展变化的观点观察事物，才能把握事物发展规律"。当代乡村治理方法的选择必须把握乡村治理发展一般规律，用普遍联系的观点、全面系统的观点、发展变化的观点看待乡村治理问题。要在"以人民为中心"的价值导向指引下，将正式规则与非正式规则、传统工具与现代化工具、国家建构与乡村内部创制相结合，实现法治基础上的多元治理方法融合，推动乡村治理的现代转型。

一　正式规则与非正式规则相结合

规则，是得到大多数人同意，被制定出来由大家共同遵守的制度规范，是一种秩序的型构，具有较强的约束性和普遍性。乡村治理规则是乡村治理过程中所有成员都需要遵循的条例或章程，既包括正式规则，也包括非正式规则。乡村治理中的正式规则是以成文规定的形式公布的法律、法规、条例等，并依靠国家外在强制力施行，具有稳定性、权威性和普适性，奠定了不同历史时期乡村治理的重要法治基础。非正式规则是数千年来传统乡村治理实践中沿袭下来的村规民约、风俗习惯、宗法族规、礼治惯例等规范，其形成有赖于乡村场域内共有的知识图式、行为模式和生活信念，依靠广大农民对村落文化传统的尊崇心理、情感认同和习惯沿袭而施行，具有特殊性和灵活性。虽然不同地区治理模式不尽相同，但都无法从根本上摆脱传统礼治秩序、风俗习惯的影响，在乡村治理中非正式规则成为正式规则的有益补充。2020年3月，党中央出台的《关于加强法治乡村建设的意见》指出："充分发挥村规民约在乡村治理中的作用"[1]，这为非正式规则在现代乡村治理中的运用提供了重要基础。正式规则与非正式规则互为补充，在实现乡村善治、推进乡村振兴中发挥重要作用。在实践探索中，诸多地区正是将法律法规与村规民约相结合，将村民自治与依法治村相结合，成功解决了广大农民日常

---

[1] 马宇蕾：《乡村治理现代化的法治路径及其优化》，《理论导刊》2021年第7期。

生产生活中面临的各种问题。乡村治理规则是推进乡村治理现代性转型的重要内容，我国广大乡村地区文化传统、风土人情各具特色，乡村治理结构极具复杂性和变动性。因此，正式规则与非正式规则相结合是乡村治理的必要原则，亦即当代中国乡村治理应依靠国家权力所构建的法理规则、社会权力所培育的自治规则以及乡村文化所塑造的礼俗规则。[1]要实现乡村振兴，推动乡村治理现代化发展，需要遵循正式规则与非正式规则相结合的原则，实现功能互补，使治理规则兼具普适性与特殊性，促进乡村治理高效运转，对于维护乡村社会稳定具有重要意义。

二 传统工具与现代工具相结合

现代社会治理离不开多元治理工具的共同作用。在当代，传统工具依旧在乡村治理中发挥着重要作用，成为最普遍、最基础的治理工具。与此同时，伴随着乡村振兴战略的深入推进，现代乡村治理中的技术应用日益广泛。现代工具体现为大数据分析、数字化管理等科技赋能的治理方法。随着经济社会的发展，乡村现代化治理工具也得到迅猛的发展和应用，逐渐渗透进乡村治理的各个环节，尤其是科学技术、公共管理技术和民主参与技术不断运用到乡村治理中，推动着乡村治理越来越智慧化、精细化、现代化。[2] 传统工具与现代工具在乡村治理中都具有不可替代的作用，传统治理工具能够为乡村治理提供基本的规则约束和治理经验参考，现代治理工具则为乡村治理提供更便捷的管理与服务平台和量化标准。离开了法律规范、礼俗秩序等传统治理工具，乡村治理则会因为缺少规则约束而无法正常运转；离开现代治理工具的，传统乡村治理工具又会放大"熟人社会"乡村公共决策过度依赖经验和血缘、地缘关系形成的社会网络、过度依赖村干部个人能力和经验弊端，难以保障决策的公平性、准确性。此外，"城市化"冲击下，传统治理工具不能完全适应现代乡村发展要求，深受时间和空间限制的传统治理手段缺陷不断显现出来。乡村振兴背景下，迫切需要发挥现代治理工具作用，实现

---

[1] 唐惠敏：《中国乡村治理规则的现代性构建》，《理论导刊》2020年第7期。
[2] 冀鹏、马华：《现代性构建中的乡村技术治理演化逻辑》，《行政论坛》2022年第2期。

治理场域由现实空间向网络空间过渡，夯实乡村振兴的基层基础，巩固"有效治理"的基石。乡村振兴战略下的治理方法应当遵循传统工具与现代工具相结合的原则，既要继承传统治理方法，又要勇于技术创新，依托互联网、大数据、人工智能等现代科学技术发展更为先进的治理工具，通过技术赋能，将科技融入乡村治理中赋能乡村振兴与基层治理。

三 国家建构与乡村内部创制相结合

乡村振兴战略要求在乡村治理中逐步实现治理有效目标，乡村治理方法应当遵循国家建构与乡村内部创制相结合原则。在不断推进乡村治理中，在强化国家建构的前提下更要突出乡村内部创新。乡村治理方法的制定不应当仅仅体现为国家或政府主导，而应包括各种利益相关主体，特别是重视乡村内部创制。换言之，"共建共治共享"的社会治理理念要求乡村治理方法遵循国家建构与乡村内部创制相结合的原则。国家通过政策、资源、制度对乡村社会进行整合，能够有效动员社会主体共同参与乡村建设，合理分配乡村资源，充分发挥乡村内部创制的优势。乡村地区本身就具有地方特色，乡村治理方法也展现出地方特点，在长久的治理实践中，广大农民群众也形成了对内生制度的情感认同。仅仅依靠国家建构的治理方法无法有效契合地理位置差异、文化差异甚至民族差异下复杂多样的乡村现实，无法在乡村场域达到理想的治理效能。兼顾国家建构与乡村内部创制是保障乡村社会秩序稳定，实现乡村治理有效的基本原则。通过国家基础性权力建设、乡村公共话语体系建设，增强国家自主性和乡村社会的发展能力，既能够保障国家建构顺利开展，又可以维护农村内部秩序稳定，增强农村建设的生命力，当国家权力逐步脱离农村后，通过调整农村内部权力结构和非正式机制，推动农村社会秩序的稳定，促进乡村治理能力逐步提升。[①] 提高乡村建设的现代化水平，要根据乡村当地实际情况，探索符合当地特色的治理方式，遵循乡村社会治理规律，打造符合乡村治理规律的内部创制机制。实现国家建

[①] 孙强强、李华胤：《乡村弹性化治理：一个概念性框架及其三重维度——基于"国家—社会"关系历史演进的考量》，《南京农业大学学报》（社会科学版）2021年第1期。

构与乡村内部创制相结合，建立健全顶层设计机制，鼓励地方创新，不断调动农民群众积极参与的主动性。国家宏观政策和乡村治理现实都决定了乡村治理方法应当将国家建构与乡村内部创制相结合，为实现治理有效提供制度保障和现实基础，为乡村振兴战略目标的有效实现提供相应条件。

四 法治基础上多元治理方法相融合

2018年中央一号文件对"构建乡村治理新体系"作出总体部署，强调将村民自治、法治村庄建设、提高村民道德标准作为推进三治融合的政策措施，推动乡村多元治理方法相融合。中共中央、国务院印发的《乡村振兴战略规划（2018—2022年）》则对促进自治、法治、德治有机结合的具体实践作出战略安排。2020年颁布的《关于加强法治乡村建设的意见》全面分析了乡村法治化建设所蕴含的9个方面内容，着重强调乡村振兴的法治化发展，推动数字法治乡村建设。在乡村治理中，要坚持法治基础地位，在遵守法律法规基础上通过法律约束保障乡村振兴中多元治理方法融合。从治理方法体系的逻辑上看，"自治"、"法治"、"德治"以及"智治"等诸多治理方法都是乡村治理实践的重要方法，是乡村治理方法体系中不可或缺的构成要素，多元方法相互配合也彼此制约。其中，法治要求通过法律法规来约束乡村治理行为，稳定乡村秩序，提高乡村治理的规范性。法治在乡村治理中具有普适性和普遍约束性，"自治""德治""智治"的实现都应当以"法治"框架为基础。实现手段合法的有效自治离不开法律条例的指引；实现程序正当的有效德治不能缺少法律规范对德治主体的约束；实现安全高效的"智治"也必须确保一切技术的应用和信息的获取均在法律界定的范围之内。通过法治约束来稳定乡村秩序，为乡村振兴提供基本遵循。在实施乡村振兴战略中，"法治"是实现"自治""德治""智治"相结合的制度保障，同时也是推进现代乡村治理体系的法律基础。实现多元治理方法相融合必须充分发挥法治在乡村振兴中的重要作用，促进乡村治理的有序发展，探索法治基础上的多元方法相结合的治理路径。实现乡村治理现代化发展，需要在法治基础上促进乡村多元治理方法的有机融合，不断促进乡村治理的法治化水平,为乡村振兴提供方法指导。

五 以人民为中心的价值导向

实施乡村振兴战略是以人的解放与发展为最高价值追求。2022 年中央一号文件明确指出,要落实乡村振兴为农民而兴、乡村建设为农民而建的要求。① 乡村振兴战略强调要坚持农业农村优先发展,保障农民主体地位,坚持人与自然和谐共生,都要遵循以人民为中心的价值取向。以人民为中心更加强调治理成果的"民享",更加突出美好生活需要合理性的"民生"。② 乡村振兴战略下,乡村治理方法也应当以促进人的解放和自由全面发展为旨归,坚持农民主体地位。坚持以人民为中心是实现全体人民共同富裕的基本要求,是乡村振兴要坚持的基本原则,这也是"三农"工作的重中之重。马克思认为人的本质应该是自由的,自由发展及个体解放是人类社会的终极价值目标追求,人类社会不断发展的过程,也是个体不断冲破各种束缚,追求自由发展的过程。③ 治理方法既是约束人无限自由的方法,同时也是保障人的自由发展的方法。人的自由实现以各种治理规则和方法为保障,正如贡斯当指出,"对人而言:自由是受规则约束的权利"④。一方面,乡村治理方法能够为个体的解放和自由全面发展提供条件,维护乡村地区的社会秩序,协调乡村中的各种人际关系和社会关系。依托科学的现代化治理方法,实现乡村地区长治久安,为个体解放和完善自我提供安全稳定、开放包容的社会环境。乡村振兴战略紧紧围绕人民为中心的发展理念,紧扣乡村振兴的经济建设思路,根本目的在于实现改革发展的成果由全体人民群众共享。⑤ 另一方面,乡

---

① 贺奋清:《新时代乡村生态资本化:理论演进及实践理路》,《经济问题》2022 年第 7 期。
② 张明皓:《新时代"三治融合"乡村治理体系的理论逻辑与实践机制》,《西北农林科技大学学报》(社会科学版)2019 年第 5 期。
③ 李增元:《农村基层治理单元的历史变迁及当代选择》,《华中师范大学学报》(人文社会科学版)2018 年第 2 期。
④ [法]邦雅曼·贡斯当:《古代人的自由与现代人的自由》,上海人民出版社 2005 年版,第 26 页。
⑤ 左停:《乡村振兴战略背景下农村社会救助的统筹谋划》,《人民论坛·学术前沿》2021 年第 20 期。

村治理方法使国家、个人、社会建立起更加密切的共同体治理关系。能够使个体在参与社会治理的过程中施展个人才能，为个体能力的发展和个体社会价值的实现提供场域。新时代乡村振兴战略实施的关键在农民主体作用的发挥，激发广大农民的积极性，激活乡村内部的集体作用，从而实现乡村内部动力与外部驱动不断融合发展，坚持农民在乡村振兴中的主体地位，发挥农民在乡村治理中的重要作用，才能为农村经济和社会发展提供动力支持。[1] 在乡村振兴中要坚持以人民为中心的价值导向，坚持农民主体地位，坚持一切为了人民，从而不断提高广大农民参与乡村治理的积极性，满足广大人民群众的现实需要，提升广大农民群众对乡村建设的幸福感、依赖感、获得感。

第四节　乡村振兴战略中的乡村治理方法体系构成

随着中国特色社会主义进入新时代，构建科学合理的乡村治理方法体系是时代发展的必然要求。总的来说，需要在党的全面领导下，在技术赋能下，构建自治、法治、德治、智治等多元治理方式相融合的治理方法体系。多元治理方式既能紧密结合又能相互独立发挥作用，对乡村振兴的发展提供方法指导。

一　自治基础

随着乡村振兴战略的持续推进，自治在保障广大农民群众基本权益，应对乡村治理难题，形成和谐有序的治理格局中发挥着重要作用。自治是法治、德治、智治等多元乡村治理方法建设的基础，没有完善的自治作基础，法治将失去其目标和意义，德治建设将无法培育出全面发展的个人，智治也将难以在乡村社会发挥效用。自治是乡村振兴的题中应有之义，也是推进乡村振兴战略的重要力量。从管理民主到治理有效，乡村振兴为自治提出了新要求，自治被赋予新内涵。相较于传统的村民自

---

[1] 胡博成、朱忆天：《培育"中坚农民"：新时代乡村振兴内生动力机制建构研究》，《现代经济探讨》2022年第6期。

治，乡村振兴战略中的自治被赋予了新的时代内涵，其更加适应新的时代发展要求，更加注重提升村民参与度。其中，治理形态、自治主体、自治规则、自治方式、自治目标都被赋予新的内容。从治理形态来看，从民主治理走向治理有效，自治形态越来越多样，治理方法不断创新，其内涵意蕴更加丰富，人民当家作主的实践更具价值。乡村振兴战略充分肯定了农民的主体地位。从自治规则来看，乡村振兴战略中的村民自治既受到《中华人民共和国乡村振兴促进法》《中华人民共和国村民委员会组织法》等外生性规则的制约，也受到村规民约、风俗习惯等内生性规则的约束，通过二者的共同约束，从而推动村民自治的有序发展。从自治方式来看，乡村振兴中的村民自治形式更加多样，除了通过村民会议、村民代表会议行使权力外，实践中创新的"村落理事会""村落夜话""民情夜访""时间银行""邻长制""清单制"等诸多新型治理模式进一步夯实完善了村民自治。如，湖北省秭归县取消了村民小组，重新划分村落，建立村民理事会，设置"两长八员"的治理结构，作为村落的治理组织，具有决策、执行和监督功能，丰富了自治的方式，提高了乡村治理的效率。[①] 从自治的目标来看，实施乡村振兴战略的根本目标是满足广大农民群众对美好生活的追求，在乡村振兴中，首先要激发农民群众参与乡村治理的积极性，发挥农民群众在乡村振兴中的重要作用。实现乡村治理有效，推动乡村全面振兴成为村民自治新的价值追求。

从乡村治理的实践来看，乡村振兴战略中的村民自治不仅仅是基层民主的提升，也涉及乡村振兴中的产业发展、人才引进、环境整治等方面内容。在乡村治理中，越来越强调与乡村振兴相结合，激活村民自治内生动力。乡村振兴中的村民自治制度有着更广阔空间和更丰富内容，自治既是乡村治理体系的基础，又是乡村振兴战略的重要治理方法，有效的基层治理能够推动乡村振兴的顺利实施，为乡村振兴提供支撑。乡村振兴战略也对村民自治提出了新的价值要求，为村民自治的发展提供了新机遇。乡村是现代化治理的重要场域，持续推进乡村治理稳步发展

[①] 邓大才：《中国非正式治理的兴起：村民理（议）事会的政治起源》，《东南学术》2022年第4期。

离不开村民自治主体地位。坚持自治主体地位,激活基层自治潜力,推动多元主体协商共治,才能够更有效推动乡村振兴战略的实施,推动乡村治理的现代化、智慧化发展。乡村振兴与村民自治相辅相成,通过将村民自治嵌入乡村振兴中,实现乡村振兴与村民自治的有机融合。同时,乡村振兴战略的提出为村民自治带来了新的发展契机和实践空间,村民自治又是乡村振兴顺利开展的必然要求,为乡村振兴奠定了制度基础,两者之间相互促进,有着共同的价值追求和根本目标。① 乡村振兴战略必然需要在乡村落地,而村民自治则是贯彻落实乡村振兴的重要治理方法,针对乡村振兴过程中的产业发展、生态环境、文明乡风等问题,要求不断完善基层群众自治,强化基层党组织建设,坚持乡村治理的民主协商原则,补齐乡村振兴的短板,推动乡村振兴战略的真正实现。进入新时代,我国乡村社会发展进入了新阶段,尤其是在全面建成小康社会后,乡村振兴的主要任务是实现乡村社会的可持续发展,必须贯彻落实基层群众自治制度,坚持自治在乡村治理中的基础地位,激活村民自治的内在动力,提高基层自治的水平,建立健全基层自治体系,推动村民自治的现代化建设。乡村振兴为基层自治提出了更高要求,坚持自治作为乡村治理的基础是实现乡村振兴的内在选择和必由之路,坚持基层自治和乡村振兴有机结合,从而更好推动乡村振兴,实现乡村善治目标。

二 法治保障

法治,即依法治理。法律思维,通常是底线思维。从我国乡村治理的历史经验来看,党和国家历来重视乡村治理的制度化和法治化建设,坚持用法律法规来保障和约束乡村。在我国基层治理中,对于国家的各项政策的实施存在着执行不严等问题,乡村仍然缺少法治生态。② 法治是乡村治理有效的根本保障。通过法律的公正性、正义性,能够有效维护乡村地区的稳定,打击乡村治理中的违法犯罪行为,坚持依法治村,运

---

① 黄博:《乡村振兴战略与村民自治:互嵌、诉求与融合》,《求实》2020 年第 1 期。
② 杨临宏、赵申:《乡村振兴背景下法治乡村建设的行动逻辑和范式转换——基于云南省景东县"六八四"治理模式的分析》,《云南师范大学学报》(哲学社会科学版)2022 年第 3 期。

用法律维护乡村治理的公平正义。[①] 依法治理是维持乡村社会秩序，维护社会稳定的法律基础，通过依法治理，能够确保村民权利的有效行使，提升村民参与乡村振兴的主体意识。法治对乡村振兴的深入推进发挥重要作用，推进乡村法治框架、法治机制不断完善，促进乡村法治体系建设，保障乡村建设在合法合规的道路上推进。我国历来重视乡村法治建设，尤其是进入新时代，我国加快完善乡村法治体系，强化法治在乡村治理中的保障作用。2020年中央全面依法治国委员会颁布的《关于加强法治乡村建设的意见》，明确指出建设法治乡村的重要性，强调在乡村治理中更加重视法治的基础地位，对法治乡村建设进一步做出了具体部署。国家通过颁布法律明确了多元治理主体在乡村治理和乡村振兴中的角色和分工，划定了各方的权利与义务，如国家修订了《中华人民共和国村民委员会自治法》保障村民自治权利，出台了《中华人民共和国乡村振兴促进法》，明确各级政府和政府部门在乡村振兴中的职责，颁布了《中国共产党农村基层组织工作条例》《中国共产党农村工作条例》，规范党的农村基层的组织建设。在乡村治理中，需要通过法治赋能乡村建设，加强乡村治理的法治化发展，运用非正式规则引导各类主体依法参与乡村治理，促进法律法规与村规民约相结合，引导社会主体积极参与乡村建设。另外，在乡村治理中，需要不断完善公共法律服务体系，加强乡村法治建设，打造法治乡村的新样板，为乡村治理提供法律规范，实现乡村振兴中的治理有效。

在乡村治理中，法治是自治、德治、智治的法律保证，也是乡村振兴顺利实施的价值支撑。乡村振兴中的法治涉及立法、行政、司法等各个方面，为推进乡村治理体系和治理能力现代化提供法律保证。乡村振兴的法治化建设包括涉农领域立法、涉农行政执法、乡村司法保障、法治宣传教育、乡村公共法律服务、乡村矛盾纠纷化解和平安建设机制、乡村依法治理、数字法治·智慧司法、法治乡村示范建设等9个重要任

[①] 李小伟：《"三治融合"创新农村社会治理体系》，《经济问题》2021年第10期。

务。① 各地在实践中不断探索乡村法治建设新思路。2020 年以来，云南省普洱市景东县充分发挥法治在乡村振兴中的主导地位，提出了"六八四"的法治乡村治理方式，从而打造了"云南样板"，为乡村法治体系不断完善提供了借鉴。将基层治理中的法治工作具体化，构建责任清单制，广大农民可以充分体会法治带来的积极作用。② 在乡村振兴中，需要不断完善基层法治体系，为乡村振兴提供法治保障。通过法律对经济文化发展、生态文明、生活富裕进行规范，完善乡村振兴中的顶层设计和各方面的法律制度，为农村治理提供法律支撑。在乡村振兴中，通过发挥法治的保障作用，不断完善基层立法、执法、司法，强化基层法律制度建设，加强基层法治宣传教育，以提高乡村治理的法治化水平，强化依法治村的权威性，确保乡村治理的有序发展。

三 德治先导

我国历来具有"礼法并治"的传统，德治的教化作用历来都受重视。乡村德治就是把德治思想运用到乡村治理中，以传统美德教化和正确的价值观教育引导民众崇德向善，在乡村形成良好文明风尚的治理方法。当下，乡村地区依旧是传统文化的主要承载主体，道德评价在乡村社会中依旧具有很强的威慑力和约束力。德治是实施乡村振兴战略不可忽视的因素，能够发挥"春风化雨"式的教化作用，为乡村创设良好的道德文化环境，弥补自治、法治的不足，促进多种治理方法的融合。乡村优秀传统文化的继承发扬和社会主义核心价值观的培育，是重塑乡村德治文化，建设乡风文明的重要内容。

总体来看，在乡村振兴战略中德治主要包含两方面的内容和功能。一是加强村民自治有效性，弥补法治效力不足，推进乡村治理有效；二是传统文化的创新性发展，助力乡风文明建设。从推进乡村治理有效来看，乡村振兴中自治的实现需要通过德治整合民众价值观，约束民众行

---

① 徐婧：《"三治融合"乡村治理体系的"法治"进路》，《华中农业大学学报》（社会科学版）2022 年第 1 期。
② 杨临宏、赵申：《乡村振兴背景下法治乡村建设的行动逻辑和范式转换——基于云南省景东县"六八四"治理模式的分析》，《云南师范大学学报》（哲学社会科学版）2022 年第 3 期。

为。在传统乡土文化滋养下生成的共同价值观念和道德标准，是乡村社会形成凝聚力、向心力的基础，是推进自治有序进行，维持社会和谐稳定的必要条件。促进道德规范这一柔性力量与自治章程、村规民约之硬治理相融合，不断强化广大农民群众的村庄共同体意识、乡土情怀、归属感与责任感是乡村德治的关键。同样，乡村振兴中法治的实现也需要德治作补充，法治具有刚性有余、柔性不足的缺点，而德治则能因地制宜在乡村治理的方方面面发挥约束与规范作用，成为法治的补充。从培育乡风文明层面来看，在人口流动加速、农村"空心化"问题加剧、村民原子化程度加深背景下，乡村传统文化的继承与发展受到影响。同时，互联网和大众传媒的普及导致城市文化入侵乡村社会，对乡土文明带来较大冲击。在此背景下，乡村传统道德文化体系呈现传承断层和地位衰减现象。乡村振兴中的德治建设，包含重构乡村道德文明，推动以德治村深入发展，打造多种多样的德治形式，创新式发展传统乡土文化，助力文化振兴，助推培育文明乡风的重任。一方面，中华优秀传统文化是道德建设的文化根基和源泉，乡村振兴中德治的重构并非对传统完全割裂，而是对传统美德和优良传统乡村德治模式的继承与发展。充分发掘孝悌爱亲、重义守信、勤俭持家、和谐共济等传统中华美德，推动村民、社会团体、新乡贤共同参与乡村德治，完善红白理事会、村民议事会和村民道德评议会功能，以优秀传统文化引导文明新风，滋养文明乡风，提升农民群众精神面貌是实现乡村德治的重要内容。在推进乡村振兴中，各地创新出各种特色活动以弘扬传统美德，如"好婆媳""孝贤之家""节俭之家""美丽之家""重教之家"评选活动，通过对道德模范表彰奖励，引导文明乡风建设。再如，浙江省余姚市推出，"道德银行"体系考评管理机制后，余姚的乡村治理模式与面貌都有了很大的改观，"好人好报、德者有得"的氛围使得崇善崇德蔚然成风，也使得村民更具有主人翁意识，积极参与村内公共事务，基本实现了村内自治。[①] 另一方面，新型乡村德治要以社会主义核心价值观为引领。乡村振兴中的德治与传统乡村德治最大区别在于社会主义核心价值观引领，乡村德治之"德"

[①] 王曙光、王彬：《"道德银行"与中国新型乡村治理》，《农村经济》2020年第2期。

从传统美德向社会主义新道德转型,引导广大农民群众从注重个人私德,向培育包含社会公德、职业道德、家庭美德、个人品德的社会主义新道德转变。在乡村树立文明新风是德治的重要内容,是乡村振兴的重要内涵。

四 智治支撑

智治是指按照创新、协调、绿色、开放、共享发展理念,利用现代信息技术优势,通过网络化、数据化、智能化手段,构建一种开放包容、宜居宜业、共治共享、智能高效的治理方式。[①] 大数据时代到来,信息技术的快速发展推动乡村政治、经济、文化等多方面深层变革,乡村社会治理也迎来了变革的重要契机。在新时期,乡村"空心化"问题严重,治理主体缺位,加剧了乡村治理的困难性和复杂性。此外,伴随着乡村振兴战略的持续推进,农村网民数量庞大,且人数增长呈现快速上升趋势。《中国互联网络发展状况统计报告》显示,截至2021年12月,我国现有行政村已全面实现"村村通宽带",贫困地区通信难等问题得到历史性解决,农村网民规模已达2.84亿,占网民整体的27.6%;农村地区互联网普及率为57.6%,较2020年12月提升1.7个百分点。[②] 推动乡村治理有序发展离不开信息技术的应用,智治成为现代乡村社会治理的大势所趋。近年来,为了加速乡村治理信息化、数字化、智能化建设,国家出台了《数字乡村发展战略纲要》《关于开展国家数字乡村试点工作的通知》等重要文件。党的十九大报告强调推动互联网、大数据、人工智能和乡村实体经济深度融合。《关于实施乡村振兴战略的意见》指出,要运用互联网技术和信息化手段开展乡村治理工作。随着乡村振兴战略的推进,智治作为一种崭新的治理方式,成为实现乡村治理有效、社会长治久安不可或缺的重要手段。

乡村振兴中的智治,即要求在乡村治理中实现多种信息技术的融合,

[①] 沈费伟、陈晓玲:《技术如何重构乡村——乡村技术治理的实现路径考察》,《学术界》2021年第2期。

[②] 第49次《中国互联网络发展状况统计报告》,http://www.cnnic.net.cn/hlwfzyj/hlwxzbg/hlwtjbg/202202/t20220225_71727.htm,2022年7月29日。

通过发挥现代信息技术优势，实现更科学、更便捷、更高效的乡村治理，以应对传统乡村治理中治理主体流失、信息流通不畅等一系列问题，以实现乡村治理有效，保障乡村振兴战略的有效实施。乡村振兴中的乡村"智治"主要包含三方面的内容。一是以互联网为核心的信息技术驱动下，乡村信息的无障碍传输和资源共享的实现。[1] 以互联网为核心的信息技术在打破信息和政治垄断方面具备得天独厚的优势，信息技术所具备的开放、平等和去中心化等特质，有助于释放基层组织的决策"暗箱"，压缩基层运转的灰色地带。[2] 运用大数据对乡村内生发展潜力进行分析、评估、论证，运用信息技术实现部门间信息互通、整合和共享，是乡村"智治"的重要内容。信息的整合共享有利于政府更科学、更有针对性制定乡村治理和发展对策，便于优化配置人才、资源、社会资本、社会组织等资源更高效、更便捷参与乡村治理。二是数字化技术驱动下，提升乡村"放管服"智慧化水平，构建农村信息化管理服务平台，实现精准、高效的乡村治理。在国家大力推进乡村振兴战略背景下，应用大数据、物联网、人工智能等现代化技术，将智慧治理理念纳入乡村治理体系，持续加强乡村治理体系的回应性和适应性，是新时期农村改革发展和推进乡村振兴战略的必然选择。基于乡村资源的最优分配，强化数字技术与乡村治理融合，通过多种基层制度创新达到"整体智治"目的，提升服务精准度和治理效能。在广大乡村地区打造与推广应用数字化管理服务平台是实现乡村智治最高效、最普遍的手段，也是重要内容之一。典型的数字化乡村治理平台之一是 2016 年诞生于浙江省衢州市龙游县张王村的"村情通"，如今，"村情通"由张王村一个村推广至全县，龙游县 262 个行政村中每家每户都确保至少有一人关注，这打通了公共服务的"最后一公里"。尤其在新冠肺炎疫情防控中，"村情通"新增每日健康上报、扫码通行、智能招聘等功能，成为乡村疫情防控和经济社会发展工

---

[1] 李增元、刘泉林：《信息化治理：农村社区治理技术创新及其实现途径》，《社会主义研究》2017 年第 6 期。

[2] 王冠群、杜永康：《技术赋能下"三治融合"乡村治理体系构建——基于苏北 F 县的个案研究》，《社会科学研究》2021 年第 5 期。

作的重要帮手。① 三是智慧化的乡村社会治安防控体系建设。《中共中央国务院关于实施乡村振兴战略的意见》强调，要推进农村"雪亮工程"建设。将城市社会治安防控体系的建设经验因地制宜拓展到乡村，为乡村治理提供平安基因成为乡村振兴的重要任务。依托"天网""地网"的信息化监控技术加强乡村治安防控以应对潜在社会风险，是乡村振兴中乡村智治的重要内容。"天网""地网"信息化监控技术的应用，不仅能增强执法效率，还能对个体产生较强威慑力，有效减少违法行为，是智治推进乡村治理有效的重要表现。

五　科技赋能

在新一轮产业革命浪潮中，科技创新成为改变地区经济格局和产业格局，催生新发展模式、新业态、新产品的重要驱动力量。从乡村对科技的现实需求来看，随着乡村振兴战略的推进，乡村科技需求更加丰富、类型更加多样，对人工智能、物联网、互联网、大数据、5G 技术、区块链等技术的需求日益强烈。科技赋能乡村振兴，是重塑乡村经济发展格局，促进农业现代化转型和产业形态升级，全面振兴乡村的重要途径。为充分发挥信息技术的优势作用，中共中央办公厅、国务院办公厅印发了《数字乡村发展战略纲要》，指出要深化信息技术在农业农村现代化发展中的应用。以"数字中国"为契机，网信办、农业农村部印发了《数字农业农村发展规划（2019—2025 年)》，强调要促进数字技术与农业农村经济融合发展，提高农业农村智能化水平。2021 年 2 月，《中共中央 国务院关于全面推进乡村振兴加快农业农村现代化的意见》发布，进一步强调指出，"坚持农业科技自立自强，完善农业科技领域基础研究稳定支持机制，深化体制改革，布局建设一批创新基地平台。深入开展乡村振兴科技支撑行动"。科技赋能乡村振兴已经成为推进乡村全面振兴，推动乡村治理现代化的重要手段。

---

① 潘娜、康晓强：《把智治有机融入乡村治理》，《光明日报》2020 年 6 月 15 日。

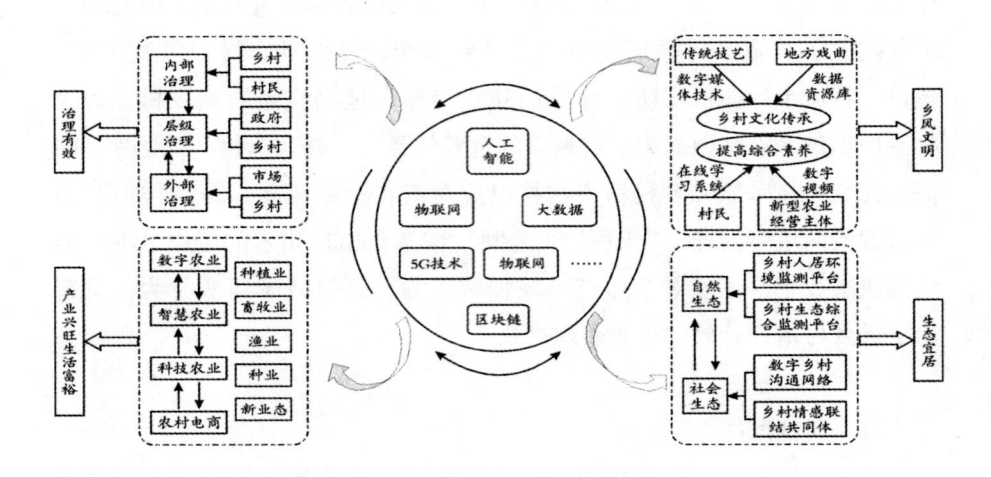

图 6-2　科技赋能乡村振兴的内在机理①

　　科技赋能乡村振兴的重要表现是科技赋能乡村产业振兴，即数字技术下沉乡村社会，应用于农林牧渔、农副产品加工、工业产品制造、休闲旅游等产业，推动乡村一、二、三产业融合发展，促进科技与农业农村经济融合深度发展，以实现产业兴旺、农民生活富裕的目标。依托科技，实现农业生产和管理从传统手工操作向机械化、自动化、智能化操作转型。此外，促进乡村产业升级和一、二、三产业融合发展也是科技赋能乡村产业振兴的重要表现，其中最具代表性的是"互联网+乡村旅游"模式。随着互联网技术的兴起，乡村地区不仅在技术赋能下发展起各种生态农业观光园，还可以依托互联网和大众传媒加强当地特色景区和农业观光园区的营销宣传，吸引更多游客，发展旅游经济。由此，基于科技支撑能推动乡村新兴业态经济的快速发展。

　　科技赋能乡村振兴不仅体现在推动乡村产业兴旺和生活富裕方面，还体现在推动乡村实现治理有效、乡风文明、生态宜居。首先，科技是实现乡村"智治"的基础，乡村治理有效离不开科技的支撑。传统乡村

---

　　① 储节旺、曹振祥：《乡村振兴战略科技支撑路径的理论模型构建》，《安徽大学学报》（哲学社会科学版）2020 年第 4 期。

治理决策往往依赖于村干部经验和村民的感性认知，决策的科学性、合理性、准确性无法保障，而大数据、物联网、云计算等新数字化技术能为乡村治理提供理性工具。科技赋能使乡村治理决策增加了大数据统计、信息资源整合分析、专家协助评估等环节，能够有效提高乡村治理决策的精细化和科学化。同时，乡村数字化治理平台是现代化乡村治理的重要工具，依托数字化治理平台，政府可以全面掌握乡村社会的信息数据，更精准提供管理与服务，充分履行自身在乡村治理中的主导职责；村民等治理主体则可以通过平台充分行使参与管理与监督的权利，为乡村治理建言献策。科技赋能下，数字化治理平台实现了"政府主导"与"公民主体"的结合，能达成"自上而下"的政府治理思维与"自下而上"的社会治理需求有效对接。[①] 可见，技术赋能能为乡村治理决策提供理性工具，为跨部门、跨界协作治理提供共享信息资源，在乡村社会中构建出一个多元主体参与的网络空间，是推进乡村社会治理方式创新、实现乡村善治的重要动力。其次，互联网技术为乡村传统文化的对外输出与传播打开了窗口，也为广大农民群众获得海量知识和数字学习资料提供了平台。大众传媒促进了优秀传统文化和先进现代文明的传播，推动了乡村优秀传统文化的传承、发扬和农民素质的提高，有助于推进乡村乡风文明建设，滋养乡村振兴。科技赋能生态振兴，实现乡村生态宜居是科技赋能乡村振兴的又一重要表现，可以依托科技发展生态农业、进行新居改良、提高饮水质量、治理废弃物、生产新能源，改善乡村自然生态。另外，互联网、移动通信设备的普及和村庄微信群等线上群组的组建能够加强不同身份居民之间的联系，破除空间障碍，增进个体间的情感交流，强化身份认同，有助于"熟人社会"的复归，改善乡村社会生态。

---

① 江维国、胡敏、李立清：《数字化技术促进乡村治理体系现代化建设研究》，《电子政务》2021 年第 7 期。

第五节　乡村振兴战略中的现代化乡村治理方法体系的实现

实施乡村振兴战略，促进乡村治理提质升级，离不开科学有效的治理方法。在推动全面乡村振兴过程中，需要坚持党的领导，加强文化引领，完善基层自治，落实乡村治理的法治保障。在促进三治有机融合中，将科技嵌入乡村治理中，开启乡村振兴新局面，持续推进乡村治理精细化、智能化发展。

一　党建引领下的多元治理方法并用

新时代的乡村治理是党建引领下的中国特色社会主义乡村善治之路。[①] 党的领导是激活乡村共治需要，有效发挥多元治理方法功能的必要前提，通过加强基层党组织建设，将组织优势转化为引领乡村发展的内生动力，推动乡村振兴战略可持续发展，促进乡村治理方法科学化。第一，强化党领乡村治理方法体系建设。农村基层党组织是乡村治理的核心领导力量，加强乡村治理方法创新必须强化党的领导，通过强化党建，引领乡村治理方法体系建设，提升乡村治理现代化水平。首先，发挥党的政治引领作用。党组织肩负着新时代领导乡村治理、推进乡村振兴的重任，加强党对村民自治、乡村产业发展、乡风文明建设、乡村生态保护等全方位领导，要以党组织自身的先进性、科学性保障乡村治理方法的正确性，走向中国特色社会主义乡村善治之路。其次，构建基层党建引领的资源整合和调配机制。发挥党组织领导乡村进行内部资源合理开发、利用与外部资源有序引进的作用，从整体性视角出发对乡村多元治理方法进行有效整合，对乡村治理方法体系进行规范和引导，以党组织领导巩固自治原则，充实自治内容。与此同时，以党建引领法治下乡完善乡村法治；以党建引领挖掘乡村德治资源，提升德治社会功能；以党建引领数字乡村建设，增强乡村智治能力，促进乡村治理方法的体系性、

[①]《关于加强和改进乡村治理的指导意见》，人民出版社2019年版，第2页。

科学性。最后，提升党组织在乡村治理方法创新中的组织力和凝聚力。推进乡村有效治理，实现乡村善治离不开具体治理方法的创新与发展。中国农村区域面积广大，各地具有自身风土人情与现实基础，面临的治理问题也各不相同，需要因地制宜开展具体治理方法的创新。广大农民群众是治理方法的实践者与探索者，要充分发挥农民群众在乡村治理中的主体作用，运用村规民约、激励机制等手段引领广大农民群众参与乡村治理。在实践中，要充分发挥党领治理作用，强化党的组织力与凝聚力，既要发挥广大农民群众的首创精神、开拓意识，也要因地制宜创新科学、有效、合规合法、接地气的治理方法，真正为促进乡村和谐稳定健康发展提供方法支撑。第二，实现多元治理方法的优化组合。乡村社会构成了一个完整的治理空间，"村庄有其独特的生成逻辑和历史脉络，地理空间和经济社会结构也各具特色"①。在乡村治理实践中，单一治理方法难以有效发挥作用，需要将自治、法治、德治、智治有机结合起来，实现多种治理方法的优化组织，从而发挥治理方法的最大效用。在乡村治理中，一方面要因地制宜，根据乡村实际情况和客观现状具体问题具体分析，抓住主要矛盾，基于问题导向精准发力，实现乡村治理的有效运行。另一方面，每个地区都有自己独特的历史脉络、资源优势、文化价值，需要依托现有资源进行实地分析，根据当地的资源优势、区位优势，充分开发利用当地独特的资源形成品牌效应，从而推动乡村治理的高效运行，为乡村治理提供重要保障。实现乡村有效治理，需要针对不同问题采用不同治理方法组合，充分发挥现代化技术运用，以技术赋能乡村治理。《2022数字经济+乡村振兴发展指数报告》显示，在数字经济助力下县域农村市场"新消费"蓬勃发展、"衣食住行"消费全面升级。②坚持技术治理驱动，运用互联网、大数据、人工智能等媒介拓展乡村文化、产业等发展，加快推动数字乡村建设，推动乡村社会智能化治理升级。最终，通过多元方法的优化配置推动乡村治理的精细化发展。

---

① 唐皇凤、汪燕：《新时代自治、法治、德治相结合的乡村治理模式：生成逻辑与优化路径》，《河南社会科学》2020年第6期。

② 彭勤涛：《数字经济、流通创新与消费升级的关系分析》，《商业经济研究》2022年第15期。

二 完善自治机制及激发自治活力中夯实自治基础

自从 2014 年中央一号文件提出要"探索不同情况下村民自治的有效实现形式",之后数年的中央一号文件都强调村民自治的重要作用。① 自治是基层民主实践的重要表现形式,也是完善现代化乡村治理体系的基本要求。在新时代推进乡村治理科学化发展,必须创新自治形式与自治载体,推进基层多元主体协商共治,促进村民自治智能化、科学化发展。第一,创新自治形式,推动乡村自治多元化发展。党的十九大提出"治理有效"以来,各地在实践中不断探索实现自治的新形式,"积分制""清单制""院长制"等都是其中的典型代表,通过紧扣乡村振兴战略的总要求推动村民自治不断创新。探索有效的乡村自治形式,必须坚持基层党委领导和基层政府主导,发挥多种乡村社会组织的作用,努力实现地方基层政府治理与村民自治的衔接互动。② 在党的有力领导下,应充分发挥"民情恳谈会""事务协调会""工作听证会"等村民自治实践形式的作用,鼓励"村落夜话""时间银行"等自治载体发展。在开放、流动的社会中,应充分结合时代发展要求将外来人员纳入乡村自治主体范畴,探索本地居民与外来人员共同参与的乡村合作共治机制,为外来人员参与乡村治理提供多元化渠道。在信息化时代,充分利用现代信息技术创新灵活多样的自治规则与自治形式,并根据乡村发展实际情况,因地制宜探索促进不同身份、职业居民共荣共存的自治方法,消除不同群体成员之间的心理隔阂,增强民众认同感与归属感,提高在乡生活居民幸福感和安全感,促进基层社会有序和谐运转。第二,创新自治单元与载体。在乡村治理中不但要坚持党的领导,保障村民主体地位,而且要充分发挥社区、村、小组、网格、理事会、社会组织、行业协会等自治单元与载体的积极作用。在地方实践创新中,自治单元越来越多样化,基于村民小组、院落、村落等为自治单元逐步创新形成了"片区自治""微格治

---

① 黄博:《乡村振兴战略与村民自治:互嵌、诉求与融合》,《求实》2020 年第 1 期。
② 高青莲、于书伟:《"三治合一"乡村治理体系的逻辑演绎与实现机理》,《学习论坛》2020 年第 11 期。

理"等多种自治形式,为进一步创新自治实践提供了良好基础。首先,创新微格治理,推动自治单元下沉。在深入实施乡村振兴中,逐步打造村民小组(网格)、村(社区)、镇(乡)多级联动,微格、子网格、总网格相互衔接的自治架构,推动治理单元与治理要素下沉,将外来人员纳入治理网格中,建立包容性的网格化治理机。其次,推进"片区治理"。在条件合适的地区充分借助既有片区管理机制,打造集资源、治理、空间一体化的片区自治结构,促进片区一体化治理,"将片区纳入村庄管理单元,优化治理路径,促进片区的资源共享,打造协商共治的区块治理"[1]。设创新片区治理办法,有效开展自我治理工作,拓展村民自治的范围与空间。最后引导社会组织、行业协会等参与乡村自治,为乡村社会提供专业性服务。打造社会组织、乡村志愿者、公益慈善组织等参与的多方联动机制,整合优化更多社会组织与社会资源投入乡村,通过组织引导村民积极参与乡村公共事务治理,提升乡村自我治理能力。

与此同时,强化自治中的多元主体协商共治,切实维护不同群体利益。以基层政府、村"两委"、乡村精英和普通村民等为代表的多元主体协同治理,是实现乡村治理有效的治本之策。[2] 深入推进基层自治,需要在党的有力领导下推动各个主体相互配合、协调合作。基层政府是乡村治理的协调者、监督者、服务者,在乡村治理中发挥主导作用。村民委员会作为乡村自治组织,在基层党组织领导下开展村民自我治理工作。乡贤是乡村治理中的重要参与力量,具有政府与社会组织不具有的参与优势,在矛盾调解、秩序维护、道德伦理规范、文化传承等方面发挥着重要作用。广大农民是乡村自治的核心主体,也是自治直接受益者,应培育符合新时代发展要求的公共参与精神,强化民众参与意识,培养新时代新农民。实际上,随着乡村振兴战略的深入推进,乡村社会已经发展为涉及多元利益主体、融合多元利益的社会治理共同体。保障治理共同体的有序运转需要构建共识,践行共治理念,为多元主体提供有序参

---

[1] 韩瑞波:《"片区自治":村民自治有效实现形式的新探索》,《探索》2020年第1期。
[2] 杜智民、康芳:《乡村多元主体协同共治的路径构建》,《西北农林科技大学学报》(社会科学版)2021年第4期。

与乡村自治的协商共治机制与渠道，明确多元主体权力与责任，构建多元主体共享利益机制，增进多元主体间信任，促进最大化公共利益的实现。另外，深入推进村民自治智慧化建设，提升乡村善治水平。近年来，随着大数据、云计算、人工智能、区块链等现代信息技术不断更新，乡村治理信息化水平不断提高。结合乡村振兴发展实际，推动村民自治信息化是时代发展必然要求。首先积极打造智能化乡村治理服务平台。便捷的公共服务机制离不开信息技术的支撑，应不断完善数字乡村服务中心建设，构建一键式乡村信息服务平台，将与农民利益密切相关的集体经济、环境整治、土地流转、收入开支等事务在信息平台公示，实现乡村公共事务透明化、决策公开化。完善农民群众线上建言献策机制，引导村民积极参与线上议事，提升乡村自治信息化能力。通过打造线上服务平台及时解决农民群众正当合法利益诉求，完善便捷高效的线上服务体系。其次探索网格化智能治理新模式，实现乡村自治数字化新路径。依托信息网络技术设立网格服务管理平台，整合乡村自治资源，推动基层自治单元下沉，构筑网上自治新模式。推进乡镇、行政村、自然村组、网格员四级联动，完善网格治理体系，构建网格化治理的新模式。[1] 最后促进线上线下自治平台的优化配置使用。运用数字平台上发布乡村的大小事宜，在外村民也能够及时了解村庄的发展，参与乡村建设，及时参与乡村选举投票、建言献策等活动。[2] 通过把现代信息技术融入乡村自治，积极创新线上线下相结合的自治实践新形式，逐步推动村民自治向智能化、精细化方向发展。

三 坚持依法治理及顺畅法治运行中落实法治保障

法治是乡村振兴战略实施中必不可少的环节，对于实现乡村良法善治、促进乡村全面振兴具有重要推动作用。自从2018年中央一号文件首次提出了"法治乡村"，历年来，我国出台了关于法治乡村建设的多项政

---

[1] 刘文婧、左停：《公众参与和福利激励：乡村治理积分制的运行逻辑与优化路径——基于和平村的个案调查》，《地方治理研究》2022年第2期。

[2] 丁波：《数字赋能还是数字负担：数字乡村治理的实践逻辑及治理反思》，《电子政务》2022年第8期。

策,为实现乡村治理法治化建设指明了方向。① 党的二十大报告明确指出,"建设覆盖城乡的现代公共法律服务体系,深入开展法治宣传教育,增强全民法治观念。推进多层次多领域依法治理,提升社会治理法治化水平"。在新时代,强化顶层制度设计,建立健全乡村法治体系,完善涉农领域立法、执法、司法,促进数字法治乡村建设,是推动乡村治理法治化,实现乡村依法治理的客观要求。

第一,完善涉农领域立法,强化顶层制度设计。进入新时代,我国农业农村发展迅速,农民生产生活方式急剧变化,农业结构、体制机制改革面临问题日益突出,现行涉农领域法律法规不健全是其中的重要原因,急需完善。首先,完善涉农领域立法的顶层设计。要紧扣乡村振兴战略总要求,以明确"三农"问题的核心地位、解决农村现代化进程中的突出矛盾为立法价值导向,强化涉农领域顶层制度设计,促进乡村法治体系的制度建设不断完善。坚持以《乡村振兴促进法》为核心,以《农业法》《村委会组织法》等法律制度为支撑,以行政法规以及地方性法规为补充。② 强化农业生产、粮食安全、医疗卫生、环境整治、教育就业等涉农领域立法,坚持土地流转、经营主体合法权益、农业补贴等方面的立法保障,弥补涉农领域立法不足。其次,强化涉农法律实施的可操作性。明确涉农领域立法实施的规范标准及一般性程序规定,清晰界定各个主体的责任,强化涉农领域立法的适用范围。另外,建立健全完备的监督机制和问责机制,细化政府主体法律责任,确保法律落地具有可操作性。最后,在立法内容上,尊重农民主体地位,破除阻碍农民正当权利实现的体制机制。农民群众的权利保障以及权益维护关系到社会公平正义的实现,关系着乡村振兴的深入发展,尤其是对于城乡基本公共服务、土地制度改革、农村社会保障等,应进行重点立法保障。同时,建立维护外来人员依法享受与当地居民平等权利的法律保障制度,保障外来人员在乡村平等享受基本公共服务、公共参与权利、合法权益,调

---

① 段浩:《乡村振兴战略背景下法治乡村建设的理论逻辑及其展开》,《西南民族大学学报》(人文社会科学版) 2022 年第 8 期。
② 段浩:《乡村振兴战略背景下法治乡村建设的理论逻辑及其展开》,《西南民族大学学报》(人文社会科学版) 2022 年第 8 期。

动外来人员参与乡村振兴、推动乡村发展的积极性。与此同时，通过涉农领域立法引导要素资源在城乡之间自由流动与优化配置，推动城乡融合发展进程，助力乡村全面振兴。

第二，规范涉农领域执法，推进行政执法体制建设。执法作为法治必不可少的环节，是推动法治化进程的必然要求。在乡村振兴大背景下，规范涉农领域执法要紧紧围绕乡村振兴发展目标，着力提升执法队伍能力建设，打造科学的执法格局，提高乡村治理的法治化、科学化水平。首先，形成科学的执法格局。将执法资源向乡村下沉，构建乡镇综合性执法部门，科学合理配置行政执法职能。加快涉农领域执法改革，构建涉农执法联动机制，推动乡镇执法部门综合执法，解决执法过程中权责不清、职能交叉等问题，打通涉农执法"最后一公里"。其次，推动执法过程公开透明。运用现代技术赋能乡村涉农执法改革，实现行政执法过程与结果公开。运用信息技术科学调度各项资源，实现资源共享、智慧联动，推动形成涉农执法的网格化布局。最后，强化涉农领域执法监督机制。强化涉农领域执法监督基础，建立监督问责机制，落实涉农执法的公示制度、审核制度，最大程度保障监督执法公开透明。同时，积极改善基层行政执法生态，提升涉农领域执法能力和水平，切实维护人民群众合法利益。

第三，强化司法保障，促进法治乡村建设。现代乡村治理更加注重法治，将现代司法制度融入乡村振兴中，从而为乡村治理体系提供坚强有力的制度保障和规范标准，是新时代乡村现代化发展的客观要求。2018年11月7日，颁布实施的《最高人民法院关于为实施乡村振兴战略提供司法服务和保障的意见》，提出将司法保障乡村振兴战略进行细化，推动乡村生态文明建设、乡村治理体系和治理能力现代化建设、保护农民合法权益等方面的工作有序开展。[①] 强化乡村振兴司法保障，需要实现司法服务向乡村社会深入延伸，推动司法服务覆盖乡村社会全领域，切实维护广大农民群众合法权益。为更好服务民众，结合乡村社会发展实

---

① 余贵忠、杨继文：《民族地区乡村振兴的司法保障机制构建》，《贵州社会科学》2019年第6期。

际完善村庄法律顾问制度，健全乡村司法救济机制，推动基层矛盾纠纷多元化解。同时，推动在涉农纠纷案件的办理过程中各部门协同办案，严厉打击涉农领域的违法犯罪行为，切实维护司法公正，保障村民基本的诉讼权利。① 进一步加强乡村公共法律服务体系建设。依托互联网、区块链、大数据等数字化工具开发完善线上乡村公共法律服务中心，完善线上法治宣传、法律援助、人民调解、法律咨询等模块，将法律服务嵌入乡村振兴实际工作中，激发乡村法治活力。促进公共法律服务业务协调发展，推动线上线下业务办理相结合，专职法律服务人员与志愿法律服务人员相结合，合理配置法律服务资源，推动法律援助、司法调解资源调度便利化，贯彻落实法律服务体系在乡村振兴中的保驾护航作用，提高乡村法律服务的便捷性、高效性。

第四，加强法治宣传教育，提高乡村治理法治化水平。随着乡村社会的深入发展，各种事务越来越复杂，利益诉求不断增多，矛盾纠纷频发，对法治建设提出了新要求。加强乡村治理法治化建设，需要加强法治宣传，提高村民法治意识和责任意识，不断改善农村法治环境。进入新时代，加强乡村法治宣传教育需要创新形式，充分发挥抖音、短视频、微信视频号、公众号等网络平台作用，紧扣乡村振兴主题，聚焦社会经济发展难点问题，运用更加贴合广大农民日常生活的方式进行网络普法宣传。与此同时，充分借助农村大集、农贸市场及其他接地气的公共活动开展普法下乡系列活动，对乡村诈骗、食品安全、妇女儿童权益保障、假冒伪劣种子化肥、道路交通安全等问题进行警示教育宣传。引导村民依法维护自己的合法权利，因势利导，教育村民遵守宪法和法律法规，同时注重村规民约在乡村治理中的作用，形成法律法规和村规民约共同助力乡村治理的合力。② 提高乡村治理法治化水平还要不断促进乡村法治文化建设，建立健全法治文化体系，将法治文化与中华优秀传统文化相结合，将法治文化融入广大农民群众生活的各个方面。另外，积极打造

---

① 段浩：《乡村振兴战略背景下法治乡村建设的理论逻辑及其展开》，《西南民族大学学报》（人文社会科学版）2022 年第 8 期。

② 段浩：《乡村振兴战略背景下法治乡村建设的理论逻辑及其展开》，《西南民族大学学报》（人文社会科学版）2022 年第 8 期。

法治文化建设基地，让农民群众贴近现实更加直观感受法治，不断提高农民群众法律意识及法治氛围，助推乡村治理法治化水平。

第五，健全乡村矛盾纠纷法治化解和平安建设机制，推动多元主体参与法治乡村建设。法治是化解乡村矛盾纠纷的最后一道防线。[1] 在乡村治理中，各种矛盾纠纷的解决需要强化法治思维，开展依法治理。首先，坚持司法调解，运用法治思维化解各种矛盾纠纷。进入新时代，乡村矛盾更加复杂，针对乡村治理中存在的各种矛盾纠纷，需要通过法治方式进行解决。要进一步完善镇级司法调解组织，搭建乡、村、组三级法治化解工作网络，统筹乡镇、村两级调解队伍，加强与法院、公安、信访等部门协作，通过司法调解有效化解侵害村民利益、影响基层稳定的矛盾纠纷。其次，构建矛盾纠纷排查发现和"一站式"处理机制。积极运用网格化管理机制，通过多种形式开展矛盾纠纷走访排查活动。构建"一站式"矛盾处理机制，设立"法官工作站""公共法律服务站"等平台，实现乡村矛盾纠纷排查、调解、化解、督查无缝衔接，努力实现"矛盾纠纷不上交"，最大限度将矛盾化解在萌芽状态。坚持党建引领，政府负责，村镇联动，构建梯形矛盾纠纷化解机制，引导村民依法理性反映诉求，依法依规快速解决各种矛盾问题，促进乡村社会和谐稳定。最后，加强法律援助、法律咨询、公证服务。加强乡村法治化治理，应逐步完善"一村一法律顾问"制度，"逐步将专业律师工作室、行业性矛盾纠纷调解委员会、专业化社工机构等一同纳入农村社区法治机构建设之中，推动农村社区矛盾纠纷解决的专业化"[2]。推进城乡公共法律服务均等化，强化乡村公共法律服务体系建设，实现法治宣传与司法调解相互促进，有效推动平安乡村建设。

第六，加快"数字法治·智慧司法"建设，促进乡村法治现代化。建设数字乡村，推动智慧司法体系建设是顺应新时代乡村治理的必然要

---

[1] 常军、吴春梅：《论新时代农村基层矛盾化解的共治能力建设》，《华中农业大学学报》（社会科学版）2022年第4期。

[2] 陈荣卓、刘亚楠：《新时代农村社区矛盾纠纷有效治理机制建设研究》，《理论月刊》2019年第11期。

求，对于推动乡村现代化建设发挥着重要作用。① 在新时代推进乡村法治化建设，应大力加快数字法治、智慧司法建设。首先，发挥数字法治在乡村治理中的作用。充分利用信息化平台拓宽法治服务覆盖范围，充分发掘数字法治在村务公开、农村电商、新农合、文明乡风等方面的作用，积极运用微信群、QQ群、公众号等在线为村民提供法律咨询、化解矛盾纠纷、普及法律知识，为农民群众提供便捷高效的法律服务。通过数字法治建设，丰富线上法治资源，实现法治宣传、法律服务、法律咨询线上办理，推动乡村政务公开透明，为互联网+村务、财务等提供数字法治服务支撑。其次，加快智慧司法体系建设。进一步健全司法体系智能化水平，发挥智慧司法在保障民生、便民服务、普法宣传、基层治理等方面的作用，以智慧司法解决乡村法律资源短缺和法律服务供给不足的问题。搭建"共享法庭""菜单式司法服务""互联网无人律所"等法律服务载体，将智慧司法延伸到乡村，提高对广大农民群众的法律服务效率。建立健全法律援助保障，开辟线上司法服务绿色通道，最大程度服务农民群众。再次，加强数字法治与智慧司法建设的技术和设施保障。推进数字法治与智慧司法的深度融合，借助人工智能和司法大数据搭建"共享法庭""菜单式司法服务"，实现网上立案、网上办案、庭审直播、在线诉讼、司法调解、普法宣传等一键式司法服务。不断完善数字设施建设，打造贯通乡村的法治服务平台，形成更加灵活便捷的APP、数字载体，畅通法律咨询服务通道及优化服务内容。最后，强化智慧化、精细化法治运行程序。强化智慧沟通、智慧参与、智慧监督、智慧服务，促进法治治理方式的精细化。② 通过不断完善法治化运行程序，建立健全乡村法治监督制约机制，完善线上法律援助程序，确保乡村治理在法治规范下运行。总之，加快推进数字法治、智慧司法建设，为乡村振兴搭建法治化平台。

---

① 段浩：《乡村振兴战略背景下法治乡村建设的理论逻辑及其展开》，《西南民族大学学报》（人文社会科学版）2022年第8期。
② 高其才：《走向乡村善治——健全党组织领导的自治、法治、德治相结合的乡村治理体系研究》，《山东大学学报》（哲学社会科学版）2021年第5期。

四 加强文化引领及培育乡风文明中发挥德治功能

德治是乡村治理中的文化引领，在乡村振兴中创新乡村治理，要不断传承发展中华优秀传统文化，厚植德治底蕴，强化道德约束，将德治融入乡村治理各个方面，提升乡村治理文化软实力，引领乡村精神文明建设。第一，在乡村治理中继承中华优秀传统文化。中华优秀传统文化具有潜移默化的作用，在乡村治理中要顺应社会发展客观规律，深入挖掘优秀传统道德伦理，在传承创新中将其转化为广大农民群众可接受的行为习惯。在实践中，应坚持以中华优秀传统文化为基础，深入挖掘优秀道德文化、农耕文化等，创新文化传承形式，创作宣传反映农民生产生活和乡村振兴的文化作品，积极传播正能量。加强非物质文化遗产传承、保护和利用，通过文化振兴带动产业振兴，为乡村治理打造良好文化氛围。加强乡村文化基础设施、基本阵地、基本队伍建设，强化村民价值引领，将中华优秀传统文化融入村民日常生活中，形成广大农民群众共同的价值取向、行为规范、交往方式，提高村民参与乡村治理的认同感和责任意识。与此同时，将中华优秀传统文化和旅游产业相融合，将文化要素转变为生产要素，在传承优秀中华文化基础上加强乡村治理的人文关怀、文化输出，以中华优秀传统文化助推乡村治理发展。不断创新乡村文化发展新形式，通过开展形式多样的文化交流活动，围绕孝悌忠信礼义廉耻等德育文化构建和谐有序的新时代新乡村。另外，积极发展形式多样的文化产业传承中华文明，拓宽乡村德治发展空间，将文化资源转化为生产资源，实现经济效益和社会效益的有机统一。

第二，将社会主义核心价值观融入乡村治理实践。坚持社会主义核心价值观为引领，在乡村治理中充分发挥德治作用。立足中华优秀传统文化，引领乡村道德文化建设，为乡村振兴凝聚精神动力，赋予乡风文明建设价值基础。首先，以社会主义核心价值观为准则，推动新时代乡风民风建设。采用现代化、形象化、多样化的形式开展和谐乡风文明建设活动，例如，以社会主义核心价值观为引导，采取灵活有趣的形式开展文艺演出；利用各种文化宣传阵地让文明乡风深入人心，推动以德治村、移风易俗活动，在潜移默化中传播社会主义核心价值观。其次，将培育和践行社会主义核心价值观与乡村治理现代化相结合，营造以德为先的乡村治理风尚。积极推动社会主义核心价值观融入平安乡村建设、文明乡风创建中，全面推进和规范乡村红白理事会、道德评议会建设，促进社会主义核心价值观与中华优秀传统文化相结合，增强乡村振兴的凝聚力和向心力，赋予村风、民风、家风新的时代特征，为广大农民对美好生活的追求提供精神助力和文化滋养。最后，充分发挥社会主义核心价值观在推动移风易俗、弘扬道德新风、引领文明乡风等方面的作用，通过开展文明乡风培育系列活动，涵养乡村文明治理文化，推动和谐幸福的文明乡村建设。

第三，探索乡村德治新形式。善治良序是乡村治理的根本目的，丰富多样的德治形式是助力乡村振兴的重要手段。深入推进乡村振兴，创新乡村治理需要探索乡村德治新形式。首先，打造德治文化引擎，激活乡村振兴内生动力。加强乡村治理，推进乡村振兴，要不断盘活乡村德治文化资源，挖掘特色文化，传承优质家风。在实践中，可以以文化振兴乡村为载体，整合乡土人文资源，挖掘当地特色德治文化，将德治贯穿乡风文明建设全过程。通过开展道德讲堂、文化下乡活动，建设农家书屋，在满足村民精神文化需求基础上，将精神文明内化于心、外化于具体行动。其次，强化村规民约建设。制定与乡村振兴目标相适应并能引领乡村振兴发展的新时代的乡规民约，充分发挥新乡贤的作用并激励其扎根乡村敦风化俗，合理利用和借鉴中国城市治理现代化的优秀成果。[①] 结合社会主义核心价值观，建立以德治村的现代乡村德治体系，通过德治的实践和行动来创新并落实村规民约。紧扣乡村振兴要求，充分发挥各种自媒体在传播乡风、民风、家风，促进乡风文明建设中的作用。另外，充分发挥"互联网＋文明"的优势，以"道德储蓄所""道德积分制""文明银行"等德治实践新形式引导、培育广大农民群众在日常生活中储蓄文明，因地制宜通过各种形式创新村庄道德评价机制，引导大众崇德讲义，遵守公德，注重诚信。深化新时代乡风文明实践活动，积

[①] 姜珂：《乡村振兴视域下新型乡村德治建构的若干问题》，《伦理学研究》2021 年第 5 期。

极推动新型乡村德治构建，坚持以农为本营造良好德治氛围，加快推进乡村文明发展进程。

第四，提升广大农民群众道德素质。改革开放以来，我国经济社会快速发展，城乡居民物质生活水平大幅提高，但是乡村居民道德素质没有跟上经济社会发展步伐，在市场经济发展背景下甚至出现了道德滑坡现象。提升广大农民道德素质，强化道德自律是新时代乡村振兴发展的必然要求。党的二十大报告也强调指出，"统筹推动文明培育、文明实践、文明创建，推进城乡精神文明建设融合发展，在全社会弘扬劳动精神、奋斗精神、奉献精神、创造精神、勤俭节约精神，培育时代新风新貌"。在乡村振兴中，需要通过灵活多样的方式对农民群众进行德治教育，培育主体责任意识；加强家教家风建设，深入开展移风易俗活动，推动以德治村，以礼治村。发挥新乡贤对乡村道德建设的教化作用，契合三治融合中"德治为先"和乡村振兴中"乡风文明"的目标。[①] 基层干部是乡村治理的重要主体，其道德素质状况直接影响着乡村治理效果，应不断提升基层干部队伍整体道德素质，以干部队伍风清气正的作风引领形成乡村社会良好的道德规范。积极开展文明乡村建设，提高广大民众道德文化素养。充分发挥数字平台在宣传道德榜样，弘扬社会公德、家庭美德中的作用，充分发挥抖音、快手短视频、微信公众号等平台功能，加强对助人为乐、诚实守信、爱岗敬业、孝顺父母等典型事迹的宣传，发挥道德模范榜样示范作用。通过文化引领，不断提高广大农民思想觉悟、道德水平、文化素养，形成和谐健康的良好现代乡村发展环境。

五　强化智治理念中推动数字乡村治理

将互联网、物联网、大数据、区块链等现代技术应用于乡村治理，提升乡村智治水平，推动数字乡村治理，对新时代提升乡村治理体系和治理能力现代化建设具有重要意义。《数字乡村发展战略纲要》指出："着力发挥信息化在推进乡村治理体系和治理能力现代化中的基础支撑作

---

① 曾凡木：《制度供给与集体行动：新乡贤参与社会治理共同体的路径分析》，《求实》2022 年第 2 期。

用,构建乡村数字治理新体系。"① 推动数字乡村治理建设,需要将智治理念真正融入乡村治理实践中,不断创新数字乡村治理的实践新形式。第一,树立乡村智治理念。智治是信息化时代乡村治理现代化的新方式,它与自治、法治、德治相互支撑,共同构成乡村治理方法体系。作为一种新型治理方式,在乡村推行智治,首先需要培育乡村治理主体的智治理念和智治参与意识。政府需要秉承人本观念,通过树立技术治理思维,使得现代技术真正成为造福于农村群众的利器,满足村民多元化的社会需求。② 基层政府应当尽快适应智治新生态,培养基层工作者智治意识,"要针对参与乡村治理决策的相关工作人员展开精准化的数据思维训练、数据操作培训,培养其排除垃圾、虚假信息干扰或误导,将碎片化、看似无关联或关联不大的关键数据信息串联起来,进而准确把握其所蕴含的倾向性规律的数据分析意识与操作能力"③。基层政府打破传统经验思维和直觉治理逻辑,主动变革社会治理与社会交互理念,学会用数据决策和数据管理。推行乡村智治,还需要形成乡村社会信息化治理氛围,让广大民众适应新治理方式,养成信息化治理素养。这客观上要求加强对村民智治理念的培养,提升农民群众对乡村智治的认知能力、数字化管理与服务接受能力和智治工具的应用能力。在实践中可以通过多种形式向农民普及智治知识,针对不同群体特点开展有针对性培训,强化智治运用的灵活性、便捷性、可操作性,以此增强普通民众的智治使用效率,引导广大农民群众从乡村智治"被动接受者"向"主动参与者"转变,真正从参与智治中获得益处。

第二,打造集管理与服务功能于一体的数字化乡村治理平台。当前,基于互联网、大数据、云计算和人工智能的数字平台已经成为推动乡村数字化治理和乡村振兴的重要载体。数字平台以开放性、多元协同性、

---

① 《构建数字治理新体系,开启乡村振兴新动能》,https://xueqiu.com/4863065669/194937510,2022年9月3日。
② 沈费伟、陈晓玲:《技术如何重构乡村——乡村技术治理的实现路径考察》,《学术界》2021年第2期。
③ 江维国、胡敏、李立清:《数字化技术促进乡村治理体系现代化建设研究》,《电子政务》2021年第7期。

技术性和决策科学性，在推进乡村治理主体多元化、治理内容透明化、治理方式科学化等方面发挥积极作用。要积极打造集管理与服务功能于一体的数字化乡村治理平台，为实现乡村治理精准化和公共服务高效化提供支撑。乡村智治平台的设计应致力于以下多种功能的实现。一是决策功能。科技赋予治理平台决策功能是数字化乡村治理的显著特征，即依托互联网技术实现民众表决场域的云端化转向，赋予参与者线上议事、网络投票的功能，以保障参与者的民主决策权。同时在新媒介赋权下，数字化乡村建设中为人力、物力和智力的流通渠道的打通提供了新的可能，要依托新媒介，在平台引入更多的专业化人才，赋予乡村治理平台作为学术智囊平台的功能，使"外脑"成为乡村科学决策和有效治理的帮手。[1] 充分挖掘数据算法的理性价值，改变传统乡村治理模式中基层干部凭借治理经验进行决策的现象，积极探索使平台汇总信息数据为决策提供重要参考的机制，以数据辅助乡村科学决策。二是信息公开与监督功能。数字化乡村治理平台应具备及时的信息公开与监督功能。要依托大数据技术赋予平台信息收集、分析等功能，使平台成为乡村党务、乡村财务、乡村政务公开的载体，以及村务公开的平台，保障广大农民群众充分享有知情权、参与权、表达权、监督权。另外，充分发挥治理平台在提供农业知识普及、农情监测分析、农产品产销等涉农信息方面的作用，使农民群众能够便捷获得农业生产与销售方面的有效信息，助力乡村产业振兴。三是便民服务功能。精细化服务是数字化乡村治理平台建设应考虑的重要功能，应使平台成为集生活缴费、法律咨询、远程就诊、金融服务等服务于一体的"一站式平台"，实现村民业务"一网通办"。另外，在保障平台功能齐全的同时，注重优化平台的便捷性与操作性，提高平台功能的实效性、便捷性，降低广大民众使用平台的门槛，真正方便广大农民群众、服务广大农民群众。

第三，推进乡村数字化办公。从长远来看，数字化办公是乡村治理现代化发展的重要方向。在乡村推广数字化办公，首先需要配备数字化

---

[1] 师曾志、李堃、仁增卓玛：《"重新部落化"——新媒介赋权下的数字乡村建设》，《新闻与写作》2019年第9期。

办公设备，加强乡村地区 5G、物联网和千兆光网等信息基础设施建设，为实现数字化技术推广提供良好条件。同时根据乡村办公无纸化发展趋势，通过建设功能完备的乡村数字化办公系统，推动办公流程和程序的数字化变革。其一，依托数字化办公系统实现远程办公、无纸化、办公设备一体化的现代办公模式。通过赋予乡村数字化办公系统线上打卡、即时沟通、文档编辑、数据处理、工作群组、电子签名、移动审批等功能，充分发挥在线办公方式的效率优势。进一步强化移动办公、联机操作、数据跨平台共享、痕迹管理等人性化功能，由点及面向乡村治理全流程数字化转型延伸拓展。其二，依托数字化办公系统统一管理乡村数据，汇总、存储乡村治理相关信息，实时同步数据、共享信息资料，突破传统信息存储、交互的难题，打造安全的信息共享空间。其三，借助数字化办公系统实现线上协同办公。通过互联网技术，在系统中实现整合政务专属通信录、创建千人千面的工作台、召开远程智能会议、移动办公等功能，突破过去传统封闭、独立的工作状态，为基层干部减负同时提升了各职能部门的工作效率。[①] 实现村级办公流程网络化，需要针对办公人员进行数字化办公业务、网络办公流程、办公软件使用、数字化办公系统操作等培训，提高办公人员的数字化素养，培训一批懂技术、会操作的中青年技术人才，为提升数字化办公强化本土人才基础。与此同时，在条件允许的地区，为乡村配备一支专业化的网络技术人才队伍，为推动乡村智治提供专业人才支撑。

第四，加强乡村智慧安防建设。在现代化转型发展中，乡村社会结构分化，利益矛盾纠纷增多，各种潜在的社会风险及不确定性因素都在增加，威胁着广大人民生命财产安全，影响着基层社会和谐稳定。依托"天网""地网"的信息化监控技术是加强乡村治安防控，有效应对乡村社会风险，保障社会长治久安的重要举措。要充分依托信息技术加强乡村智能安防体系建设，将智能安防技术应用于乡村日常生产、生活中，打造动态化、立体化、智能化的乡村智慧安防体系。首先，依托大数据、

---

① 北京大学黄璜课题组：《平台驱动的数字政府：能力、转型与现代化》，《电子政务》2020 年第 7 期。

智能监控等技术,在乡村打造"天网地格"立体防控体系。在乡村振兴战略实施中,全面提高乡村监控覆盖面,构建完整的网格化监控布点,设置能实时抓取数据的数字化设备,在做好个人隐私保护基础上,搭建从乡镇到村庄,从公共生活到日常生产,从基本社会秩序安全到防汛防火的全覆盖监控工程,实时掌握乡村动态,提升乡村公共安全治理水平。构建网格化人工巡查的"地网",实时获取、处理各类信息。将"地网工程"接入乡村"天网系统",逐步构筑起社区治理的信息化网络,将个人基础信息采集、管理服务、社情民意等都纳入信息化网络监管系统中。[1]其次,将智能安防技术应用于家庭看护场景。随着乡村"空心化"问题日益加剧,留守儿童与空巢老人成为乡村社会的普遍现象,带来了多方面安全隐患。运用多媒体通信技术、智能监控技术打造乡村智能安防体系,成为关怀农村留守儿童与独居老人、维护日常生活安全、降低各种安全隐患、构筑平安乡村的必要举措。应充分发挥智慧安防作用,在有条件的地区鼓励在家庭安装猫眼门铃、监控摄像头等设备,利用同步对话、异常报警等功能,满足特殊群体看家护院、防火防盗、亲情看护等全方位安全诉求。另外,将智能安防技术应用于乡村生产监管场景,逐步将乡村智慧安防从乡村生活场域拓展至生产场域,通过全面安装视频监控系统和智能报警传感器等,加强自然灾害、防火防盗综合防范预警,对整个乡村社会实现安全防范远端实时监控,确保广大农民日常生产生活安全,促进乡村社会和谐稳定。

六 强化乡村治理的科技赋能支撑

科学技术日益成为国家治理体系和治理能力现代化的重要支撑,而作为国家治理体系重要组成部分的乡村治理,其现代化的实现也离不开现代科技的应用。2019 年,中共中央办公厅、国务院办公厅印发的《数字乡村发展战略纲要》提出要弥合城乡"数字鸿沟",发挥现代信息技术在推进乡村治理体系和治理能力现代化中的基础支撑作用,构建乡村技

---

[1] 李增元、刘泉林:《信息化治理:农村社区治理技术创新及其实现途径》,《社会主义研究》2017 年第 6 期。

术治理新体系,提升乡村振兴绩效。实现科技赋能乡村振兴,"数字"是重点,其关键在于提高农业的质量效益和竞争力、全面优化乡村生产生活生态空间、促进城乡融合发展、推动脱贫攻坚和乡村振兴有机衔接,从而推进乡村全面振兴全方位振兴,加快实现农业农村现代化。[①] 要进一步丰富科技赋能乡村治理的应用场景,加速科技嵌入乡村生产生活的领域与机制。

第一,推进乡村产业发展数字化,助力产业兴旺。科技赋能农业生产,有利于推动乡村产业兴旺,从整体上提高乡村数字生产力,是实现生活富裕的重要路径。党的二十大强调指出,"深入实施种业振兴行动,强化农业科技和装备支撑,健全种粮农民收益保障机制和主产区利益补偿机制,确保中国人的饭碗牢牢端在自己手中"。在农业生产领域,要充分发挥地理信息系统、全球定位系统、遥感、自动化技术、计算机技术、通信和网络技术等数字化技术和转基因技术、分子育种技术等生物科学技术的优势,提高乡村农业生产"硬实力"与"软实力"。"硬实力"是指数字技术在农业生产中的直接应用,如利用数字技术实现自动播种、自动收割;依托遥感观测技术和大数据技术对气象环境和作物长势进行智能感知和数据分析,精准施肥、智能灌溉;推广应用无人机、智能农业器械,将农民从繁重的体力劳动中解放出来。"软实力"是指生物科学技术的创新发展对乡村农业生产潜在的推动作用,如应用转基因技术、杂交育苗技术创新培育新种子,研发新肥料等。通过农业基础设施改造、农业机械设备升级、农业科技引进提升等举措,实现农业生产环节的数字化。在农业经营领域,要依托大数据和新媒体聚合乡村产业要素信息和各类经营主体信息以及农产品贸易交易信息,提供农产品行情走势分析、农产品溯源等服务。同时,要大力实施"互联网+"农产品出村进城工程,加快贯通县乡村电子商务体系和快递物流配送体系,畅通线上线下销售渠道,积极发展直播经济、电商经济。同时,促进乡村一、二、三产业融合发展,延伸乡村产业链,"应持续推动数字经济下沉乡村,推

---

① 赵德起、丁义文:《数字化推动乡村振兴的机制、路径与对策》,《湖南科技大学学报》(社会科学版)2021年第6期。

动数字经济与乡村产业的融合发展，实现乡村传统生产要素与新兴生产要素的有机结合与共振，发展新的农业经营模式和商业形态，打造乡村现代化、网络化、集约化、数字化的产业集群"[1]。在实践创新中，可以充分利用传统民俗文化发展文化创意产业，通过互联网、新媒体加强乡村自然风光、特色产品、优秀传统文化的宣传，以"互联网+乡村旅游"推动乡村旅游业、休闲农业发展等。同时，积极推动"直播电商+文旅"等新业态运营模式，利用乡村自然资源优势，结合现代化基础设施，打造乡村养老服务业，发展休闲房地产开发等。由此，通过数字技术与乡村各种产业的深度融合，推动乡村产业高质量发展。

第二，推动乡村数字文化建设，赋能乡村文化振兴。在现代化冲击下，传统乡村文化断裂危机加剧，需要进行抢救性发掘，传承性保护。党的二十大指出，实施国家文化数字化战略，健全现代公共文化服务体系，创新实施文化惠民工程。科技赋能在促进乡村振兴，保护传承乡村文化中发挥着重要作用。通过科技赋能，能够赋予乡村传统文化更现代化的内涵和更丰富的表现形式，发挥文化在乡村治理中的独特魅力。首先，发挥科技对文化的保护与传承功能。充分利用大数据和数字技术手段，将具有地方特色的传统文化资源数字化，并深入挖掘红色文化、地方民俗文化，针对文化名村、历史旧址、传统村落，建立数字博物馆、文化馆进行有效保护和传承。建立乡村公共数字文化服务平台，以平台汇总、梳理、保存数字化文化资源的同时，为农民群众提供丰富的精神产品和文化服务，充实广大农民群众文化生活。其次，发挥科技对文化的创新与发展功能。鼓励乡村题材的文艺作品创作，加强原创能力建设，支撑乡村文化创意产业发展，打造更多乡村数字文化品牌。鼓励将高新技术与乡村文化创意产业融合，加快催生一批新型文化创意业态，加强IP开发和转化，依托地方特色文化、文化文物单位馆藏等资源，打造乡村题材的新媒体动漫、高清影视、数字电影、网页游戏等产品形态，开发具有鲜明区域特点和乡土魅力的数字文创产品。同时，支持在乡村建

---

[1] 刘灵辉、张迎新、毕洋铭：《数字乡村助力乡村振兴：内在机制与实证检验》，《世界农业》2022年第8期。

立文化产业园区，积极扶持本土文化创意产业发展；鼓励文旅企业通过研发投入、建立实验室、搭建资源合作平台等方式参与乡村文化创意产业；通过优惠政策吸引具有实力的电子竞技、动漫、游戏及其衍生产品的生产制作企业进驻乡村，拓展乡村文化产业业态，丰富乡村文化产品类型，为乡村数字文化产业注入活力。[1] 另外，发挥科技对乡村文化的宣传与推广功能。乡村文化既需要挖掘、创新与传承，也需要宣传与推广。要立足于乡土文化，抓住消费者消费品质和消费内涵的特征，将乡土文化内涵融入相应的产业产品开发中，以创意性、内涵性、体验性的多业态结合产品，力求提升乡土文化 IP 的活力转换质量，使消费者真正爱上乡土文化，充分感受乡土文化魅力。[2] 另外，要充分依托大众传媒和虚拟技术，利用虚拟场景、全息场景、高清转播等形式将优秀乡村文化资源进行线上展示，使人们能够便捷进行沉浸式体验，感受乡土文化魅力，在对乡村文化宣传输出的同时推动乡村旅游发展，以数字技术赋予乡村文化新动能。

第三，深化科技赋能生态振兴，实现乡村生态宜居。"绿水青山就是金山银山"，生态振兴是乡村振兴的重要内容。改善乡村生态环境是实现乡村生态振兴，建设美丽乡村，实现乡村生态宜居的重要基础。在新时代，科技能够为生态振兴赋能，为实现乡村生态宜居创造良好条件。一是要依托科技推动乡村走绿色发展道路。绿色发展是实现乡村振兴的重要基础。要利用互联网等技术促进农产品生产流程的透明化，实现农业生产过程中对农药化肥等生产要素的精细化管理与操作，用精准化生产取代传统的粗放式生产，发展绿色农业、生态农业，减少农业生产过程中的环境污染，提高农民生产效益的同时保护农村生态环境。[3] 不断推动资源的科学利用、高效利用、生态利用，依托大数据、互联网、物联网

---

[1] 徐莉莉：《数字技术助力乡村振兴发展策略研究》，《农村·农业·农民（B 版）》2022 年第 6 期。

[2] 陈凤娣：《文化 IP 赋能乡村产业融合发展的内在逻辑与路径思考》，《福建论坛》（人文社会科学版）2022 年第 5 期。

[3] 秦秋霞、郭红东、曾亿武：《乡村振兴中的数字赋能及实现途径》，《江苏大学学报》（社会科学版）2021 年第 5 期。

等技术，进一步提升乡村自然资源、环境生态的利用效率，强化农业生产系统的自我净化能力，使农业与农村自然系统持续得到改善，增强乡村可持续发展能力。二是加强乡村生态发展的数字化监测。生态环境是实现乡村生态振兴的关键，应充分利用现代数字检测技术加强对乡村生态环境检测，广泛开展农村饮用水水质监测、工矿企业污染监测、农村土壤质量监测、农村空气质量监测、农村养殖业和面源污染监测、农村噪声环境监测等，加强农村污染预防控制，做到早监测、早预警、早治理，提高乡村生态环境整治的信息化水平。与此同时，加强农产品质量安全检测，保障食品安全。三是积极推进绿色低碳生产生活方式。在推进农村产业发展数字化的同时，也要注重通过科技赋能发展绿色低碳生产方式。在生产发展中增强循环经济意识，改变传统高污染、高消耗经营发展模式，发展循环、高效、生态产业，形成绿色生态经济发展模式。同时，在尊重客观规律基础上发挥主观能动性，积极结合不同地区区位特征及自然禀赋优势大力发展花卉种植、蔬果采摘、休闲旅游、生态农业等，形成旅游、休闲、服务等多维一体的生态服务业。通过发展生态农业、生态工业及生态服务业，改变收入低、资源浪费大、不可持续的传统农业及高污染作坊式加工业，推动形成循环、高效、可持续的生态产业体系。生活方式上，以科技为支撑形成低碳绿色生活方式。[1] 要充分利用乡村地形地貌特征，根据实际情况，因地制宜，开展农村亮化、村庄绿化、水土净化、道路硬化等项目，通过供水管道、排污管道、燃气管道、信息网络和乡村电网的铺设与改造，促进农村电网、路网、水网、污水管网的互联互通，持续改进乡村居住条件和生活环境。[2] 加强科技赋能乡村生态振兴，实现乡村宜居，还必须引导广大农民群众形成绿色生态意识。"应将生态文明的价值理念具象化和通俗化，通过编写生态文明

---

[1] 李增元、王岩：《农村生态社区建设：现实问题与破解思路》，《中共福建省委党校学报》2017年第1期。

[2] 张俊飚、王学婷：《乡村生态振兴实现路径的对策思考》，《中国地质大学学报》（社会科学版）2021年第1期。

建设居民读本,全面阐释和解析生态文明建设的各项要求"[1],并以广大农民群众可接受的方式广泛宣传绿色生态理念,强化广大农民群众对绿色生态的认知。从日常生活实践中增强民众的绿色生态意识,强化广大农民群众的绿色生态价值观,"注重加强绿色生态意识、参与意识的精神文明建设,使生态观念、生态知识成为广大农民日常生活的一部分,在潜移默化中增强民众的生态意识,使生态观念在日常化的生活、劳动中内化为民众的日常行为"[2]。由此,不断向实现生态宜居的现代新乡村方向迈进。

---

[1] 马明冲、赵美玲:《基于可持续发展视域下的绿色生态治理研究》,《生态经济》2014年第7期。

[2] 李增元、王岩:《农村生态社区建设:现实问题与破解思路》,《中共福建省委党校学报》2017年第1期。

第 七 章

开放包容：乡村振兴战略中的规范化乡村治理制度体系

第一节 乡村治理制度体系的发展历程

从乡村治理实践进程来看，每个历史阶段的乡村治理均有相应的制度规范，以实现乡村社会秩序有序，社会和谐稳定。总体上来看，在历史发展进程中我国乡村治理遵循的制度规范既有正式制度规范，也有非正式制度规范，具体包括传统乡村社会时期的族规与礼法，中华人民共和国成立后的宪法、组织条例，改革开放以来的村民委员会组织法，以及现代乡规民约等不同制度规范形式。

从原始社会开始人们就以群居状态集聚生活在一起，氏族与胞族是原始社会重要的组织形态并承担相应的管理与服务职能，为氏族的繁衍生息与健康发展提供稳定的社会环境。在国家形态出现之后，氏族与胞族逐渐演化为以血缘关系为纽带的宗族或家族组织，并成为乡村基层社会的组织单元。农耕文明是中国传统文明的重要构成，人们因需要从事农业生产而被束缚在土地上，加之农业生产需要互帮互助进而形成了聚族而居的生活形态，这为宗族的形成发展奠定了重要基础。此后，以地缘关系与血缘关系为基础的宗族在维持乡村日常生产生活与社会秩序方面发挥着重要作用。家长式的宗族制度具有严密的等级，宗族内部的长者与精英是控制管理村庄的重要力量。宗族与家族组织以礼教文化与宗族文化等传统文化实现对宗族成员的有效管理，规范约束宗族成员个体行为，促使其对宗族与家族组织形成高度的认同感、归属感与依赖感。中国传统乡村治理有着自身独特的治理结构，在"绅权和皇权主导的乡村治理格局中，乡村社会有自身的治理规则、治理领域和治理逻辑，是一个完全意义上的乡村政治系统"①。以皇权为代表的正式官僚组织体系并未完全渗透进乡村社会，"正式的皇权统辖只施行于都市地区和次都市地区……出来城墙之外，统辖权威的有效性便大大地减弱，乃至消失"②。此时，传统乡村社会秩序的维护更多依赖族长与乡绅等民间权威力量，而"地方权威并不经由官方授权，其所依赖的支持系统主要来自于地方社会，由一系列相互配套的地方性制度保证"③。传统乡村社会中的宗族与家族组织具有封闭性与排外性特点，宗族或家族彼此间具有显著的地缘边界与血缘边界。

宗族与家族组织的"族内功能的基本作用在于维持村落家族的生存和发展，保证村落家族作为一个系统的稳定性和有序性；族外功能的基本作用在于保证村落家族作为系统与环境之间的交流，或称能量变换和物质循环，即如何从环境取得推动系统的动力和活力"④。一方面，族长可以凭借自身的威望号召宗族成员修建村落围墙、穿凿水井与兴建水利设施，满足宗族成员的日常生产生活需要，实现"守望相助、疾病相扶"的目标。另一方面，族人共同制定族规家法，以组织化与制度化的方式予以实施，以调解族内成员之间矛盾纠纷，规范族人行为，强化道德伦理秩序等。中国传统乡村社会的族规家法不仅是民间权威，而且得到了国家的认可与默许，在一定程度上有助于维持乡村日常生产生活基本秩序。宗族与家族组织凭借自身占据的公共资源实现对宗族成员的权威性治理，其他宗族成员难以跨越宗族界限进入宗族内部共享宗族公共资源。宗族对乡村社会的有效管理看似松散，但宗族对其自身内部的管理依托

---

① 徐勇：《中国农村村民自治》增订本，生活·读书·新知三联书店2018年版，第279页。
② [德]马克斯·韦伯：《儒教与道教》，洪天富译，江苏人民出版社2000年版，第93页。
③ 张静：《基层政权：乡村制度诸问题》，浙江人民出版社2000年版，第26页。
④ 王沪宁：《行政生态分析》，复旦大学出版社1989年版，第44页。

的是宗族文化基础上的礼俗规则，运用宗法族规实现对宗族的有序治理。传统乡村社会的有效治理依赖于士绅阶层与族规礼法，士绅阶层"在乡村社区里所具有的经济优势、管理优势和文化优势，往往能够整合乡村中的文化力量、经济力量、宗族力量、道德力量和各种社会资源，并利用这些合力来实现对乡村社会的控制"①。纵观中国传统乡村社会治理实践可以发现，宗族组织遵循族规与礼法实现对宗族内部成员的自我治理，维护宗族内部与乡村社会的和谐稳定。

中华人民共和国成立后，构建全新的乡村治理体制是中国共产党义不容辞的责任。在党的有力领导下，彻底废除了乡村封建治理结构，乡村地区根据党和国家的政策路线着手实施土地改革并积极开展农业合作化实践与探索。此后，国家在乡村社会不断进行探索实践，互助组、初级社、高级社与人民公社成为社会主义建设时期乡村社会的重要发展形态。在此过程中，1951年政务院下发《关于人民民主政权建设工作的指示》，要求"已完成土地改革的地区，应酌量调整区、乡（行政村）行政区划，缩小区、乡行政范围，以便利人民管理政权，密切政府与人民群众的联系，充分发挥人民政权的基层组织作用，并提高行政效率"②。此后，"我国在乡级以上设立区一级，乡镇以下是'行政村'，行政村是乡镇之下的一级政权，是农村基层社会的行政管理单元"③。1954年颁布实施了中华人民共和国第一部宪法，正式将区与村级政府予以取消并撤销行政村建制，乡村社会治理结构发生重大变革。1958年颁布实施《中共中央关于在农村建立人民公社问题的决议》，要求"人民公社实行政社合一，乡党委就是社党委，乡人民委员会就是社务委员会"④，由此标志着以"三级所有，队为基础"为核心的人民公社制度正式形成。人民公社

---

① 林文勋、张锦鹏：《乡村精英·土地产权·乡村动力——中国传统乡村社会发展变迁的历史启示》，《中国经济史研究》2009年第4期。

② 《建国以来重要文献选编》第2册，中央文献出版社1992年版，第232页。

③ 李增元：《农村基层治理单元的历史变迁及当代选择》，《华中师范大学学报》（人文社会科学版）2018年第2期。

④ 《中共中央关于在农村建立人民公社问题的决议———一九五八年八月二十九日》，《法学研究》1958年第5期。

制度的建立使得原有的多个自然村经过整合重构形成生产大队,此后生产小队则成为乡村治理的基本单元与治理主体。人民公社体制是中国共产党领导人民群众开展社会主义建设的重要内容之一,此时乡村治理体制可以被概括为"政社合一"模式,是"以乡为单位的农村集体经济组织,与乡政府的合一,实际上就是乡政府行使管理农村经营活动的权力"[①]。人民公社体制要求在乡村社会内部实现"组织军事化、行动战斗化、生活集体化成为群众性的行动",从而实现乡村社会治理的高效化,随之人民公社体制在乡村社会得以确立。1962年《农村人民公社工作条例》颁布,明确了人民公社的基本核算单位是生产小队,公社负责将国家的发展规划与政策内容准确及时地传达给生产小队的社员,确保国家的各项政策能够在乡村社会得到贯彻落实。在人民公社体制下,国家主要依靠宪法与组织条例实现对乡村社会有效治理。

党的十一届三中全会初步建立了家庭联产承包责任制与统分结合的双层经营体制,改变了社会主义建设时期"政社合一"的乡村治理体制,使得乡村社会结构发生深刻变革,乡村治理进入村民自治时期,不断为乡村经济发展注入活力。1982年修订实施的《宪法》不仅成为改革开放时期我国各领域工作的明确指引,而且成为各领域专门法制定实施的重要基础。伴随着我国社会经济体制转型,乡村治理结构也需要适应乡村经济社会改革进行重构。该《宪法》明确确立了基层群众自治制度,着重强调由村民委员会管理农村基层社会事务,进而以"村民自治"的方式将"政社分设"的实践探索予以宪法化与制度化,保障乡村社会有效运行。由此开始,中国共产党带领农民群众深化农村基层民主建设,以"村民自治"实践推动中国特色社会主义民主政治发展。此后,国家为贯彻落实《宪法》关于村民自治的规定,于1984年着手起草《村民委员会组织法(试行)》。1988年《村民委员会组织法(试行)》正式颁布实施,成为指导村民自治的重要法律制度规范,为村民自治提供重要的法律制度保障,引领村民自治实践沿着制度化与规范化轨道运行。《村民委员会

---

① 陈锡文、赵阳、陈剑波、罗丹:《中国农村制度变迁60年》,人民出版社2009年版,第17页。

组织法（试行）》明确了村民委员会作为自治组织的法律地位，对其自身的性质与任务予以详细规定，充分保障村民自治制度的有效实施，从而保障村民能够有效参与农村公益事业，依靠村民力量化解乡村社会矛盾纠纷，将村民利益诉求与价值主张反映给地方政府，有序推进村民自治实践。

经过系统总结1978年以来的乡村治理经验以及不断修订完善《村民委员会组织法（试行）》，1998年《村民委员会组织法》正式颁布实施，以法律制度的方式明确在村民自治实践中实现民主选举、民主决策、民主管理与民主监督。伴随着《村民委员会组织法》的颁布，全国各地乡村根据自身实际情况制定实施村民委员会选举办法践行村民自治制度，发展农村基层民主。进入21世纪，为了顺应乡村经济社会发展要求《村民委员会组织法》历经多次修订完善，不断深化农村基层自治实践，充分保障村民合法权益。2010年修订的《村民委员会组织法》明确规定村民委员会由村民民主选举产生，带领全体村民开展经济社会文化建设，自主管理乡村公共事务。与此同时，在村民自治实践中基于地缘、血缘与利益等因素的考量制定实施村规民约，从而有助于深入推进村民自治实践进程，"规则与村民自治紧密相关，规则是自治行动的制度保障，是村民自治的行动基础"[①]。全国各地在实践中立足实际创新村规民约，并在其中强化文化传承性，有效激活优秀乡规民约与伦理道德规范，推动村民自治实践探索。村民自治实践中以软法与现代正式法有机融合为依托保障村民自治有效运作，引导在乡村共同生活居住的所有居民积极参与乡村公共事务，强化了乡村自治活力。在村民自治时代，以《村民委员会组织法》为代表的现代正式法与在乡村社会内部孕育产生的村规民约共同成为推动村民自治发展，实施乡村社会治理的重要制度保障。

第二节　乡村振兴战略对乡村治理制度提出的新要求

在全面建成小康社会后，制约社会主义现代化强国建设的短板依旧

[①] 晏俊杰：《利益与规则：村民自治基本单元的行动基础》，《东南学术》2017年第6期。

在乡村，同时，最大的潜力也在乡村。乡村与城镇是城乡居民生产生活与生存发展的空间形态，同时兼具生态、生活与生产等多重功能。全面推进乡村振兴，建设社会主义现代化强国需要补齐乡村发展短板，推动城乡融合发展。新时代的乡村发展与城乡关系已经发生根本性变化，城乡融合发展、共建共治共享格局的打造、农业农村现代化与共同富裕目标的提出都对乡村治理制度提出了新要求，迫切要求乡村振兴战略实施过程中构建科学完善的农业农村现代化制度体系。

一 城乡融合发展要求城乡关系实现制度变革

自中华人民共和国成立以来，城乡关系一直是党和国家关注的重心。城市与乡村是国家治理基层社会的重要基础，城市与乡村同等重要，只是面临的环境与对象存在差异。城市地区占据着人才、技术、资金与制度等资源要素，乡村地区则拥有土地、森林、植被、河流与粮食等资源，二者相互依存互补，共同推动城乡实现协调发展。在计划经济时代，在"城市化"与"工业化"优先发展的顶层制度设计引领下，城市与乡村处于明显的不对等地位。中华人民共和国成立初期，工业与城市得以优先发展，"在1978年以前，我国单纯依靠工农业产品'剪刀差'就从农民那里转移了6000亿元以上，而在全国国有单位固定资产投资也只有7640亿元左右"[①]。改革开放后，国家依然对城市化发展给予格外关注，不断加大对城市地区人力、物力与财力投入，提升城市治理水平。进入21世纪，党和国家正式启动社会主义新农村建设，对乡村社会各项事业给予较大投入，大力推进乡村各项事业发展。

伴随着社会主义新农村建设的深入推进，城乡二元体制逐步松动，为实现城乡融合发展奠定了制度基础。不过，乡村管理与服务水平的提升是一个循序渐进的过程，在深入推进农村综合改革中，各项治理制度变革并不到位，乡村治理与发展仍然面临诸多困境。乡村社区与城市社区是国家基层社会治理的重要实践场域，也是城乡居民生产生活的重要空间。在现代化推动下，城乡社区逐步发展为具有包容性与容纳性的基

---

① 陆学艺主编：《当代中国社会结构》，社会科学文献出版社2010年版，第258页。

层社会治理单元、公共服务供给单元与居住生活场所。在推进乡村振兴战略中，城乡间的互补融合与融会贯通使得城市社区与乡村社区的一体性与融合性日渐凸显。党的二十大报告强调指出，"坚持农业农村优先发展，坚持城乡融合发展，畅通城乡要素流动"。在乡村振兴战略实施进程中，需要将城乡社区纳入城乡融合治理框架中，促进城乡要素资源的自由流动与优化配置，保障城乡居民共同享有社会经济发展成果、社会福利待遇与同等的政治权利，从而构筑"享有平等利用资源、分享改革成果的机会和权利"[1]的制度体系。与此同时，城乡关系的深度融合发展迫切需要在实施乡村振兴战略过程中促使城乡居民能够同等享有高质量的公共服务。城乡关系通过实现体制创新与制度变革，促使城乡居民不因居住地与职业的变化而使其应享有的合法权益遭受损失，促使城乡基层社会在新时代真正成为推动农业农村现代化发展的重要抓手，充分保障乡村正义目标的实现。

二　共建共治共享要求构建多元主体协同参与的治理制度

现代社会发展中乡村振兴面临的各种任务比较繁重，需要吸纳市场力量、社会力量与公众等多元主体参与。多元治理主体参与乡村社会事务治理需要明确彼此的权力与责任，厘清各个治理主体间的权责义务关系以及互动合作机制。与此同时，为保障乡村振兴战略的顺利实施，需要依托制度体系塑造多元主体参与乡村振兴的制度化与规范化行为。党的十九大报告提出"打造共建共治共享社会治理格局"，着重将社会治理重心下沉基层。党的二十大报告强调"健全共建共治共享的社会治理制度，提升社会治理效能"。打造共建共治共享社会治理格局使得党组织、政府力量、市场力量、社会力量与公众等多元主体间不再仅仅是简单的合作关系，而是通过明晰多元主体权责利边界，充分赋予其相应的治理权力并承担治理责任，构建治理共同体共同治理公共事务，在权责合一基础上形成整体合力。乡村振兴面临日益复杂的公共事务，需要构建横

---

[1] 靳文辉、邓英华：《论城乡统筹发展战略实施的法律保障》，《社会主义研究》2008年第6期。

向的联动共治机制。乡村振兴中的共建共治共享价值理念,要求党组织、政府、企事业单位与公众力量等多元主体明确界定彼此间的权责关系,城市与乡村中的多元主体更加强调利益共享、责任共担、协同共进,从而实现对多元主体力量进行结构性整合。

多元主体在参与乡村振兴时需要牢牢坚持党的领导核心地位,在发挥政府主导作用的同时需要在法治基础上实现"全体社会成员的和谐共生与发展"[1]。同时,以多元主体协同参与的治理制度保障彼此间享有同等的参与渠道,以共建共治共享理念为引领构建互动合作治理框架。构建多元主体协同参与的治理制度能够对多元主体承担职能、权限范围与义务边界在法律制度层面上予以明确,建立多元主体合作机制。在实施乡村振兴战略中,乡村要素的市场化与乡村资源要素的内在价值使得城市各类经济主体参与乡村的开发利用,如发展乡村生态旅游产业、乡村休闲农业、乡村康养产业与乡村民宿产业等,他们在助推乡村新业态发展、促进农业农村现代化与乡村二、三产业发展等方面发挥着举足轻重的作用。党和国家需要针对不同参与主体、参与乡村振兴的不同内容以及不同的参与方式及其功能发挥,构建有针对性的法治规范与行业制度,在充分保障城市经济主体与中介组织合法权益基础上,明确其与政府、社会、公众等多元主体的合作方式,维护乡村市场秩序稳定。构建多元主体协同参与的治理制度,规范约束不同参与主体行为的同时也能够对其他侵害参与主体合法权益的行为予以明确惩戒,促使乡村振兴发展成果公平、公正、合理地惠及相关参与主体,增进乡村正义与公共福祉。乡村振兴战略实施中以法律制度为行动准则,引导规范各类经济主体与中介组织参与其中,各尽所能,不断塑造形成和谐有序、共建共享与互惠共赢的良好氛围,实现乡村振兴善治效益的共享。

三 农业农村现代化要求建立农业农村优先发展制度

推进农业农村现代化是乡村振兴战略的核心内容,需要摒弃"农村等同于农业"的单一发展思维,将"三农"视为有机整体予以推进,

---

[1] 衣仁翠:《法治的民主价值及其实现》,《齐鲁学刊》2015年第2期。

助推农村现代化、农业现代化与农民现代化。农业农村现代化的推进需要统筹协调经济发展、社会建设、生态文明、文化复兴与乡村治理等内容，为乡村振兴奠定基础，塑造物质层面、价值层面与制度层面"三位一体"的农业农村现代化发展格局。推进农业农村现代化需要科学完整的制度体系进行保障，借助相关制度安排厘清农业农村中的重大关系，有效构建良善秩序，促进各类利益主体间利益关系的协调与均衡，适应新时代农业农村现代化发展需要，并能够支撑国家治理现代化。面向农业农村现代化的乡村振兴制度设计需要从制度体系与制度供给两个方面展开。

一方面，农业农村现代化制度设计中的制度体系。在制度体系层面，农业农村现代化的制度设计需要基于政治性、体制性与工具性三层维度予以阐释。第一，制度体系的政治性维度。这层维度主要强调在推进国家治理现代化进程中，需要着重围绕强化党对农业农村工作的领导，创新乡村社会治理模式与实现乡村社会长治久安等方面构筑科学完善的制度体系，厘清农业农村现代化推进中国家、农村、农民之间以及政治、环境、经济之间的内在逻辑关系，通过建章立制促进农业农村领域实现制度化、规范化与法治化发展。第二，制度体系的体制性维度。这一维度着重强调以破除城乡二元社会体制促进农业农村现代化发展，在城乡要素的双向流动、构筑新型城乡关系、促进城乡融合发展以及统一城乡市场等方面实现体制机制的创新发展，保障资源要素在城乡间实现均衡化与高效化配置，推动城乡利益结构调整的制度化与法治化。第三，制度体系的工具性维度。这一维度着重围绕乡村振兴与农业农村现代化的实施手段与具体任务出发予以推进，围绕土地、人才、资金、技术与政策等方面明确厘定政府、市场与社会的内在关系。通过乡村振兴战略的全面实施不断在组织、产业、治理、生态与文化等方面完善城乡融合发展与农业农村现代化的支撑体系，科学有效构筑支撑体系的运行机制、推动机制与激励机制，为乡村振兴与农业农村现代化注入发展动力。

另一方面，农业农村现代化制度设计中的制度供给。实施乡村振兴战略，推进农业农村现代化需要"建立健全有利于各类资金向农业农村流动的体制机制"。① 伴随着乡村振兴战略上升为国家战略，乡村振兴战略的实施与农业农村领域的深刻变革产生了新的制度需求，同时农业农村领域中的制度供给并未得到充分满足，由此造成制度供给严重不足。此外，我国的城乡融合发展的体制机制尚未完全建立，城乡二元体制依旧制约着农业农村现代化发展，农业农村领域在人才、技术、资金等方面的制度需求与制度供给严重失衡。面向农业农村现代化的乡村振兴需要不断适应农业农村现代化发展需要，强化制度供给与体制机制创新，着重围绕城乡融合发展、乡村现代治理体系与农业农村现代化等制度需求，构建与之相适应的现代制度体系，激活农业农村领域的内在活力。乡村振兴与农业农村现代化的制度供给应围绕人才、资金、技术与文化等方面展开，着重健全农村土地制度、乡村文化振兴制度、集体产权制度、现代乡村治理制度与农村基本经营制度等制度体系，为乡村振兴与农业农村现代化奠定制度基石。此外，在制度供给质量方面，乡村振兴与农业农村现代化制度供给应当遵循认知性、合法性、工具性与情境性基本要求，着重突出制度供给的协同性、有效性与关联性，在农业农村现代化与乡村振兴推进中构建科学规范与运行有效的制度体系。

四 农民农村共同富裕要求构建共富型制度

共同富裕不仅仅是社会主义的本质要求，而且是体现社会主义制度优越性的根本所在。党的十九大报告强调，"必须坚持以人民为中心的发展思想，不断促进人的全面发展、全体人民共同富裕"。党的二十大报告明确指出，"我们坚持把实现人民对美好生活的向往作为现代化建设的出发点和落脚点，着力维护和促进社会公平正义，着力促进全体人民共同富裕，坚决防止两极分化"。扎实推进农民农村共同富裕是建设社会主义现代化强国与实现共同富裕的核心，关乎着中华民族的伟大复兴与社会主义现代化实践进程。推进乡村振兴与农业农村现代化是实现农民农村共同富裕的关键举措，这需要以共富型制度政策体系为保障。农民农村共同富裕推进中制度政策体系能够有效促进城乡资源要素的双向流动，

---

① 叶兴庆：《新时代中国乡村振兴战略论纲》，《改革》2018年第1期。

提升城乡资源要素的高效配置，激发乡村社会内在活力。在此过程中，乡村优先发展、乡村生态文明建设与乡村高质量发展均需要以共富型制度政策体系为遵循，充分保障农民农村共同富裕目标的顺利实现。保障乡村优先发展需要构建共富型制度政策体系。小康社会的全面建成标志着中国共产党在带领全国人民创造美好生活，实现共同富裕的道路上迈出坚实的一步，然而，城乡间发展不平衡不充分的难题依然亟待解决。推进乡村振兴，实现农民农村共同富裕需要在制度体系层面保障乡村优先发展，需要规范完备乡村振兴与农业农村现代化的法律制度体系，构建共富型制度政策体系。构建共富型制度政策体系应当保障农业农村优先发展，在资金投入、人员配置、基础设施建设与公共服务等方面给予优先安排。此外，构建共富型制度政策体系需要建立完善共建共治共享的体制机制，不断调整公共政策着力点，城市与乡村统筹实现协调分工，通过高效合理配置城乡资源要素，实现城乡资金投入均衡、城乡治理责任共担、城乡基础设施同步发展与城乡治理能力协同共进，城乡居民共享社会经济、绿色发展与乡风文明建设成果，构建以利益共生为核心的新型城乡关系发展格局。

农民农村共同富裕不仅仅包含物质共同富裕，而且包含精神共同富裕与生态共同富裕。推进乡村生态文明建设需要构建共富型制度政策体系。《关于实施乡村振兴战略的意见》指出，良好生态环境是乡村最大优势和宝贵财富，生态环境面前人人平等，生态平等能够为生态共同富裕的实现奠定基础。生态环境资源的共享性与公共性使得生态共同富裕成为人民共同富裕的核心要义，乡村绿色发展与乡村生态文明建设需要将绿色生产、绿色消费与绿色生活纳入生态立法全过程，为生态共同富裕的实现提供法律依据与制度保障。为此，"需要继续发挥生态立法、执法、司法和守法的有益作用，以强化绿色生活方式的法律约束，增强全社会生态守法意识"[1]。在推进生态共同富裕进程中，各级政府应保障人民群众对乡村生态文明建设与乡村绿色发展的全过程参与，积极落实参

---

[1] 戴亚超、夏从亚：《论新时代绿色生活方式的生态法治保障》，《广西社会科学》2020年第12期。

与权、建议权与监督权，以共建共治共享理念为引领推进生态共同富裕。推动乡村高质量发展还需要构建共富型制度政策体系。新时代我国的共同富裕需要坚持质量与效益的有机统一，以新发展理念与共享发展理念为引领，坚定不移走社会主义共同富裕道路。在实现共同富裕进程中，推动乡村高质量发展需要构建共富型制度政策体系，要"营造各种所有制主体依法平等使用资源要素、公开公平公正参与竞争、同等受到法律保护的市场环境。深化农村集体产权制度改革，发展农村集体经济，完善农村基本经营制度"①。要"坚持改革创新，充分发挥市场在资源配置中的决定性作用，更好发挥政府作用，推进农业供给侧结构性改革和高质量发展，不断解放和发展乡村社会生产力，激发农村发展活力"②。为此，在共富型制度政策体系保障下需要加大政府对农村农业领域的投入，平衡投资与消费的关系，进而不断推动乡村高质量发展。

第三节　乡村振兴战略中的乡村治理制度体系创新发展方向

乡村社会发展是制约农业农村现代化与乡村振兴的短板，也是亟须解决的现实难题。在乡村振兴战略实施进程中，城乡发展空间如何实现协调统筹、如何实现人才资源的自由流动、如何保障农民与城市居民享有同等的体面生活以及如何实现乡村振兴权益保障等问题都迫切需要通过制度予以保障。因此，乡村振兴战略中的乡村治理制度体系创新，需要充分考虑人、地、事和权。

一　人的维度：民生与人才的制度创新

推进农业农村现代化与乡村振兴需要重视民生保障与人才支撑问题，这关乎"谁"来推进乡村振兴。乡村振兴人的维度主要包括农业人口在

---

① 《中共中央关于坚持和完善中国特色社会主义制度 推进国家治理体系和治理能力现代化若干重大问题的决定》，《人民日报》2019 年 11 月 6 日。

② 《中华人民共和国乡村振兴促进法》，《人民日报》2021 年 5 月 20 日。

村发展与农业转移人口城镇化两个方面内容。其中，乡村人口在村发展需要解决公共资源在城乡间实现高效合理均衡化配置问题，保障农民充分享受与城市居民同等的教育、医疗与养老等公共服务待遇，从而实现城乡基本公共服务均等化。农业转移人口的城镇化则需要解决户籍制度与居住制度及其附着之上的社会保障与公共服务，从而保障农业转移人口与城市居民共享新型城镇化发展成果，强化其对城镇的认同感、幸福感与归属感。实施乡村振兴战略与城乡融合发展战略的核心要义在于保障城乡居民共享均等化与同质化的公共服务与社会保障待遇，增进城乡正义。同时，国家需要积极吸纳城市人才服务农业农村现代化发展，为乡村产业发展与乡村文化建设等提供充足的人才资源。在乡村振兴战略实施过程中需要在法律制度层面保障城乡居民在社会保障与基本公共服务等方面实现均等化，推动民生与人才的制度创新。

在新时代，国家大力鼓励引导高等院校、城市人才与中等职业学校的毕业生进入农业农村领域创业发展，同时要求县级以上政府为外来人才队伍提供充分的服务保障，乡镇政府与村级组织为外来人才队伍提供相关的福利待遇。农业实用专业人才尤其是农业技术推广人才在农业产业发展中具有一定的需求空间，不断为乡村产业兴旺提供人才支撑。然而，"农技服务工作的'行政上移'与小农户的技术需求产生了严重偏离"[1]，无法有效解决农民农业生产发展中遭遇的技术难题。基于此，诸多城市人才以交流挂职、志愿服务与投资兴业的方式服务乡村建设。基于经济待遇与生活条件限制，外来人才单纯依靠乡愁、情怀与热血难以为继，更多需要法律制度的支持与市场经营利益的激励，在金融贷款、税费减免与晋升任职等方面提供充足的制度支撑。《乡村振兴促进法》第25条明确提出，在乡村振兴战略实施进程中，在职称评定、薪资待遇与职业发展机制方面向乡村倾斜，以此吸纳医学院校毕业生、公费师范教育高校毕业生、法律服务人才、社会工作人才与农业科技人才等参与乡村振兴，从而提升乡村公共服务能力，促进城乡公共服务均等化发展。

---

[1] 孙明扬：《基层农技服务供给模式的变迁与小农的技术获取困境》，《农业经济问题》2021年第3期。

与此同时，乡村振兴推进中需要积极培育家庭农场主、农业企业骨干与农业专业大户等新型职业农民，保障其成为乡村适度规模经营的主体，这恰恰需要相应的法治保障。在乡村振兴中，在法律制度层面保障城乡居民享有同等的医疗、教育与住房等基本公共服务。户籍制度与居住证制度使得基本公共服务的享有与其紧密捆绑在一起，只有拥有户籍或居住证才能享有与市民同等的社会公共服务。城乡间发展的失衡以及城市间发展的失衡致使公共服务资源难以实现均衡化配置，公共服务均等化是新型城镇化进程中亟须解决的现实难题。以制度创新与法治保障促进乡村振兴需要改革户籍制度及附着在其之上的公共服务资源的分配，促进"农业转移人口与城市户籍人口享受均等化的基本公共服务"[1]。乡村振兴中农业转移人口民生保障的实现既需要顶层立法，同时又需要确保法律制度的具体落实，推动农业转移人口公平公正的共享城镇化资源，有效规避乡村振兴中的风险。

二 地的维度：土地权益的制度创新

乡村振兴、新型城镇化与城乡融合发展同步进行，三者都与土地问题紧密相联。乡村振兴战略中土地权益制度创新体现在多个方面。随着大量农业人口转移，国家对农业转移人口的土地承包权、集体收益分配权、地上房屋所有权与宅基地使用权等相关权益应当给予高度重视，通过土地权益的制度创新实现土地权益的资源有偿转让，在村人口可以对土地资源给予合理开发利用，实现资源利用最大化。与此同时，国家应当对农村建设用地实现法治保障，通过健全完善农村土地利用管理制度保护农民宅基地权益与农村集体建设用地权益，依托土地权益的制度创新激活农村土地资源资产，维护农民土地合法权益。在对农村土地进行优化配置过程中，农业规模经营与农业产业发展中的农民用地权益需要给予法治保障，在尊重农民土地权利的同时为充分满足农业产业化发展需求可以保持农村土地利用与经营开发的弹性。为充分发挥农村土地资

---

[1] 陈柏峰、王裕根：《新型城镇化建设的法治保障：一个研究框架》，《求是学刊》2018年第2期。

源的最大效益以及适应乡村产业振兴的发展需要，国家在所有权与承包经营权分离的基础上促进农村土地承包权与经营权的再次分离，最终实现农村土地"三权分置"的目标。承包权与经营权的分离可以使得农民在进入二、三产业或城镇的同时保留土地承包权，也可以将土地经营权实现流转。农业转移人口的土地权益通过土地流转在为城镇化提供支撑的同时也能够为其提供生产生活的底线保障。此外，宅基地"三权分置"改革能够"落实宅基地集体所有权，保障宅基地农户资格权和农民房屋财产权，适度放活宅基地和农民房屋使用权"①。在"三权分置"改革的基础上进城农民能够实现财产权益的兑现，通过宅基地的流转优化土地资源配置，进而变现财产。保障进城农民的土地承包权、宅基地使用权与农村集体土地收益权，以及实现农村土地资源的高效优化配置，都离不开土地权益的制度创新。

农村建设用地是支撑乡村振兴战略顺利实施的重要资源，主要包括农村公共服务及基础设施用地、农村宅基地、村办及乡镇企业用地与公益性公共设施用地等。"十四五"规划中提出农村集体在充分尊重农民意愿基础上可以将农村闲置宅基地予以有偿收回，将废弃的集体公益性建设用地通过农村集体经营性建设用地入市制度实现转变。集体公益性建设用地使用权设立之初即具有中国特色，既包含双重"公"的本质，又体现"共"的属性，具备农民生存发展福利的保障功能、农村公序良俗的维护功能、集体土地合理利用的增进功能。② 农村建设用地权益的制度创新主要着眼于农村宅基地管理与农村建设用地的发展使用，从而充分保障农民的居住使用权，满足乡村产业振兴发展的用地需要。满足乡村振兴的土地资源需求需要健全完善农村建设用地保障机制，盘活农村存量建设用地，从而充分满足农民住宅用地与产业发展用地的合理需求。另外，"三权分置"模式保障农民通过流转承包地经营权给农业种植大户获取经济收入，实现土地资源收益的变现。与此同时，外来农业经营公

---

① 陈小君：《宅基地使用权的制度困局与破解之维》，《法学研究》2019年第3期。
② 唐欣瑜：《农村集体公益性建设用地使用权：逻辑起点、功能取向与法权构造》，《华中农业大学学报》（社会科学版）2022年第5期。

司与种植大户均可以承包经营农民土地,由此造成农村土地经营格局错综复杂,农业产业发展用地问题亟须重视,农用地权益的法治保障体现在保护各方土地权益方面。乡村振兴进程中农用地权益的制度创新主要包括农业规模经营中的农民土地权益保障与农业产业发展中的土地权益保障。农用地权益的制度创新一方面优先保障小农,赋予他们农用地流转经营权的自由,另一方面,需要对农业产业发展中的土地增值权益分享实现法治保障,将土地城市化发展中的收益更多用于乡村建设,从而保障农民土地权益。

三 事的维度:社会治理的制度创新

乡村振兴战略实施中的公共事务需要依托政权体系与制度推动实现自上而下的贯彻落实,最终在乡村社会落地。乡村振兴中的公共事务需要经过村级民主治理或社会力量参与的治理,农民"天然在场"优势使其理所应当成为乡村公益事业与公共事务的参与主体,进而以农民为主体推动实现乡村社会的村级民主治理。然而,乡村振兴推进中村级民主治理的难点在于如何实现民主动员与民主决策。农村基层自治组织如何在乡村治理中引领受益村民达成乡村治理集体共识,规避村民的机会主义风险与不合作倾向是实现民主动员的难点。而民主决策难以实现的节点在于乡村社会治理中涉及特定的人及其利益时,农村基层自治组织如何有效协调,化解冲突矛盾,从而规避特定的人员成为民主决策的现实阻力。这些问题对于乡村振兴推进中如何实现村级民主治理构成严峻挑战,亟须予以解决,保障乡村振兴战略的顺利实施。社会组织自身具有的专业性、非利益相关性与价值中立性使其在乡村社会治理中具有独特优势,可以通过参与提供农村基本公共服务保障乡村振兴战略的有效实施,从而规避政府失灵与市场失灵的风险。如何通过制度创新与法治保障引导社会组织成长与发展,精准对接乡村振兴战略,发挥其自身应有的作用,促进国家公共产品供给与乡村社会自治组织的有效衔接,也是推进乡村振兴亟须解决的问题。

乡村振兴具体事务在乡村社会落地实施,涉及民主协商、民主决策、民主管理、民主监督等相关程序。村级民主治理主要涉及动员型民主治理、分配型民主治理、清障型民主治理与监理型民主治理[①]，不同的公共事务面临的症结不同，治理成效也迥然各异，村级民主治理亟须制度创新化解乡村社会治理难题。其中，动员型民主治理涉及乡村振兴中对受益村民的动员，通过"一事一议"制度动员受益的村民筹资筹劳兴办村庄公共事务。然而，在村民利益日益分化时代背景下，村民代表大会通过的决议由于缺乏强制约束力难以得到实施，缺乏法律强制力的民主决策最终面临治理失效与民主失败的风险。分配型民主治理的核心在于对村庄公共利益的分配以及利益分配方案能否得到村民认可。以民主决策的方式实现对公共利益的分配能够保障乡村正义，但是利益的配置不可避免会引发争议，个别人的异议虽然不会对治理成效产生颠覆性影响，但是可能会带来异议者上访等新的治理难题。清障型民主治理的核心是清除乡村治理中的障碍性因素，有效协调特定人员的利益，保障乡村振兴与乡村治理的顺利推进。然而，村庄由于缺乏强制力使得清障型民主治理面临"一人决"与"侵权决"的现实难题，亟须予以化解。监理型民主治理的核心在于对从事乡村公共事务的人员的监督，乡村振兴诸多建设项目由上级政府投入，但是建设项目与村庄具体时空疏离，难以与村民利益保持紧密联系，无法在村庄内部得到有效监督，致使监理型民主治理中存在村民监督积极性缺失与监督操作难以落地实施等问题，亟须实现制度创新。以社会组织为基础的社会力量在社会治理中能够有效化解"政府失灵"与"市场失灵"的现实难题。以民间组织、群众性自治组织、志愿服务组织、中介组织等为主体的社会力量是乡村振兴顺利推进需要依赖的独特力量。《乡村振兴促进法》中明确提出鼓励引导社会组织与群团组织等社会力量积极参与乡村振兴。社会组织可以通过协调整合资源、提供公共产品与公共服务以及化解乡村社会治理冲突等方式增进乡村社会中的经济利益与社会利益。与此同时，社会组织还可以承接政府与社会的治理资源，将政府与社会二者的优势实现有机融合，以非正式的方式实现乡村社会治理。相关政策法律也明确要求县级以上地

---

① 陈柏峰：《促进乡村振兴的基层法治框架和维度》，《法律科学》（西北政法大学学报）2022年第1期。

方人民政府出台政策引导乡村社会组织的培育与发展，让乡村社会组织在乡村振兴中发挥自身桥梁纽带的作用。由此可知，保障各种社会力量参与的有效治理必须创新相应参与治理制度。

四 权的维度：权益保障的制度创新

在乡村振兴进程中，政府需要通过自身积极行为维护保障农村与农民合法权益。乡村振兴推进中的农村人居环境整治、乡村文化建设与农村基础设施建设等均需要政府的积极作为，推进乡村振兴需要各级政府经济资源凝聚与运用能力、政策执行能力与社会治理能力。乡村振兴战略中权益实现的制度创新，需要依托制度体系提供多元权益救济渠道，促使农村与农民的合法权益得到保障。乡村振兴权益内含于政治、经济、文化、社会与生态各个方面，需要依靠各级政府予以"统筹推进"。乡村振兴中的权益主要包括社会福利权益与农民受益权益，如受教育权、就业权、发展权、劳动权与社会福利权等，是乡村弱势群体难以通过自身能力与自身行动自由实现的权益，需要国家积极作为予以实现。而法律制度则充分保障乡村弱势群众在无法实现自身利益时授权其向国家寻求积极援助，国家应当统筹协调社会资源与各方力量为乡村弱势群体构筑社会权益保障体系，维护其在乡村振兴中的各种合理权益。然而，实践表明，乡村振兴权益的实现受制于社会经济发展水平，城乡公共服务均等化、城乡治理协同共进难以实现的根源正是在于城乡社会经济发展水平的巨大差异。作为积极权利的乡村振兴权益需要政府的积极行动予以实现，才能充分保障农村与农民的合法权益，促进社会公平正义。乡村振兴权益实现与乡村治理能力提升的落脚点应放置于聚集和运用经济资源的能力与有效执行能力，这关乎着农民群众自身的合法权益能否得到充分保障。

乡村振兴权益未得到充分保障时，农民需要借助权益救济渠道主张并维护自身的合法权益。乡村振兴的外在表征在于保障农村与农民的合法权益得到有效救济，国家为此需要为乡村振兴提供法律制度供给，保障乡村振兴战略的全面实施，以畅通乡村振兴权益救济渠道增进乡村正义。由此可知，乡村振兴权益的救济需要依靠政府的积极行动才能予以实现,"实施权利的成本都可以记到政府履行相应义务的账上"①。乡村社会在市场化与现代化裹挟之下发生深刻变革,农民群众对法律服务的需求日益增加。农民利益结构与农村社会结构的变革激活农民权利意识,对法律服务提出了更高需求。与此同时,乡村社会中的传统权威日益削弱,在此背景下法治亟须弥补乡村规则缺失遗留的真空,亟须向乡村社会输入法律服务资源,构筑乡村公共法律服务制度稳定乡村社会秩序,为乡村振兴奠定坚实的法治基础。

第四节 乡村振兴战略中的规范化乡村治理制度体系构成

乡村治理制度体系建设是乡村振兴战略实施中的基础性工作,健全完善的乡村发展制度体系是巩固乡村发展的基石。总体来看,在乡村振兴中构建规范化的乡村治理制度体系,必须围绕"产业兴旺、生态宜居、乡风文明、治理有效、生活富裕"的目标展开,以实现乡村治理制度体系的系统性、全面性、规范性。

一 产业兴旺的制度

产业兴旺是乡村振兴战略的基本要求,是化解乡村经济发展困境的重要途径。乡村产业兴旺能够充分释放农业生产力,为实现农业农村现代化与城乡融合发展奠定坚实的物质基础,这也是乡村振兴实践成效的重要体现。在推进乡村振兴进程中,在健全完善农业基本经营制度,提升农业生产经营效率的同时,亟须对农业经营体制机制进行变革与创新。通过变革创新农业经营体制机制,有效激活城乡发展主体活力,促进资源要素在城乡间的互动流通与高效配置,助推乡村产业振兴与城乡产业融合发展。农村土地制度改革与农村金融制度创新是实现乡村产业振兴的制度保障,能够为乡村产业发展提供技术、资金与土地等资源要素,

---

① [美]史蒂芬·霍尔姆斯、凯斯·桑斯坦:《权利的成本:为什么自由依赖于税》,毕竞悦译,北京大学出版社2004年版,第29页。

保障乡村经济健康可持续发展。在乡村产业振兴中,农村基本经营制度、农业支持保护制度与农村金融制度能够为乡村产业的蓬勃发展提供全方位支撑,在制度层面为实现乡村振兴奠定制度保障基石,不断促进农村繁荣、农业增效与农民增收。

第一,农村基本经营制度。农村基本经营制度是我国社会主义经济制度的基础,在农村经济中处于基础性地位,与农民基本权益、乡村稳定和发展直接相关,是实现乡村振兴战略目标的重要制度安排。[①] 党的二十大报告指出,"巩固和完善农村基本经营制度,发展新型农村集体经济,发展新型农业经营主体和社会化服务,发展农业适度规模经营"。以农村基本经营制度的完善为重点的农村生产关系调整更是重中之重,关乎农村经济发展,彰显社会公平与正义。[②] 新时代我国农村基本经营制度正逐渐发生变革,深刻影响着农村产业的规模化与集约化经营发展。首先,农村土地"三权分置"的制度改革。伴随着乡村振兴战略的深入推进,国家逐步深化农村土地领域改革,围绕"所有权"、"承包权"与"经营权"深化制度变革,牢牢坚持集体土地所有权不动摇的根本立场。与此同时,在深化农村土地制度改革过程中,在确保农民家庭承包权的同时实现土地经营权的有效分离,顺利推进农村土地市场化流转与经营。2019年11月中共中央、国务院明确提出第二轮承包到期后再延长三十年,在推进乡村振兴进程中不断稳定农村土地承包关系,为乡村振兴战略的实施与推动奠定重要基础。农村土地"三权分置"制度改革在稳定农村土地承包关系的同时能够稳定农民对于未来农业发展的预期,不断加大农业资金与技术投入,有效改善提升农业生产条件,保障农村产业融合发展。其次,农业经营制度的改革与创新。国家在农业经营制度方面牢牢坚持家庭经营基础性地位的同时,构筑立体式复合型现代农业经营体系,积极发展多种形式的农村产业规模经济,出台实施扶持小农户和现代农业发展衔接与融合的制度与政策体系,充分赋予双层农业经营

---

① 雷明、于莎莎、何琳:《治理视域下全面乡村振兴的制度建设》,《行政管理改革》2022年第6期。

② 蒋永穆、王运钊:《新中国成立70年来农村基本经营制度变迁及未来展望》,《福建论坛》(人文社会科学版)2019年第9期。

体制新内涵。最后,农村产业经营制度改革。在推进农村现代化与乡村振兴战略的进程中,农村产业经营领域发生深刻变化,随着农村市场化的深度改革,资本、技术、人才等要素的作用日益体现,如何实现资本、技术、人才、土地要素的优化配置,发展乡村特色产业与新兴产业,同时通过一、二、三产业的融合发展提升农产品质量与附加值,延长农业产业发展链条,从而切实保障乡村振兴中"产业兴旺"目标的实现是时代发展的必然选择,这些都需要重新构建农村产业经营发展制度。

第二,农业支持保护制度。完善农业支持保护制度是强化乡村振兴制度性供给的重要内容。[①] 乡村产业振兴与农业现代化目标的实现需要农业支持保护制度的强有力支撑,对于促进农民增收共富发挥着重要作用。农业支持保护制度是现代化国际农业制度体系的核心,是实现农业农村现代化发展的必然要求,有助于更好发挥其压舱石的作用。面对新时代农业农村形势所发生的深刻变革,党和国家逐步探索建立起以保证农业粮食安全,促进农业绿色发展、农民增收与农村共富为价值目标的农业支持保护制度体系。新时代农业支持保护制度体系主要涵盖农产品价格支持、流通储备、生产支持、基础设施以及灾害救助等各类支出,涉及产前、产中与产后等农业生产环节的农业支持保护制度体系。新时代日益健全完善的农业支持保护制度标志着我国农业生产发展与农村社会经济进入新的历史发展阶段。2015年中共中央办公厅、国务院办公厅印发实施的《深化农村改革综合性实施方案》与2019年中央全面深化改革委员会第十一次会议审议通过的《关于完善农业支持保护制度的意见》均强调构建农业农村投入稳定增长机制,加大农业支持保护力度,打造多元化农业投入格局,支持农业农村优先发展。新时代农业支持保护制度主要包含农业补贴制度、政策性农业保险制度与农产品价格保护制度。首先,以"绿色发展"与"生态农业"为导向的农业补贴制度。发展绿色循环的农业产业体系,促进生态与农业的有机融合是农业支持保护制度的核心要义,有助于推动农业农村绿色发展。2016年实施的《建立以

---

① 胡冰川:《改革开放四十年农业支持保护制度:脉络与发展》,《江淮论坛》2019年第2期。

绿色生态为导向的农业补贴制度改革方案》着重强调健全完善湿地、农业、林业与草原等生态系统支持补贴制度，探索构建包括农业面源污染治理与农业高效节约用水等在内的农业支持保护制度，在制度政策制定中转向数量质量生态并重。其次，以"规避风险"为导向的政策性农业保险制度。我国农业生产中往往面临旱涝等农业自然灾害，对于农业发展构成严重威胁。[①] 政策性农业保险制度正是以保费补贴的形式规避农业自然灾害风险，运用保险公司市场化运作方式扩大农业保险覆盖面，降低因农业自然灾害而遭受的经济损失。2019年中央一号文件要求，"推进稻谷、小麦、玉米完全成本保险和收入保险试点，扩大农业大灾保险试点和'保险+期货'试点，探索对地方优势特色农产品保险实施以奖代补试点"[②]。最后，以"价补分离"为导向的农产品价格保护制度。农产品价格保护制度有助于稳定农民从事农业生产发展的信心，国家通过低价收购与价格补贴制度构筑农产品生产者收益保障机制，维护农民基本收益，保障农业与农产品持续稳定发展。进一步健全完善农业支持保护制度，是推进乡村振兴高质量发展的重要内容。

第三，农村金融制度。农村金融制度是推进乡村振兴战略的物质保障，在农村市场经济制度中处于核心地位。由于农业生产的弱质性与农业投资的长期性，加上金融资本的逐利性致使"三农"领域金融资本融资难，需要从农村金融制度体系方面引导农村金融服务乡村振兴，为其注入金融资本动力。农村金融制度以金融资金为纽带将技术、人才与土地等资源要素衔接起来，从而推动乡村经济可持续发展与农业农村现代化发展。农村金融制度的主要功能体现为联结资源要素、累积剩余资本与高效配置农村金融资金，从而顺利推进农业农村领域的健康稳定发展。国家为提升乡村振兴战略实施成效，着重通过三个方面加大金融资本服务乡村振兴：一是国家探索建立新型资金融资方式，依托担保机构提供信用担保与提高财政贴息等方式强化城市金融机构为乡村振兴提供财政

[①] 雷明、于莎莎、何琳：《治理视域下全面乡村振兴的制度建设》，《行政管理改革》2022年第6期。

[②] 《中共中央 国务院关于坚持农业农村优先发展做好"三农"工作的若干意见》，http://www.gov.cn/zhengce/2019-02/19/content_5366917.htm，2022年8月18日。

融资支持，积极参与融入乡村振兴事业；二是国家通过实行特定税种降低税率或者减免营业税等制度政策激励引导农村金融机构服务乡村振兴；三是以探索建立乡村振兴风险补偿资金的方式保障农村金融机构参与乡村建设。一旦农村金融机构在此过程中遭受经济损失，便可通过乡村振兴风险补偿基金建立时的规定比例给予相应的经济补偿。与此同时，在乡村振兴实践中，农村金融制度通过设置新型农业经营主体发展专项资金，贷款贴息、税收优惠与信贷担保等重点扶持新型农业经营主体，增强农村金融服务乡村振兴的动力。自从我国实施乡村振兴战略以来，党和国家通过健全完善现代农村金融制度体系为农业产业化发展提供资金保障，不断深化乡村振兴实践进程，促进农村共同富裕目标的实现。此外，新时代党和国家不断强调借助多元化的政策工具，开发农村金融产品等方式在乡村振兴战略实施中支持农村新业态发展，以乡村产业振兴提升新型农业经营主体的品牌效应与产品竞争力，增强乡村振兴领域中金融资本参与的深度与广度。中央政府、地方政府和乡镇基层组织，要利用好各种政策工具，成为"有为"和"有效"的政府，尊重农民需求，引导农村金融市场发展，有效实现乡村振兴。[1] 新时代加强农村金融制度建设有助于激发乡村经济发展活力，引导农村产业实现协调与融合发展，为农民增收与农村发展奠定重要的制度基石。

二 生态宜居的制度

乡村振兴将"生态宜居"作为战略总要求之一，可见党中央对乡村生态环境治理的重视。"生态宜居"目标的提出使得新时代美丽乡村建设具有可操作性与具体性，不断满足人民群众对美好生活的向往与追求。现阶段乡村振兴战略实施过程中围绕"农村美"与"生态宜居"进行了一系列探索。构建生态宜居的制度有助于改善提升乡村生活环境质量，强化农民的生态获得感与绿色幸福感，保障乡村生态秩序的和谐稳定，推动城乡生态融合发展实践进程，最终实现乡村振兴中经济、文化、社

---

[1] 杨依山、王伟萍：《金融制度创新实现"乡村振兴"的机制研究》，《经济问题》2020年第4期。

会、生态与治理等内容体系的深度融合与有机统一。

第一，农村环境保护制度。农村环境保护制度主要涉及农业生产与农村生活两个方面内容，更多强调在绿色发展理念引领下进行农村人居环境整治，以绿色生产、绿色生活与绿色消费促进乡村环境保护。构建农村环境保护制度是促进乡村绿色发展与生态文明建设以及助力乡村振兴的重要手段。一方面以绿色生态为导向的农业绿色发展制度。农业绿色发展是农业发展方式的深刻变革，本质上是一种制度变迁。[①] 2017年《关于创新体制机制推进农业绿色发展的意见》提出，贯彻落实新发展理念，促进农业供给侧结构性改革需要推动农业绿色发展，这是实现农业现代化发展的重要举措。以绿色生态为导向的农业绿色发展需要构建以资源管控、环境监控和产业准入负面清单为主要内容的制度体系，全面深化农业绿色发展制度改革。通过农业绿色发展制度实现科学合理的农村生产空间布局，打造生态循环的农业生产体系以及实施以绿色生态为导向的制度政策创新体系，全面激活农业绿色发展活力，从而实现乡村生态宜居与农业绿色发展的目标。通过构建农业绿色发展制度可以在增加绿色农产品供给的同时延长乡村绿色产业发展链条，变生态效益为经济效益，促进农民增收与乡村发展。党和国家通过健全完善农业绿色发展制度引导支持发展绿色循环的农业产业体系，以绿色优质农产品供给不断满足人民群众日益增长的美好生活需要。另一方面健全乡村生态环境污染防治制度。乡村振兴战略的重要任务是推进乡村人居环境整治，改善乡村环境质量，提升生态环境民生福祉。《农村人居环境整治三年行动方案》与《农村人居环境整治提升五年行动方案（2021—2025年）》以农村生活污水治理、厕所粪污治理、农村生产生活垃圾整治与农村村容村貌的改善提升等内容作为主攻方向，以此为契机开展农村人居环境整治，全面提升乡村生态环境质量。农村生态环境污染防治制度围绕政策支持、村庄规划管理、人居环境建设和管护机制和村容村貌提升等构建系统完善的制度政策体系，以建设美丽宜居村庄为导向不断助推乡村振兴。从2018年至2021年，农村人居环境整治三年行动使得农村人居环

---

① 刘刚：《农业绿色发展的制度逻辑与实践路径》，《当代经济管理》2020年第5期。

境基础设施建设不断得到持续提升改进，农村生活污水治理成效不断提升，农村人居环境长效管护机制得到有效建立，农村村容村貌不断得到改善与提升。党的二十大报告强调指出，"加强土壤污染源头防控，开展新污染物治理。提升环境基础设施建设水平，推进城乡人居环境整治"。农村生态环境防治制度的构建有助于促进农村生活垃圾实现减量化、资源化与循环利用，为改善提升农村环境质量，建设生态宜居的美丽乡村奠定坚实的制度基础。

第二，农村生态系统保护制度。农村生态系统是指在农村地域内以一定形式的物质与能量交换而联系起来的相互制约、相互作用的生命与非生命共同有机体。[1] 农村生态系统保护制度体系是保障乡村振兴战略顺利实施的重要支撑，构建农村生态系统保护制度势在必行。构建农村生态系统保护制度的根本目的在于保障乡村自然生态环境系统的功能与稳定性，改善乡村生态环境质量，促进新时代美丽乡村建设。首先，生态系统保护和修复重大工程。在乡村振兴战略实施中，国家着重围绕乡村河湖与湿地生态系统展开农村水生态修复，提升河塘行蓄能力。此外，在加强生态系统保护与修复中统筹山水林田湖草系统治理，强化生物多样性保护，推进绿色小水电改造，以此优化农村生态安全屏障体系。其次，重要生态系统保护制度。在推进农村人居环境整治过程中，需要形成天然林和公益林保护制度与荒漠生态保护制度，通过健全完善重要生态系统保护制度不断加强对水源涵养区与蓄洪滞涝区的保护力度。再次，农村生态环境补偿机制。生态环境补偿是绿色发展内涵的丰富与发展，生态环境补偿与绿色发展是农村经济的可持续动力。[2] 国家在推进乡村振兴战略中通过置换、租赁与赎买等方式落实重点领域生态保护补偿机制，鼓励引导各地乡村建立流域上下游横向补偿机制与生态保护补偿资金投入机制。与此同时，乡村振兴实施中依托设施补偿、对口支援、实物补偿与飞地经济等市场化与多元化生态补偿模式建立完善用水权、排污权

---

[1] 陈佑启：《论农村生态系统与经济的可持续发展》，《中国软科学》2000 年第 8 期。
[2] 何寿奎：《农村生态环境补偿与绿色发展协同推进动力机制及政策研究》，《现代经济探讨》2019 年第 6 期。

与碳排放权交易等规章制度体系，从而有效提升生态补偿的针对性与有效性。通过生态补偿制度的建立能够有效规避农民为了短期利益而肆意破坏农村生态环境系统，强化农民保护生态环境系统的自觉性与主体性。最后，提升自然资源多重效益。乡村振兴中需要充分盘活森林、土地、湿地与草原等自然资源，允许集体经济组织利用自然资源开展生产经营活动，着重推动生态旅游、生态康养与生态种植等相关产业发展，打造乡村生态产业链条，从而提升自然资源的多重效益。与此同时，对集体林权制度深化改革，扩大商品林经营自主权，鼓励引导市场主体开展适度规模经营，增进自然资源经济效益。自乡村振兴战略实施以来，国家逐步探索农村生态系统保护制度，有效实现生活环境的整洁优美、生产生活方式的生态绿色与生态系统的稳定健康，推动构建人与自然和谐共生的美丽乡村。深入推进乡村振兴，必须更加重视农村生态系统保护制度的健全与完善。

第三，农村生态环境监管制度。展望未来，为了实现乡村振兴战略目标，在推进农村生态环境治理能力和治理体系现代化进程中，必须从治理理念、治理规划、治理主体、治理技术等方面着力，推动实现"农业强、农村美、农民富"的全面乡村振兴。[①] 农村生态环境治理直接影响着乡村振兴的质量与效果。2018年颁布实施的《农业农村污染治理攻坚战行动计划》明确要求，加强农村饮用水水源保护、推进农村生活垃圾污水治理与着力解决养殖业污染，不断推动农业绿色发展与农村农业环境治理。在推动农业农村污染治理中，国家明确提出建立农业农村污染治理监督管理资金，制定监督管理办法，构筑农业农村环境监督管理机制，充分保障农村生活垃圾污水处理设施正常有序运行。与此同时，《农业农村污染治理攻坚战行动计划》明确要求，在推进农业农村污染治理中着重提升农业农村环境监管能力与农业农村污染治理能力。在乡村振兴战略实施进程中，生态宜居目标的实现需要借助农村生态环境监管制度，构建农村生态环境监管制度有助于化解农村人居环境整治过程中监管队伍建设不到位、监管责任难以落实、监管方案缺乏科学性以及监管

---

① 李成：《中国农村生态环境治理现代化政策发展研究》，《学术探索》2022年第8期。

效果难以达标的现实难题。农业农村生态环境治理中需要结合现代环境监测网络，对农村集中式饮用水水源、农村生活污水处理设施出水和畜禽规模养殖场排污口等重点区域的水质予以监测，保障农村水体安全。在推进农业农村环境治理中，需要遵循"重心下移、力量下沉、保障下倾"的基本原则建立实施农业农村生态环境监管执法工作机制，充分落实乡镇政府层面的生态环境保护与农业农村环境治理职责，明确农业农村环境监管机构及其工作人员，充分保障农业农村环境污染治理事有人干、责有人负。通过提升农业农村环境监管能力有助于农业污染源头减量和废弃物资源化利用，推动构建人与自然和谐共生、生态宜居的美丽乡村。另外，通过构建农村生态环境监管制度，有效鼓励引导群众参与监督，畅通社会公众监督参与渠道，依托农村生态环境监管制度推动乡村生态文明建设与乡村生态治理现代化。

三　乡风文明的制度

党的十九大提出乡村振兴战略，乡风文明是其中重要内容之一。2019年中央农办与中央文明办等十一个部门印发实施《关于进一步推进移风易俗 建设文明乡风的指导意见》，明确提出乡风文明建设坚持党的领导，以社会主义核心价值观为引领，依靠群众加强农村思想道德建设，实现自我管理、自我服务与自我教育，不断推进农村移风易俗工作，有效遏制农村陈规陋习，提升农民精神风貌与农村社会精神文明程度。2021年中央一号文件指出，要加强新时代农村精神文明建设，推动形成文明乡风、良好家风与淳朴民风。党的二十大报告也指出，"实施公民道德建设工程，弘扬中华传统美德，加强家庭家教家风建设"。大力推进乡风文明建设是时代发展的必然选择，需要加强制度保障，着重将公共文化、优秀传统文化与社会主义核心价值观融入乡风文明建设中，并引导农民自觉承担乡风文明建设责任。

第一，农村思想道德建设。农村思想道德建设是推动乡风文明建设的实践载体，是涵养乡土情怀，培育良好乡风，推进乡村公共文化服务体系建设的重要保障。农村思想道德建设需要着重强调将社会主义核心价值观融入法治建设，推进公正文明执法与司法，并以构筑重大公共政策道德风险评估和纠偏机制增强公共政策的价值导向。与此同时,在推进乡风文明建设中实施公民道德建设工程非常重要,需要充分挖掘乡村社会传统道德教育资源,健全完善乡村社会守信激励和失信惩戒机制以及先进模范发挥作用的长效机制,构筑农村社会信用体系,强化农民的规则意识与社会责任意识。此外,也需要着重加强人文关怀和心理疏导机制建设,在乡村社会培育积极向上、理性平和与自尊自信的社会心态,对乡村社会的热点难点问题予以及时有效回应。加强农村思想道德建设有助于在农村社会深入推进社会公德、职业道德、家庭美德与个人品德建设,彰显社会主流价值,以此深入推进农村精神文明建设,助力乡村文化振兴。

第二,农村优秀传统文化传承制度。《中共中央关于党的百年奋斗重大成就和历史经验的决议》指出:"中华优秀传统文化是中华民族的突出优势,是我们在世界文化激荡中站稳脚跟的根基,必须结合新的时代条件传承和弘扬好。"[1] 推进乡风文明需要立足乡村文明,在保护传承农村优秀传统文化基础上对城市文化与外来文化予以创造性转化与发展,不断赋予乡风文明新的内涵,为强化乡村文化自信提供优质载体。构筑农村优秀传统文化传承制度离不开保护利用乡村优秀传统文化、塑造乡村文化生态与发展乡村文化特色产业。在对农村优秀传统文化保护利用的过程中需要着重实施农耕文化与传统建筑文化传承保护工程,健全完善非物质文化遗产保护制度,对乡村社会中的传统戏曲曲艺、传统村落、农业遗迹、民间文化与少数民族文化予以重点保护,充分挖掘农耕文化与传统建筑文化中孕育的人文精神、价值理念与道德规范,在农村基层社会治理中发挥其淳化民风与凝聚人心的作用。在重塑乡村文化生态过程中需要紧密结合美丽乡村建设,对于乡村社会中的特色文化符号予以深入挖掘,盘活乡村特色文化资源。乡村社会中的传统村落格局与建筑风貌中蕴藏的特色文化要素都可以融入乡村建设中,塑造诗情画意的乡村人文环境,再现乡村社会中的田园风光与乡情乡愁,为乡风文明建设

---

[1] 《中共中央关于党的百年奋斗重大成就和历史经验的决议》,《人民日报》2021年11月17日。

塑造文化景观。乡村特色文化产业也是优秀传统文化传承的重要方式，可以通过打造乡村文化产业群与农耕文化产业展示区进行优秀传统文化传承。发展乡村文化特色产业也可以将民间艺术与民俗表演融入其中，实现与现代消费需求精准对接，推动乡村特色文化产业与旅游经济深度融合发展，不断传承乡村特色传统文化，促进乡风文明建设，这些都离不开优秀传统文化传承制度建设。

第三，乡村公共文化生活制度。推动乡风文明建设需要增加高质量的乡村文化产品与文化服务供给，逐渐繁荣乡村文化市场，满足人民群众对美好生活的需要。在现阶段，农村文化领域的主要矛盾表现为农村人口日益增长的美好文化生活需要与供给不平衡不充分之间的矛盾，矛盾的主要方面在供给。[①] 加强乡村公共文化生活制度建设，是丰富乡村公共文化生活的重要基础。乡村公共文化生活制度的建立需要健全完善公共文化服务体系、增加乡村文化公共服务供给以及开展人民群众文化活动。《中华人民共和国国民经济和社会发展第十四个五年规划和2035年远景目标纲要》中明确要求，优化城乡文化资源配置，推进城乡公共文化服务体系一体建设，健全完善农村公共文化服务体系是涵养乡土情怀的依托与载体。现代乡村公共文化服务体系建设需要遵循有标准、有网络、有内容、有人才的基本原则，一方面依托县域公共文化服务机构辐射网络有效带动镇村公共文化服务发展，另一方面推动建设农村远程教育中心、农村文化活动中心与农村数字图书馆等，健全完善乡村公共文化服务供给体系。此外，构建乡村公共文化生活制度可依托数字公共文化工程保障农民获取优质的数字文化资源与公共体育产品。乡村文化公共服务供给离不开文化惠民工程，为农村与农民提供高质量的公共文化服务。可以通过完善农民群众文化需求反馈机制与制度建设，促进各级政府采取"菜单式"与"订单式"等方式购买公共文化服务，提升乡村公共文化产品与农村公共文化服务供给质量，提升农民科学文化素养。依托群众文艺扶持机制，积极挖掘扶持乡村乡土文化人才，培育一批志愿服务乡村文化振兴的文化能人与农村文化工作队伍。与此同时，在推

---

① 徐勇：《乡村文化振兴与文化供给侧改革》，《东南学术》2018年第5期。

进乡风文明建设过程中需要鼓励引导广大农民对传统民间体育文化进行传承与发展，积极开展农民群众性体育文化活动，繁荣乡村文化市场，不断为农村与农民提供优质的公共文化产品与公共文化服务，提升农民精神文化素养，这些都离不开相应文化生活制度建设。

第四，社会主义核心价值观融入制度。核心价值观是实现文化自信的灵魂与生命力，对于传承发展民族文化具有重要意义，关乎文化体系的健康发展。习近平总书记强调，"核心价值观，其实就是一种德，既是个人的德，也是一种大德，就是国家的德、社会的德"[①]。改革开放以来，乡村传统价值体系在市场化与城市化浪潮裹挟之下遭受肢解，道德滑坡、争当贫困户、天价彩礼与拒绝赡养老人等"乡村病"层出不穷，乡村传统价值体系对农民个体的约束力日渐式微。社会主义核心价值观从国家、社会与个体三层维度对我国转型时期的价值观念与价值标准予以明确，从而在乡村社会构建具有普遍性共识的价值理念，为实现农村社会的和谐稳定奠定思想基础。习近平总书记强调："构建具有强大感召力的社会主义核心价值观，关系社会和谐稳定，关系国家长治久安。"[②] 构建社会主义核心价值观融入制度，需要在乡村文化振兴中将民俗文化、红色文化与文体文化等乡土文化形式融入农民群众思想观念与行为中，这从而发挥社会教化与风气引领作用，促使农民群众在情感共鸣与价值认同中不断强化新时代社会主义乡村精神文明建设。

四 治理有效的制度

党的十九大报告明确提出乡村振兴战略并将"治理有效"作为其总要求之一，加强乡村治理工作，提升乡村治理成效需要健全完善党组织领导的"三治融合"治理体系，打造和谐有序的善治乡村。党的二十大报告指出"我们要健全人民当家作主制度体系""健全共建共治共享的社会治理制度，提升社会治理效能"。党全面领导乡村治理制度、基层群众自治制度、基层民主协商制度等，是实现乡村治理有效，提升社会治理

---

① 《青年要自觉践行社会主义核心价值观》，《人民日报》2014年5月5日。
② 《习近平谈治国理政》，外文出版社2014年版，第165页。

效能的重要制度基础。

第一，党全面领导乡村治理制度。乡村振兴需要以加强党的全面领导为主线，实现乡村治理有效必须毫不动摇坚持党的全面领导。2018年、2019年与2020年中央一号文件都明确提出要加强农村基层党组织建设，发挥农村党支部战斗堡垒作用，突出基层党组织的政治功能，组织群众发展乡村产业，把农村基层党组织建成坚强战斗堡垒，带领群众实现共同富裕的目标。在推进乡村治理过程中，农村基层党组织需要把党的决定与目标落实到乡村基层社会，成为推动乡村治理与改革发展的战斗堡垒。坚持党的集中统一领导是我国乡村治理的显著优势之一。在乡村治理中形成党的全面领导制度，将农村基层党组织建设成为领导乡村治理的中流砥柱，促使乡村治理中党建引领的功能与作用逐步得到强化与巩固，健全乡村"三治融合"基层治理体系。《中共中央 国务院关于加强基层治理体系和治理能力现代化建设的意见》明确提出，党建引领的社会参与制度，构建党全面领导乡村治理制度。与此同时，在乡村治理中支持社会组织、群团组织与公众力量参与其中，构建党建引领群建的长效工作机制，把党的全面领导贯穿于乡村治理全过程。在基层党组织的有力领导下，保障农村基层公共服务精准高效，激活群众自治活力，不断提升乡村治理能力与治理体系现代化水平，从而为乡村振兴奠定坚实基础。

第二，农村基层群众自治制度。基层群众自治制度是我国基本的政治制度，也是实现乡村有效治理的重要载体。农民不可能自发地走上中国特色社会主义乡村善治之路，这就需要党的领导。[1] 习近平总书记多次对基层群众自治作出重要指示，强调"只有依靠党的领导，才能真正体现村民的意志，才能实现村民自治，才能保证村民自治沿着健康的轨道不断发展"[2]。《中共中央、国务院关于加强基层治理体系和治理能力现代化建设的意见》明确提出，坚持党组织领导基层群众性自治组织的制度，

---

[1] 于健慧：《党建引领乡村治理：理论逻辑及实现路径》，《西北师大学报》（社会科学版）2022年第1期。

[2] 习近平：《摆脱贫困》，福建人民出版社1992版，第119—121页。

构建完善村（居）民自治机制，保障农民自治权利。我国民法典已在法律制度层面充分赋予农村基层自治组织的法人资格，保障其充分独立行使民事活动的权利，为其在乡村社会治理中发挥自主治理提供法律依据。我国的基层群众自治制度已实现对群众性自治组织与基层行政机关之间的关系予以明确界定，规范群众性自治组织的选举方式与工作内容，从实体和程序两个维度有效保障基层群众自治活动的开展。此外，在深入推进基层群众自治过程中，需要进一步完善自治参与制度，构建开放、包容的自治制度，引导多元力量积极参与，增强自组织动员能力，提升自治效果。

第三，农村基层民主协商制度。基层民主协商制度是在农村社会实现全过程民主的重要载体，也是推进基层自治的重要方式。习近平总书记曾经指出："涉及人民群众利益的大量决策和工作，主要发生在基层。要按照协商于民、协商为民的要求，大力发展基层协商民主，重点在基层群众中开展协商。"[1]《中共中央、国务院关于加强基层治理体系和治理能力现代化建设的意见》明确提出，完善座谈会与听证会等基层民主协商方式，逐步探索社会公众列席乡镇（街道）有关会议制度，健全完善社会主义基层民主协商制度。农村基层治理的决策往往涉及广大村民切身利益，提升农村基层治理成效需要遵循协商于民、协商为民的基本原则，构建农村基层民主协商制度体系，在自由、平等与理性的基础上达成民主协商共识，增强农村基层社会自我调节能力，这也是新时代推进乡村治理现代化与实施乡村振兴战略的必然要求。在民主协商主体方面，需要党和政府给予充分的支持与保障，并得到农村基层自治组织的配合，充分吸纳多元利益主体参与民主协商过程，在涉及村民利益的公共决策中充分听取村民意见与建议。在民主协商渠道方面，需要发挥基层党组织与地方行政的统合引领与资源整合，保障各方主体能够实现治理信息共享，决策听证监督与有效沟通，维护各方主体的民主权利。在民主协商规则方面，需要通过法律制度体系对农村基层民主协商规则予以固定，

---

[1] 习近平：《在庆祝中国人民政治协商会议成立65周年大会上的讲话》，《人民日报》2014年9月22日。

明确民主协商的内容、形式与程序，促使农村基层民主协商主体间良性互动的关系，激活乡村民主治理的活力。

五 生活富裕的制度

生活富裕是党领导的乡村振兴的出发点与落脚点，也是城乡融合发展的重要价值追求。党的二十大报告就明确指出，"为民造福是立党为公、执政为民的本质要求"。实现全体人民共同富裕是中国国共产党义不容辞的责任。在实践中，农村集体产权制度、新型职业农民制度与农村社会保障制度是实现农民群众生活富裕、助推全体人民共同富裕的重要制度保障。

第一，农村集体产权制度。长期以来，我国农村集体产权制度实施过程中存在产权归属与权责厘定模糊化等现实难题，侵蚀了农村集体所有制的发展基础，导致农村社会中资源要素闲置荒废、农村集体产权流转不畅，难以将农村资源要素转化为经济效益与生产力。乡村振兴战略的提出使得国家坚持改革农村集体产权制度，激活农村社会发展内生动力，并将改革的重心落实到农村宅基地改革与土地承包经营权方面。通过深化农村集体产权制度改革，有效放活农村土地承包经营权，不断探索农村宅基地"三权分置"，进而盘活农村土地资源要素，以农村集体经济持续稳定健康发展助力农村产业振兴。实现农业现代化发展，需要继续围绕"统""分"来深化改革，即按照社会主义市场经济发展的要求，进一步深化产权制度改革，加快农村集体经济体制机制及其实现形式的创新，为中国实现乡村振兴战略目标、经济高质量发展和"两个一百年"奋斗目标提供坚实的经济和体制保障。[①] 进入新时代，农村集体产权制度改革进入激活期，《关于稳步推进农村集体产权制度改革的意见》《中共中央、国务院关于实施乡村振兴战略的意见》、《乡村振兴战略规划（2018—2022年）》与《中共中央、国务院关于建立健全城乡融合发展体制机制和政策体系的意见》等都对农村集体产权制度改革做出了清晰规

---

① 刘冠军、惠建国：《中国农村集体经济的实现形式与创新发展》，《甘肃社会科学》2021年第3期。

定，农村集体经济形式呈现多元化发展趋势。通过实施集体经营性资产制度改革，在解决资产利用率低下与土地细碎化，促进土地入股与农民入社基础上可以有效促进农业现代化发展，推动农村产业融合发展。依托集体资产、资金入股，政府财政支持，引入工商资本发展培育新型农业经济主体，在农村社会发展混合所有制经济，可以助推农村集体经济发展。通过农村集体产权制度改革，有助于推动农村电子商务、休闲农业、生态旅游、体验农业等新业态发展，为农村集体经济发展与农业增效、农民增收奠定坚实基础。通过组织动员集体成员实施规模化、产业化与标准化种养殖业，建立农村集体经济产业服务中心为农户提供资金、技术与信息等服务，能够保障农户收入持续稳定增收。村集体建设项目资金可以作为发展股金入股，农村集体经营性建设用地直接入市等都可以进一步创新发展农村集体经济形式，拓展农村产业融合发展与集体经济发展空间，推进农村农民共同富裕实践进程。

第二，新型职业农民制度。乡村振兴离不开产业振兴，而产业振兴则需要新型职业农民。具有知识化、产业化与现代化发展思维的新型职业农民是促进乡村振兴的内在推动力，能够为农业产业振兴提供智力支持。在推进乡村振兴进程中，职业农民是促进农业产业结构转型升级的主力军，这就需要顶层设计新型职业农民制度。而新型职业农民培育工作对于农业农村现代化发展有重要作用和意义，能够有效地引导当代农民树立正确的发展意识，从而提升自身的专业技能水平，有效地建立系统化发展体系，从而将农业朝着规模化、新型农业经营主体化的方向发展，通过新型职业农民培育工作的实施，能够在未来的发展过程中，为农业发展培育一批会经营、懂技术、有文化的新型职业农民。[1] 党和国家始终坚持农业农村优先发展的总方针，依托职业农民职称制度与新型职业农民培育工程强化新型职业农民的生产技能、就业创业能力与经营管理能力，从而保障农民收入的持续增加。农业农村部鼓励引导培育新型职业农民，通过组织开展"百县千乡万名带头人"培育行动培育乡村产

---

[1] 李莹、闫广芬：《乡村振兴背景下新型职业农民的定义与培养》，《江西社会科学》2021年第12期。

业发展所需的特色产业发展带头人与农村创新创业者,为新时代乡村产业振兴提供人才支撑。与此同时,全国各省份也加快培养新型职业农民,如《四川省深化家庭农场和农民合作社带头人职业化试点实施方案》与《成都市深化新型职业农民制度试点实施方案》,在资格认定制度、教育培训制度、生产扶持制度、风险防控制度、社会保障制度和动态管理制度六个方面全方位培育新型职业农民。全国各地积极实施农村农业青年创业致富"领头雁"培养计划,通过与高等院校与科研机构的协同合作培育新型职业农民,发挥农业骨干引领带动作用助力乡村产业发展,促进农民农村共同富裕。此外,全国各地在出台实施新型职业农民扶持政策的同时,也探索制定与其相适应的规章制度体系,全方位推进落实农业发展、农民富裕与乡村振兴,保障乡村振兴目标的顺利实现。在新时代,构建新型职业农民制度是推动农业农村现代化发展,实现高质量乡村振兴的必然要求。

第三,农村社会保障制度。农村社会保障是国家通过最低生活保障、医疗救助、国民收入再分配与临时救助的方式,为无法维持正常生活的低收入者与无收入者等弱势群体提供资金与物质援助,帮助其有效克服失业、疾病与工伤带来的风险,从而能够维持正常稳定体面生活的公共职能。此外,农村社会保障需要对农村社会弱势群体给予格外关注,充分保障其生存发展与生产生活基本权利,减轻或消除弱势群体对未来发展风险的顾虑,从而为乡村振兴目标的实现创造和谐稳定的社会秩序,积极促进社会公平正义。健全完善的农村社会保障制度是乡村振兴体系框架中的重要制度内容。现阶段我国农村社会保障制度体系分为新型农村社会养老保险制度、新型农村合作医疗制度与农村社会救助制度三种类型。自 2013 年开始,国家构建统一的城乡居民医保制度,将城市居民医保与农村社会的新农合实现统一与融合,保障城乡间在医疗保险待遇方面实现公平与公正。2018 年国家将农村养老服务正式纳入农村社会保障制度体系中,充分保障农村老年居民享受社会养老待遇,从而实现了新型农村社会养老保险制度从国家层面拓展延伸至社会层面与市场层面,确保新型农村社会养老保险制度能够可持续发展。农村社会救助制度是促进社会稳定与公平正义的兜底性与基础性制度安排,主要包括最低生活保障制度、"五保户"供养制度与扶贫制度等相关内容，有效保障农村弱势群体的基本生活，不断增强人民群众的幸福感、获得感与安全感。目前，我国农村社会救助制度已经建立起以最低生活保障制度与"五保"供养为基础，涵盖医疗、卫生、住房、教育与司法在内的新型社会救助制度体系，有效保障农村弱势群体能够在安全稳定的社会环境中生活。从内部制度顶层设计看，要提出设计的整体思路和战略部署，以公平、普惠和可持续为原则，以构建全国统一的社会保障制度为目标。[①] 由此，农村社会保障制度在保障民众基本生活质量的同时，助推乡村全面振兴，推动共同富裕目标的实现。

第五节 乡村振兴战略中的规范化乡村治理制度体系的实现

产业兴旺、生态宜居、乡风文明、治理有效、生活富裕方面的制度是乡村治理制度体系的重要内容。在推进乡村振兴实践中，创新农业发展制度体系、完善农村环境治理制度、强化乡村文化制度建设、构建公共治理制度、完善农村经济发展与社会保障制度，是构建规范化乡村治理制度体系的核心内容。在实践发展中，应通过构建规范化的乡村治理制度体系赋能乡村经济发展，形成城乡关系发展新格局，不断助力城乡融合发展与农村农民共同富裕。

一 推进农业农村发展制度创新助力乡村产业兴旺

农业农村发展是乡村振兴的重要内容，它关乎农业农村现代化目标的实现。在乡村振兴中，应以创新农村基本经营制度、农业支持保护制度与农村金融制度为重点，破除乡村产业发展的体制机制弊端，激活农业农村发展活力，为乡村产业振兴与农业农村现代化目标的实现提供制度保障。

---

① 朱楠、代瑞金：《中国社会保障制度的历史演变和规律考察》，《西北大学学报》（哲学社会科学版）2020年第4期。

第一,健全完善农业补贴制度,促进农业生产经营发展。农业是实现乡村振兴战略目标的基础,农业发展水平关乎其他产业的发展,促进农业现代化发展亟须建立健全农业支持保护制度。首先,健全农产品生产质量补贴制度,充分保障农产品质量安全水平。一方面,促进农业生产补贴与生产主体投资有机结合,在农业生产经营过程中对特定的生产资料给予经济补贴,鼓励引导农户在农业生产经营中使用绿色有机肥,降低有害生产资料的使用频率。另一方面,在生产经营补贴制度方面构建农业有机肥料制作、应用和推广补贴制度,加强农业生产经营中生物防治技术的应用,减少对化肥与农药的投入使用。其次,健全完善农产品目标价格制度,保障农业产业经营效益的提升。保障农产品目标价格设定能够有效覆盖农产品生产成本并保障农户一定的收益空间,同时,农产品目标价格制度的构建与实施应当向小麦、棉花、水稻、大豆与玉米等主要粮食作物与经济作物倾斜,促进农产品的产量稳定持续增长,有序推动农产品目标价格制度试点。最后,构建农业生产经营科技补贴制度,保障农业生产降本增效。一方面,在农业生产经营中强化农业生产经营主体的科技补贴与种植补贴,激活农业生产者从事农业种植与农业生产的热情,从而以农技推广补贴制度促进农业现代化发展。另一方面,借助新型经营主体补贴制度提升农业生产经营中的生产科技与经营管理水平,可以根据生产经营面积确定新型经营主体补贴范围以及"设置以投入产出比率为衡量标准的逐级递增的补贴等级"[①],引导农户适度规模经营,降低农业生产经营成本,提升农产品生产经营收益。

第二,推动农业保险制度改革,助推农业现代化进程。为充分发挥农业保险在农业现代化中的支撑保障作用,应对农业保险制度进行改革与重构,以更好促进乡村产业兴旺与农业现代化发展。首先,完善农业保险法律制度体系。推动农业保险制度改革的核心是设计出台相关农业保险法,充分明确农业保险法的调整对象为政策性农业保险,并对农业保险的范围、目的与原则予以充分规定,同时明确农业保险的相关政策,

---

① 王志刚、朱佳、于滨铜:《乡村振兴战略下新型农业支持保护政策体系研究》,《财经问题研究》2019 年第 10 期。

科学合理厘定中央与地方间的农业保险补贴职责，提升农业保险补贴效率。此外，在颁布实施相关农业保险法规的同时设置政策性农业保险监管机构，强化农业生产经营方面的监督管理，规避多部门混合监管风险。其次，完善农业生产经营保险管理制度。一方面，在国家顶层制度设计层面可以由财政部、农业农村部、银保监会与中央农办等机构协同成立农业保险领导小组统筹实施农业保险工作，实现农村保险制度的统筹规划。另一方面，在省市县政府层面可以由各级党委与政府制订农业保险实施方案，构筑农业保险工作推进协同机制，根据各地区的实际情况明确农业保险制度及其重点工作。再次，建立多元化农业保险产品体系。农业保险制度改革应针对"二元主体"不同的保险需求建立"普惠性基本险+高保障附加险"[①]的农业保险产品体系，有效维护农业生产者的合法权益。其中，普惠性基本险可适用于直接物化成本，普惠性基本险标的为农产品中"重要农产品"，"重要农产品"生产经营者则为被保险人，普惠性基本险费用由中央财政直接拨付经办保险公司，有效降低农业保险保费违规操作概率。而高保障附加险则保障农业生产者的完全成本与收益，由其决定是否选择投保与投保水平，保费则由中央财政与地方财政按比例分担，农业生产经营保障水平越高，保费补贴比例则越低。最后，建立健全农业保险灾害风险分散机制。我国农业保险灾害风险分散机制可以由中央政府、省级政府、保险公司与金融机构共同建立完善，可以按照保险公司农业大灾风险准备金分散、省级政府农业大灾风险准备金分散、中央政府农业大灾风险准备金分散以及向金融机构借款等方式建立健全农业保险灾害风险分散机制，有效规避农业生产经营中的大灾风险。

第三，深化农产品价格保护制度改革，推动农业发展。农产品价格保护制度是实现农业资源优化配置的重要制度，在厘清政府与市场关系的基础上让市场在农业资源配置中发挥决定性作用。在深化农产品价格保护制度改革中需要以市场力量引领形成农产品价格，扩大农产品有效

---

① 冯文丽、苏晓鹏：《农业保险助推乡村振兴战略实施的制度约束与改革》，《农业经济问题》2020年第4期。

供给与高端供给，同时政府应加强政策引导，保障农产品的供给与需求得到更好匹配。首先，建立健全农产品最低收购价格保护制度。国家需要基于水稻、小麦与玉米等农作物的生产成本，在农产品最低收购价格设置中充分考虑农村社会平均利润率甚至全社会的平均利润率，保障农业生产者的生产积极性。同时国家可适当以3年为一周期调整农产品最低收购价格，增强农产品价格的调节弹性，确保农业生产者的基本权益与国家农业安全得到保障，激发农业生产者从事农业生产的积极性。其次，建立完善重要农产品价格支持保护制度。对于棉花、大豆与玉米等重要农作物与经济作物应在遵循"市场定价、价补分离"的基本原则基础上由市场充分决定其价格，保障和维护粮食和重要农产品稳定安全供给。同时重要农产品政府补贴应与价格脱钩，重要农产品的政府补贴需要充分考量其生产与流通环节的需要以及激活市场与主体的需求，对于重要农产品的品种与范畴予以适当财政补贴，激活农业产业链条，优化农业产业结构，充分激发农户从事农业生产的热情，增强其幸福感与获得感。最后，实现"互联网+"与农产品价格保护的深度融合。深化农产品价格保护制度改革，应充分运用大数据与互联网信息技术等现代化手段设置农产品最低收购价格。此外，农产品价格保护的确定需要充分考虑农业产业发展需要，农业产业市场形势的变化与政府财政资金承受能力等因素，最终保障农业生产者获得合理收益。

第四，深化"三权分置"改革，实现农业产业兴旺。不断深化"三权分置"制度改革，是激活农村土地要素、推动乡村经济发展的重要举措。首先，健全完善农村土地流转制度，明确农村土地承包经营的处置权。健全完善农村土地流转制度需要在对承包经营土地确权登记基础上，充分尊重农民意愿前提下明确农户的土地经营转让处置权，促进农村土地高效流转。农村土地流转制度能够有效保障农户对农村土地经营的稳定性，增强农户对未来农业发展的预期性。国家出台的农村土地经营承包期限长久不变的政策承诺不断强化农户对农业发展的信心，维护农村基本经营制度的权威性、长期性与稳定性。国家需要对"三权分置"的具体权限予以细致划分，在法律法规与制度体系层面对集体所有权、农户承包权与土地经营权等具体权限进行明确。健全完善农村土地流转制度有助于解决农村土地流转过程中规范性缺失问题，促进农村剩余劳动力自由流动，有效引导城市资本、人才与技术等资源要素流向农业生产与农业经营等领域，有效激活农村市场经济活力，助推农业农村现代化发展，健全完善农村土地流转制度正是丰富农村基本经营制度的核心内容。其次，推动土地制度改革，保障农民土地财产权益。新时代深化土地制度改革的核心在于妥善处理好农民与土地的关系，真正保障农民土地承包权"稳"下去，土地经营权"活"起来。持续深化土地制度改革需要从以下三个方面着手实施：一方面，在充分尊重农民与各类市场主体农地经营权流转意愿前提下，逐步健全完善农地流转服务制度，保障农民与各类市场主体的抵押与入股权利，维护其自身合法权益。同时建立完善社会资本在农地流转中的风险评估、审核与防范制度，实现农地流转的规范化与制度化。另一方面，持续深化农村宅基地制度改革。农村宅基地制度改革的重点在于房地一体的宅基地确权登记颁证，"推动农村土地'三权分置'的法制化"[①]，逐步完善农村宅基地统计调查制度并构建统一化的数据信息平台，提升农村土地资源利益效率。此外，在畅通农村集体经营性建设用地入市基础上，围绕入市范围、入市用途与入市权能逐步加强规范化管理，构建农村集体经营性建设用地入市制度。同时构筑农村集体经济组织的增值收益分配制度，促使农村集体经济组织成员能够公平公正地享有农村集体经济经营增长收益，维护乡村社会公平与正义。

第五，创新农村产业经营制度实现形式，促进产业融合发展。农村基本经营制度的多元化发展是在坚持农村土地"集体所有制"前提下，结合各地农业发展生产力情况对农业生产关系不断调适。当前农村产业经营制度的不同实现形式折射出统分结合程度与具体形式的差异。其中，农业生产力发展程度与生产社会化程度决定着农村产业经营制度统分结合程度，集体经济与合作经济管理水平则决定着农村产业经营制度统分结合的具体形式。在坚持农村土地"集体所有制"基础上，未来农业经

---

① 高鸣、郑庆宇：《党的十八大以来我国农村改革进展与深化方向》，《改革》2022 年第 6 期。

营方式可以实现多元化创新与发展。"农户家庭单独经营""农户+集体合作社""农户+合作社+企业""混合股份合作制"① 等均可成为农村产业经营制度的创新形式，有助于形成农村产业规模经营效益，促进农民增收与农村发展。与此同时，坚持农村土地"集体所有制"是创新农村产业经营制度实现形式的前提，着重强调反对土地私有化，有效规避农村贫富差距扩大风险，防范冲击农村社会稳定秩序。在坚持农村土地"集体所有制"的同时需要充分尊重农户自主意愿，结合农村地区的资源禀赋与农业生产力差异，促进"统"与"分"有效结合。在农村产业经营制度多元化实现形式探索实践中，承包经营型、合作经营型、农业共营型、统一服务型与高度集体型等形式都已成为主要实现形式，促进农业产业规模经济发展。

第六，强化农村金融制度创新，促进农村金融资源高效配置。金融在推动乡村振兴、促进乡村经济发展中发挥活化剂作用，必须充分发挥金融资本在乡村振兴中的重要功能。首先，加强农村金融制度建设，拓展农村产业发展融资渠道。一方面，不断丰富乡村产业振兴的金融资源供给主体。在乡村产业振兴中需要适当引入债权与股权等新型融资模式，通过引入多元化的农村金融资源供给主体，有效扭转银行机构一家独大的局面，为农村产业发展提供更多融资选择，丰富农村金融资源供给主体。另一方面，优化农村金融机构配置结构。农业发展银行与农村商业银行等金融机构为乡村产业振兴源源不断提供资金保障，国家需要借助制度政策引导金融机构向农村地区拓展延伸，完善农村金融机构服务网点，健全金融机构的竞争机制，为乡村振兴拓展融资渠道，降低融资成本。其次，加强农村金融服务供给模式创新，为乡村产业发展提供更多支撑。农村金融服务供给模式创新是为乡村产业发展与乡村振兴提供融资支持的重要基础。一方面，加强乡村振兴中的涉农抵押与质押等金融服务供给模式创新。农村金融服务供给模式创新可借鉴农民住房财产权抵押贷款与承包土地经营权抵押贷款等经验，创新涉农抵押与质押等金

---

① 蒋永穆、王运钊:《新中国成立 70 年来农村基本经营制度变迁及未来展望》,《福建论坛》(人文社会科学版) 2019 年第 9 期。

融服务供给模式，促进应收账款等动产资源质押业务与拓展活体畜禽抵押贷款业务范围，为农村养殖业发展提供资金支持。另一方面，依托现代科技实现农村金融资金供给模式创新。农村金融资金供给模式创新可依托大数据与"互联网+"发展数字金融，对于农业金融贷款的整个流程实现全过程信息化监管，规避涉农金融风险，提升涉农信贷金融风险处置能力。最后，健全完善农村金融风险分散机制，强化农村金融资金可得性。一方面，完善农村金融信贷担保体系，将农村地区"散、小、弱"的金融机构实现优化整合，并以市场化与产业化为原则健全完善农村金融信贷担保体系，有效解决乡村生产发展中因抵押物短缺引发的金融资金融资难题。另一方面，加强农业生产保险制度建设。国家应当在制度政策层面鼓励引导保险金融机构参与乡村振兴事业，强化农业保险再保险机制建设，激发保险金融机构参与的积极性，使得农业生产可以拥有多元化的保险产品，充分发挥农业风险补偿作用，促使农村保险机构风险能够得到有效分散。

二 健全农村环境保护制度建设生态宜居美丽乡村

习近平总书记指出，"保护生态环境必须依靠制度、依靠法治。只有实行最严格的制度、最严密的法治，才能为生态文明建设提供可靠保障"[1]。农村生态环境保护制度建设有助于保障多元治理主体沿着法治化、制度化与规范化的轨道推进农村环境治理，建设生态宜居美丽乡村。

第一，积极推动农业发展绿色化转型。加强农村环境保护应走农业绿色发展之路。农业发展绿色化转型是系统性工程，需要政府、社会与农户等多元主体协同努力予以推进。首先，农业发展中需要嵌入式推广绿色农业技术。推动农业发展绿色化转型，实现绿色农业技术的大众化应用需要强化农民对绿色农业技术的接受度与信任感。一方面，绿色农业技术推广需要基于农村生态环境实际与农民生产生活需求，将绿色农业技术的应用措施推广应用至生产环节，各地区可以在绿色农业技术推

---

[1] 中共中央文献研究室：《习近平关于社会主义生态文明建设论述摘编》，中央文献出版社2017版，第99页。

广中根据自身农业发展状况制定"一村一策一方案",因地制宜实施农村产业绿色化发展方案。另一方面,成立绿色农业推广专家队伍,促进绿色农业技术与农业生产需求精准对接。绿色农业推广专家队伍应当由农业院校专家、农业技术员与农村农业技术精英等人员构成,充分发挥自身优势宣传推广绿色农业技术。农业技术专家可以发挥自身专业技术优势以"进村入户到田"的方式深入农村地区宣讲绿色农业技术的优势与应用,化解农民对"绿色农业技术从哪里来"的困惑。农业技术员可以通过农业种植大户对于绿色农业技术应用形成的正面引导效应有效解决"如何实现绿色农业技术进村入户"的问题。通过切入点的合理选择有助于实现农业技术推广的以点带面,提升农业技术推广服务效率和质量。[①]其次,全方位鼓励引导绿色农产品消费。一方面,推动农业发展绿色化转型可以发挥绿色消费补贴与绿色消费积分奖励等方式激活消费者对绿色农产品的消费需求,同时,大型商场可以设置绿色农产品消费专区,扩大绿色农产品品牌影响力,推动农业产业结构实现绿色转型。另一方面,全方位鼓励引导绿色农产品消费,需要借助电商信息化服务平台,并针对绿色农产品设置准入门槛制度与绿色农产品认证机制,严格做到"生产过程有记录,产品质量有检验,上市有绿色标识",进而以绿色优质农产品引导消费者从数量消费向绿色质量消费转型,不断满足消费者的绿色消费需求。此外,发挥环保组织、消费者协会、新闻媒体与农业部门在绿色农产品消费中的职能,营造绿色农产品消费氛围,引导消费者积极承担社会责任。

第二,建立农村环境污染防治制度体系。健全完善的农村生态环境保护法治体系需要着重加强立法、执法与司法建设,为改善农村生态环境质量提供坚实的法治保障。首先,健全农村生态环境保护立法。在《中华人民共和国环境保护法》基础上,进一步完善农村土壤污染防治、农业面源污染防治、农村固体废弃物污染防治与农村生态环境资源开发利用等方面法律,填补农村生态环境污染防治制度体系的空白。同时,

---

[①] 朱俊峰、邓远远:《农业生产绿色转型:生成逻辑、困境与可行路径》,《经济体制改革》2022年第3期。

在推进农村生态治理中，国家应当围绕农村自然资源资产产权制度、农村自然资源分配制度与自然资源资产有偿使用制度构建符合农村生态环境特点的法律制度体系。其次，完善农村环境污染防治执法制度，提升环境执法能力。在完善农村生态环境保护立法的同时，需要加大环保部门的执法力度，充分赋予其相应的强制执行权力和限期治理决定权。同时农村生态环境保护执法需要构建多部门的协同联动机制，实现生态环境信息数据的共享，凝聚强大的执法力量，严厉打击农村地区的环境污染违法行为，从而实现农村地区可持续发展目标。最后，加强农村环境司法保障体系建设。一方面，加强农村生态环境司法制度建设。依托司法机关与检察机关构建农村生态环境诉讼制度体系，依靠法律制度化解农村环境矛盾案件，严肃惩处农村生态环境破坏犯罪行为，强化农村生态环境保护执法力度。另一方面，建立健全农村生态环境公益诉讼制度。农村生态环境公益诉讼制度能够赋予农村基层自治组织与环保组织充足的农村生态环境诉讼主体地位，采取诉讼的方式解决农村生态环境保护难题，为农村生态环境保护法治体系建设提供支撑与保障。

第三，加强生态系统保护修复体系建设。加强生态系统保护修复，需要在国家政策导向与生态系统保护需求推动下，在整体系统层面实现法律制度建构，并充分融入生态系统保护修复目标中，保障农村生态系统健康稳定运行。首先，健全完善生态系统保护修复的法律体系。法律是治国之重器，良法是善治之前提。[①] 健全完善生态系统保护修复的法律体系，一方面需要将多元主体的利益以系统规范的方式予以明确，通过规范明确多元主体彼此间的权责利关系进而约束规范其开发利用生态系统与生态资源的行为，实现生态系统保护修复理念与政策宣示的具象化。另一方面，立足于生态系统整体观念的法律体系，需要借助行政监管、法律规制与司法保障等方式实现生态系统保护修复目标与法治实践的高度契合。其次，构筑统一协调的行政监管机制。构筑统一协调的行政监管机制，在领导体制方面需要明确以国家生态系统保护修复协调机制为

[①] 杨宜勇、吴香雪：《政策法律化视角下农村扶贫开发问题研究》，《中共中央党校学报》2016年第6期。

核心，通过协调整合相关职能部门的整体合力，在国家行政监管层面实现统一性与协调性，在地方行政监管层面，则需要基于生态系统保护修复的整体性，保障生态环境保护职能部门在职能履行中的衔接性，从而维护各级地方政府生态系统保护修复行为的权威性与有效性。最后，构筑生态系统保护修复公私协同模式。促进生态系统保护修复涉及多元主体利益的平衡，需要不同主体在生态系统保护修复事项方面实现趋同一致性，立足生态系统保护修复领域广泛性与利益多元化的前提下，为多元主体构建利益诉求保障机制。构筑生态系统保护修复公私协同模式不仅需要发挥行政主体的监管职责与资源整合优势，还需要考虑行政主体自身的专业技术知识限度，为专家学者、环保组织、社会公众与专业机构等社会主体参与生态系统保护修复提供充足的参与空间，最终在行政主体与社会主体的协同配合下构筑生态系统保护修复公私协同模式，实现生态维系与利益平衡的目标。

第四，健全农村生态环境补偿制度体系。农村生态环境补偿与农业农村绿色发展相互依存、相互促进，二者协同推进有利于提升生态环境补偿效率，更好推进农业农村绿色发展。[①] 科学有效的制度体系能够为农村生态环境补偿的实施提供坚实的支撑与保障，健全完善农村生态环境补偿制度体系需要明确农村生态环境补偿范围、制定农村生态环境补偿规则、规范农村生态环境补偿标准与构建农村生态环境补偿协同机制等内容。首先，完善农村生态环境补偿范围。农村生态环境补偿在种植业领域主要以提升农村耕地质量为目标，需要给予秸秆循环利用、农村生态环境系统修复、农村产业的绿色转型与农业面源污染的有效遏制等相应的生态环境补偿，同时种植业生产过程中着重实施测土配方施肥，积极构筑低碳循环与经济高产的绿色农业技术发展体系，促进农业经济生态绿色发展。农村社会在发展畜牧业经济中需要全面强化畜禽废弃物综合处理利用，实现畜牧业废弃物无害化与资源化处置，促进农村畜牧业绿色发展。在农业资源利用方面着重提升农业资源利用率，研发节能减

[①] 何寿奎：《农村生态环境补偿与绿色发展协同推进动力机制及政策研究》，《现代经济探讨》2019 年第 6 期。

排、节地节能与节水节劳等绿色农业技术,提高农村污水与生活垃圾处理率,促进农民生活清洁化。其次,规范农村生态补偿政策与标准。一方面国家可以通过税收优惠、财政补贴与技术服务等措施推动农村生态环境补偿;另一方面可以通过构建绿色农业生产技术规范体系、农业生态环境监测评价制度与农村生态环境补偿制度体系,有效评估农业生态系统的服务功能及其价值。最后,构建农村生态环境补偿协同机制。政府应在重点水利工程建设、土地整治与水源工程建设等生态环保工程项目投资中给予引导性投资补贴并强化监督管理工作,提升生态环保工程项目价值。企事业单位作为农村生态环境补偿的重要参与者,需要履行绿色生产与污染付费义务,配合政府环保部门做好农村生态环境保护工作。社会投资者在农村生态环境补偿中能够发挥自身资金、技术与管理优势,利用政府补贴与使用者付费制度获取经济利益回报,为保护农村生态环境系统提供生态环境修复技术,有效弥补政府在生态环境保护方面存在的技术短板,降低农村生态环境补偿交易成本。农村基层自治组织需要组织农民积极参与农村生态环境补偿项目建设与管理工作,对企业环境行为予以规范监督,在农业生产领域中推广绿色农业技术,探索农村环保有偿服务制度,提升农村生态补偿效率。各级政府应通过农村生态环境项目投资与农业产业政策等激励驱动制度,引导村民参与农村生态环境补偿,依托政府—企业—环保协会—农户协同机制提升农村生态环境治理成效。

第五,构建农村生态环境监管制度体系。建设生态宜居美丽乡村,促进乡村绿色发展,需要加强环境监管,实施源头预防,强化责任意识。首先,积极构建源头预防、过程管控与侵权追究的制度体系。党的十九届四中全会明确提出:"要健全源头预防、过程控制、损害赔偿、责任追究的生态环境保护体系。"[1] 在强化源头预防方面,农村环境治理需要根据乡村空间约束与环境质量目标约束,健全企业环境准入制度,在保障农村生态环境系统承载力的基础上设置产业准入门槛,完善建设项目环

---

[1] 《中共中央关于坚持和完善中国特色社会主义制度推进国家治理体系和治理能力现代化若干重大问题的决定》,《人民日报》2019 年 11 月 6 日。

境影响评价制度，将高污染高耗能企业排除在农村市场之外，实现农村生态产业化与产业生态化。健全完善农村生态损害补偿制度，完善农村环境污染物排放监管机制，加大对农村生态环境污染行为的惩处力度，促使农村环境污染者对环境污染行为予以生态环境损害补偿，充分彰显生态环境法律制度的权威性。其次，创新农村环境环保督察制度。创新农村环境保护督察制度有助于强化各级政府在农村生态文明建设与建设生态宜居美丽乡村方面的政治责任与主体责任，有序推进农村人居环境整治工程。构建独立的环保督察机构对地方环境保护机构予以严格监督，对未能有效推进农村环境治理工作的环境保护机构应予以惩戒，在与环境保护机构的互动合作中推进农村生态环境治理。最后，构建农村环境治理监督反馈制度。构建农村环境治理监督反馈制度需要以法律制度的形式实现环保组织与农民等公众力量对政府环境治理工作与企业环境行为的监督，保障农民的参与权与监督权。农民与环保组织需要充分了解掌握企业的生态环境信息、企业污染物排放情况及其自行监测信息以及参与对企业的环境信用评定，同时能够对政府环境治理工作予以监督并及时反映相关问题，对于其中的问题提出意见或建议，促进农村环境治理成效的提升。

第六，健全农村环境保护经济制度体系。农村环境保护需要健全完善经济制度体系，激励驱动企业实现绿色生产技术的创新与发展，推动企业生产经营的绿色转型升级，主动承担环境保护责任。健全完善农村生态环境保护经济制度体系需要从农村环境保护的财政制度、绿色税收与市场化手段三个方面着手实施，推动企业对农村生态环境保护的有效激励。首先，健全完善农村环境保护财政制度。着重从财政支付转移、财政补贴与生态补偿基金等方面逐步构建常态化与全方位的财政资金投入机制，健全完善生态环境污染治理收费体系与生态环境产品定价体系，为推进农村环境治理现代化提供资金保障。其次，完善农村生态环境保护的税收信贷制度体系。运用环境税、消费税与资源税等税收手段对绿色产品生产者给予税收减免，鼓励引导企业减少资源消耗与环境污染排放，积极参与农村生态环境保护。与此同时，对参与农村生态环境保护的企业给予绿色信贷倾斜，实现对行业经济利益布局的二次调整，推动实现绿色生产，反之则对高污染企业构筑环境资金壁垒。最后，借助市场化方式促进企业实现绿色化转型升级。在企业生产经营中，人工与原材料等成本明确，而环境污染成本则并不十分明确。在引导企业参与农村生态环境保护中需要运用排污收费制度、排污权交易与排污税制度等，实现企业环境污染成本可视化。在此背景下，对于具有排污行为的企业只能通过排污权交易获得排污权抑或改进提升生产技术控制环境污染物排放量，缩减排污需求。① 通过多措并举的制度创新，提升乡村振兴中的环境保护质量。

第七，加强农村生态环境保护能力保障体系建设。农村环境治理能力现代化的核心内涵在于构建现代化的农村生态环境保护能力保障体系，从而为建立完善农村环境治理体系提供支撑。加强农村生态环境保护能力保障体系，需要从促进农村绿色技术创新、构建农村生态环境风险预防防治机制与农村生态环境系统承载力预警监测机制等方面入手。首先，促进农村与农业绿色技术创新。依托多元化绿色技术创新市场体系，促使政府与市场双方力量形成耦合效应，同时对传统企业生产经营方式进行绿色化与低碳化改造，推动农村与农业绿色技术创新优化发展。其次，构建农村生态环境风险预防防治机制。积极建设农村生态环境风险防范管理机构，借助大数据技术对农村发展与农业生产中已有的与潜在的生态环境风险展开评估与识别，及时向社会发出预警，防范农村生态环境风险，有效减少经济与财产损失。与此同时，基于农村生态环境风险的综合决策体系，构建农村生态环境风险监测网络及风险评估体系，制定实施农村生态环境风险防治机制，强化农村生态环境风险应急处置能力。最后，构建农村生态环境系统承载力预警监测机制。着重从生态环境风险管理机制与保障机制等方面着手实施，有助于政府对农村自然资源进行科学合理的开发利用，平衡生态空间与建设空间，促进农村资源环境承载能力监测预警的制度化与科学化，严格按照农村生态环境系统承载

---

① 潘俊强：《治污减排创效益》，《人民日报》2017年5月13日。

力谋划农村社会经济发展。① 通过综合协同发力，促进乡村生态振兴高质量发展。

三 强化乡村文化制度建设促进乡村文化再生长

制度能够有效保障目标沿着既定轨道运行，规避不确定性带来的风险。乡村文化制度是实现乡风文明的重要保障，需要更好地发挥制度在乡村文化振兴中的基础作用，最大化激活乡村文化活力，以乡村文化制度建设引领实现乡村文化振兴的发展目标。强化乡村文化制度建设需要从系统性与乡土性两个维度出发，塑造稳定的乡村文化制度框架，充分满足乡村民众的文化诉求。

第一，提升农村思想道德水平，培育乡村文明新风尚。思想道德规范是乡村社会维持正常运转的润滑剂，加强乡村思想道德建设有助于提升农村精神文明面貌，推进农村精神文化建设实践进程。首先，推动乡村文明乡风制度建设。乡村文化振兴需要正确处理好农村经济发展与文明乡风建设之间的辩证关系，将社会主义核心价值观融入文明乡村建设中，促使农民群众对社会主义核心价值观由情感认同转化为行动自觉。与此同时，推动乡村文明乡风建设应重点突出乡村生活环境与思想道德建设，为村民提供公共文化活动空间，加强文化组织载体建设，如成立农村道德评议会、农村红白理事会与村民议事会等，以此褒扬乡村文明乡风，杜绝不良风气。其次，加强乡村良好家风制度建设。家风体现着一个家庭的精神内核，是家族世世代代传承下来的价值准则，也是家庭成员成长的精神足印，对于农村社会风气的形成发挥着引领带动作用，在加强农村思想道德建设中应当"重视家庭建设，注重家庭、注重家教、注重家风"。② 加强乡村良好家风制度建设，需要构建勤俭持家、吃苦耐劳、团结友爱、尊老爱幼、互帮互助、自强自立、懂规守矩、诚实守信、与人为善的良好家风制度，营造积极向上的乡村社会风气，提升乡村精

---

① 《中办国办印发关于建立资源环境承载力监测预警长效机制的若干意见》，《人民日报》2017年9月21日。

② 中共中央文献研究院：《习近平关于社会主义文化建设论述摘编》，中央文献出版社2017年版，第126页。

神文明面貌。最后,厚养乡村社会淳朴民风。淳朴的民风是乡村精神文明的重要内涵,厚养乡村社会淳朴民风需要摒弃乡村传统文化陋习,着重推进移风易俗工程,促使形成乡村和睦友爱、互帮互助与勤俭节约的乡村文明风气,不断改善乡村精神文明面貌。同时,鼓励引导传承弘扬乡村优秀民间文化,促使道德规范与人文精神不断融入乡村社会生活中,培育新时代乡村文明新风尚。

第二,传承弘扬乡村优秀传统文化,深入挖掘乡村文化的时代价值。乡村优秀传统文化是乡村社会价值体系的核心内涵,其中诚信友善、疾病相扶、守望相助与乡亲乡情等内容能够有效发挥教化与规制作用。美国学者克拉克洪认为:"一个社会要想从以往的文化中完全解放出来是根本不可想象的,离开文化传统的基础而求变、求新,其结果必然招致失败。"[1] 优秀传统文化是一个国家、民族自身历史文化底蕴的烙印,也是最为重要的精神财富。乡村社会是我国极具特色的区域社会,优秀传统文化代代相传,是支撑乡村社会伦理道德的基石。长期以来,遵纪守法、互帮互助、尊老爱幼、勤劳守信等优秀传统文化成为广大村民普遍认同并积极践行的伦理道德,维持着乡村基层社会的良性运转。首先,以优秀传统文化精华引领乡村文化振兴。乡村传统文化中蕴藏的守诚信、重民本与崇仁爱等思想精华是中华民族历经重重劫难始终生机勃勃的精神力量,孝老爱亲、自强不息与互帮互助等优秀传统美德支撑着乡村社会繁衍生息与发展进步。其次,发掘弘扬乡村优秀传统文化的时代价值。传承弘扬乡村优秀传统文化应当围绕"改革创新"与"爱国主义"大力弘扬时代精神与民族精神,充分挖掘乡村优秀传统文化中的时代价值。此外,发掘弘扬乡村优秀传统文化的时代价值需要加强对乡村传统文化与传统手工艺的保护与传承,积极弘扬乡贤文化,培育新时代文明乡风,滋养农民精神世界,助推乡村文化振兴。另外,注重加强乡村非物质文化遗产保护力度,发挥其文化传承功能。

第三,培育践行社会主义核心价值观,引领乡村文化建设。习近平指出:"任何一个社会都存在多种多样的价值观念和价值取向,要把全社

---

[1] C. Kluckhohn: *Culture and Behavior*, New York: The Free Press 1962, p. 76.

会意志和力量凝聚起来，必须有一套与经济基础和政治制度相适应、并能形成广泛社会共识的核心价值观。"① 推进乡村文化振兴，必须准确理解把握社会主义核心价值观的实质内涵。社会主义核心价值观从国家、社会与个人层面确立的价值取向，体现着社会主义先进文化的核心要义，引领着新时代乡村文化振兴的实践进程。在乡村文化振兴中培育践行社会主义核心价值观对于维护农民合法权益、改善乡村精神风貌与推进农业农村现代化发展具有重要意义，有助于在乡村社会引导树立良好的道德风尚，为新时代乡村文化建设提供坚实的价值引领。可结合农民生活方式与认知水平增加文化惠民工程投入，创作体现社会主义核心价值观精神内核的文艺作品将社会主义核心价值观转化于形，增强农民群众的认可度与获得感。在乡村文化建设中加强社会主义核心价值观宣传，成风化人，凝心聚力。乡村文化建设需要不断扭转村民传统思维方式与生活理念，加强对社会主义核心价值观的理解与实践，借助社会主义先进文化在乡村社会占领思想文化阵地，促使乡村文化振兴具有新的时代内涵。在培育践行社会主义核心价值观中积极关注农民群众的精神世界，引导农民群众树立理性平和与积极向上的心态，同时通过开展丰富多样的乡村文化建设活动使得社会主义核心价值观融入农民日常生活。此外，农村基层党组织可充分发挥引领带动作用，强化其自身影响力与号召力，不断满足农民群众日益增长的精神文化需求。另外，健全完善乡村文化服务供给制度及体系建设，为社会主义核心价值观嵌入农民日常生产生活提供文化场域，通过各种接地气的道德文明实践活动，使广大农民群众深入体会社会主义核心价值观的内涵与本质。

第四，培育"文化+"的发展理念，实现农村文化"融合发展"。党的十九届五中全会对于建立完善现代文化产业体系给予高度重视，坚持将社会效益放置于首要位置，促进社会效益与经济效益的有机统一。② 促进乡村文化振兴需要着重促进优秀传统文化与现代价值理念的深度融合，

---

① 中共中央文献研究室：《习近平关于社会主义文化建设论述摘编》，中央文献出版社2017年版，第106页。
② 《中共中央关于制定国民经济和社会发展第十四个五年规划和二〇三五年远景目标的建议》，《人民日报》2020年11月4日。

进而将文化要素融入社会经济建设与生态文明建设中。首先，树立绿色发展理念。在推进乡村振兴进程中促进乡村传统文化与乡村生态文明建设融合发展，积极践行"两山理论"、"乡村振兴战略"、"绿色发展理念"与"生态文明理念"，充分保护并利用好乡村传统文化资源、非物质文化遗产与生态环境资源。乡村文化建设可以借助体验农业与休闲农业等独具特色新业态大力发展乡村农耕文化产业，在"两山理论"指导下将绿水青山中的经济活力源源不断释放出来。其次，构筑现代乡村文化产业体系。我国的农耕文明历史悠久，乡村社会文物古迹、民间文化、农业遗迹与戏曲曲艺所蕴含的文化血脉与价值功能亟须予以挖掘，农村固有的文化体系需要重新审视。构筑现代乡村文化产业体系需要坚持培育"文化＋"的发展理念，可以依托乡村特色文化资源打造文化产业品牌。通过挖掘开发乡村特色文化资源，在传承保护农耕文化的同时发展休闲观光园、休闲乡村与森林人家等乡村特色产业。乡村振兴战略实施中，构筑现代乡村文化产业体系，需要在深入挖掘乡村特色文化符号基础上，通过文化制度建设，积极盘活整合乡村文化资源，面向城市居民消费需求，以文化赋能乡村特色产业发展，促进传统乡村文化资源与现代消费需求的精准对接，实现文化、农业与旅游的深度融合。

第五，健全乡村公共文化建设保障机制，丰富乡村公共文化生活。丰富多彩的乡村公共文化生活是新时代美好生活的重要构成，应该以健全完善的公共文化基础设施为依托，推动乡村精神文明建设与农村经济发展。在推进乡村文化振兴中，各级政府应加强对偏远农村地区文化建设的专项资金投入，或者以政府购买公共文化服务的方式丰富乡村文化活动形式与载体。另外，可以通过乡村公共文化专项资金吸纳社会力量参与乡村公共文化建设，积极扶持乡村文化振兴项目。与此同时，健全完善乡村公共文化服务机制与制度建设。加强乡村公共文化服务制度建设，深入实施文化惠民工程，健全乡村公共文化服务供给机制，不断满足人民群众的精神文化需求。通过形式多样的公共文化下乡，提升乡村文化服务水平同时弥合城乡二元文化裂痕。此外，地方政府可以在财政资金与制度政策层面构建激励驱动机制，鼓励引导文艺团体与高等院校等社会力量提供形式多样的公共文化服务，多元协同满足人民群众日益增长的精神文化生活需求。乡村文化振兴目标的实现离不开制度保障与财政资金支持,应通过制度激励与财政支持吸引市场资本进入,发展公共文化服务产业,让人民群众真正享有文化建设发展成果,不断夯实社会主义核心价值观的民众心理认同基础。

第六,强化农民群众文化赋权,夯实乡村文化建设的人本基础。农民群众是乡村社会的主人,其"天然在场"的优势使其理应成为乡村传统文化的传承者与推动者,在推动乡村文化振兴中亦实现自我全面发展。虽然乡村社会在现代转型中发生深刻变革,农民群众依然是乡村文化建设的主体,在推进乡村文化振兴进程中需要充分考量农民群众的文化选择与文化偏好,保障其文化权利,实现"人"的回归。正如罗吉斯所言,"一个国家要发展,必须研究农民,对农民缺乏了解是很多发展规划失败的原因"[1]。实施乡村振兴,推动乡村发展,必须强化广大农民群众的文化权利保障,夯实乡村文化振兴的人本基础。文化是实现化人的重要载体,新时代的乡村文化振兴需要基于人本逻辑,充分回归人的向度,将农民群众定位为乡村文化振兴的主体。为此,乡村文化建设与乡村文化振兴需要坚持"以人民为中心"的发展理念,充分尊重农民群众文化需求结构,充分保障农民群众文化权益。在乡村文化建设方面,充分增强以农民群众文化需求为中心的价值导向,维护保障农民群众的文化选择权与文化利益配置权,提升农民群众的文化获得感与幸福感。此外,在推进乡村文化建设中,要广泛倾听农民群众对乡村文化建设的意见,充分发挥农民群众对乡村文化振兴实施效果的监督作用。与此同时,实现乡村文化建设与农民群众的生活习惯与地方惯习有机融合,扭转乡村文化建设与乡村文化振兴中农民群众主体缺位与集体失语的状态。只有在乡村文化振兴方面强化以人民群众为中心的价值导向,吸纳农民群众广泛深度参与其中,充分保障其文化内容的选择权与文化活动的参与权,才能真正有效维护农民群众文化权益,更好实现乡村文化振兴目标。

---

[1] [美]罗吉斯、伯德格:《乡村社会的变迁》,王晓毅、王地宁译,浙江人民出版社1988年版,第320页。

四 构建公共治理制度促进乡村治理有效

党的十九大报告指出治理有效是乡村振兴战略实施的根基,此后2018年中央一号文件对于构建自治、德治、法治相融合的乡村治理体系给予详细论述,不断提升乡村社会治理成效。《乡村振兴战略规划(2018—2022年)》中再次明确,在优化乡村治理体系与提升乡村基层治理成效中,落实"自治为基、法治为本、德治为先"的乡村社会治理理念,加快推进乡村社会治理现代化进程。① 党的二十大报告也对社会治理提出了新要求,要求"提升社会治理效能""加快推进市域社会治理现代化,提高市域社会治理能力"。提升社会治理现代化能力是新时代建设现代化强国的重要内容。进入新时代,创新乡村社会治理体制,提升乡村社会治理效能,实现乡村社会治理有效,需要构建现代化的乡村公共治理制度体系。

第一,构建乡村治理党领导的制度体系,强化乡村社会治理中的党领治理机制。实现乡村治理有效的关键在于党,农村基层党组织是乡村治理的领导核心,有助于把握乡村基层治理的政治方向,为提升乡村治理成效提供强有力的思想政治保障。农村基层党组织领导乡村治理并非对农村基层社会进行管控,而是通过嵌入、协调、衔接与整合等方式对于农村基层社会进行引领,从而"塑造不同社会群体或者社会结构要素之间以及社会与'政党—国家'之间相互依赖的共同体关系"②。农村基层党组织面临着多元主体并存的治理局面,需要探索"一核多元"的乡村基层治理模式,鼓励引导企事业单位、社会组织、市场力量与社会公众积极参与乡村基层治理,协同合作化解治理难题,促进乡村善治。构建乡村治理党领导的制度体系需要在文化、经济与生态等各个方面强化党的领导,发挥好党组织"领头雁"的角色,这是保障乡村振兴战略得以顺利实施的政治保障。在推进乡村文化建设过程中应当健全"三治融

---

① 张翼:《乡村振兴重在治理有效》,《光明日报》2018年10月23日。
② 唐文玉:《政党整合治理:当代中国基层治理的模式诠释》,《浙江社会科学》2020年第3期。

合"的党建引领机制。党建引领乡村文化建设的本质是实现党组织在乡村基层社会的"实际在场",一方面,需要健全完善包括农民法治教育引导机制、农村法治文化建设长效机制、农村党建与法治乡村建设有机融合机制等在内的党建引领法治乡村建设机制;另一方面,需要在完善村规民约与家规家训等方面建立完善党建引领乡村德治建设长效机制,营造和谐有序的德治氛围。在发展农村集体经济方面需要健全完善党领导农村集体经济的组织体系,不断提升党领导农村集体经济发展的能力。党领导农村集体经济发展应当强化各级党委的政治领导责任,在领导干部配置上予以优先考量,在资金投入上予以优先保障,落实农业农村优先发展的方针,着重推动农村集体经济发展与农业农村现代化发展。在乡村生态振兴上,一方面,应当构筑常态化的党组织书记培训体系,定期举办以乡村生态振兴为主题的培训班,不断提升乡村党组织书记引领参与乡村生态振兴的能力;另一方面,党组织应当与多元主体构建协同参与新体系,各级党组织应当围绕乡村生态振兴寻找多元主体的利益融合点,构筑市场力量、社会力量与公众力量协同参与乡村生态振兴的新体系,塑造乡村生态振兴共建共享的新格局,促进乡村生态正义目标的实现。

第二,构建开放包容的村民自治制度,提升自治效能。治理有效是乡村治理的核心要义,而农村基层自治组织是乡村全过程民主得到落实的重要载体。在现代化进程中,乡村社会面临人口外流、人口老龄化与村庄空心化等治理难题,也面临大量乡村外部力量进入乡村社会带来的治理难题,这些都对构建开放包容的村民自治制度,提升自治效能提出了新要求。村民自治的传统参与场域中,农村外流人口缺席使得村民自治流于形式,无助于整合乡村社会力量推进乡村振兴。伴随着数字化技术的普及发展,创新自治制度,促进互联网、人工智能与区块链等信息技术手段嵌入村民自治中,将村民自治中的不同类型事务以差异化的板块与功能放置于信息化平台中,农村流动人口可以在"乡村钉钉"与"腾讯会议"等数字空间中以网络符号身份运用图片传播、文字表达、语音沟通与会议讨论等方式表达自身价值主张与利益诉求,以"数字空间"突破"物理空间"对流动人口参与农村自治的束缚。另外,促进自治单元的多元化与微小化。改革开放以来,村民自治以行政村为自治单元,但是行政村承担的超负荷行政任务在一定程度上抑制了自治的有效运行。2014年中央一号文件明确强调:"探索不同情况下村民自治的有效实现形式",可以通过多元化与微小化的自治单元开展民主协商,提升农村基层治理成效。而治理单元的细化和下沉,小社区自治"其因为治理单元小、集体行动易于达成、利益关联密切和激励及时有效等特点,在农民组织化、农民公共利益和农民公共生活的创建等方面都大有作为"[1]。缩小自治单元有助于强化村民感情基础,满足村民参与村庄自治事务需求,更好发挥协商议事功能,有利于达成治理共识。从我国国情来看,农村基层的三级治理体系比较符合中国的实际,靠近农民的为自治基本单元,靠近地方政府的为行政基本单元,处在两者之间的为协调服务基本单元。[2] 应因地制宜构建以社区、村庄、小组、网格等多种单元为自治平台的开放包容自治制度,保持乡村自治的弹性与活力。此外,随着社会走向开放与流动,大量外来人员、单位、组织进入乡村社会,乡村经济社会组织也日益蓬勃发展,这些都客观上要求构建更加包容、开放的村民自治制度,实现自治主体的开放性与包容性,将多元主体、多元力量都能够纳入村民自治范畴,提升现代社会中的乡村自治效能。

第三,构建多元主体参与的多层次分层民主协商制度,切实保障民众合法权利。创新是推动社会发展的根本动力,乡村基层治理需要通过全新的治理结构推动实现乡村治理现代化。在实践中,各地在基层治理中积极融入协商治理理念,不断打造"协商共治体系"、"民主协商议事会"与"分层民主协商"等乡村协商治理模式,化解新时代乡村治理困境。在新时代促进乡村治理有效,应构建多元主体参与的多层次分层民主协商制度。首先,突破协商主体的封闭边界及其他束缚,构建多主体参与的协商治理格局。在实践中,需要突破协商主体的边界限制及其他束缚,打破人员身份边界、地域边界,在社区层面构建社会生活共同体

---

[1] 刘强、马光选:《基层民主治理单元的下沉——从村民自治到小社区自治》,《华中师范大学学报》(人文社会科学版) 2017年第1期。

[2] 邓大才:《中国农村村民自治基本单元的选择:历史经验与理论建构》,《学习与探索》2016年第4期。

及在村庄层面构建集体经济共同体及微观生活共同体，区分不同利益共同体的利益联系纽带，在个体私利与社区公共利益之间实现有效衔接。将广大农民从原来封闭、狭隘的村庄地域共同体中解放出来，引导其进入新社区大共同体中，并为外来人员、各类组织、单位、专业力量的参与提供渠道，使其成为协商治理的重要主体力量。以培育现代新型农村居民为抓手强化公共意识、集体精神、责任意识、包容心态与民主观念，最终通过对人的改造、体制的变革、文化环境的塑造等，形成包容性、参与性、共治精神，以内外驱动突破开放、流动、融合社会中的协商主体封闭边界。[①] 其次，构建多层次、网络化的协商治理机制。在较长时间内，社区、村庄（小组）、网格都是社区居民不同层次的公共活动场域、社会交往空间，新社区、村庄等与社区居民有着密切的联系。应逐步构建多层次的协商治理制度，区分社区、村（组）、个人等三个层次。在社区层面，实行多元主体全面协商，突破村庄成员边界，将社区各类社会组织、社区外来居民、驻社区单位以及社区中各类身份成员的代表广泛吸纳进来，构建利益相关者都能参与的协商治理框架；在村（组）层面，由小组局部民主协商；个人层面由相关组织个别协商，使村民都有表达自身利益诉求的机制和方式。在具体实践中，要因地制宜创新协商治理方式，构建以民主协商议事会、社区质询会、听证会等灵活形式为载体的特色乡村协商治理制度，充分发挥会议协商、个别走访交流、约请面谈、听证会、质询会等恳谈协商以及书面协商、网上协商等多种协商形式，充分发挥民众创造精神，创新形式多样、灵活适宜的协商方式，使乡村不同类型的事务及问题都能够有效纳入协商范围中，真正实现社区事务、利益主体在协商治理中的全覆盖。同时，充分发挥信息技术在协商治理中的作用，使信息技术成为联系协商主体、确定协商事务、利益主体沟通、落实协商结果的重要技术保障，形成多层次、网络化的协商制度，为"协商治理"在当代农村社区有效运转提供保障。另外，实现法治化与制度化相统一，正式协商与非正式协商有机结合。在现实中，

---

① 李增元、王岩：《农村社区协商治理：实践动因及有效运转思路》，《行政论坛》2018 年第 5 期。

需要做到协商治理法治化与制度化相统一。在地方探索创新中，必须做到有法可依，有明确的法律制度规范，形成法治化的思维及协商治理方式。建立一套完整的符合法律规定、体现法治精神的实践程序及制度规范，包括协商主题、内容确定、参与主体、协商形式、协商结果发布以及落实等。同时，整个协商治理流程严格按照提出议题、确定议题、组织协商、决策实施、公示公开等规范性程序展开。另外，充分考虑乡村社会特点，因地制宜灵活挖掘发挥非正式、民间协商方式作用。基于地域特色及文化风俗的民间调解及协调方式具有较强的生命力，在不违反法治精神前提下，充分挖掘民间非正式协商制度资源。借助社区平台通过民主恳谈、讨论会等协商治理方式，借助社区网格、小组等载体，充分发挥乡贤、民间组织等主体参与的灵活协商形式，最终使正式协商制度、非正式协商制度都能够发挥重要作用，推动农村和谐稳定与发展。①"分层民主协商"遵循社区、小组、个人三个层级，以民主协商为主，书面协商、恳谈会与网上协商为辅，分层协商方式按照议题提出、确定议题、民主协商、决策实施与公示公开等流程展开，在充分尊重民意，维护民利基础上保障乡村基层社会和谐稳定。

第四，构建引导支持各种社会力量参与乡村治理的协同治理制度。乡村基层治理是涉及基层党组织、地方政府、市场力量、社会力量与村民在内的多元主体的系统性工程，需要构建引导支持各种社会力量参与乡村治理的协同治理制度。加强协同治理需要树立协同共治的治理理念，"国家、市场、社会等多方力量共同参与其中，各治理主体对乡村治理事务实现了各司其职、各负其责、合理分工、协同推进。"② 面对乡村社会错综复杂的治理难题，一方面，地方政府需要立足"有限型政府"理念充分还权于社会，政府以"掌舵者"的角色引导社会力量充分参与乡村社会治理。另一方面，政府在放管服的过程中需要落实参与权、监督权与知情权，使得农民与社会组织由公共服务的消费者转化为乡村社会问

---

① 李增元、王岩：《农村社区协商治理：实践动因及有效运转思路》，《行政论坛》2018年第5期。

② 邱春林：《中国特色乡村治理现代化及其基本经验》，《湖南社会科学》2022年第2期。

题的治理者，激发社会各领域治理主体的积极性与主动性。引导支持各种社会力量参与乡村治理需要明确参与治理主体的权责范围，有效协调各方利益。乡村社会治理主体的多元化决定了各方利益协调整合程度，并直接影响乡村社会治理的实效性，为此需要明确厘定各方治理主体权责。对于地方政府而言，需要发挥好"设计者"与"引导者"角色，乡村公共产品与公共服务可以实现市场化，但是乡村基层治理的法律法规与制度政策等管制性公共产品则需要政府提供有效的"制度安排"。同时，地方政府需要构建激励驱动机制，引导企事业单位、社会组织与公众力量自觉参与到乡村基层治理中，打造多元协同共治格局。对于社会组织而言，可以借助自身的专业优势与技术条件为乡村社会治理提供专业信息与技术支撑，有效弥补政府在乡村社会治理中的缺陷与不足。同时，社会组织可以发挥价值中立与非利益相关性的优势协调整合利益诉求，缓和社会对立与政府信任危机。对于村民而言，需要充分行使自身参与权、监督权与建议权，借助自身"天然在场"的优势对乡村社会治理提出意见或建议，不断推动乡村社会治理成效的提升。此外，构建乡村治理协同治理制度需要优化治理结构。虽然乡村基层治理是多元主体协同共治的实践场域，但是各自力量呈现非均衡状态，政府在其中发挥着主导作用。乡村社会多元共治格局的关键节点在于构建以政府为核心的治理权责分配体系，同时对其他治理主体予以授权和权责分配，进一步优化乡村社会治理权力结构。同时，打造乡村社会多元共治格局需要建立在平等开放的组织结构基础上，政府、企事业单位、社会组织与社会公众尽管独立存在，却可以以无差别与平等的身份向乡村社会提供公共产品与公共服务。乡村社会多元共治格局可以通过不断与外界环境实现信息资源与物质能量的交换，在充分把握乡村治理需求与乡村治理愿景基础上，对乡村治理实践场域中的治理难题做出回应。

第五，构建保障权利维护权益的公共法律服务制度。亚里士多德指出，"法律是最优良的统治者"[1]。深入推进乡村治理，实现乡村善治，必须切实保障民众合法权利与权益，充分考虑各地区的差异性，推动法律

---

[1] ［古希腊］亚里士多德：《政治学》，吴寿彭译，商务印书馆1965年版，第171页。

制度建设与政治、经济、文化、社会、生态保持高度一致，在循序渐进中推进法治乡村建设。一方面，国家需要提升乡村社会治理法治化水平。乡村社会治理法治化是推进乡村振兴的根本保障，是顺应乡村社会变迁，维护农村与农民合法权益的必然选择。推进法治乡村建设需要在"法治下乡"中引导村民知法、信法与守法，学会运用法律武器维护自身的合法权益，同时，国家应借助村规民约与乡土民情提升农民法治意识，塑造硬法与软法合力。法治乡村建设需要强化制度体系建设，在农村财务开支、农村集体资产监督、惠农政策落实与农村工程项目建设等方面借助"一村一法律顾问"制度构建农村村务监督机制，维护农村集体与农民自身合法权益。另一方面，国家需要健全完善乡村公共法律服务制度。乡村公共法律服务制度的侧重点在于保障农村弱势群体的根本利益，帮助其有效解决法律难题。受制于乡村经济与文化等因素，政府提供覆盖乡村社会的普惠性与公益性公共法律服务制度尤为重要，同时政府借助行政权力与市场引导公共法律服务有效介入涉及乡村重大利益事件处置的全过程，保障农民群众的合法权益不受侵犯，积极营造法治乡村的文化氛围。与此同时，地方政府可以通过购买法律服务等形式为农民群众提供高质量的法律咨询服务，发挥律师、基层法律工作者与法学专家等法治人才资源优势，积极引导法律服务资源开展乡村志愿公益服务司法服务活动，促进城乡法律服务供给均等化，在营造农民遇事信法、找法与用法的氛围中推动法律服务零距离，通过各种法律服务为全面推进乡村振兴奠定坚实的法治基础。

第六，流动人口平等的基本公共服务制度。现代社会日益走向开放与流动，流动人口的基本公共服务问题关系到广大农民群众的幸福感、获得感的实现，公共服务对流动人口具有重要价值。从整体上来看，流动人口最为关心的是就业机会、教育资源、公共文化、医疗服务与住房保障等内容，应进一步健全完善流动人口平等的基本公共服务制度。一方面构建城乡均等化的公共服务供给制度。公共服务是广大农民群众应当享有的基本权利，需要确保农村流动人口公平公正地享有这种权利。国家需要在顶层制度设计与法律制度层面保障乡村流动人口在就业、医疗与教育等方面与城市居民享有均等化与公平化待遇，并在财政体制管理改革上不断适应乡村人口流动特点，实现就业者与纳税人充分享有公平公正的公共服务供给，为乡村流动人口自由全面发展提供良好条件。通过改革顶层制度设计，"将公共服务由户籍人口为主向常住人口拓展，逐步实现常住人口公共服务均等化，建立普惠型的社会福利体系"[1]，真正让流动人口在流动中享受到公平的公共服务和相应权利。另一方面，深入推进农村集体产权制度改革。现阶段通过土地所有权、承包权与经营权三权分置的改革，极大保障了流动人口的农村集体经济权益，后续需要进一步对农村住宅制度进行改革创新，这不仅关乎着农村流动人口的权利权益，也影响着乡村外部人才下乡参与乡村振兴等问题。此外，与农村住宅制度改革相伴随的是农村消费体制改革创新，需要充分保障农村流动人口在流入地能够与当地居民享有同等的消费金融支持与消费财政补贴。总而言之，通过构筑流动人口平等的基本公共服务制度，破除城乡发展壁垒，不仅有利于在乡村振兴与城乡融合发展中不断提升农民群众获得感与幸福感，也有利于引导城市居民下乡参与乡村振兴，在促进乡村全面振兴中不断满足人民群众对于美好生活的追求。

五 完善乡村经济发展与社会保障制度促进农民共同富裕

乡村经济发展与农村社会保障制度是促进乡村振兴的重要制度举措，也是促进农民共同富裕的重要制度保障。伴随着小康社会的全面建成，实现共同富裕成为建设社会主义现代化强国的重要目标之一。实现这一目标，离不开乡村经济发展与社会保障制度做支撑。具体来说，需推进农村集体产权制度改革、创新农村集体经济发展形式、完善农村集体经济发展制度，完善新型职业农民培育、扶持制度，健全完善农村社会保障制度，以及健全完善农民收入分配制度，以为促进农民共同富裕提供大力支撑，为乡村振兴注入经济活力。

第一，推进农村集体产权制度改革，增强农村集体经济实力。个体与集体围绕农村土地与产权制度形成了错综复杂的关系，亟须通过深化农村土地制度改革与集体产权制度改革，妥善解决"集体利益"与"个

---

[1] 张希：《中国人口流动政策的演进、特点与建议》，《宏观经济研究》2019 年第 3 期。

体利益"之间的关系。推进农村集体产权制度改革需要坚持农村土地"集体共同所有"的根本原则,充分保障农村土地集体所有与农地农用,杜绝农村土地私有化与非农化,维护农民土地合法权益。推进农村集体产权制度改革,增强农村集体经济实力需要实现农村集体"统"的功能,对农村土地资源给予明确规划,对农村土地"集体所有"与"农村集体产权"中集体的权责予以清晰界定与细分。深化农村集体产权制度改革需要提升农村集体经营能力、管理能力与组织能力,有效化解农村自治组织与农村集体经济合作组织部分功能交叉重叠引发集体"统"的作用难以发挥的问题。增强农村集体经济实力需要充分发挥农村集体经济"统"的优势,保障农村集体成员均能公平公正地享有集体经营的收益分配与农村集体资产的经营处分,"确保集体经营收益细分到户,确保在'公平'原则下,集体成员能共享集体土地经营的收益"[①]。与此同时,建立完善农村集体经济管理监督机制与集体经济利益分配机制,提高农村集体资产流转的透明度,防止以"集体"的名义侵吞集体资产收益以及侵占集体成员合法权益,确保农民能够享有集体资产保值增值带来的收益。

第二,创新农村集体经济发展形式,推动农村集体经济实现新发展。进入新时代,国家对农村集体经济给予高度重视,不断实现农村集体经济形式多样化发展。伴随着农村集体产权制度变革,农村集体经济组织成员间权责模糊与边界不清的问题得到根本解决,为农村集体经济发展奠定了坚实基础。在此基础上,全国各地农村坚持因地制宜原则,结合本地乡村经济发展基础与自然资源禀赋推动农村集体经济发展。在新时代,推动农村集体产权制度改革,创新农村集体经济发展形式,应在资源禀赋较好、资本原始积累较多与产业发展基础较为雄厚的地区,构筑产业主导型乡村集体经济发展模式。在集体性经营资产缺乏,产业发展薄弱的地区,则通过成立农民专业合作社、土地股份合作社与投资等方式发展入股分红型集体经济。在适合发展农户经济且农户居住分散

---

① 蒋永穆、王运钊:《新中国成立 70 年来农村基本经营制度变迁及未来展望》,《福建论坛》(人文社会科学版) 2019 年第 9 期。

的地区，鼓励由农村集体经济组织牵头成立农业生产经营合作社，促进智慧化生产服务体系建设，推动生产服务型集体经济发展。在居住较为集中、适合规模化生产的地区，可通过完善集体经济组织治理结构和运行机制，发展统一经营型集体经济。[①] 在实践中，应因地制宜充分发挥资本、技术、人才、土地、数据等要素在集体经济发展中的作用，创新灵活多样的农村集体经济发展形式，强化农村集体经济组织经济发展功能，以此促进农村集体经济增收，推动农村农民共同富裕。

第三，完善农村集体经济发展制度，助力农村集体经济健康稳定发展。农村集体经济的健康可持续发展离不开制度保障，国家对完善农村集体经济发展制度给予高度重视。党的十九大以来，国家深入推进农村集体产权制度改革为农村集体经济发展奠定了制度基石，并在《中华人民共和国民法总则》与《中华人民共和国乡村振兴促进法》中对农村集体经济组织的独立运营地位给予法律确认。在农村集体经济发展实践中，政府与村两委在农村集体经济组织独立运营中缺乏清晰的功能定位，现有制度对农村集体经济组织独立运营权责缺乏明确规定，使得农村集体经济发展面临重重阻力。为此，在农村集体经济发展制度设置上，既要确保农村集体资产所有权归农村集体经济组织全体成员所有，也要明确农村集体经济组织作为组织经营与独立生产的生产经营者身份，充分保障其使用与收益等权利。一方面，在设置农村集体经济组织的地区，应当明确政府与村两委对农村集体经济组织独立运营权给予充分尊重与保障，严格履行自身经济发展职能。另一方面，健全完善农村集体经济组织规章制度，在确保农村集体经济组织机构规范高效运行的同时，充分维护农村集体经济组织成员的合法权益。实践表明，只有通过不断完善农村集体经济发展制度才能为农村集体经济健康可持续发展提供充分的制度保障，从而确保农村集体经济沿着制度化与规范化的轨道发展。

第四，完善新型职业农民培育、扶持制度，强化农村经济发展专业

---

① 崔超：《发展新型集体经济：全面推进乡村振兴的路径选择》，《马克思主义研究》2021年第2期。

人才基础。新型职业农民是乡村振兴的重要人才资源。充分发挥新型农民作用必须健全完善培育、扶持制度。首先,加强新型职业农民的有效培育。新型职业农民培育是一项长期性与系统性工程,需要精准对接农村职业教育,为新型职业农民培育提供制度保障。对于涉及新型职业农民培育的职能机构进行统筹协调,明确农民培育发展的实际需求。在新型职业农民培育过程中,制订科学有效的培育方案,针对不同职能机构配置相应的培训任务,制订对应的培育计划,确保新型职业农民培育的有效性。构建新型职业农民培育激励制度。对于参与新型职业农民培育的相关部门与机构,应当在财政资金与制度政策层面给予激励驱动,保障新型职业农民培育的可持续性,针对培育后的新型职业农民应当给予充分的资金扶持与制度保障。促进新型职业农民认定标准的制度化与科学化。在培育新型职业农民的同时应当对其技能水平、综合素质与学历展开有效规划,确保其能够在国家扶持政策支持下有效登记与注册,对在农业生产与经济发展中面临的问题予以明确,各级政府应该为新型职业农民发展提供良好的政策与制度环境。其次,健全新型职业农民扶持制度,引导人才自由流动。农民群众作为收入微薄与发展空间有限的职业难以挽留青年人才,学业有成的农村青年人才也不愿回到农村从事传统农业生产,国家亟须"通过各项激励政策的扶持,能够吸引广大农民群众参与其中,以此来吸引更多的青壮年劳动力回村发展,帮助其更好地适应新型职业农民的角色"[①]。构建新型职业农民福利保障制度。福利保障体现着一个职业在社会中的地位认可度与受尊重程度,国家需要在社会保障、就业创业、医疗待遇与业务进修等方面健全完善新型职业农民保障制度,有效激活农民职业化热情,吸引学业有成青年回到农业农村领域创业发展。实现农业农村现代化需要实现农业机械化与种植面积规模化,这就要求农村土地规模化经营,鼓励引导小农户借助土地转包与股份合作的方式将土地集中承包给农业种植大户与农业生产经营企业,促进农村土地向集约化、机械化与高效化方向发展。在这个过程

---

① 李莹、闫广芬:《乡村振兴背景下新型职业农民的定义与培养》,《江西社会科学》2021年第12期。

中，必须充分保障新型职业农民的合法权利与权益，引导其投身农业现代化发展。另外，构建新型职业农民发展财政投入制度，强化财政支持，将新型职业农民培训项目纳入职业教育培养体系，真正为培养一批适应乡村振兴发展要求的新型职业农民构建制度基础。

第五，健全完善农村社会保障制度，保障农民生活富裕。农村社会保障制度是国家社会保障制度的基石，在保障农民生活安全与维护农村社会秩序稳定方面发挥着不可替代的作用。健全完善农村社会保障制度，推动共同富裕目标的实现，需要在保障财政资金的基础上丰富农村社会保障内容。首先，加大对农村社会保障财政资金支持力度。长期以来，受城乡二元社会体制影响，国家社会保障资金一直向城市地区倾斜，近年来国家加大了对农村社会保障支持，但是农村社会保障资金仍然不足。为此，健全完善农村社会保障制度需要在财政资金方面进一步向农村地区倾斜，有效解决农村社会保障资金短缺的难题。其次，丰富农村社会保障制度内容。"我国城乡社会保障水平差异长期存在，虽然城乡社会保障财政支出比逐年下降，但直到 2014 年仍有近一倍差距。"[1] 为此，应进一步完善农业灾害保险，充分保障农民在农业生产中面临自然灾害风险时能够获得较好的生活救助。在农民医疗保障方面，完善农村医疗保障系统，促进医疗基础设施向农村覆盖延伸的同时，持续加大国家对城乡居民基本医疗保险制度的财政资金投入，尽量减轻农民群众医疗负担。此外，国家在顶层制度设计层面需要"确保社会保险、社会救助、社会福利、优抚安置等相互衔接，形成功能互补、结构合理的农村社会保障体系"[2]。通过多元社会保障制度保障广大农民群众基本生产生活需要的基础上，进一步提升广大农民群众的幸福感、获得感与满足感。

第六，健全完善农民收入分配制度，促进农村农民共同富裕。新时代乡村振兴的出发点与落脚点在于促进农村农民共同富裕，不断实现农

---

[1] 刘玉安、徐琪新：《从精准扶贫看完善农村社会保障制度的紧迫性》，《东岳论丛》2020 年第 2 期。

[2] 秦继伟：《农村社会保障的多重困境与优化治理》，《甘肃社会科学》2018 年第 3 期。

民收入的持续增长。《中共中央、国务院关于实施乡村振兴战略的意见》明确要求，乡村振兴战略的实施应当将维护农村与农民的根本利益，实现农村农民共同富裕作为其核心任务，保障农民群众持续稳定增收。农民能否实现收入的持续稳定增长不仅关乎农民切身利益，而且关乎农村农民共同富裕目标能否顺利实现。首先，加强对农民群众的帮扶支持力度，保障农民就地创业就业。一方面可以鼓励引导城市工商资本发挥就业带动作用，着重面向农村地区开展订单与定岗等符合农民就业需求的职业技能培训，不断提升农民群众就业能力。另一方面，鼓励引导城市工商资本提供灵活就业岗位，积极培育发展家政服务、快递邮寄、养老托育与物流配送等生活性服务新业态，不断为农村剩余劳动力创造更多的就业岗位。其次，推动农村产业融合发展，充分挖掘农民收入增长潜力。各级地方政府可根据当地农村资源禀赋、交通优势与特色文化等拓展农业发展功能，充分挖掘农村资源要素经济价值，重点打造体验农业、休闲农业、农村电商与乡村生态旅游等新业态。与此同时，政府可鼓励支持农业龙头企业带动农户发展农产品深加工产业，延长农业产业发展链条，依托农业龙头企业联农带农长效机制保障农民公正合理地享有农业全产业链增值收益。最后，积极发挥第三次分配功能，引导支持慈善组织下乡。伴随着我国社会经济发展水平的快速提升，慈善事业空间逐渐得到扩展，慈善组织在扶贫济困与社会救助等方面将会有更大作为，对于推动实现农村农民共同富裕无疑发挥着不可替代的作用。广泛开展慈善事业、志愿服务关爱行动，不仅对救助困难群体、改善收入和财富分配格局具有直接意义，而且有助于广义的共同富裕的实现。[1] 在农村农民共同富裕实践进程中，各级政府可引导慈善组织与社会机构深入乡村社会发展慈善事业助推共同富裕目标的实现。引导慈善组织下乡需要进行制度安排与完善激励机制，政府可对深入乡村社会参与公益事业与社会救助的慈善组织给予一定的税收优惠政策，或者对于服务农村与农民的慈善组织给予一定

---

[1] 李迎生：《社会政策、三次分配与全体人民共同富裕》，《江苏行政学院学报》2022年第4期。

的启动资金与财政补贴，支持慈善组织积极参与农村农民共同富裕事业，缓解农村低收入群体与困难群体的发展困境。另外，加大农村基础教育投资，补足农村基础教育发展短板，通过振兴乡村教育不断提升农民综合素质。

第八章

专业精干：乡村振兴战略中的专业化乡村人才队伍体系

第一节 乡村人才队伍体系的发展历程

在传统社会，宗族长、德高望重的族人、乡绅等都是乡村治理的重要参与主体，他们不仅协助上级政府从事赋税征收、日常乡村管理等工作，还在赈灾济民、教化民众、保村安民、矛盾纠纷化解等方面发挥着重要作用。中国共产党成立后，在党的领导下以党组织、群团组织等为核心的乡村治理人才队伍逐步建立起来。新民主主义革命时期，中国共产党就开始在乡村广泛建立基层党组织，大力培养农村党员，在乡村工作中发挥示范引领作用。中共二大通过的《共产党章程》明确指出，"各农村……，凡是有党员三人至五人均得成立一组，每组公推一人为组长，扩大宣传"[1]。1923 年，中国共产党建立了第一个农村党支部，随后乡村基层党组织逐步发展壮大，党组织成员主要来自工人、雇农、贫农、中农、商人、独立劳动者等，他们是党的各项工作在乡村的重要落实主体。另外，中国共产党还十分重视建立农民群众组织，为乡村治理培养人才。第一次国内革命战争时期，中国共产党领导农民群众建立起兼具行政与自治性质的农民组织；土地革命战争时期，中国共产党在苏区建立起优待红军、水利、教育、卫生委员会、工会、农会、互济会、反帝拥苏同盟、共产主义青年团、少年先锋队、儿童团、士兵会、贫农会、生产合

---

[1] 《建党以来重要文献选编》第 1 册，中央文献出版社 2011 年版，第 164 页。

作社、消费合作社等农村群众组织，以此为载体凝聚吸纳优秀人才，开展土地革命斗争，切实维护广大农民利益。抗日战争时期，积极吸纳各种人才组建优待救济、文化促进、经济建设等委员会以及代耕队、妇救会、贫农团等组织，解决特殊时期的乡村建设与治理问题。解放战争时期，原有村级组织得到进一步发展的同时，还建立起贫农团、农民协会等组织。总体来看，新民主主义革命时期，在党的领导下建立了农村基层党组织以及大量农民群众组织，将贫农、雇农、商人以及党员干部等人员凝聚组织了起来，夯实了这一时期乡村建设与治理的人才基础。中华人民共和国成立后，在社会主义革命和建设时期，面对新的环境和形势，中国共产党注重加强基层党组织建设，壮大党员队伍，强化乡村治理核心领导作用。到1953年春耕前，第一批基层党组织的整顿工作基本结束，完成了25000个党支部的整顿，占农村党支部的一半；参加整党学习的党员有120万人，占农村党员的42%。[1] 整顿、学习活动的开展推动了党组织在乡村的广覆盖，有力提高了农村党员思想觉悟和能力水平，密切了农村党员与农民群众关系。与此同时，发挥农民协会在土地改革、减租减息、发展生产、清匪反霸、维护秩序方面的作用，"组建农民协会，吸收会员，在其中发现并培养积极分子，最终将其提拔为乡村干部，是自中国共产党大革命时期在乡村'闹革命'始终遵循的基本路径"[2]。在人民公社时期，广大农民身份转变为公社社员，在人民公社党委统一领导下有组织地参与乡村管理活动。在特定时期，中国共产党还组建了工作队进村入户开展乡村工作。工作队成员中既有革命经验丰富的老干部，也有大中小学师生，还有城市知识分子、农村知识青年、共产党地下工作者等。老干部革命经验丰富、能力出众，学校师生、知识分子、知识青年文化水平高。工作队在特定时期的乡村治理中发挥了重要作用。另外，中国共产党还领导人民群众建立了青年团、妇联等群众组织，他们在抗美援朝、发展生产、土地改革等活动中发挥着重要作用。总体来

---

[1] 易新涛：《建国初期乡村社会的政治整合与重构》，《理论学刊》2015年第2期。
[2] 何志明：《20世纪50年代初期新区乡村干部群体发展的涌现与流动机制——以农民协会为考察中心》，《上海大学学报》（社会科学版）2021年第2期。

看，在社会主义革命和建设时期，通过农村基层党组织、农民协会以及共青团、妇联等社会组织，"建构了一套新的组织体系，完全代替了国民党统治时期由乡村保甲组织、宗族组织、帮会组织和民间信仰组织构成的组织体系"[1]，贫农、雇农、商人以及党员干部、知识分子等人才被凝聚起来，投身乡村治理与各项事业建设。

改革开放和社会主义现代化建设时期，乡村治理人才队伍发生了新变化。改革开放后，基于广大农民群众的伟大实践创造，村民自治产生，《宪法》确立了村民委员会的法律地位。1983年，中共中央、国务院发布《关于实行政社分开、建立乡政府的通知》，要求在全国范围内实现政社分离，废除人民公社体制，建立乡镇体制，这些都预示着以基层政权组织与村民自治组织为载体的乡村治理人才队伍的形成。其中，基层政权组织人才队伍以体制内精英为主，主要是乡镇党政人员。村民委员会是村民进行自我管理、自我教育、自我服务的群众自治组织，其中村民委员会主任、副主任以及村民委员会委员等均由村民选举产生，充分发挥农民群众自我治理功能。改革开放后经济体制变革及农村家庭联产承包责任制的确立也为其他人才的成长发展提供了土壤。一方面，我国乡村社会结构不断分化，广大农民不再是公社社员，而是拥有生产经营自主权、自由流动权的农村居民，广大农民可以开展多种经营活动，从事多种职业。有学者就指出，"按生产资料所有权和经营权的不同组合进行分类，现阶段我国农村社会成员已分化为家庭承包劳动者、乡村集体劳动者、个体劳动者、私营企业主、受雇民工等阶层"[2]，这些具有不同职业身份的农村居民都是乡村治理的重要主体，是乡村建设的主力军。另一方面，由市场经济孕育发展而来的经济社会组织以及企业、团体蓬勃发展，"2000年，社会组织的数量激增到153322个，社会团体则达到130668个，民办非企业的数量达到22654个，数量增加了3倍多"[3]。随

---

[1] 黄荣华：《重组与嬗变：建国以来村级组织与村庄权力结构的变迁》，《武汉理工大学学报》（社会科学版）2014年第5期。

[2] 卢福营：《遭遇社会分化的乡村治理》，《学习与探索》2007年第5期。

[3] 刘学：《回到"基层"逻辑：新中国成立70年基层治理变迁的重新叙述》，《经济社会体制比较》2019年第5期。

着乡村人才的不断丰富发展,村庄治理过程中涌现出富人治村、能人治村、精英治村、新乡贤治村和村庄新型组织治村等诸多新型村庄治理模式。①市场经济发展还催生了新型人才——新型职业农民。2006年中央一号文件提出"培养造就有文化、懂技术、会经营的新型农民",2012年中央一号文件再次明确提出"大力培养新型职业农民""培育和支持新型农业社会化服务组织"。乡村现代化发展客观上要求提高农民专业技能,造就专业化、职业化的新型农业农村人才队伍,"2015年新型职业农民数量为1270万人,2016年新型职业农民数量为1400万人,2017年新型职业农民数量为1556万人"②。新型职业农民队伍的不断壮大,为推动农业现代化发展提供了相应人才支撑。

　　随着中国特色社会主义进入新的历史时期,我国社会主要矛盾也随之发生转化。我国社会经过几十年发展,人民物质生活得到极大改善的同时,发展的不平衡不充分影响着人民对美好生活的追求。在这一背景下,国家提出了乡村振兴及实现共同富裕等重大战略,这些战略目标的实现都离不开高质量的人才队伍。"党政军民学,东西南北中,党是领导一切的",党组织是乡村振兴的领导核心。在实际工作中,通过选派第一书记及驻村干部、培育农村带头人、加强农村党员教育等方式,不断提升农村基层党组织队伍的整体素质和能力,发挥党员队伍在乡村振兴、基层治理中的作用。2018年中共中央、国务院发布的《关于实施乡村振兴战略的意见》强调,"畅通智力、技术、管理下乡通道,造就更多乡土人才,聚天下人才而用之",要求大力培育新型职业农民、农民专业人才队伍、科技人才、社会各界人才,将全社会多领域的人才凝聚起来参与乡村振兴。2019年1月,中共中央、国务院发布了《关于坚持农业农村优先发展做好"三农"工作的若干意见》,要求培养懂农业、爱农村、爱农民的"三农"工作队伍。2021年,中共中央办公厅、国务院办公厅印发的《关于加快推进乡村人才振兴的意见》强调,"扩大总量、提高质

---

① 汪杰贵:《改革开放40年村庄治理模式变迁路径探析》,《河南大学学报》(社会科学版)2019年第3期。
② 《1500万新型职业农民成为乡村振兴生力军》,http://www.gov.cn/guowuyuan/2019-03/22/content_5375853.htm,2022年8月4日。

量、优化结构",要求大力培养乡村振兴知识技能型、管理型、服务型、经营型等多类型多领域人才,以此壮大乡村振兴专业化人才队伍,为乡村振兴助力,为推动农业农村发展提供有力人才智力支持。2022 年 1 月印发的《关于做好 2022 年全面推进乡村振兴重点工作的意见》强调,"发现和培养使用农业领域战略科学家",推动农业农村高质量发展,培育科技领军人才、青年科技人才、高水平创新团队等高水平人才队伍。从政策文件上看,新时代乡村振兴人才队伍的组成更加丰富多样(见表 8-1)。总体而言,新时代乡村振兴与乡村治理中各类人才数量与质量得到明显提升。不过,推进乡村全面振兴面临的任务繁重,实现乡村善治也还有很长的路要走,这些都在客观上对人才队伍提出了较高要求。

表 8-1　　　　　　乡村振兴人才需求相关中央文件政策梳理

时间	文件	人才需求
2018 年 1 月	关于实施乡村振兴战略的意见	培养新型职业农民、农村专业人才队伍、科技人才、社会各界人才
2019 年 1 月	关于坚持农业农村优先发展做好"三农"工作的若干意见	培养懂农业、爱农村、爱农民的"三农"工作队伍
2021 年 1 月	关于加快推进乡村人才振兴的意见	培养农业生产经营人才、农村二、三产业发展人才、乡村公共服务人才、乡村治理人才、农业农村科技人才
2022 年 1 月	关于做好 2022 年全面推进乡村振兴重点工作的意见	发现和培养实用农业领域战略科学家

第二节　乡村振兴中人才队伍面临的困境及新发展要求

党的十九大报告明确提出实施乡村振兴战略,而要实现乡村全面振兴,必须立足于"人"。在现实发展中,乡村发展面临人才数量不足、质量不高、结构不优、使用效果不佳等问题。与此同时,新时代的乡村振兴战略也客观上对人才队伍发展提出了更高要求。

一　乡村振兴中人才队伍面临的现实困境

长期以来，党和国家对乡村人才十分重视，出台了一系列政策并且采取了相应措施培养和输送大量人才助力乡村发展，在一定程度上缓解了人才匮乏问题。不过，人才队伍建设是一个长期过程，乡村振兴人才队伍紧缺问题难以在短时间内得以快速解决。总体上来看，乡村发展及治理面临人才流失严重及引进困难、人才专业化及职业化程度低、人才队伍结构不合理以及人才使用机制不完善等问题，制约着乡村振兴的全面推进以及乡村有效治理目标的实现。

第一，人才流失严重及引进困难。人才的正常流动是社会得以有效运转的重要基础，是充分利用人力资源体现其社会价值的主要形式。人才队伍是乡村振兴战略实施的重要人力资源。基于马斯洛需求理论，乡村相较于城市无法给予人才足够的生理、安全、社会、尊重以及自我实现需求，最终导致乡村人才从乡村流向城市的单向流动状态。[①] 截至2021年底，全国城市常住人口已经达到91425万人，较2020年底增加1205万人；乡村常住人口49835万人，减少1157万人。受城市"虹吸效应"影响，大量乡村青壮年劳动力和优秀人才进城入镇，留守人员呈现出老龄化、幼弱化、女性化特点，乡村振兴中坚力量明显不足。在国家政策引导下，大量大学生以大学生村干部身份进入乡村，各领域专业化人才也相继下乡，但是从现实来看，真正能够在乡村待得住留得下的人才较少。在人才外流的同时，乡村还面临人才引进的困境。在乡村，无论是经济发展水平、产业发展规模，还是生活质量、生活便利度、文化环境等都与城市有较大差距，乡村地区缺乏吸引人才的环境与条件，无法满足人才的多样化发展需求。从情感上讲，很多父辈更希望自己的孩子"跳出农门"。受既有管理体制约束以及保障机制不健全等因素影响，相关专业技术研发、应用推广人员下乡积极性也不高。其他社会服务、经营管理人才受制于生活质量、薪资待遇等约束，到乡村工作的意愿不强。从2021年烟台经济、社会各方面的统计数据来看，在过去的一年，全市城

---

① 张利库：《激发乡村振兴中人才的凝聚力》，《人民论坛》2022年第1期。

市人口年人均用于自由支配的收入大约是乡村人口年人均可自由支配收入的2.22倍；而全市城市人口年人均消费支出大约是乡村人口年人均消费支出的2.07倍。① 乡村与城市无论在收入上还是消费支出上都存在明显差距，乡村并不具有较大的吸引力。另外，乡村人才政策吸引力仍然不够，资金、技术和环境等因素也制约着专业化人才的引进，这些都是乡村振兴人才不足的重要原因。

第二，人才专业化、职业化程度还有待提高。虽然党和国家高度重视乡村人才队伍专业化、职业化建设，也取得了显著成效，不过现实中人才专业化、职业化仍有待于进一步提高。当前我国乡村人才队伍主要是由乡村能人组建而成，由于乡村能人普遍年纪较大，他们的学习和接受新知识和新事物的能力和眼界都受到了限制。② 为解决"三农"问题，促进乡村生产力发展，农业生产过程日益智能化、精细化、集约化，然而专业化技术人员、职业化经营管理人员短缺。从职业结构来看，现有的乡村人才仍以生产型为主，而在信息技术以及科技方面具有一定专业技能的人才数量不多。以辽宁省为例，据统计，辽宁省农村人才中初中学历人才占人才总数70%以上，并且有近10%的人才只上过小学或没接受过教育；中专（包括高中）及以上学历人才非常稀少，同时，80%以上的农村实用型人才没有获得任何国家职业等级认证，尚无表明其技术水平的客观依据。③ 乡村科技人才、管理人才等专业化人才水平有限，职业技能不高，制约着农业现代化深入发展。此外，乡村发展面临人才职业化程度低的困境。随着生产力不断发展进步，传统粗放型、低效率的农业生产方式已经不适应经济社会快速发展要求，推进农民职业化既是社会分工与现代农业发展的必然要求，也是实现农民从身份向职业转变的必由之路。大量中青年人才流失严重，乡村空心化、老龄化严重，培养具有创造力的职业化农民面临诸多困境。另外，基层干部队伍职业化

---

① 杨文娟：《烟台市乡村人才振兴实施路径探究》，《农村·农业·农民（B版）》2022年第5期。

② 罗俊波：《推动乡村振兴需补齐"人才短板"》，《人民论坛》2018年第30期。

③ 李晓南、王磊、闫琳琳：《乡村振兴背景下人才队伍建设的策略研究——以辽宁省为例》，《中国商论》2019年第5期。

程度低，部分乡村干部思想观念滞后，创新意识欠缺，带领农民增收致富能力较弱。自上而下的治理模式在乡村根深蒂固，村民自我管理、自我服务、自我教育动力不足。总体来看，乡村人才队伍仍然存在专业化、职业化程度不高的问题，这是实现农业农村现代化发展的重要阻滞。

第三，人才结构仍然需要进一步优化。人才结构不合理也是当前乡村振兴面临的突出问题。总体来看，交通发达、经济发展程度高的农村地区，人才相对富裕；而经济发展程度低、基础设施不完善、交通不便利的农村地区，人才资源则明显匮乏。年龄结构是人才队伍健康发展的重要指标。当前乡村基层干部以及乡村产业发展领头人年龄仍然偏大，文化水平不高，创新能力有待进一步提升，在工作中缺乏积极性与主动性。同时，乡村社会面临青年干部和科技人员引不进、留不住的状况，乡村专业化人才队伍体系无法有效建立。从现实来看，在乡村建设中急需要优化基层干部队伍。以青岛市即墨区蓝村镇为例，该镇共有 57 个行政村，村两委干部平均年龄 47 岁，连任两届以上的村党支部书记有 13 人，"80 后"的村党支部书记只有 1 名。[1] 另外，在乡村振兴中，生产经营人才多于技能型人才，创新创业、社会服务和高技能管理人才资源短缺。随着乡村振兴战略的深入推进，乡村微型企业、农民专业合作社、种养殖大户等蓬勃发展，对高层次、复合型人才需求量显著增多，当前乡村现存实用人才不能适应经济快速发展的要求。乡村振兴的全面性决定了人才需求的多样性，既需要生产经营、创新创业人才，也需要社会服务、公共管理人才，需要形成多层次、全方位、可持续发展的人才结构，以科学、全面振兴乡村。但从目前来看，我国的涉农人才教育与实际就业存在着不匹配现象，影响了人才结构的优化升级。[2] 从产业结构来看，从事规模化、专业化的二、三产业人才较少，高科技新兴产业人才紧缺。由于人才吸引政策不足和就业创业环境制约，大部分有技术懂专业的人才不愿意下乡，造成乡村既懂技术又懂管理的综合性人才较少。

---

[1] 张资豪：《乡村人才队伍建设研究——以即墨蓝村为例》，硕士学位论文，青岛大学，2021 年，第 14 页。

[2] 曲晓云：《乡村振兴涉农人才短板如何补》，《人民论坛》2019 年第 36 期。

表8-2　　　　　农业生产经营人员数量和结构①　　　　单位：万人、%

	全国	东部地区	中部地区	西部地区	东北地区
农业生产经营人员总数	31422	8746	9809	10734	2133
农业生产经营人员性别构成					
男性	52.5	52.4	52.6	52.1	54.3
女性	47.5	47.6	47.4	47.9	45.7
农业生产经营人员年龄构成					
年龄35岁及以下	19.2	17.6	18.0	21.9	17.6
年龄36—54岁	47.3	44.5	47.7	48.6	49.8
年龄55岁及以上	33.6	37.9	34.4	29.5	32.6
农业生产经营人员受教育程度构成					
未上过学	6.4	5.3	5.7	8.7	1.9
小学	37.0	32.5	32.7	44.7	36.1
初中	48.4	52.5	52.6	39.9	55.0
高中或中专	7.1	8.5	7.9	5.4	5.6
大专及以上	1.2	1.2	1.1	1.2	1.4
农业生产经营人员主要从事农业行业构成					
种植业	92.9	93.3	94.4	91.8	90.1
林业	2.2	2.0	1.8	2.8	2.0
畜牧业	3.5	2.4	2.6	4.6	6.4
渔业	0.8	1.6	0.6	0.3	0.5
农林牧渔服务业	0.6	0.7	0.6	0.5	1.0

第四，人才使用机制有待进一步健全。用好用活人才，科学用才，是做好人才工作的重要保障。从现实来看，各级政府部门仍然存在对乡村人才界定不清晰，对人才在乡村发挥的作用不明确等现象，甚至没有具体细化农村人才分类标准，开发人才的内生动力及工作热情不足。因为不了解农村人才的状况，而传统的人才培养模式将无法进行准确有效

---

① 《第三次全国农业普查主要数据公报（第五号）》，http://www.stats.gov.cn/tjsj/tjgb/nypcgb/qgnypcgb/201712/t20171215_1563599.html，2022年8月2日。

的选拔、培训以及管理相应的人才。① 人才激励机制不完善,各种人才缺乏工作积极性与创造性,一定程度上限制了在乡村经济社会发展中的作用发挥。一些基层干部对于引进的人才只是简单地进行工作分工或任务配置,并没有明确规定工作的原则、工作的起止时间、工作的评价和考核标准。② 由于缺乏系统性的人才职称评审体系、完善的晋升体系,以及奖励激励制度,诸多乡村专业化人才缺少工作激情和创新精神。同时,很多地区只注重引进人才,缺少公正、公平的评价机制,导致人才缺乏工作激情与创新意识,乡村发展和乡村振兴动力与活力不足。另外,有效率输送和使用人才的效率不高,没有真正使大数据成为促进乡村发展的技术工具。乡村振兴需要真正做到人尽其才、才尽其用,必须高度重视人才使用机制,提高人才使用效率。

二 乡村振兴战略对人才队伍体系提出新要求

乡村振兴战略要求乡村的政治、经济、文化、社会以及生态各方面都能得到充分发展,从而全面推进乡村治理,实现农业发展、农民富裕、乡风淳朴等目标,这为打造层次分明的乡村人才队伍体系指明了方向,同时为人才的成长创造了一个良好的发展环境。③ 这表明乡村振兴应引进培养更加综合、全面和专业的综合性人才。另外,随着农村综合改革的深入推进,乡村发展呈现出一些新变化,这些都对乡村人才队伍提出了许多新要求。党的二十大报告对人才提出了更高要求,"我们要坚持教育优先发展、科技自立自强、人才引领驱动,加快建设教育强国、科技强国、人才强国,坚持为党育人、为国育才,全面提高人才自主培养质量,着力造就拔尖创新人才,聚天下英才而用之"。由此可见,人才在建设现代化强国中的重要地位。

第一,人才队伍结构合理化。人才是振兴乡村的基础,而要使乡村

---

① 查代春、钟志贤:《新中国乡村人才培养模式探索及启示——基于共大、电大"一村一"模式的分析》,《中国远程教育》2021年第5期。
② 关振国:《破除乡村振兴中人才发展的"紧箍咒"》,《人民论坛》2019年第16期。
③ 蒲实、孙文营:《实施乡村振兴战略背景下乡村人才建设政策研究》,《中国行政管理》2018年第11期。

建设取得事半功倍的效果，必须确保人才队伍结构合理。为推进乡村全面振兴，促进乡村更好更快发展，国家提出到2025年，基本建立起有助于各类人才在乡村发挥作用的有效政策，吸引更多的人才不断流向乡村，而人才结构不断合理化，做到各地区各领域都具备相应的专业化人才共同参与乡村治理，逐步实现农业农村现代化。乡村社会治理的内容和要求是伴随着乡村社会转型与变革而不断拓展的，因此建立多元化、多层次、科学合理的人才结构是不可或缺的环节，尤其在公共事业方面，乡村治理要求日趋专业化、信息化和规范化，对人才结构提出了更高要求，不仅需要技能型实用人才，还需要会管理、善经营、懂知识等多方面技能人才。按产业属性来分，至少应该包括农业一、二、三产业的人才；按人员类别来分，应包括农村实用型人才、科技创新型人才、公共服务型人才等；按行业类别来分，应包括新型职业农民、新型农业经营主体、乡村工匠、文化能人等。[1] 必须有效改善乡村人才结构，推动乡村政治、经济、社会、生态、文化各方面协调发展。从客观上讲，乡村振兴需要一支年龄、层次结构合理的人才队伍，大量引进与培养年轻化、多元化的人才，可以有效改善乡村老龄化、发展停滞不前的困境，从而推动乡村振兴。[2] 近年来乡村治理工作要求和标准不断提升，客观要求培育引进年轻干部，切实增强基层组织力。如作为全国首批"全国农村社区治理实验区"之一的安徽省铜陵市义安区，近年来，以基层党组织建设为统领，以乡村振兴为抓手，实施年轻干部"四苗"工程，先后遴选113名年轻干部到村、乡镇和园区挂（任）职，选派26人到长三角地区跟班学习，抽调215人参与疫情防控、防汛救灾等急难险重工作，磨炼年轻干部干事宽肩膀和创业真本领。[3] 我国乡村区域面积大，不同地区乡村呈现出发展不平衡性，推进乡村振兴也需要因地制宜，构建结构合理、类型丰富、层次多样的人才队伍体系。

---

[1] 周晓光：《实施乡村振兴战略的人才瓶颈及对策建议》，《世界农业》2019年第4期。
[2] 曾灿、刘沛林、左裕林、李伯华、曹扬意：《聚落"双修"视角下乡村振兴路径——以祁东县沙井村为例》，《自然资源学报》2022年第8期。
[3] 《安徽省铜陵市义安区："四大工程"汇聚党建"硬核"力量》，https://www.12371.cn/2021/11/13/ARTI1636795067849792.shtml，2022年8月3日。

第二，人才队伍能力专业化。在乡村振兴规划相关政策中，重点说明人才队伍的配备十分重要，在乡村生活工作的新型职业农民、本土和外部专业技术人才、社会服务人才等都应提高自身专业化能力，完善乡村人才的引进、培育、扶持等政策，促使其更加热情地投身乡村治理，激励不同领域的专业化人才在乡村的广阔天地发挥自己的才能，实现乡村更好的发展。[1] 有效推进乡村振兴战略需要提高各类人才的专业能力。比如，发展乡村产业是壮大乡村的重要手段，而专业化的人才则是推动和发展乡村产业的关键。乡村振兴不仅需要有干劲、大胆探索的人才，更需要具备理智分析市场、发现市场和消费者需求知识、能力和眼光的人才。优化农产品种植管理、物资采购、销售等，实现科技手段与电商服务有机结合，这些都对从业人员素质提出了较高要求。在治理有效目标实现上，同样要求提升人才的专业化治理水平。在新时代，乡村善治目标的实现要求基层干部的专业化学习以及掌握综合能力。如山东莱西市作为全国乡村治理体系建设试点单位，在全国率先开展农村党组织书记专业化建设，实施"领头雁"培育工程，并组织他们到先进地区体悟实训，建立起权、责、利三者科学匹配的农村党组织书记专业化管理机制，以实现乡村基层干部更加专业化，有效治理乡村各项事务。[2] 离开专业化人才，国家的政策难以精准落实，乡村振兴效果很容易大打折扣。总之，高素质专业化人才队伍在乡村振兴中起到关键作用，在新的发展时期，实现乡村振兴，实现农业农村现代化，必须培养和引进专业化人才。

第三，人才队伍发展职业化。实施乡村振兴是一项长期并且艰巨的任务，实现这一目标需要构建职业化的人才队伍体系。中共中央、国务院印发的《国家标准化发展纲要》指出，加强标准化人才队伍建设。要构建和完善标准化专业人才的职业技能评估与激励机制，培养一批精通规则以及专业技术的职业化人才队伍。国家标准化发展纲要为人才振兴

---

[1] 杨帆、梁伊馨：《职业化发展：民族地区乡村振兴的人才困境与路径选择》，《民族学刊》2021年第4期。

[2] 《莱西农村"领头雁"迈向全域专业化》，http://news.e23.cn/shandong/2020-08-20/2020082000383.html，2022年8月3日。

布好了棋局,为打造高素质人才队伍指明了方向,为乡村振兴开好局、起好步奠定了坚实基础。只有乡村干部队伍这个枢纽稳定了,乡村振兴才能有最坚实的落实平台。如今乡村发展需要的人才不再是面朝黄土背朝天的农民,而是爱农业、懂技术、善经营的新型职业农民,这就需要加强农村职业教育,同时吸引乡村外部人才加入。与此同时,充分发挥党的领导核心作用,做产业兴旺的引领者、生态宜居的引导者、乡风文明的推动者、治理有效的实践者、生活富裕的带动者。如入选第三批全国乡村治理典型案例的湖北省武汉市蔡甸区,同时也是全国乡村治理体系建设试点单位,蔡甸区明确村级组织负责人和村干部职责任务,全面实施农村小微权力清单,采用流程化的形式对村里各项工作任务进行分类梳理,进而纳入清单管理,并强化各事务过程的监管,以保证各类带头人尽职尽责,共同治理乡村。① 作为乡村各项工作的推动力量,新形势下基层干部职业能力要求越来越高。在新时代,广大农民生活水平和政治素养不断提高,精神文化需要日益增强,基层治理各项事务要求更高,这些都客观上要求实现基层干部的专业化、职业化发展。不断加强村三委人员的职业化培育,推进乡村快速发展离不开乡村干部的统筹领导,应加强村干部的职业化建设,一方面大力培养本村干部,另一方面选派能力强、文化素质高的乡镇干部进去乡村任职,更好地进行乡村治理。② 总体来看,在新时期加强乡村人才队伍职业化、专业化发展,是推动乡村科学振兴、实现乡村有效治理的重要手段。

第四,人才队伍管理规范化。在新时期,乡村比任何时候都需要人才。乡村治理内容的不断扩展、国家对乡村治理政策的调整、农业生产方式和功能的转变、乡村内涵的不断深化等要素的发展变化对乡村人才提出了新的需求。③ 促进人才队伍管理规范化是发挥人才作用的重要基

---

① 《湖北武汉市蔡甸区:推行四项清单助力乡村善治》,https://finance.sina.com.cn/jjxw/2021-11-11/doc-iktzscyy4835785.shtml,2022年8月3日。
② 李博:《乡村振兴中的人才振兴及其推进路径——基于不同人才与乡村振兴之间的内在逻辑》,《云南社会科学》2020年第4期。
③ 唐丽霞:《乡村振兴战略的人才需求及解决之道的实践探索》,《贵州社会科学》2021年第1期。

础。有效推进乡村振兴战略，要求促进人才队伍管理规范化，以不断提升人才队伍所在岗位角色的信心和责任感。挖掘培养人才要求管理者转变思想，落实培养开发工作，做好人才分工及配合。如入选第三批全国乡村治理典型案例的辽宁抚顺市新宾县，同时也是全国乡村治理体系建设试点单位，为加强人才队伍管理，抚顺市创新实施新时代"三向培养"工程，实施以联系一批、选拔一批、巩固一批、提升一批、淘汰一批为主要内容的"五个一批"工作机制动态管理培养对象，既有效解决培养队伍萎缩的问题，又不断壮大、优化培养队伍，其中新宾县实施的"雁归巢"行动，在壮大、优化培养队伍工作中发挥了积极作用，已成功引回128名外地务工能人，其中73人被纳入培养对象。[①] 要实现乡村振兴，离不开创新精神，通过构建有效的人才队伍管理机制调动各类能人积极性，形成多元化的激励机制，以此提升人才在乡的成就感、获得感。乡村人才队伍建设是一个复杂的系统性工程，随着互联网的普及，可以充分利用互联网和大数据技术发挥各类人才优势作用，为促进人才队伍管理规范化提供技术支持。总之，乡村振兴战略为乡村人力资源的开发予以科学指导，加强专业化人才队伍建设，需要分析当前或未来人才发展需要，基于人才规划吸引各类人才支持乡村振兴，夯实乡村有效治理的人才基础。同时，通过科学的考核及评估机制，完善的激励机制，把人力资源开发和乡村整体发展结合起来，使专业化人才在乡村振兴中实现效用最大化。

第三节　乡村振兴战略中的专业化人才队伍体系构成及基本特征

随着我国乡村建设的不断深入，乡村振兴对人才的需求越来越大。明确专业化人才队伍体系构成内容及基本特征，是构建乡村振兴战略专业化人才队伍体系的重要先决条件。乡村振兴战略中的专业化人才队伍

---

① 《辽宁抚顺实施新时代"三向培养"工程，头雁领飞众雁随》，https://www.12371.cn/2020/12/17/ARTI1608173164770936.shtml，2022年8月3日。

体系构成，主要包括职业化基层干部队伍、专业化社会工作者、知识技能型人才、经营型人才、服务型人才、管理型人才等，高质量的人才队伍应具备年轻化、专业化、来源多元化、专业多样化、拥有社会责任感与公共精神等特征。

一 乡村振兴战略中的专业化人才队伍体系的构成内容

构建高质量人才队伍体系是新时代深入推进乡村振兴与实现乡村治理有效的重要保障。总体来看，在新时代构建专业化乡村人才队伍体系，既需要职业化的基层干部队伍，也需要专业化的社会工作者队伍，还需要知识型、经营型、管理服务型人才等多类型人才的加入。

（一）职业化基层干部队伍

在税费时代，基层干部主要任务是完成乡镇政府指派的例如计划生育、催粮缴税等对知识、能力要求较小的工作，基层干部主要依靠相关经验以及地方关系进行各项任务的开展。随着中国特色社会主义进入新时代，乡村治理内容更加丰富，而"治理事务频发，是村干部职业化的重要前提和基础"[1]。在现代乡村治理中，基层干部不仅要落实上级政府指派的行政事务，还要承担公共服务、农村产业发展、外来人口管理、社会治安工作、环境卫生等事务，乡村治理工作难度、强度、专业度都较以往有了明显提高，这对基层干部的个人能力和专业知识水平有了更高要求。乡村振兴的持续推进和发展要求基层干部队伍逐渐走向职业化。从一般意义上讲，所谓职业化，就是具有独特职业要求、职业条件和职业技能；并形成专业化、标准化、规范化、制度化管理机制的社会职业。[2] 乡村振兴中的职业化基层干部队伍要求具备治理能力专业化、治理程序规范化、职能分工明确化等特点。职业化基层干部需要具有较高的知识文化素养或经济管理、行政工作、经济发展、市场营销等专业知识，能够处理繁杂的治理事务。在任职管理上，职业化基层干部队伍可以由

---

[1] 王向阳：《改革开放后村干部职业化和行政化之路——基于我国东中西部乡村治理实践的考察》，《西北农林科技大学学报》（社会科学版）2018年第6期。

[2] 唐晓清、刘杰：《农村基层干部职业化管理的理论分析与措施建议》，《学习论坛》2012年第2期。

上级选派、政府回引、村庄推选相结合的方式产生，并全职开展工作，纳入规范化管理机制，确保村民能找到人、办成事。如黔南州贵定县作为民政部确认的首批全国农村社区治理试验区，建立起"333"模式，在村干部管理上，将村干部办事服务窗口前移至农村党群便民服务中心，同时实现村干部"坐班制"。[①] 在职责分工上，传统基层干部内部职责不清，容易造成相互推诿扯皮，乡村"公共权力失语、公共事务失控、公共秩序失衡等问题层出不穷"[②]。职业化基层干部队伍要求职责分工明晰，工作人员、工作职责、工作流程透明公示，奖罚分明。如武汉市黄陂区朱铺村作为全国首批乡村治理示范村，在基层干部管理上，就将村干部由兼职变为全职，建立起了基层干部职业化队伍，基层干部在实行坐班制的同时建立"首问责任制"，谁先接待谁负责，防止办事相互推诿，同时设置公示栏、电子显示屏等，实现信息公示。[③] 乡村振兴战略实施中，职业化基层干部需要对国家政策方针有着深刻认识和把握，对上可以承接乡镇政府工作部署安排，对下可以深入基层、深入群众开展各项工作，需要具备较强的综合能力。另外，职业化基层干部队伍在工资、待遇等方面较之传统基层干部也有明显提高，并有一套完善的考核机制及管理规范，有助于推动乡村治理规范化、正式化。

（二）专业化社会工作者

在新时代，随着我国社会主要矛盾转化，人民对于美好生活的要求不断提高。不断满足人民群众的美好生活需求是乡村振兴要实现的重要目标，这些目标的实现也离不开专业社会力量的参与。一直以来党和国家都高度重视专业社会力量发展，早在2011年11月中央组织部、民政部等18个部门就联合发布了《关于加强社会工作专业人才队伍的意见》，指出"加强社会工作专业人才队伍建设是构建社会主义和谐社会的一项

---

① 《黔南州"333"制抓农村社区治理促"三治融合"强农村基层建设》，https://new.qq.com/rain/a/20211026A09ZJX00，2022年8月4日。
② 陈宝玲、黄英、国万忠：《乡村治理现代化视域下的村干部职业化：时代特征与时间逻辑》，《农村经济管理学报》2021年第2期。
③ 《立起样子跟党走，一个全国乡村治理示范村的成功密码》，http://news.cctv.com/2021/02/22/ARTIOGoGEAOHa9EofJH7kG1u210222.shtml，2022年8月4日。

重大而紧迫的战略任务",同时提出加大教育培训、推动岗位开发与使用、推进人才评价与激励等实现路径。之后又发布了《社会工作专业人才队伍建设中长期规划（2011—2020年）》，对建设专业化社会工作者人才队伍具有重要指导意义。2021年2月印发的《关于加快推进乡村人才振兴的意见》，强调"加强农村社会工作人才队伍建设"。在党和国家大力支持下，近年来专业化社会工作者人才队伍数量明显增加，根据2020年民政事业发展统计公报显示，"截至2020年底，全国持证社会工作者共计66.9万人"①。这些专业化社会工作者人才队伍知识丰富，一般拥有医疗、法律、心理、养老等多方面专业知识和技能，在推进乡村专业化治理方面发挥着重要作用。专业化社会工作者人才队伍能够与广大农民群众密切联系，"这种互动有助于他们实现服务公众的动机，提升服务效果"②。专业社会工作者作为乡村治理的重要社会力量在"居家养老、社区矫正、青少年教育、法律援助、疫情防控、精准扶贫、妇女儿童、残疾人服务等领域发挥了不可替代的作用"③。如作为民政部确认的48个全国首批农村社区治理试验区之一的黑龙江哈尔滨市道里区市，建立起中心社区、社会组织和社会工作专业人才三位一体的"三社联动"机制，发挥社会工作者专业人才队伍在乡村治理中的"支撑"作用，通过培育志愿者队伍、社区工作者，建立起以专业社工、社会组织骨干、社区工作者、志愿者为主的专业化社会工作者人才队伍，针对残疾人、留守儿童、空巢老人等特殊人群，展开个性帮扶、志愿服务、一帮一结对子等服务。④ 专业社会工作者在新时代乡村振兴、乡村治理中是政府的有力助手。如法律领域社会工作者拥有法律专业知识和技能，能够为农民群众提供法律援助，"引导广大农民运用法律法规处理纠纷矛盾，逐渐形成良

---

① 《2020年民政事业发展统计公报》，http://www.mca.gov.cn/article/sj/，2022年8月4日。
② 王晔安、兰菁、郑广怀：《承上启下的公心：领导成员交换对街头官僚服务效果的作用机制》，《公共管理与政策评论》2022年第3期。
③ 李春根、罗家为：《从动员到统合：中国共产党百年基层治理的回顾与前瞻》，《管理世界》2021年第10期。
④ 《推动"三社"联动社区治理新模式 打造"全响应型"社区》，http://www.zhongguoshequ1990.org/Con2016GX_list.asp?id=168，2022年8月4日。

好的法治文化环境"①。总体来看，专业社会工作者已经成为乡村振兴中一支不可缺少的力量。

（三）知识技能型人才

知识技能型人才是乡村全面振兴的有力推动者，但目前乡村中知识技能型人才面临紧缺的状况。乡村振兴中的"知识技能型"人才既包括具有农村农业生产与发展专门知识，在乡镇政府机关、乡村自治组织、乡镇企业中担任规划、指导、调控的智力咨询人员，也包括具有丰富的专业知识和技能，经过专业训练的专业技术人员，还包括新型职业农民，他们都是乡村振兴急缺人才，"先进的农用机械设备需要依靠农业技术人才去普及推广；先进的制造业生产设备同样离不开制造业人才的操作和应用"②。早在 2008 年国务院就发布了《国务院关于深化改革加强基层农业技术推广体系建设的意见》支持加强农业知识技能型人才培养。随后也多次强调指出要不断加强在农业科技方面的相关教育和培训，要求大力发展培育农业科研人员、农技推广人员、农民技术人员等农业科技人才以及农民植保员、水利员等农村实用技能人才。历年中央一号文件以及政府工作报告都重视培育知识技能型人才。近几年，各地也重视知识技能型人才的培养。如作为首批全国乡村治理体系建设试点单位的四川省米易县，在乡村振兴实践中，开展"农业专家下基层行动"，建立起"党外人士科技示范基地"，并依托与中国热科院、四川省农科院、四川农业大学等高校院所合作，搭建起"产学研用"平台，形成"课题+人才""产业+人才""项目+人才"育才模式，集聚 10 余支农业专家团队和 50 余名省、市、县农业专家长期服务基层，开展培训指导。③ 为乡村振兴吸引了大量知识技能型人才的同时也为乡村振兴培育了大量人才，这些人才在推动农村产业发展，促进农业现代化发展中发挥了重要作用。

---

① 李增元：《民族地区乡村治理体系创新探索及新时代重点内容》，《湖北民族大学学报》（哲学社会科学版）2020 年第 6 期。

② 王荣：《乡村振兴背景下农村经济高质量发展的人才战略意义》，《农业经济》2022 年第 5 期。

③ 《攀枝花米易："三个巧"写好乡村人才队伍建设文章》，http：//sc.china.com.cn/2022/panzhihua_0803/458430.html，2022 年 8 月 5 日。

"十三五"以来，我国累计培育高素质农民达到500万人，直接培训农村实用人才带头人11万人。① 知识技能型人才是拥有庞大知识体系和专业技能的专业人才队伍，是将知识和技术应用于农业农村的强力引领者和推动执行者。培养和发展知识技能型人才，是提升乡村劳动力综合素质、技能水平、促进农村经济发展的重要举措。农业农村部2021年印发的《"十四五"全国农业农村科技发展规划》强调指出，要推动我国农业科技的蓬勃发展，培养100万名具有中高等学历的产业发展带头人、社会事业带头人和基层组织负责人，培育500万名高素质农民。② 这些专业知识技能型人才对乡村产业的转型升级，对乡村振兴的发展具有重要意义。正如习近平总书记强调指出的，"加快实现农业农村现代化，不仅需要大批农业科研人才，更需要千千万万个农业技能人才"。广大知识技能型人才是推进乡村全面振兴，实现农业农村现代化的重要保障。

（四）经营型人才

随着农村经济结构的不断调整优化，我国农业生产方式由传统个体经营向规模化经营转变，以家庭农场、农业规模化生产大户、农民合作社、乡镇企业等为代表的经营型人才在农业农村发展中发挥的作用越来越重要。他们是乡村振兴、产业振兴的骨干，在乡村经济和社会发展中发挥着举足轻重的作用。乡村振兴战略中的经营型人才主要包含两类：一类是农业生产经营型专业人才，一类是农村新型产业经营人才。农业生产经营型人才是指以家庭经营、集体经营为经营单元，依靠自身生产经营能力以及乡村所提供的便利优质服务，开展规模化、制度化、专业化的新型农业生产经营人才。农业生产经营型专业人才主要包含农村中的职业农民、农业规模化生产大户、家庭农场主，还包括农业生产合作社以及乡镇企业等组织的经营者、领导人。新型职业农民是农业生产经营型专业人才的重要组成部分，是推动农村农业转型发展，实现乡村现代化的重要助推力量。如首批全国乡村治理体系建设试点单位的四川省

---

① 《全国农村实用人才约2254万人》，https://k.sina.com.cn/article_3164957712_bca56c1002001fyi5.html?subch=onews，2022年8月5日。

② 《农业农村部：到2025年农业科技进步贡献率达到64%》，https://www.chinanews.com.cn/cj/2022/01-07/9646291.shtml，2022年8月5日。

崇州市,早在2012年崇州就重视培育农业经理人,培育了一批有文化、懂技术、善经营、会管理的农业经理人,王伶俐是崇州市杨柳农民专业合作社的农业经理人,作为专业的农业生产经营型人才,她将自己有关于农业生产经营的先进的新理念、新技术应用到农业生产之中,助力丰产增收,用信息化、智慧化管理帮助解决农业机械化生产质量不高的问题,大幅节省了人力和时间成本,提高了崇州市杨柳农民合作社的生产能力,提高了生产质量,助力了农业产业振兴。① 在乡村振兴中,休闲农业、乡村特色旅游、农村电子商务、农村物流运输等蓬勃发展,这些现代农村特色产业发展都离不开专业经营与技能人才。经营型人才作为复合型人才具有多种能力,能够对乡村农业生产、销售、经营等各个环节进行统筹安排,保证经济效益最大化发展等。不过,由于城市的"虹吸效应",乡村振兴中的经营型人才短缺,现有的经营型人才也存在不少问题,有数据显示,从年龄结构来看,规模农业经营户农业生产经营人员35岁及以下占21.1%,55岁及以上占20.7%。从受教育程度看,初中及以下的占89.6%,大专及以上的仅占1.5%。② 经营型人才的发展和壮大有利于提高农村产业化发展质量与规模,如农村电子商务人才是近年来由互联网快速发展而产生的一类人才,他们在推动农村特色产业发展,带动就业方面都发挥了重要作用,截至2018年底,农村网店达1200万家,较2017年底(985.6万家)增加214.4万家,增长17.9%,带动就业人数超过3500万人。③ 2021年全国农村网商网店数量超过1632.5万家,拓展了物流运输、电子商务等相关产业,带动了农民就业,有效推动了当地乡村经济快速发展。2022年中央一号文件进一步明确实施"数商兴农"工程,充分发挥农村电商推动乡村经济发展的作用。总体来看,各种经营型人才已经成为新时代推动乡村产业振兴,实现农业现代化发

---

① 《崇州农业经理人"选培用"机制登上人民日报》,https://m.thepaper.cn/baijiahao_19163726,2022年8月5日。
② 王柱国、尹向毅:《乡村振兴人才培育的类型、定位与模式创新——基于农村职业教育的视角》,《中国职业技术教育》2021年第6期。
③ 彭成圆、赵建伟、蒋和平、陈律:《乡村振兴战略背景下农村电商创业的典型模式研究——以江苏省创业实践为例》,《农业经济与管理》2019年第6期。

展的重要力量。

（五）服务型人才

乡村振兴的基本内涵为产业兴旺、生态宜居、乡风文明、治理有效、生活富裕。其中生活富裕所强调的不仅是广大农民群众的物质生活更加富足，还包括精神层面的富裕；不仅满足农民群众吃穿住行等基本生活需求，还能够使其享受到良好的教育、发达的医疗、丰富的文化、完善的养老等更高层次需求，而这些需求的满足都离不开各类服务型人才的壮大与发展。服务型人才是指为推动农村农业生产以及农民更好生活，在农业生产以及农民生活中提供专业服务的各类人才的总称。乡村振兴中的服务型人才主要包含两类：第一类是农业生产服务人才。农业生产服务人才是指拥有农业生产相关知识和技能，同时具有奉献和服务精神，为农业生产和发展提供机器维修、动物饲养、农药喷洒、信息服务等专业服务的人员，他们在乡村振兴中发挥着重要作用。江苏省扬州市高邮区菱塘回族乡是全国第二批全国乡村治理示范乡镇，为助力乡村振兴，保证农业生产的顺利进行，保证秧田翻耕和育苗供水，高邮市供电公司下属的供电站在高邮的 13 个乡镇 27 个村设立了"供电所驻村服务点"，将农村电力维修服务人员送下乡，打通农村用电服务的"最后一公里"。[①] 正是由于电力维修服务人员的积极参与，才保证了农业生产的顺利展开，助力了乡村振兴。第二类是乡村公共服务人才。乡村公共服务人才是指拥有公共领域的相关专业知识和能力，具有较高文化水平和道德素养，愿意积极投身乡村医疗、卫生、养老、文化、教育等公共事业，致力于利用自身专业知识和技能为乡村振兴贡献的人才，他们也是乡村振兴的重要参与者。浙江省余杭区径山镇是第二批全国乡村治理示范乡镇，通过法律服务下基层，将律师、调解员等公共服务人才下放农村，通过建立"大径山共享法庭"，成立"径和"调解品牌工作室。通过建立镇村两级公共法律服务窗口，为辖区老百姓提供精准的法律服务，每周定期开

[①]《［乡村振兴］千亩秧苗即将灌溉，"驻村服务点"为春耕保电护航》，http://www.yznews.cn/p/1676606.html，2022 年 8 月 5 日。

展"以案释法""律师坐班""律师大讲堂"等活动。① 这些公共服务人才不仅为村民提供矛盾纠纷调解、司法咨询、普法宣传等方面服务,还能够提高农民群众的法律意识。《关于加快推进乡村人才振兴的意见》中强调要"加快培养乡村公共服务人才"。新时代乡村振兴中服务人才的发展壮大,能够提高农村公共服务水平,不断满足广大农民对教育、文化、卫生、医疗、法律咨询等方面需求。

(六)管理型人才

乡村振兴要求治理有效,推进乡村振兴实现乡村有效善治离不开管理型人才。乡村振兴所需要的管理型人才主要包含两类:第一类是乡村经济管理人才。乡村经济管理人才是指具有专业管理知识和管理经验,对农业、手工业、商业、信贷、运输业、电子商务等农村经济发展进行协调管理,以助力现代乡村经济发展,实现经济效益最大化的专业人才。乡村经济管理人才包括农村土地管理人才、农村市场管理人才、农村信贷管理人才、农村信息网络管理人才,等等。这类人才不仅需要对土地管理、市场管理、信贷管理等农村农业相关政策熟悉,而且还需要具备市场营销、电子商务、农村金融信贷等相关专业知识,能够将二者结合起来在国家政策法规许可的范围内运用销售、营销、信贷等相关知识和能力,实现人力、土地、资源、资金、技术、资本等多种要素融合,以求最大限度增加农村经济效益。乡村经济管理人才在乡村振兴中发挥重要作用。如广东省肇庆市德庆县官圩镇是第二批全国乡村治理示范乡镇,2021年3月邮政储蓄银行广东省德庆县官圩镇乡村振兴特色支行挂牌成立,通过这一乡村特色支行,向官圩镇输送了大量的农村信贷管理人才,他们进入乡镇政府、进入村委会之中,利用自己的专业金融知识,与当地政府的乡村产业发展项目进行对接、为乡镇企业的贷款服务提供专业支持,满足了农村政府、企业对于金融服务的需求,推动了当地经济社会的发展。② 第二类是乡村公共管理人才。乡村公共管理人才是指致力于

---

① 《杭州市余杭区径山镇"四治融合"赋能乡村治理》,http://www.pazjw.gov.cn/shehuizhili/zongzhixinwen/202112/t20211208_23467066.shtml,2022年8月5日。

② 《肇庆金融支持乡村振兴取得新突破》,https://baijiahao.baidu.com/s?id=1711138883503424568&wfr=spider&for=pc,2022年8月5日。

乡村公共管理的各类人才，包含行政事务管理人才、公共事业管理人才等，他们多存在于各类行政组织、事业单位、经济社会组织中，例如乡镇政府、村两委、中小学、敬老院、社区活动中心等。他们具备一定的政治、经济、文化、法律、公共管理等方面专业知识，同时对党和国家有关乡村政策非常熟悉，并拥有一定的公共权力以及社会地位。如山东省德州市庆云县尚堂镇是第二批全国乡村治理示范乡镇，尚堂镇66个自然村都配备了"村管家"来助力乡村振兴，这些人是在选优配强村"两委"班子的基础上选派的年轻干部，他们作为农村公共管理人才，对农村基层党建、人居环境整治、疫情防控、集体经济发展、民生问题等乡村治理多方面进行指导，如尚堂镇南侯村指导员高勇就对南侯村土地股份合作社进行管理和指导，帮助其确定发展方向、引导组织学习等，推动了合作社成为多元一体的农业综合体。[1] 科学的管理要求管理者在遵守国家法律法规基础上，结合目标任务将人力、物力、财力及各种要素进行优化配置，使其发挥最大经济社会效益。无论是乡村经济管理人员，还是乡村公共管理人员，都需要拥有多学科、多方向管理知识和经验，能够综合运用专业知识，充分优化配置各种资源，发挥对乡村社会的综合管理与服务作用。

二 乡村振兴战略中的专业化人才队伍发展趋势

新时代以来，乡村振兴战略的不断深入实施对专业化人才队伍要求不断提升。在我国专业化人才队伍不断发展壮大的背景下，乡村振兴战略中专业化人才队伍也逐步重构与优化。总体来看，专业化人才队伍也呈现出更加年轻化、更加专业化的发展趋势，人才队伍来源渠道不断扩展，各种人才具有参与乡村振兴的价值追求。

（一）人才队伍年轻化、专业化

乡村治理人才队伍建设一直以来都是党和国家高度重视的问题。党的十八大以来更加重视培养、培育年轻干部队伍，并选派优秀年轻干部

---

[1] 《德州庆云县尚堂村：66个村有了"村管家"》，https://sdxw.iqilu.com/share/YS0yMS04MzIzNTg3.html，2022年8月5日。

到贫困乡村担任第一书记。中共中央多次强调在新时代要大力培养发掘优秀年轻干部，推进人才队伍的年轻化、专业化，强调要建立一支高素质专业化年轻干部队伍。实践中各地也在不断探索破解干部老龄化问题的新思路。如贵州省委组织部统计数据显示，2021 年基层组织换届后，村干部更加年轻化，特别是村党组织书记，大专及以上学历占比为 54.6%，比上一届提高 20 个百分点，平均年龄为 40.5 岁，比上一届下降 6.5 岁。[①] 正是基于党和国家高度重视乡村实用人才的培养，我国乡村人才队伍素质得以明显提高，并开始呈现出明显的专业化趋势。有数据显示，我国累计培育高素质农民达到 500 万人，直接培训农村实用人才带头人 11 万人，涉农高等职业教育首次面向农民扩招达 3.5 万人。[②] 全国各地积极响应国家提升素质教育号召，探索举办素质教育提升工程、乡村人才专题进修班等提升乡村人才综合素质。如山东省从 2015 年开始坚持"能力+学历"原则，连续 6 年统一组织村（社区）"两委"成员参加专科学历教育，累计招收学员 28804 人，毕业学员 17818 人。2021 年山东省又发布了《关于实施村（社区）基层干部素质能力提升工程的意见》，紧扣全面推进乡村振兴、加强党建引领基层治理任务要求，聚焦村（社区）基层干部素质能力短板弱项，重点实施城乡基层干部政治能力提升、村干部乡村振兴主题培训、社区干部党建引领基层治理主题培训、村（社区）"两委"成员学历提升、城乡基层干部实践锻炼五项计划，全面提升村（社区）基层干部的素质能力和学历水平，力争到"十四五"末，实现符合条件的村（社区）"两委"成员参加学历教育全覆盖。[③] 为破解新型职业农民数量不足的问题，党和国家高度重视新型农民培养培育工作。有学者对《全国新型职业农民培育发展典型案例》进行分析（表

[①] 吴思、汪军：《贵州农村里来了"年轻管家"》，https：//baijiahao.baidu.com/s?id=1734338755117477620&wfr=spider&for=pc，2022 年 8 月 5 日。

[②] 高云才：《系统培训农民 3000 多万人》，《人民日报》2020 年 12 月 13 日。《全国农村实用人才约 2254 万人》，https：//k.sina.com.cn/article_3164957712_bca56c1002001fyi5.html?subch=onews，2022 年 8 月 5 日。

[③] 张春晓：《山东实施村（社区）基层干部素质能力提升工程》，《潇湘晨报》2021 年 12 月 6 日。

8-3），指出"我国新兴职业农民培育内容较为完整且系统，并在案例中呈现出各有侧重的表征"①。"三位一体""三类协同""三级贯通"展现了新型职业农民的规范化、统一化、职业化特征。总体来看，培养具有较高思想觉悟与综合素质，具备推动乡村经济发展能力、综合管理能力、经营、规划等能力的年轻人才是未来乡村振兴人才队伍建设的重要发展趋势。

表8-3　　　　　　　　新型职业农民的培育内容统计

序号	培育内容	占比（%）	内容阐释
1	种养殖、技术服务	26	以"河南省夏邑县'围绕产业办专业办好专业促产业'案例"为例：紧紧围绕农业支柱产业，以产业发展和农民需求为导向，服务于市场前景好的高效新兴产业和原有基础性产业打造课程。如"食用菌、蔬菜、果品、生鲜"四大特色产业课程群。
2	农产品营销、品牌、电商	22	以"上海市奉贤区农民田间学校'一站式'案例"为例：注重农产品品牌建设以及电子商务营销手段的培训，注重打造"一村一品"。在专业合作社、家庭农场中扶持本土特色品牌。
3	企业管理、财务管理	20	以"甘肃省瓜州'五个配对'农民企业家案例"为例：通过"摸底+回访""理论+实践""授课+交流""前期+后期""本地+外地"等模块，打造企业管理课程群。
4	农民文化素养	15	以"杭州'五大'特色农民教育培训案例"为例：加强农民文化素养培育。在思想政治、文明礼仪、健康养生、农产品质量安全等方面塑造新时代高素质农民应有之貌。

---

① 王柱国、张红霞：《新时代新型职业农民如何培育？——基于〈全国新型职业农民培育发展典型案例〉的内容分析》，《成人教育》2022年第6期。

续表

序号	培育内容	占比（%）	内容阐释
5	政策理论（法律法规）	9	以"浙江云和县'云和师傅'精准助力产业扶贫案例"为例：积极开展政策法律培训，建立法律咨询县乡联络站，为"云和师傅"外出创业提供法律援助。
6	农村休闲旅游	8	以"河北石家庄市'农读结合型'案例"为例：根据区域社会经济规划和特色主导产业发展需求，围绕当地农业农村中心工作，大力组织开展乡村休闲旅游的主题培训。

（二）人才来源多元化、专业多样化

乡村振兴涉及方方面面内容，对人才的需求也是多元的，涉及的专业及技能要求亦是多样化的。总体来看，乡村振兴专业人才的来源不仅包括生于农村，长于农村，对农村农业农民有着深厚感情的新型职业农民、新乡贤、农村大学生、"田秀才"、"土专家"等为代表的乡土精英，还包括来自乡村之外致力于乡村振兴的专业社会工作者、知识型、技能型人才等为代表的外部人才。这些人才不仅具有良好的理论知识、实践经验，同时也拥有相当广泛的人脉资源，可以为当地乡村振兴出谋划策、引进资金人才、办医办学、创办企业以及提供专业服务等，是丰富的人才资源。乡村振兴人才输入途径也呈现出多样化特征，既包括第一书记、驻村干部等政府定向输送的专业人才，也包括政府购买的各类服务型专业技术人才，还包括通过学校培育的大量专业人才，诸多职业学校不仅服务于乡土人才的定向培养，还为乡村振兴储备了大量后备人才。如四川省大邑县公共文化服务"三加二读书荟"项目，其组织发展、服务保障通过政府购买，还有企业、社会组织以及退休教师、大学生等主体的参与实现，他们来自政府主体、外部购买以及社会志愿，显示出多元主

体的共同协助力量。① 乡村振兴战略中的专业化人才呈现类型化特征。按照人才类型来看，包含职业化基层干部等行政管理人才，专业化社会工作者、教育、医疗等服务人才，从事农业、手工业、工商业、物流管理、服务业的管理、经营型人才等，还包括拥有农业知识和技术的专业技能型人才。总体而言，乡村振兴中的专业化人才专业涉及农业、设计、市场营销、物流管理、社会工作、公共管理、商务管理、教育、医学、法学专业等诸多领域。同时，还有许多人才是具备多种专业知识和素养的复合型人才。比如，职业农民，其既具有农业技能，又具有市场营销的专业知识和能力；职业化基层干部队伍，既具有行政管理的专业素养，又具有社会工作的专业能力；专业化社会工作者，既有心理疏导专业人才，也有医疗卫生专业人才，还有养老服务专业人才和法律援助专业人才，专业类型多样；经营型人才，既有生产经营的专业知识，还有市场营销的专业能力；等等。总而言之，乡村振兴战略中的专业人才成员来源多元化，类型多样化，从学科分类来看包含文科、理科、艺术等多个学科；从专业背景来看，既有商界和政界的精英，也有教育界、医护界、法律界、会计界等专业领域的翘楚；从专业领域分布来看，涵盖农业农村、工业科技、人文社科、城市规划、经济管理等众多专业领域。总体来看，乡村振兴的全面实施与高质量发展，离不开多元化、多专业的人才做支撑。

（三）具有社会责任感与公共精神

乡村振兴专业人才也是社会人，具有追求个人利益的权利，但是无论是职业化的基层干部，还是专业化社会工作者，抑或管理型、技能型、知识型人才，他们都具有一定的社会责任感及自我奉献精神。乡村振兴专业化人才队伍一般可以分为两类，一类是生于农村长于农村，有着丰富的乡土情感，致力于建设乡村的人才。乡土情感是个体对乡村人事自然、社会生活及文化伦理持久而稳定的自我感受和态度体验，主要表现

---

① 邢磊、李少惠：《社会组织参与乡村阅读推广：实践机制与策略选择》，《图书馆杂志》2022年第4期。

为对乡村的热爱感、认同感、责任感和满足感。[1] 这部分人才大多出生在乡村，或与乡村有某种联系，对乡村有感情，个人乡土情感置于职业发展之上，能够将自我发展与乡村建设紧密结合起来。如全国最美乡村教师张桂梅，她致力于让大山深处的女孩拥有改变命运的机会，创办了全国第一所免费女子高中，她始终坚守，始终致力于乡村教育振兴，这不仅仅因为她拥有作为一个共产党员的精神和信仰，而且还因为她对于这片土地浓浓的乡土情感，正如她曾经对自己说过，"这片热土上的父老乡亲，是你们救了我，给了我第二次生命，我决心用这第二次生命来报答这片热土，来报答父老乡亲们"[2]。另一类是接受过专业教育和培训，拥有一定知识和技能的专业人才。他们可能并非生于乡村长于乡村，但是他们具有较高思想觉悟和职业道德，能够积极响应党的号召投身乡村建设，具有较强的社会责任感。党的十八大以来，党中央高度重视企业家精神的培养。2020年7月21日，习近平在企业家座谈会上的讲话中强调要弘扬企业家精神，积极承担社会责任，"企业既有经济责任、法律责任，也有社会责任、道德责任"。在党的大力号召和引导下，诸多经营型人才在获取自身正当利益的同时注重承担社会责任，具有较强的公共精神。有学者就指出，"治理村庄是农村新兴经济经营的一种社会责任，也是私营业主社会责任的最新发展，具有深厚的社会基础"[3]。总体上来看，无论是土生土长的乡土人才，还是乡村外部人才，他们虽然来自不同地区，从事不同职业，有着不同的教育背景，但都是乡村振兴不可或缺的重要力量，其中大部分人员都愿意以相应方式积极参与乡村振兴事业，承担相应社会责任，奉献自我，实现"生态宜居、乡风文明、产业兴旺、治理有效、生活富裕"是各类人才的共同目标。

---

[1] 李斌辉、李诗慧：《新生代优秀教师主动入职动因与启示——基于全国"最美乡村教师"事迹的质性研究》，《教育发展研究》2018年第20期。

[2] 邢星、魏倩、程深：《她倾尽所有给了山里女孩一个大世界——记云南省丽江市华坪女子高级中学党支部书记、校长张桂梅》，《人民教育》2020年第17期。

[3] 卢福营：《治理村庄：农村新兴经济精英的社会责任——以浙江省永康市的私营业主治村为例》，《社会科学》2008年第12期。

第四节 乡村振兴战略中的专业化
人才队伍体系的实现

在乡村振兴战略实施进程中，乡村人才供求矛盾将越发明显，乡村对人才的数量、质量等要求进一步提高。完善专业化人才队伍体系是实现农业农村现代化、实施乡村全面振兴的关键所在。党的二十大报告对人才建设提出了明确要求，明确指出："坚持党管人才原则，坚持尊重劳动、尊重知识、尊重人才、尊重创造，实施更加积极、更加开放、更加有效的人才政策，引导广大人才爱党报国、敬业奉献、服务人民。"凝聚一切力量投身建设现代化强国，是新时代人才工作的核心任务。在乡村振兴中，加强专业化人才队伍体系建设既离不开乡村人才的发展壮大，也离不开乡村外部各类人才的加入，还需要加强专业基层干部队伍建设，以及完善各种人才配套保障。

一 深入发掘培育乡土人才

乡村本土人才是振兴乡村不可缺少的一部分。相比较乡村外部人才，长期居住在乡村的各类优秀人才有着独特的在乡优势，有针对性发掘本土人才并且针对各项需求有效培育可以利用的人才，是激发乡村振兴本土人才活力的重要途径。

第一，发掘培训本土"田秀才""土专家"等人才。乡村振兴，人才是关键。强化乡村人才支撑，不仅需要高智商、高学历、高素质人才，也要注重挖掘培养具有深厚乡土情怀、具备一技之长的"田秀才""土专家"等乡土人才。他们长期扎根乡村、了解乡村，服务于乡村一线，能够在乡村振兴中发挥重要作用。首先，人才"短板"一直是制约农业现代化的关键因素，加快实现农业现代化，推进乡村振兴战略，需要发展壮大懂农业、爱农村、爱农民的专业技术人才队伍。挖掘乡土人才必须秉持"只要身上有本事、手里有绝活，就是人才"的理念，以深入一线调研、村镇举荐等形式，持续发掘本地技艺高超的"田秀才""土专家"。如农艺师、果树种植技术人员、规划师等符合农村发展需求的"田秀才"

"土专家"是未来乡村振兴、农村发展的主力军。[1] 按照不同行业领域、不同专业特长,对有丰富实践经验的"田秀才""土专家"进行摸底,为有绝活、有本领、懂经营的本土人才分类定型,贴上"人才标签"。通过支持举办本土人才传统技艺大赛、创新创业大赛和农副产品加工职业技能竞赛等活动,建立"以赛代评"机制,鼓励"田秀才""土专家"等人才脱颖而出,探索建立乡土人才技能等级评价机制,鼓励人才为富民强村,乡村振兴战略贡献力量。其次,培育本土"田秀才""土专家"等人才。这些人才虽然有不同的专业特长,但同时部分人才面临文化水平不高、专业技能提升空间不足等问题。因此,要重视对人才的培训与教育。通过邀请行业专家、致富能人授课,注重课程实践,把课堂上到田间地头,在实践教学中引导其熟悉经营理念、市场运作和技术流程等,提高乡村本土人才技能水平。坚持"走出去"培训。通过与大中专院校合作,组织本土人才函授学习,提升理论素质,分类开展本土人才专业技术职称评定,让"土专家"获得认证。此外,让"田秀才""土专家"走出田间地头,在考察中学习先进理念、技术和经验。加强传统技艺人才的挖掘和培养,采取"一技一训"等多种教学方式,对传统手艺进行专业化现代化培训,形成一种长期稳定的发展模式。[2] 深度挖掘乡村人才潜力,有效发挥其专长并提高职业技能和素养,打造一支熟理论、强技术、经验丰富的高素质乡土人才队伍,为乡村振兴赋能。

第二,加大对新型职业农民队伍的培养。乡村振兴要求提高农民综合能力和素质,加大对新型职业农民队伍的培养是时代需要。培育新型职业农民,实现农民由身份属性向职业属性的转变是发展现代农业、增强农村发展活力、保障重要农产品有效供给的重要举措。[3] 首先,确定农民培养需求。先期调研是做好新型农民培训的基础性工作。政府和培训

---

[1] 邹培、雷明:《教育帮扶:从脱贫攻坚到乡村振兴》,《首都师范大学学报》(社会科学版) 2022 年第 S1 期。

[2] 武汉大学乡村振兴研究课题组:《全面推动乡村振兴,确保粮食安全》,《财贸经济》2022 年第 5 期。

[3] 郭晓鸣、王璐:《新型职业农民的成长约束、支持策略及培育路径优化》,《农村经济》2021 年第 12 期。

机构在组织培训前要进行深入调查研究,充分听取广大农民的切实需求,确定适合本地发展的培训内容。同时,采取因材施教的培育方式确定针对性培育内容,制订科学的培育方案。其次,创新培养方式方法。摒弃灌输说教式培养,将理论教学真正与实践教学紧密结合在一起,组织农民真正深入农产品龙头企业、涉农公司、与农民需求相关的组织单位进行参观学习,针对性开展实践实训活动,真正做到理论与实践相结合,让职业农民有所学。另外,构建完善互联网培育模式。近年来互联网发展突飞猛进,互联网技术对新型职业农民的培育提供了较大便利。农村职业教育培养新型职业农民可以借助线上教育迅猛发展的势头,开发线上技术技能培训资源,如开发技术技能培训系统优质课程、建设虚拟仿真技术技能教学平台、与企业合作共同制作技术技能培训小游戏等,满足新型职业农民个性化、多样化、趣味化和终身化的学习需求。[1] 通过互联网进行新型职业农民培育,可以更便捷广大农民学习和掌握非常实用且颇具前沿的现代化农业知识,有效降低培育成本,提高交流频次与互动效果,真正做到点对点指导,手把手教授,使新型职业农民真正具备一技之长。

第三,发掘培育乡村经营管理能人投身乡村振兴。乡村经营管理能人,是为适应农业产业化发展需要,利用自己所具备的经营管理能力将乡村社会生产经营活动中所需土地、技术、管理等不可或缺的资源合理运用,将乡村的农产品转化为商品,带动农业增收,农民致富的人才。随着科技进步和社会发展,挖掘培养乡村经营管理人才对我国乡村经济发展、农业现代化的实现、城乡差距的缩小等都有着重要的理论意义和现实作用。首先,发掘乡村经营管理能人。乡村经营管理能人主要包括乡镇企业经营管理者,从事农产品推销、农业科技或劳动技能转让的农民经纪人、家庭农场主、专业大户、种养殖加工人才等。总体来看,"乡村发展主要是以家庭为单位的小农经营模式,小农生产具有自身的缺陷,在经营方式上墨守成规、循规蹈矩,在主观意愿上不愿意参与具有较大

---

[1] 祁占勇、王晓利:《农村职业教育培育新型职业农民的现实困顿与实践路向》,《陕西师范大学学报(哲学社会科学版)》2021年第6期。

市场风险的产业创业"①。在乡村经济快速发展的今天，乡村经营管理能人对促进乡村产业发展、结构调整等发挥了很大作用。同时，乡村经营管理能人有头脑、有知识、有信誉、懂市场，他们是农业生产和市场的桥梁。通过建立人才分类和人才认定标准，以区域为单位，以个人自荐、单位推荐、组织考察相结合的办法，把农民经纪人、农村种养大户以及专业大户等乡村经营能人选拔进农村实用人才队伍，为各类乡村经营管理能人全面建档立卡，纳入乡土人才管理数据库。发掘人才不能仅盯现有常住人口，也要充分发掘本地籍贯的在外人员，通过项目、亲情、政策吸引人才回乡发展。建立人才沟通联络机制，以情感联系强化外出人才对家乡事务的参与度，强化对家乡的认同感与归属感。其次，培育乡村经营管理能人。乡村人才振兴的过程，必然不是简单地促进城市人才向乡村流动的过程，培养人才和提高人才在乡村就业创业的适应性、能动性、创造性是乡村人才振兴的题中应有之义，教育培训则是其中的关键。② 推动乡村实现更富裕不能忽视乡村经营能人的作用，要具体问题具体分析，根据本地情况制定具体的乡村经营管理能人培训目标和培训措施，充分发挥乡村致富带头人积极性、创造性和示范带动作用。同时，遵循生产经营规模化、集约化、科学化特点，加大对经营能人带动产业发展的政策与资金支持力度。建立合作社带头人人才库和培训基地，以发挥带头人的示范作用为导向强化对其培养。积极开办综合型乡村经营能人培训班，因地施教，因材施教，注重理论与实践相结合，强化对种养大户、合作社带头人、农场经营者的重点培训。完善政府主导下多元主体参加的培训体系，形成劳动部门、工商部门、农业部门、院校、科研院所、农业新型经营主体合作的培训队伍，以多种培训形式提高经营管理能人的综合能力与水平。

第四，发掘培育乡村能工巧匠投身乡村振兴。乡村能工巧匠主要是以手工制作为主，产品开发历史悠久、技艺精湛、工艺独特，对传统工

---

① 邢卡先：《乡村产业振兴应对多重堕距现象的核心思路》，《北京社会科学》2022 年第 6 期。

② 王文强：《以体制机制创新推进乡村人才振兴的几点思考》，《农村经济》2019 年第 10 期。

艺传承发掘、保护发展、人才培养等有积极贡献的手艺能人，包括铁匠、铜匠、木匠、陶艺师、剪纸工、年画工等能工巧匠。乡村振兴需要人才振兴、产业振兴，要将挖掘培养能工巧匠与乡村振兴有机结合起来，以能工巧匠促进乡村振兴发展和产业发展。首先，发掘乡村能工巧匠。乡村能工巧匠作为乡村人才振兴重要的支撑力量，是加快推动乡村全面振兴不可或缺的力量。然而，现实中能工巧匠面临年龄老化、青黄不接、就业创业难等诸多问题。要通过逐户排查、走访座谈、驻村帮扶等渠道挖掘乡村能工巧匠，把有富民强村本领的"能人"选出来，发挥能工巧匠的潜能，引导其成为全面推进乡村振兴的突击队、生力军、活力源。组织乡村能工巧匠开展创业，如体现地方民族特色的刺绣、手工艺编织、制作，非物质文化遗产传承保护并转化文创产品等，地方政府给予减免税收，实施无息贷款支持等形式，融合乡村经济建设，推进乡村振兴发展。[1] 总之，要把乡村能工巧匠组织起来，为其提供相应的服务与支持、优惠政策，带动更多能人留在乡村、参与改造乡村。把非遗手艺人号召起来、激励起来，盘活腰鼓、皮影、竹编、刺绣、剪纸、曲艺等传统文化资源，让更多村民就近就业、居家就业，让乡村集聚更多"人气"。其次，培育乡村能工巧匠。乡村能工巧匠本身也要不断提升能力，追求卓越。这就需要结合地域文化特色对乡村工匠开展教育，可以通过高职院校与村镇联合办学方式实现定向培养，将高校培养的高技能人才、能工巧匠与基层能工巧匠结合起来，助推乡村振兴和产业发展。依托非物质文化遗产传习所和研修班等，发掘和培养能工巧匠，形成"非遗"传承梯队，壮大本土人才队伍。[2] 培养和支持乡村能工巧匠，还需要建立相应的激励机制。对于已有的乡村能工巧匠，要充分调动和激发他们的潜能，鼓励和支持他们开办各类工作室，帮助他们进行技术资格和等级认定，对已认定为乡村工匠职业资格的人才进行激励与奖励，使其手艺和技术能够得以传承与发展。

---

[1] 张少君：《困境与突破：乡村振兴战略背景下农村公共文化建设研究》，《艺术百家》2022年第2期。

[2] 芮旸、杨坤等：《中国特色保护类村庄时空动态特征与振兴对策研究——基于种群生态学视角》，《地理研究》2022年第8期。

第五，发掘新乡贤服务乡村振兴。在乡村振兴战略背景下，新乡贤作为有知识、有能力、有德行的贤达，他们心系乡土，在处理乡村事务、改善民生、传承文化等方面具有十分重要的作用，在乡村振兴中大有可为。因为大量中青年流入城市，人才总量不足，农村整体经济社会结构呈现空心化现象，各地优秀的传统文化逐渐消失，内生动力严重不足，种种问题的存在迫切需要新乡贤参与乡村治理。[①] 国家及各级政府相关政策的出台为新乡贤参与乡村振兴提供了政策支持，不过，政策措施还有较大的完善空间。国家应出台更加完善的促进新乡贤返乡和发挥效用的纲领性政策，基层政府应结合政策要求以及根据当地实际，确定新乡贤的范围以及具体标准，同时进一步完善其创业扶持、住房保障等优惠政策，激励新乡贤参与乡村建设与乡村治理的积极主动性。另外，充分挖掘"古贤"文化。人才识别是新乡贤发掘工作中的重点和基础，要重视发挥成功企业家、退休干部、返乡创业优秀乡贤的引领作用。同时，要"鼓励文化礼俗活动较为丰富的乡村地区，通过加强内生型文化建设将村民自发组织起来，激活村庄的吸引力和内聚力，吸引新乡贤返乡参与乡村振兴"[②]。基层政府应根据乡土特点系统挖掘整理并宣传乡贤服务乡村社会的典型，在乡村社会形成新乡贤参与振兴乡村的浓厚文化氛围。此外，地方政府应针对官、文、德、富等不同类型的新乡贤进行分类培育，构建多元化的新乡贤团体。作为乡村建设践行者、乡民"代言人"的新乡贤是基层政府与乡村社会的沟通桥梁，应充分发挥其在调和乡村治理、维护乡村秩序、参与乡村公共事务治理中的作用。另外，因地制宜积极探索建立聚合新乡贤、发挥新乡贤作用的各种载体与平台，开发各种岗位及创新参与渠道，赋予新乡贤参与乡村治理更广阔的空间与舞台，发挥其在乡村治理中的独特作用。

---

① 丁泯：《嵌入与重构：乡村振兴背景下新乡贤返乡治村的治理逻辑》，《求实》2022 年第 3 期。

② 高万芹：《社会动员与政治动员：新乡贤参与乡村振兴的动力机制与内在逻辑》，《南京农业大学学报》（社会科学版）2022 年第 4 期。

二 积极引导乡村外部人才下乡

乡村振兴中需求的人才具有多样性特征，不仅需要乡村内部人才，还需要乡村外来人才，包括社会组织、志愿者、城市农业科技人才、服务型人才等人才，提高农村人才的数量和质量至关重要。

第一，多措并举引导社会组织力量服务乡村。乡村振兴离不开社会力量的有效参与。社会力量通过推进农业现代化、提升生态效益、促进文化传承与融合、加快乡村治理现代化和丰富农民增收途径等作用于乡村产业、乡村生态、乡村文化、乡村治理和乡村人才等多个方面，以实现乡村全面振兴。[①] 社会组织是社会力量的重要代表，组织内部拥有各种人才资源。在推进乡村振兴中，社会组织能够以购买服务、组织帮扶、志愿服务等多种形式参与到乡村振兴、乡村发展等相关工作中来。因此，应多措并举引导社会组织力量积极服务乡村建设。2022年5月7日国家乡村振兴局、民政部制定发布了《社会组织助力乡村振兴行动方案》，强调指出"鼓励通过政府购买服务推动社会组织参与乡村振兴"。随着社会主义市场经济发展，不断崛起的社会组织在公共服务、乡村振兴中具有独特的优势，他们不仅有着专业服务人才，而且具备科学的服务机制，能够为乡村振兴各项事业的发展提供更加针对性、个性化、差异化的服务。因此，应加大购买社会组织公共服务的相关政策支持，创新政府购买社会组织公共服务机制，形成政府与社会组织的稳定合作伙伴关系，由政府出资，社会组织派出专业人才以及专业化的服务助力乡村振兴，形成政府+社会组织的协同创新机制。社会组织有承担社会责任的义务，应建立社会组织定向帮扶机制，引导支持专业化社会工作者进入乡村举办社会公益服务讲堂等；针对失独老人、留守儿童、残疾人士等社会问题，引导专业化社会工作者对之进行结对帮扶，重点开展心理疏导、情感慰藉等服务。另外，在乡村建立"镇—村"社会工作服务队，形成"乡镇+服务队""村庄+服务队""合作社+服务队""企业+服务队"

[①] 齐文浩、齐秀琳：《社会力量助推乡村振兴：机制、障碍与因应策略》，《农业经济问题》2022年第3期。

等多种服务模式,实现专业化服务与一般性服务相结合,开展多领域、多范围、长时段服务,不断满足乡村振兴中多元公共服务需求。

第二,积极鼓励引导志愿者、中介服务组织、社会型企业助力乡村振兴。城市志愿者、中介组织、社会型企业是壮大乡村振兴人才队伍的重要来源,这些人才涉及文化教育、医疗卫生、社会救助、社会建设等诸多方面。积极引导各种组织下乡,能够有效拓展乡村振兴人才来源。首先,鼓励支持志愿者队伍助力乡村建设。全国志愿服务信息系统显示,截至2021年10月30日,我国志愿者总人数达2.17亿,平均每万人中就有1544人注册成为志愿者,约占总人口比例的15.4%;志愿团体113万个,志愿项目621万个;累计志愿服务时长达16.14亿小时,人均志愿服务时长为7.44小时,全社会参与志愿服务热情高涨,无论是志愿者人数,还是志愿服务组织、志愿服务活动项目、参与志愿服务的时间都已经达到了相当规模。① 志愿服务人员包括医疗、卫生、教育、文旅、社工等诸多专业人才,政府应积极出台更加灵活的政策推动志愿者人才下乡服务,以乡村大讲堂、节目演出、便民服务、义诊、义工、助学助残等多种公益形式,为民众提供文化教育、医疗卫生、法律援助等多样化服务。不断拓宽志愿者服务乡村方式,建立城乡志愿者服务中心,实现城乡人才的需求和供给双向透明对接,畅通城乡人才志愿服务供给通道,创新志愿服务乡村机制,通过有效激励形成志愿服务乡村的长效机制。其次,鼓励支持中介服务组织助力乡村建设。中介服务组织作为市场经济中的一类特殊组织,拥有大量能够在乡村振兴、乡村社会有效治理中发挥作用的人才资源。如土地中介服务组织、农业中介服务组织、农业科技中介服务组织、法律中介服务组织等,拥有大量农业科技人才、法律服务人才、市场营销人才等多领域的乡村振兴所需专业人才。地方政府可以通过加大资金投入,结合各地乡村振兴所需各类专业人才,加大对中介组织服务购买力度,通过中介服务组织购买农业生产、农业科技、农技推广、土地流转、法律服务等专业服务,让更多的知识技能型、经营管

---

① 《我国平均每万人中有1544人注册成为志愿者》,https://baijiahao.baidu.com/s?id=1736946516066674846&wfr=spider&for=pc,2022年8月8日。

理型、服务型等专业人才进入乡村。通过在乡村设立中介服务区，通过政府引导和自主选择相结合的方式，鼓励各类优秀中介服务组织进驻乡村开展各种服务。最后，加大社会型企业助力乡村力度。社会型企业是指兼具商业组织的营利性和非营利性组织的公益性的双重特性，拥有极高社会责任的企业，"社会价值是社会企业和参加创收的非营利性组织的基本目标"[①]，它们涵盖了残疾人就业服务、养老服务、扶贫开发服务、社会教育服务等各个领域，在乡村治理中发挥着举足轻重的作用。要积极鼓励社会型企业助力乡村振兴。政府可以出台相关税收优惠政策、资金补贴政策，吸引社会型企业下乡开展服务工作，与城市各类社会型企业建立合作关系，推动社会型企业中青少年矫正、残疾人服务、养老服务、农业生产服务等乡村振兴所需专业人才下乡开展服务，并在参与服务中增强其社会责任感与使命感。

第三，鼓励支持涉农院校定向培养人才服务乡村。乡村振兴进入了新的发展阶段，人才需求缺口不断增大。涉农院校是人才培养的重要阵地，是培养乡村振兴所需要的各类人才、助力乡村振兴的重要力量。与此同时，严峻的就业形势也对涉农院校毕业生就业带来较大挑战。在乡村振兴人才巨大需求下，应建立乡村振兴定向招生就业机制，同时做好大学生职业生涯规划与思想政治教育，引导涉农院校学生下乡入村工作。首先，建立乡村振兴定向招生就业机制。涉农院校是乡村振兴专业化人才队伍培养的主要阵地，同时也是乡村振兴人才队伍输送的主要渠道，为乡村振兴培养和输入了大量专业化人才。2019 年习近平总书记给全国涉农高校的书记校长和专家代表的回信中强调发挥涉农高校培养人才功能，以强农兴农为己任，拿出更多科技成果，培养更多支农爱农新型人才。[②] 涉农院校定向招生就业机制，是涉农院校面向乡村地区所需要的多类型人才职业培训就业精准帮扶机制。支持高等院校、职业学校与地方政府签订定向培养帮扶协议，定向培养乡村振兴所需要的知识技能型、

---

① 刘小霞：《我国社会企业的历史演进及制度性角色》，《中央民族大学学报》（哲学社会科学版）2013 年第 6 期。

② 习近平：《立德树人守初心 强农兴农担使命》，《光明日报》2019 年 12 月 19 日。

经营型、服务型、管理型人才等专业人才，地方政府为乡村振兴所急需的专业人才在就业岗位设置、人才引进上提供优惠政策，这不仅有利于提高大学生就业率，还能够满足乡村振兴对不同类型人才的需求。其次，做好大学生职业生涯规划以及思想政治教育。近年来高校毕业生人数数量庞大，其中不乏涉农专业人才、经营型人才和管理型人才，就业压力较大。然而部分大学生就业观念存在误区，"他们认为自己所学的专业所掌握的知识技能在农村得不到发挥和应用，不能在农村这个舞台上展示自己的才能"①。有必要通过职业生涯规划及思想引导，改变大学生的就业观念误区，鼓励涉农大学生积极投身乡村建设。一方面加强涉农院校大学生职业生涯规划，引导学生正确认识乡村发展现状以及大学生投入乡村发展的广阔前景，同时通过多种形式向大学生宣传乡村、宣传政策，端正同学们的择业观。另一方面加强大学生思想政治教育，强化大学生的服务意识与奉献精神。通过高校思政课强化大学生关于乡村振兴在国家发展战略中的重要地位的认识，同时通过依托思想政治理论课、大学生团课、党课、主题班会、"学习强国"平台等载体，强化大学生社会主义核心价值观培养，帮助大学生理顺个人价值与社会价值、个人利益与国家利益、个人理想与社会理想之间的关系，提高大学生的奉献精神，引导大学生将个人理想置于社会理想之中，在参与乡村振兴中不断实现社会理想进而实现个人发展目标。

第四，健全城市农业科技人才服务乡村机制。农业科技人才是乡村农业现代化发展的重要推动力，健全城市农业科技人才服务乡村机制对推动农业现代化，推动乡村产业振兴具有重要作用，农业科技人才"不仅是推动乡村振兴战略和农业科技创新的中坚力量，也是促进现代农业产业结构优化的关键因素"②。农业技术人员是指在农业、畜牧业、园林等多个领域从事农业科学研究、农业技术教育、农业技术推广等领域的专门技术人员。目前，我国乡村振兴实施过程中，对科技人员的需求正

---

① 王学峰：《基于农业现代化建设的农村经济管理人才开发与培养》，《农业经济》2015年第12期。

② 胡瑞、沈祖贤、宾朋：《我国农业科技人才供给与需求协调发展的时空差异分析——基于1999—2018年省际面板数据》，《华中农业大学学报》（社会科学版）2022年第2期。

在持续增加，需要利用多种途径引导农业科技人员进入乡村，为农村农业产业现代化提供助力，这就需要推动建立健全城市农业科技人才服务乡村机制。首先，建立院校、科研院所科技人员服务乡村机制。发挥高校及科研院所引领作用，支持高校及科研院所农技专家、农业科学家等专家、学者、教授以多种灵活形式到乡村开展服务工作，进行专业技术指导；鼓励科研院所、农业高等院校通过经营性与公益性科技业务的开展，与地方政府建立合作关系，引导农业科技人才下乡开展服务；建立"政校""政院"双聘制度，鼓励城市农业科技人才以外聘人才、外聘专家、柔性引进等形式参与乡村振兴工作。其次，健全农业科技人才下乡激励制度。2019年，国务院发布《关于促进乡村产业振兴的指导意见》，鼓励和支持农业科技人员下乡创业。地方政府要为下乡的农业科技人员提供良好的工作环境以及工资待遇，同时建立健全支持乡村发展的农业科技人员职称评定机制，建立起以成果专利、服务年限、技术推广、实验报告、示范工程等标准来考核农业科技人才的职称评定标准，鼓励成果转化收益，以职称评定、收益回报、奖励制度、个人晋升等多种方式激励农业科技人才服务乡村，推动农村产业转型升级，农业现代化提质增效。最后，建立科技人才创新创业示范工程。推动引导科技人才下乡开展创新创业，发挥其引导和示范作用，带动引导当地发展现代农业。鼓励城市农业科技人才以技术入股、人才入股的方式与乡镇企业、乡镇政府开展各种形式的合作，将先进的农业科学技术带入乡村，实现乡村现代农业技术的有效覆盖，促进农村科技人才的引进，促进农村农业技术创新，促进农村生产力发展。积极探索建立完善"乡村振兴合伙人"制度，鼓励各种人才参与乡村振兴热情。

第五，鼓励农业经理人等经营管理型人才服务乡村。乡村振兴过程中随着各项事业的发展，对农业经理人、农业生产经营型人才、农村新型产业经营人才、乡村经济管理人才等经营管理人才需求日益增加。这些人才在推动乡村经济发展、产业结构调整等方面都具有重要作用，应积极鼓励引导各种类型的经营管理型人才服务乡村建设。首先，建立后备库充实乡村振兴经营管理人才。经营管理型人才，不仅拥有经营管理的专业能力，并且还拥有大量的人脉、资金、技术等资源，因此要鼓励经营管理型人才服务乡村，鼓励社会资本投入现代种养业、现代种业、乡村富民产业、农产品加工流通业等重点产业和领域。① 地方政府可以通过改善基础设施、政策扶持、提供财政补贴等方式，吸引城市经营型人才下乡创业。通过选派、选拔等方式引导城市管理型人才任职乡村干部，同时定期面向社会招录、选调优秀管理人才进入乡村，扩宽经营管理型人才的选择空间，实现经营管理型人才在城乡之间的自由流动。其次，通过聘用等方式将经营管理人才引进乡村。近年来，乡村振兴对农业生产经营、新型产业经营、经济管理、公共管理等方面的经营管理型人才需求更加强烈，迫切需要通过长期聘用+短期聘用相结合的方式聘用专业化的经营管理人才，推动乡村科学发展。地方政府可以出台相关聘用政策，通过发挥县区、乡镇人才交流服务中心（站）吸纳人才，同时与城市人力资源有限公司、专业人才服务机构合作，通过招聘、购买服务、劳务派遣等方式积极吸纳专业化经营管理人才。另外，引导经营管理型人才下乡，不仅需要通过鼓励、聘用的方式，还要以情感打动人、以责任引导人，以多种灵活载体、手段以情动人，以家乡情、亲情、老乡情、友情等吸引经营管理型人才加盟，发挥其知识及才能助力乡村振兴。

第六，大力培养引进农业社会化服务人才。乡村建设与发展、乡村振兴的推进都离不开专业化农业社会服务型人才，然而现实中农业社会化服务人才较为紧缺。要建立多渠道、多元化、灵活化的农业社会化服务人才培训机制，将培育渠道不断拓宽，建立起院校+企业+地方政府的多渠道培育机制，利用好院校丰富且专业的师资力量，利用好企业社会化服务的实践能人，利用好地方政府的多方人脉资源，实现院校培育、企业锻炼、政府扶持多方协同。通过院校人才培训课程、企业实践锻炼课程、政府举办人才培训交流会等多种形式相结合，加大对专业化农业社会服务型人才的培育，提升专业化农业社会化服务人才的数量与质量。农业社会化服务人员的素质与能力，尤其是基层农业科技人员和技术推广人员的素质与能力，直接关系到农业社会化服务的质量与水平。要不

---

① 中国政府网. 农业农村部、国家乡村振兴局联合印发《社会资本投资农业农村指引（2022年）》，http：//www.gov.cn/xinwen/2022-04/19/content_5685994.htm，2022年8月8日。

断强化乡村农业社会化服务载体建设，支持农业社会化服务人才以短期、长期、志愿等方式开展服务，同时将各类专业化农业社会化服务人才信息资料整编入库，实现对服务人才的总体性把握，以更好优化配置人才资源服务乡村社会。

第七，引导教师、医生等服务型人才服务乡村。推进乡村振兴离不开以教师、医生为主体的服务型人才的作用。但就目前乡村振兴的实际情况来看，教育、医疗、卫生等依旧是乡村公共服务中比较薄弱的环节，因此，推动教师、医生等服务型人才服务乡村建设仍然是急迫的任务。首先，建立人才服务乡村机制。要发挥城市现有服务型人才的作用，建立起城乡服务人才通道，形成教师、医生等乡村振兴服务人才进入乡村开展交流服务的机制。"技术的运用打破了服务资源配置上的地理性，加快了声音、文本和视觉上的沟通"[1]，通过建立互联网人才服务云平台，利用无线网络、大数据、光纤宽带等网络条件，将优秀的教师、医生等服务型人才与乡村对接，通过信息技术推动城市公共服务覆盖乡村各个领域。其次，构建服务人才城乡联合传输机制。继续实施服务型人才定向培养计划。习近平总书记强调指出，"加强中西部欠发达地区教师定向培养和精准培训"，充实偏远地区、农村地区教师服务人员储备。由政府和院校达成合作，实行定向定量招生、定向定岗就业，政府负责统筹乡村招生与就业，院校负责培养人才，"是基于培养单位和需求单位密切沟通的科学性规划，是解决乡村振兴服务型人才缺失的重要路径"[2]。建立服务型人才实训基地。通过搭建城乡服务机构合作桥梁，将乡村中小学、医院、卫生院等服务机构设置为城市人才实训基地，将城市服务型人才的实践课程以及实习单位转移到乡村，一方面可以将部分服务型人才引进乡村，另一方面也可以通过理论和实践相结合带动乡村服务型人才能力提升。三是扩大高校毕业生特岗计划。每年有大量的服务型专业毕业生就业，但是由于个人就业导向问题，许多人才难以有效就业，各级政

---

[1] 吴越菲：《迈向跨区域服务传送的乡村振兴：网络社会工作的实践可能》，《中国农业大学学报》（社会科学版）2021年第5期。

[2] 徐红敏、王智秋：《乡村教师定向培养的政策执行分析——基于《乡村教师支持计划（2015—2020年）实施的考察》，《当代教育论坛》2022年第2期。

府可以通过进一步完善毕业生特岗计划，提高特岗计划到乡村工作的福利待遇及扩展个人晋升空间，改善特岗计划工作岗位工作环境与条件，吸引真正有技能、懂专业的专业人才下乡服务乡村发展。

第八，引导各类返乡人员、下乡创业人才到乡村创业。各类返乡人才、下乡人才是推动乡村发展的重要人才资源。积极引导各类人才返乡、下乡不仅有利于促进乡村经济快速发展，而且也有利于推动乡村城市化进程，促进乡村社会现代化发展。因此，应积极采取有效措施引导各类返乡人才、下乡创业人才到乡村创业，激活乡村社会发展活力。2019年中央一号文件就强调指出："鼓励外出农民工、高校毕业生、退伍军人、城市各类人才返乡下乡创新创业。"乡村振兴不仅需要引导城市人才下乡创业，更需要加强引导"生于农村，长于农村"的农村户籍人口返乡创业。首先，鼓励大学生返乡创业。返乡大学生是高质量人才代表，他们对推动乡村发展具有非常重要的作用，近几年大学生返乡现象日益明显。大学生返乡的动机来源于城市推力和农村拉力形成的推拉驱动、政策红利的政策驱动、热爱家乡建设家乡的情感驱动。[①] 要大力鼓励大学生返乡创业，并为其提供良好的创业条件、创业支持政策。针对毕业大学生返乡创业面临的资金短缺、技术生疏、市场把握不准等问题，地方政府应加强大学生创业资金补贴力度，培训提升其创业技能，为其回乡创业发挥助力。其次，支持农民工返乡创业。近年来，乡村经济发展日益进步，城市就业压力增大，部分外出农民工呈现返乡回流趋势，但是返乡农民工也面临诸多困境。为有效吸引农民工回乡创业，应加强资金、技术、政策等方面支持，结合农民工自身特点因地制宜加强对他们创业就业的知识和技能培训；实施创业能人对口帮扶机制，针对返乡创业人员制定专项资金补贴、土地优惠政策、税收优惠政策等相关政策，减少返乡人员资金投入成本的同时，进行创业补贴，缓解返乡人员的资金压力。地方政府应加大与保险公司展开合作力度，为返乡创业人才购买失业险，降低回乡创业风险。最后，鼓励城市各类人才下乡创业。农村的创业支持政策是吸引各类城市优秀人才的重要因素，而制约城市各类人才下乡

---

① 刘洪银：《构建人才返乡下乡的有效机制论析》，《中州学刊》2021年第4期。

创业的重要因素是软硬件设施。因此，鼓励和吸引城市各类人才下乡创业要大力发挥乡村创业优势，弥补创业劣势。地方政府加应大土地承包、资金补贴、税收、社会福利等方面创业优惠政策支持，帮助解决城市下乡创业人员资金、技术、资源、社会保障等方面的问题，积极吸引城市各类人才下乡。不断完善乡村软硬件设施，吸引城市各类人才下乡创业。通过推动乡村创业孵化园建设，加强乡村以及孵化园的互联网、交通运输、水电、公共娱乐等基础设施建设，提升乡村软硬件设施水平，不断缩小城乡差距，为城市各类人才下乡创业提供良好的基础条件。

三 拓宽基层干部队伍来源及提升基层干部专业化水平

农村基层干部是乡村振兴的火车头，新时代新阶段建设一支高水平的基层干部队伍有利于乡村振兴战略的有效推进。总体来看，在乡村振兴中培养职业化基层干部队伍，必须进一步优化干部队伍结构，拓展基层干部来源，提升基层干部的职业化、专业化水平，保障党的方针政策能够有效贯彻实施，使乡村振兴各项事业能够得以顺利进行。

第一，拓宽基层干部来源及提升其职业化水平。推进乡村振兴、加快农业农村现代化离不开职业化的基层干部。但从现实来看，目前乡村干部福利待遇相对较低、发展前景不容乐观，基层干部队伍弱化，不稳定。深入推进乡村振兴，急需要稳固基层干部队伍规模，提升基层干部队伍职业化水平，强化乡村振兴的人才基础。首先，多种渠道拓宽基层干部来源。在选人渠道上，要在严格政治要求前提下，坚持内外结合，壮大基层干部队伍。一是注重选拔培养在村优秀人才。把在村工作能力强的经济合作组织带头人、营销能手、乡贤、退休老教师、退休工人等纳入"农村后备人才库"，同时加强对其培养教育，吸纳表现好、有责任心的人才优先担任村干部，拓宽选拔用人渠道。充分利用本村能人熟悉人际关系、群众基础好的优势，有效推进乡村治理。二是突出本土本村人才的回引。要注重做好后备力量培养，通过实施乡土人才回归方面的政策，吸引大学生、务工经商人员、复员退伍军人等返乡创业、回村任职，从中培育后备干部，为农村基层党员干部带领群众致富打下良好基础。① 充分发挥回乡人才具有的人脉及资源优势，为乡村治理贡献力量。另外，探索构建编制在市县政府、事业单位、国企，工作长期在乡村的人才使用机制。在各级党委有力领导下，充分调动城市各级政府部门、事业单位、国有企业中有乡村情怀、有能力的优秀人才投身乡村振兴事业，担任村干部，充分发挥其自身才能、职业及资源优势。对于乐于下乡支持乡村建设的人员，在职称晋升、干部提拔、年终考核中给予支持，对乡村建设做出突出贡献的给予重点奖励与宣传。其次，提升基层干部职业化水平。村干部职业化是实现农业农村现代化的必然要求，以适应当今农村发展需要，从而化解乡村治理难题推进乡村振兴。② 针对村干部队伍不稳、软弱涣散、难有作为等问题，需要提升乡村基层干部的职业化水平。一是提高村干部工资水平，落实福利待遇。一方面优化完善"基本工资＋绩效"工资模式。在新时代，村干部承担的任务越来越重，不仅要承担村庄自我治理各方面事务，还要协助上级完成各种下派事务，呈现出"行政化"倾向，正所谓上边千条线下边一根针。为保障队伍稳定性，应按照"权随责走，费随事转"的原则，强化村干部工资福利待遇。应结合各地经济社会发展水平与平均务工工资水平不断提高村干部基本工资待遇，消除其生活之忧。与此同时，构建更为完善的绩效等级体系。在提高基层干部工资待遇的同时完善其医疗社会保障水平，逐步建立与城市社区干部趋同的医疗养老保障体系，让村干部成为一个有尊严、有满意收入的稳定职业，更好为广大人民群众服务。与此同时，进一步扩大村干部上升空间，在选拔公务员、事业编人员时给予优先考虑。二是对村干部进行专职化管理。将村干部作为一个专门职业，按照多种标准确定所处职级，进行分级管理。通过实行规范的坐班制度，明确的工作岗位职责，加强对基层干部的日常监督。推行公共事务准入、职责清单等做法，紧盯严重困扰基层干部群众的牌子"多、杂、乱"突出问

---

① 刘立光：《乡村振兴视域下农村基层党组织政治功能探析》，《湖南社会科学》2022 年第 3 期。

② 陈宝玲、黄英、国万忠：《乡村治理现代化视域下的村干部职业化：时代特征与实践逻辑》，《农林经济管理学报》2021 年第 2 期。

题，整治形式主义、减轻基层干部负担。加强年度考核，实施动态管理，对于有实干实绩的干部予以晋级，对于年度考核不称职、不作为的干部予以职级降级。通过梯级化、精细化管理，使村干部真正成为一支既能够贯彻落实上级政策、协助上级开展各项工作，也能够带领村民开展自我治理，推动乡村全面振兴的生力军。

第二，提升基层干部专业化能力。基层干部在推动乡村振兴工作中居于举足轻重的地位，但也面临年龄偏大、思想先进性不足、知识水平不高、业务能力不强等问题，影响着各项政策的有效落实及各项任务完成的实效。为发挥其有效作用，需要加强基层干部知识和技能培训，提升其专业化水平。中央在相关文件中明确指出，各级组织部门要履行好牵头抓总的职能，各业务主管部门以及党校、行政学院、干部学院等教育培训机构要按照职责分工各司其职、各尽其责、密切配合，形成齐抓共管的工作格局。[①] 首先，完善培训模式。严格落实需求调研，合理筛选培训项目，围绕基层干部最想学的知识、最想破解的难题、最想掌握的技能进行培训。切实加强理论教育培训力度，提升基层干部专业化水平，使其具备村级事务综合处理能力、带领村庄综合发展能力。同时，重视对后备干部的培养。其次，完善培训方式。坚持理论联系实际，全面开展任职培训，加强技能培训。同时，"有必要对基层干部进行周期性的定点培训和抽查，对于胜任其所在岗位有困难的干部应及时调换，并将其组织到乡村治理模范村进行学习，组织开展抓基层促振兴专题培训，扶志也要扶智，精准对症思想顽疾，着力提升治理标杆"[②]。另外，丰富培训内容。基层干部需要加强政治、经济以及社会等方面的理论知识，其对提高干部的能力素质及专职化水平具有十分重要的作用，干部培训和学习必须从文化知识、素质能力和交际能力等多方面入手。同时，加强对基层组织建设、公共事务管理、矛盾化解、应急管理等相关业务知识的培训，还应不断提高村干部农业生产实用技术技能水平，增强组织协

---

① 刘昕：《提升基层干部培训实效的路径》，《人民论坛》2021年第13期。
② 童成帅、周向军：《提升农村基层干部治理能力的实现理路——基于乡村振兴战略的分析视角》，《西南民族大学学报》（人文社会科学版）2021年第9期。

调能力,不断提高基层干部服务"三农"工作能力和综合业务素质。

第三,加大大学生村官、"三支一扶"人员、选调生选拔力度,为乡村输送青年干部。大学生村官是党实施乡村振兴战略的重要干部力量,能够很好地将党的各项方针政策落实到农村基层,结合自己的所学知识服务人民群众。不过,"在大学生村官群体中,有的大学生选择'村官'这一政策性跳板作为实现自我身份的转换以实现利益最大化"①。因此,在选拔大学生村官时,要重点考察其动机是否端正,在此基础上,"完善大学生村官选拔制度,扩大大学生村官选拔面和社会治理参与面,除选派应届毕业生参与乡村治理外,还应鼓励在校生利用假期通过挂职锻炼、志愿服务等形式,支持乡村治理,助力乡村振兴"②。"三支一扶"计划的实施使我国大学生深入基层,不仅推动了乡村教育发展,还改善了乡村医疗卫生条件,也助推了乡村公益事业,有效推动了乡村基层治理工作。积极发挥"三支一扶"在乡村建设中的重要作用,地方政府应严格把控,充分发挥从招聘到实施各个环节的指导、控制、服务和监督,并联系地方实际着力提升"三支一扶"项目实施的协调性、招募工作的针对性和服务保障的有效性。同时,相关政府部门要着力健全培养使用体系,强化跟踪培养。近几年,从高等院校选拔到乡村工作的选调生也是乡村建设的一支重要主力军,这既为乡村发展注入了新的活力,也为乡村发展提供了新的思路和方法。不过值得注意的是,由于受多种因素的影响,选调生也面临人才流失现象。充分发挥选调生在乡村振兴中的作用,要做到选调生的选拔和使用与高校毕业生角色定位、职能相适应,选调生的职务设置要与公务员职责相辅相成。同时,基于选调生成长发展的特征制订科学合理的培训及人才发展规划,更加注重对其开展工作技巧、方法的培训,加强对其乡村工作业务知识的培训,使其快速融入乡村社会。同时,通过提供锻炼机会、激励、晋升等多种机制,最大程度激发其服务乡村社会的热情,让其在乡村干得好、待得住、留得下,

---

① 袁明旭:《新时代村干部群体特征及其对乡村治理的影响》,《人民论坛》2022 年第 5 期。

② 庄新岸:《空间治理视域下大学生参与社会治理的价值与路径》,《学校党建与思想教育》2021 年第 15 期。

真正成为推动乡村振兴的一支重要力量。

第四，加大选派第一书记、驻村干部支持乡村建设的力度。多年来，为加强基层党组织建设，提升乡村建设水平，各地区积极采取各种措施选派优秀干部下乡担任第一书记、驻村干部等职务。脱贫攻坚能够取得伟大成就，一个重要的原因是通过选派"第一书记"和"驻村工作队"，夯实了农村基层党组织建设基础。① 第一书记和驻村干部是推动乡村建设的一支重要力量。其中，驻村干部参与到乡村治理中，既可以利用制度资源，又可以突破科级的局限，获得制度外的资源，实现"帕累托最优"，从而有效地解决由于外部环境制约而产生的内卷化问题，从而激发村两委干事创业的热情。② 在乡村振兴中，应进一步加大选派第一书记、驻村干部支持乡村建设的力度，选拔政治觉悟高、执行力强、实干务实、能够切实解决乡村突出问题的干部投入乡村建设。针对派驻村村情和户情等实际情况有针对性派驻需要的干部，既发挥驻村干部解决驻村实际问题的能力，也为驻村干部提供个人能力展示及发展的平台。对于村级集体经济薄弱、经济发展滞后的乡村，要选择有远见、了解市场以及懂得经营的干部，充分发挥他们的经济专长，更好地推动乡村经济增长；对于文化建设滞后、精神文明建设弱化的乡村，要从文化、教育、宣传等部门选派具有文化素养的干部，充分发挥他们的文化专长，更好地改善村庄面貌；对于基层党组织建设不规范、党员先锋模范作用发挥不足的乡村，要选派精通党务、综合素质高的干部派驻，充分发挥他们的组织工作专长，更好地增强农村基层党组织的政治能力。在选派干部时注重综合能力与专长的有机结合，做到人尽其才，才尽其用。同时，注重引导有乡土情怀、有精力与意愿的人才到乡村担任第一书记与驻村干部，为其在乡村建功立业搭建舞台。

---

① 王凤臣、刘鑫、许静波：《脱贫攻坚与乡村振兴有效衔接的生成逻辑、价值意蕴及实现路径》，《农业经济与管理》2022 年第 4 期。

② 李丹阳、张等文：《驻村干部和村两委的协同治理》，《华南农业大学学报》（社会科学版）2021 年第 6 期。

四 发挥院校培养人才功能

人才是推动乡村振兴战略的骨干力量，实施乡村振兴战略必须培养造就并引入一批契合市场需求的涉农人才。[①] 院校是培养人才的主体力量，应根据乡村振兴发展现实需要，充分发挥院校在培养乡村振兴发展人才中的重要作用。

第一，强化专业化社会工作者培养。党的十六届六中全会强调指出"建立宏大的社会工作人才队伍"，促进社会主义和谐社会建设。在经济社会持续快速发展中，乡村社会发展面临诸多问题，这些问题的解决离不开专业化社会工作者队伍。首先，要加强对社工队伍的教育与培训。高素质的社会工作者是乡村发展的一支重要力量，必须既保持数量规模也保证质量素质。构成专业性的要素有五项：系统理论、专业权威社会认可、伦理守则和专业文化。[②] 应建立高等院校、职业院校、继续教育、培训教育相结合的社会工作者综合教育培训体系，以高等院校为依托大力加强社会工作专业建设，拓展专业社工实训基地，通过理论和实践相结合的方式，培育本科、研究生等高层次社会工作者；以职业院校为依托，建立"职业院校+社会工作机构""职业院校+政府"的合作项目，通过职业院校、社会工作机构、政府相互合作，强化社会工作者的实践能力。另外，针对不同层次社会工作者以职业培训、职业进修、成人教育、轮岗换岗等方式实现继续教育，以资格认证等方式提升现有社会化工作者的专业化水平。其次，大力开发社会工作岗位，推进社会工作者专业化建设。充分发挥院校培养人才的重要功能，"根据实际社会服务的需求，通过岗位调整、合并的方式，增设一批社会工作岗位来壮大专业化社会工作者队伍"[③]，提供社会工作人才就业、发展的良好平台。鼓励乡村企业、合作社、村委会等开发专业社会工作岗位，推动体制内非专

[①] 方应波、易文芳、王艳君：《乡村振兴视角下的高职院校涉农人才培养》，《教育与职业》2011年第7期。

[②] Greenwood . E., Attribute of a Profession. *Social Work*, 1957, 2 (3) 5.

[③] 毛英：《论社会工作人才队伍建设的国家战略与具体实施》，《西南民族大学学报》（人文社会科学版）2010年第10期。

业化社会工作岗位转变为专业工作岗位，拓展医疗卫生、社会救助、心理咨询、青少年教育、婚姻咨询等专业工作岗位，真正做到专业的事情由专业的人做，做到社会治理社会化、专业化。

第二，大力培育知识技能型人才。乡村振兴发展需要大量知识技能型人才，不仅包括高等院校培养的农业科技人才，还包括中高职院校培养的职业农民，涉及种植业、养殖业、畜牧业、园林业等诸多领域，涵盖了研究生、本科生、高职专科生等多层次人才。在深入推进乡村振兴中，知识技能型人才的发展和壮大对新时代不断推进现代农业发展，推动产业升级具有重要意义。首先，强化知识技能型人才农业科技水平。农业科技人才是农业发展中最为活跃、最有价值的资源，直接影响着现代农业发展的进程。[①] 相较于传统的小农经营、家庭经营、粗放经营，现代农业在技术、规模、效益等方面要求越来越高，对人才的科技水平提出了新要求。高等院校要加大知识技能型人才的培养，通过建立实践实训基地，创新政校企社多元主体共同参与合作的培养模式，既提升对知识技能型人才专业科技知识的掌握、科技攻关能力的具备、创新意识的增强，同时也使其能够贴近乡村发展实际、真正走得进乡村社会、立得住乡村产业，助推得了乡村振兴发展。其次，提升知识技能型人才的农业知识与技能。现代农业发展对农业生产知识和技能有了更高要求，职业院校应建立分类培训机制，针对不同产业结构分门别类开展针对性知识和技能培训。建立共享教育资源平台，实现多种教育方式相结合，满足人们在不同场景下对教育培训的需求。知识技能型人才的农业知识和技能培育仅仅通过课堂教育是无法实现的，要充分创新"实践教学"模式，教师在田间地头教授知识，学生在田间地头学习知识，真正做到专业技能理论知识与实践操作的有机结合，使知识技能型人才既具备较强的专业知识，也拥有服务乡村社会的综合实操能力。

第三，强化经营型人才经营能力培养。当前随着乡村振兴的持续推进，对经营型人才特别是农业职业经理人、农村电商人才的需求越来越

---

① 吕剑红、黄文勇：《农业转型背景下农业科技人才培养的创新思考》，《高等农业教育》2014年第1期。

大,促进乡村发展一、二、三产业融合发展,要求强化经营型人才的经营能力培养。首先,培育经营型人才的企业经营能力。经营型人才的基本能力是经营管理能力,其培养目标是"培育一批具有一定农业生产专业知识和科学文化素质、掌握现代农业生产技术、擅于农业经营管理、会与农民打交道的农业企业行业的引领者"[①]。这一目标的实现离不开院校对经营型人才经营能力的培养。一是创新"项目"培养模式。经营型人才最重要的核心能力是如何开展经营,院校需要创新培养模式,一方面,鼓励、支持学生开展相关项目创新创业,鼓励其积极参加创新创业比赛,在实践中掌握经营和管理企业的相关技能。另一方面,建立"政企校"联合培养模式。政府通过提供免税政策、大学创业补贴等优惠政策鼓励经营型人才创业,企业通过开展项目合作实现资源优势互补,院校给予力所能及的支持。二是优化课程设置。通过专业基础课程+创业培训课程相结合的课程设置,打牢经营型人才经营管理专业知识基础的同时培育其创新创业思维,通过实践培育经营管理实际技能的同时帮助学生解决创业经营中的实际问题。其次,培育经营型人才的新媒体运用技能。随着市场经济的深入发展,农村电商的市场空间越来越大,但当前"农村电商人才培养滞后仍然是制约我国农村电商发展的主要因素,特别是既懂得农产品生产又懂得农村电商业务的复合型、综合型人才更加缺乏"[②]。因此,应注重培养经营型人才的营销及新媒体技术能力。一是优化电商培训课程。针对农村经营型电子商务人才,除了开设管理学、经济学、营销学等方面的专业课程外,应加强新媒体技术前沿课程设置,培养既具有专业经营能力又具有前沿新媒体技术运用能力的复合型实用人才。二是建立校企联合培养机制。农村电商人才未来的经营产品大多与农村相关,电商人才培养不能脱离乡村实际场景。可以通过建立校企联合培养机制,在涉农企业设立电商培训基地,将电子商务人才置于乡村经营实际环境中培养,使其对乡村社会具有情怀,真正具备助力乡村

[①] 杨建宏、赵婵娟、熊泽明:《新型农业经营体系下农业职业经理人职业标准探索研究》,《黑龙江畜牧兽医》2016年第2期。

[②] 钱俊:《乡村振兴战略视野下农村电商的发展与人才培养研究》,《农村经济》2018年第11期。

振兴的实际操作能力。

第四，强化服务型人才服务能力培养。农民群众对于美好生活需要的满足，离不开服务型人才的培养。在新时代，农业生产的转型发展以及农民对于公共服务的需求都离不开服务型人才，服务型人才是推动乡村产业发展和实现农民生活富裕的重要保障。首先，培育服务型人才的服务知识与技能。高等院校与职业院校是培育服务型人才服务能力的重要阵地。服务型人才专业涉及农业机器使用、农业机械维修、农业灌溉、医疗、卫生、教育等多方面，专业院校需要通过优化教学模式、教学内容等提升优化服务型人才专业知识。新时代乡村振兴也对专业化社会工作者提出了更高要求，不仅要求专业化社会工作者具有丰富的专业知识和技能，还要求社会工作者具有人际交流、信息技术、终身学习等多样化的专业技能。因此，在学习教育以及实习实践中，学校及其院系应加强服务人才的专业知识储备，强化培养服务型人才的沟通与交流能力、信息技术使用能力等，以提升其一专多能的综合能力。其次，培育服务型人才的服务意识与情感。服务型人才除了需要具备专业的知识与能力外，良好的服务态度、热情的服务情感同样重要，院校在开展服务知识与技能培训的同时，还需要注重开展服务型人才如何展现良好的服务态度，如何提供热心、热情服务等方面培训。一是可以通过创设情境化教学模式，培养良好服务态度。在院校中创设情境化教学课堂，通过情境化教学模式、组团式情境化演练等培养学生开服务时的良好态度、亲和力等。二是建立政、企、校实训基地，培育热心服务情感。积极支持专业院校与乡镇政府、乡镇企业、村庄、集体经济组织、合作社等开展实践实训合作，提升同学们的综合素质与能力的同时强化同学们的乡土情怀与认同感，强化其服务乡村社会的责任意识与使命感。

第五，强化培育管理型人才综合管理能力。农村经济与社会的可持续发展离不开大量的管理型人才，作为乡村振兴的重要力量，管理型人才对促进乡村经济发展、推动农村社会建设具有重要意义，必须加大院校对管理型人才综合管理能力的培育。首先，培育管理型人才的经济管理能力。院校是农村农业经济管理型人才的重要培养基地，各级政府应通过政策和资金支持，鼓励、引导涉农院校大力强化涉农管理专业学生综合实践能力的培养。同时鼓励院校与地方政府、龙头企业、农民合作社等展开合作建立经济管理实习基地，结合乡村振兴与社会治理要求锻炼涉农管理专业学生经济管理综合实践能力。通过邀请知名经济管理人才到院校兼职、担任实践导师指导等形式，开拓学生管理思维，培养学生创新管理意识。其次，培育管理型人才的公共管理能力。在新时代，实现乡村治理有效以及推动乡村治理现代化发展都离不开公共管理人才。乡村振兴中的公共管理人才不仅要求有管理方面的知识，还需要有经济、法律、政治等多领域的专业知识。公共管理人才开展管理的农村公共事业内容广泛，不仅包括传统的农村水电、道路、垃圾处理、人居环境这些基本生活设施，还包括文化、教育、医疗、卫生、养老等公共事业，这对管理型人才的公共管理能力提出了较高要求。在新时代，公共管理人才已经成为一类专门技能型人才。高等院校、中高职院校要不断强化"通识课＋专业课"课程设置，在学习管理、法律、经济、政治知识的同时，拓展综合管理、应急处突、风险治理、社会工作等交叉学科知识，培养学生综合能力。乡村振兴中的公共管理人才除了需要具有强大的知识储备外，还需要具有较强的公共管理、应用创新能力，支持院校通过与地方政府、社会组织、企事业单位合作建立实践、调研基地，以及形式丰富、灵活多样的实践活动，将学生学习、锻炼、实践平台引入乡村，通过充分的实践锻炼提升学生实操应用能力。另外，通过各种竞赛、比赛活动，引导广大学生运用所学专业知识创新思维，提升解决实际问题与推动创新发展的能力。

五 完善乡村人才配套保障

全面推动乡村人才振兴，需要完善人才配套保障工作。党的二十大报告强调指出，"深化人才发展体制机制改革，真心爱才、悉心育才、倾心引才、精心用才，求贤若渴，不拘一格，把各方面优秀人才集聚到党和人民事业中来"。充分培育、使用人才，人才的成长环境、发挥人才作用的保障措施非常关键。乡村发展要想留住人才，既需要优化人才引进环境，也需要强化软硬件设施建设，营造一个促进人才培养和成长的良好生活环境。同时，还需要健全人才激励机制及管理服务机制，充分考虑各类人才在乡村发展中的权益保障与利益需求，消除人才后顾之忧。

第一，优化人才引进环境。乡村人才引进环境的好坏直接影响着人才干事创业的激情和效率，充分发挥各种人才在乡村振兴中的作用需要不断改善人才生活及工作环境。首先，优化乡村生产生活环境。2017年10月18日召开的具有深远历史意义的中国共产党第十九次全国代表大会，把"绿水青山就是金山银山"作为新时代"坚持人与自然和谐共生"必须"树立和践行"的理念确立下来。[1] 在这一理念指导下，要着力解决乡村生态环境问题，让乡村环境更加健康，人民生活更加美好；要建立绿色生活方式，推动乡村社会绿色可持续发展，建设美丽乡村；要加大生态系统保护力度，对乡村山水林田湖草等农村生态系统进行整体保护，并展开生态修复工程，从而实现青山绿水天蓝的美好愿景。要构建良好乡风文明，以乡村和谐舒适环境吸引人。大力加强文明宣传力度，深入推进移风易俗工作，营造良好乡风民风，让乡村成为乡村振兴人才队伍趋之若鹜的理想生活家园。其次，优化乡村创新创业环境。地方政府要始终以"裁判员""店小二"为自身定位，构建群众满意的服务型政府，完善公共服务供给体制机制，不断提升行政效能。[2] 优化创业环境，通过简化审批手续，出台财政补贴、优惠税收、规划土地等扶持政策，加大乡村振兴专业人才返乡创业支持力度，引导回乡创业人员因地制宜发展乡村新产业，推动乡村特色旅游、农村电商、特色农庄等新项目，加大对乡村振兴专业人才返乡创业的培训支持力度。另外，通过文化教育、媒体宣传、典型表彰等方式树立营造创新创业的良好氛围，提供乡村振兴专业人才返乡创业的文化支撑。与此同时，完善乡村振兴专业人才返乡创业基础设施建设；建立风险防控机制，发挥政府和市场的多元协同作用，提供乡村振兴专业人才返乡创业的保障支撑。

第二，优化乡村软硬件设施。优化乡村软硬件设施是留住人才、振兴乡村的重要手段，优质的软硬件设施能够提升乡村接收人才的承载力，

---

[1] 李桂花、杜颖：《"绿水青山就是金山银山"生态文明理念探析》，《新疆师范大学学报》（哲学社会科学版）2019年第4期。

[2] 淦宇杰：《乡村振兴战略背景下的乡村创新创业研究》，《理论探索》2021年第6期。

一定程度上消除人才在乡村发展的后顾之忧。首先，建立城乡一体化的公共服务。长期以来，为了经济的发展，在公共产品供给方面往往偏向城市，而乡村使资源相对较少，不利于经济社会发展，在资源分配上把城市和乡村同等对待，推进城乡一体化，在实现各要素自由流动，解决城乡不平衡不充分发展难题中起到重要作用。① 建立城乡一体化基本医疗卫生体系，满足乡村振兴专业人才医疗基本公共服务需求，同时，强化养老服务设施建设，消除下乡人才家庭后顾之忧。不断提升乡村教育质量，缩小城乡教育差距，满足乡村振兴专业人才的子女教育需求。改善乡村卫生、医疗、教育等基础设施水平，满足乡村振兴专业人才在乡工作生活基本需求。其次，完善乡村基础设施建设。继续把基础设施建设的重点放在乡村，通过增加公路数量，改善公路质量，带动乡村产业、旅游业等快速发展。在人们日常生活所需要的基础设施方面，应加大建设力度，完善健身、供水、电力等设施保障，同时对于乡村产业发展应提供相应资金、物资等资源，满足乡村生产和发展需求。② 同时，不断改善乡村人才办公环境，为乡村人才提供良好的住宿条件、办公设施。要不断完善住房条件、供水、网络等基础设施，逐步构建覆盖城乡、普惠的基础设施服务网络，真正提升乡村专业化人才的获得感和幸福感。另外，加强优惠政策及资金保障。乡村振兴战略的顺利实施，乡村人才工作的有效开展，都离不开政策支持以及资金保障。乡村人才振兴的首要条件是制度政策的有效供给，政府通过顶层设计与制度供给使得乡村人才培育有法可依、有章可循。政府要加强政策支持，积极完善和实施各种激励措施，为优秀人才返乡、城市人才下乡创业扫清障碍、增加助力。振兴乡村的关键在于振兴产业和经济，乡村治理人才队伍是推动乡村产业、经济发展的重要力量，政府应该在财政、政策、贷款等方面给予大力支持，为其在乡村发展提供助力。

第三，健全人才激励机制。适当的激励可以激发专业人才创新活力，

---

① 马斌、宋智勇：《基于乡村振兴视角的城乡融合研究》，《宏观经济管理》2022 年第 5 期。

② 严宇珺、龚晓莺：《新发展格局助推乡村振兴：内涵、依据与路径》，《当代经济管理》2022 年第 7 期。

为乡村各项事业发展提供有力支持。科学的人才激励机制包含物质激励机制、精神激励机制、晋升激励机制以及成果转化奖励机制等多方面。首先,建立物质激励机制。应不断提高各类人才的工资待遇,强化物质保障,形成重视人才的良好氛围。对具有突出贡献的新型职业农民、生产经营能人以及能工巧匠等乡土人才,应予以相应奖励,充分调动其工作积极性。针对职业化基层干部,对于具有突出贡献,带动村集体经济明显增收的应加大奖励力度。针对专业化社会工作者以及技能型、知识型、经营型人才等引进人才,应通过财政补贴,智力有偿服务、入股分红等方式进行激励。其次,建立精神激励机制。应给予在乡村建设中有突出表现的人才相应荣誉称号及相关激励,例如认定为"新村民""新农人",以及给予其集体经济成员待遇等,增强其认同感,激发其参与热情。做实职称与扶持政策挂钩,对新型职业农民初、中、高三级职称的扶持政策内容、范围、力度作相应区分,提升新型职业农民职称"含金量"。[1] 对外部引进的专业技术人才,应统筹考虑其在乡工作业绩、为乡服务情况对其进行资格认定或优先技术职称评定,以此激发其参与乡村振兴的积极性和创造性。另外,通过树立榜样、典型等对做出重要贡献的人员进行表彰和宣传。再次,建立晋升激励机制。长期以来,村干部缺乏晋升空间,待遇比较低,影响了优秀人才加入村干部行列。[2] 在发展空间上,应扩大选拔优秀村干部到乡镇任职的比例,完善村干部转编公务员等晋升政策。对于优秀的农村实用人才、专业技术人才、企业经营管理人才、服务人才等,可优先考察将其吸纳进村干部队伍。对下乡服务的城市外来人才,在干部选拔任用,重要岗位人员考察时应给予优先考虑。最后,建立成果转化奖励机制。对涉农企业、科研人员等科技成果应用于乡村振兴转化产生重大成效的,各级政府要建立激励机制。同时,在法律允许范围内,支持科研人员以科技成果或技术入股参与乡村经济发展并获取收益,激发科技人才服务乡村的积极性。

---

[1] 郭晓鸣、王璐:《新型职业农民的成长约束、支持策略及培育路径优化》,《农村经济》2021年第12期。

[2] 唐丽霞:《乡村振兴战略的人才需求及解决之道的实践探索》,《贵州社会科学》2021年第1期。

第四，建立人才管理服务机制。充分发挥各种人才在乡村建设中的作用，还需要建立完善的人才管理服务机制，让各种人才人尽其才，才尽其用。针对目前乡村人才队伍薄弱及管理不完善等问题，可以通过建立乡村人才数据库，实现人才的网络化、动态化管理，实现乡村人才分级分类管理。对乡村人才从类型、职称、特长等方面做好分类，建立各类乡村人才信息档案，对乡村优秀人才进行科学规范化的管理。同时，搭建乡村人才评价信息管理服务平台，拓展乡村人才信息管理渠道，为乡村振兴提供跨地区、跨专业、跨体制的信息配置与资源支撑。[1] 由此，为后续各种人才在乡村振兴中的优化配置与使用奠定基础。积极搭建人才驿站及工作服务站。人才振兴是实现乡村全面发展的根本，通过搭建人才驿站可以将生产经营型、管理型及服务型人才聚集起来，发挥人才资源的最优化配置作用。同时，基于人才平台引导高校、协会、人才中介机构等组织凝聚各位人才服务乡村振兴。以人才驿站为依托建立具体人才工作服务站，凝聚具体相关领域的人才有针对性开展相关服务，同时以这些人才为中介引进更多乡村急缺人才，并借助人才工作服务站有针对性挖掘培养乡村内部人才，促进乡村振兴人才资源的有效配置。另外，建立人才工作目标考核机制。目前，乡村还没有建立起完善的人才评价体系，在其过程中会存在分类评价不足、评价标准单一等不足之处。[2] 乡村建设需要长期可持续发展的人才资源，乡村振兴人才队伍建设是一个长期过程，充分凝聚、优化人才，发挥各种人才作用需要建立和完善人才工作目标责任制，采取各种因地制宜、灵活的考核方式强化各种人才在乡村振兴中发挥作用的针对性与实效性。总之，通过系统性的配套制度建设，使各种人才能够在乡村广阔舞台上大展宏图，真正做到人尽其才、才尽其用，助力乡村现代化建设，早日全面建成社会主义现代化强国。

---

[1] 曹中秋：《打造人才引擎助力乡村振兴》，《人民论坛》2019年第23期。
[2] 王武林、包滢晖、毕婷：《乡村振兴的人才供给机制研究》，《贵州民族研究》2021年第4期。

参考文献

一 中文文献

(一) 中文专著

卞辉:《农村社会治理中的现代乡规民约》,社会科学文献出版社 2019 年版。

蔡杨:《从封闭到开放:一个中国乡村社区的认同与治理》,社会科学文献出版社 2021 年版。

曹锦清、张乐天、陈中亚:《当代浙北乡村的社会文化变迁》,上海远东出版社 2001 年版。

曾炜等:《乡村振兴法治保障研究》,武汉大学出版社 2022 年版。

陈柏峰:《半熟人社会:转型期乡村社会性质深描》,社会科学文献出版社 2019 年版。

陈锋:《乡村治理的术与道:北镇的田野叙事与阐释》,社会科学文献出版社 2016 年版。

陈国胜:《乡村振兴温州样本:强村之路》,浙江大学出版社 2021 年版。

陈文胜:《大国村庄的进路》,湖南师范大学出版社 2020 年版。

陈锡文、韩俊主编:《乡村振兴:战略与路径研究》,中国发展出版社 2022 年版。

陈祖新:《推进以人为核心的新型城镇化》,中国言实出版社 2014 年版。

杜茂华、陈莉:《乡村振兴战略:理论与实践》,经济管理出版社 2020 年版。

费孝通:《乡土中国》,人民出版社 2008 年版。

冯俊锋：《乡村振兴与中国乡村治理》，西南财经大学出版社 2018 年版。
高其才：《走向乡村善治：乡村治理体系研究》，中国政法大学出版社 2022 年版。
贺雪峰：《村治的逻辑：农民行动单位的视角》，中国社会科学出版社 2009 年版。
贺雪峰：《大国之基：中国乡村振兴诸问题》，东方出版社 2019 年版。
贺雪峰：《监督下乡——中国乡村治理现代化研究》，江西教育出版社 2021 年版。
贺雪峰：《乡村治理的社会基础》，生活·读书·新知三联书店 2020 年版。
金雁、卞悟：《农村公社、改革与革命——村社传统与俄国现代化之路》，中央编译出版社 1996 年版。
孔祥智：《乡村振兴的九个维度》，广东人民出版社 2018 年版。
李勇华：《乡村治理现代化中的村民自治权利保障》，中国社会科学出版社 2015 年版。
李增元：《国家治理现代化与农民自由全面发展》，社会科学文献出版社 2021 年版。
李增元：《新型城镇化背景下的农村社区治理——基于农业型、非农型、工商型地区社区治理改革的比较分析》，社会科学文献出版社 2017 年版。
李智超：《乡村社区认同与公共事务治理：基于社会网络的视角》，中国社会科学出版社 2015 年版。
梁漱溟：《中国文化要义》，上海人民出版社 1949 年版。
梁漱溟：《乡村建设理论》，商务印书馆 2015 年版。
刘怀宇：《中国农户经济行为与乡村治理》，社会科学文献出版社 2016 年版。
刘文奎：《乡村振兴与可持续发展之路》，商务印书馆 2021 年版。
饶静：《农村组织和乡村治理现代化》，中国农业大学出版社 2019 年版。
施远涛：《历史、制度与乡村治理现代化转型：基于中国家户制与印度村社制的比较研究》，中国社会科学出版社 2017 年版。

孙志壮：《新型城镇化与社会治理》，社会科学文献出版社 2015 年版。

仝志辉：《中国乡村治理体系构建研究》，华中科技大学出版社 2022 年版。

涂丽：《乡村振兴背景下村庄组织的乡村治理功能与路径研究》，经济科学出版社 2022 年版。

涂圣伟：《中国乡村振兴的制度创新之路》，社会科学文献出版社 2019 年版。

王立胜：《乡村振兴方法论》，中共中央党校出版社 2021 年版。

王鹏翔：《组织与乡村：以中国乡村治理精英为视角》，天津人民出版社 2020 年版。

王少伯：《新时代乡村治理现代化研究》，知识产权出版社 2021 年版。

王滢涛：《中国特色乡村治理体系现代化研究》，上海社会科学院出版社 2021 年版。

魏后凯等：《新型城镇化与乡村振兴》，社会科学文献出版社 2022 年版。

温铁军、张俊娜、邱建：《居危思危：国家安全与乡村治理（修订版）》，东方出版社 2020 年版。

吴毅：《村治变迁中的权威与秩序》，中国社会科学出版社 2002 年版。

项继权：《集体经济背景下的村庄治理》，华中师范大学出版社 2002 年版。

徐铜柱：《乡村治理现代化研究》，中国社会科学出版社 2021 年版。

徐勇：《国家化、农民性与乡村整合》，江苏人民出版社 2019 年版。

徐勇：《国家治理的中国底色与路径》，中国社会科学出版社 2019 年版。

徐勇：《乡村治理的中国根基与变迁》，中国社会科学出版社 2019 年版。

徐勇：《乡村治理与中国政治》，中国社会科学出版社 2003 年版。

印子：《乡村治理能力建设研究》，陕西人民出版社 2021 年版。

应小丽：《农村个体私营经济发展与乡村治理研究》，中国社会科学出版社 2021 年版。

于水：《乡村治理与中国农村公共产品供给（以江苏为例）》，社会科学文献出版社 2008 年版。

张建锋等：《数智驱动乡村振兴》，电子工业出版社 2022 年版。

张静：《基层政权：乡村制度诸问题》，浙江人民出版社2000年版。

赵晓峰：《农民合作与乡村振兴》，社会科学文献出版社2021年版。

赵振宇：《乡村振兴与城乡融合发展：主体投入及土地制度保障》，浙江大学出版社2021年版。

郑风田等：《全面推进乡村振兴》，中国人民大学出版社2022年版。

郑兴明：《乡村振兴战略下农村土地产权制度改革研究》，厦门大学出版社2021年版。

周庆智：《乡村治理：制度建设与社会变迁——基于西部H市的实证研究》，中国社会科学出版社2019年版。

周秋琴：《乡村振兴视域下乡风文明建设路径研究》，江苏大学出版社2020年版。

周少来：《乡村治理：结构之变与问题应对》，中国社会科学出版社2018年版。

（二）中文译著

［美］卡尔·奥古斯特·魏特夫：《东方专制主义》，徐式谷等译，中国社会科学出版社1989年版。

［英］齐格蒙特·鲍曼：《共同体》，欧阳景根译，江苏人民出版社2003年版。

［英］齐格蒙特·鲍曼：《流动的现代性》，欧阳景根译，上海三联书店2002年版。

［美］杜赞奇：《文化、权力与国家——1900—1942年的华北农村》，王福明译，江苏人民出版社2010年版。

［美］弗里曼、毕克伟、赛尔登：《中国乡村，社会主义国家》，陶鹤山译，社会科学文献出版社2002年版。

［美］韩丁：《翻身——中国一个村庄的革命纪实》，韩倞等译，北京出版社1980年版。

［美］萨缪尔·P.亨廷顿：《变化社会中的政治秩序》，王冠华等译，生活·读书·新知三联书店1989年版。

［英］哈耶克：《自由秩序原理》，邓正来译，生活·读书·新知三联书店1997年版。

［英］安东尼·吉登斯：《民族——国家暴力》，胡宗泽等译，生活·读书·新知三联书店 1998 年版。

［英］安东尼·吉登斯：《现代性的后果》，田禾译，译林出版社 2000 年版。

［美］孔飞力：《中华帝国晚期的叛乱及其敌人——1796 年—1864 年的军事化与社会结构》，谢亮生等译，中国社会科学出版社 1990 年版。

［美］吉尔伯特·罗兹曼编：《中国的现代化》，国家社会科学基金"比较现代化"课题组译，江苏人民出版社 2003 年版。

［美］马若孟：《中国农民经济》，史建云译，江苏人民出版社 1999 年版。

［美］明恩溥：《中国乡村生活》，陈午晴等译，中华书局 2006 年版。

［美］施坚雅：《中国农村的市场和社会结构》，史建云等译，中国社会科学出版社 1998 年版。

［德］斐迪南·滕尼斯：《共同体与社会》，林荣远译，商务印书馆 1999 年版。

（三）期刊

赵晓飞：《面向国家治理现代化的乡村振兴制度框架构建》，《中南民族大学学报》（人文社会科学版）2020 年第 6 期。

蔡秀玲、陈贵珍：《乡村振兴与城镇化进程中城乡要素双向配置》，《社会科学研究》2018 年第 6 期。

陈柏峰：《行政嵌入自治：乡村治理的"苏南模式"》，《上海师范大学学报》（哲学社会科学版）2020 年第 4 期。

陈潮辉：《推进乡村治理现代化："三治结合"及其宪法逻辑》，《湘潭大学学报》（哲学社会科学版）2022 年第 1 期。

陈锋：《分利秩序与基层治理内卷化 资源输入背景下的乡村治理逻辑》，《社会》2015 年第 3 期。

陈健：《新时代乡村振兴战略视域下现代化乡村治理新体系研究》，《宁夏社会科学》2018，（06）

陈军亚、肖静：《从"乡政村治"到"乡村治理"：政权建设视角下的农村基层政治变迁——对"乡政村治"框架的再认识》，《理论月刊》2022 年第 6 期。

陈荣卓、祁中山:《乡村治理伦理的审视与现代转型》,《哲学研究》2015年第5期。

陈文胜、汪义力:《乡村振兴背景下乡镇治理现代转型研究》,《农村经济》2022年第4期。

陈文胜:《城镇化进程中乡村治理秩序的变迁》,《浙江学刊》2020年第5期。

戴玉琴:《基于乡村治理现代化的三维权力运行体系分析》,《教学与研究》2015年第9期。

党国英:《中国乡村社会治理现状与展望》,《华中师范大学学报》(人文社会科学版)2017年第3期。

邓国胜、李怀瑞:《情景建构、制度内生与自主治理:公益组织参与乡村治理的创新路径》,《学海》2019年第6期。

丁波:空间治理:《空间变迁视角下乡村治理重构》,《云南民族大学学报》(哲学社会科学版)2022年第5期。

丁文、冯义强:《论"三治结合"乡村治理体系的构建——基于鄂西南H县的个案研究》,《社会主义研究》2019年第6期。

董磊明、郭俊霞:《乡土社会中的面子观与乡村治理》,《中国社会科学》2017年第8期。

杜姣:《乡村振兴背景下乡村留守精英及其组织化的公共参与路径》,《中国农村观察》2022年第5期。

杜鹏:《农村社会动员的组织逻辑与治理效能》,《天津社会科学》2022年第4期。

段浩:《乡村振兴战略背景下法治乡村建设的理论逻辑及其展开》,《西南民族大学学报》(人文社会科学版)2022年第8期。

郭阳、范和生:《标准化治理:后疫情时代基层社会治理的实践转向》,《学术界》2020年第11期。

冯献、李瑾:《乡村治理现代化水平评价》,《华南农业大学学报》(社会科学版)2022年第3期。

付伟:《"通过土地治理":发达地区农村土地利用与治理》,《开放时代》2020年第5期。

傅才武、李俊辰：《乡村文化空间营造：中国乡村文化治理的空间转向》，《深圳大学学报》（人文社会科学版）2022年第5期。

高海：《农村集体经济组织法人治理的特别性与法构造》，《江西社会科学》2022年第9期。

桂华：《面对社会重组的乡村治理现代化》，《政治学研究》2018年第5期。

郭晓勇、张静、杨鹏：《党建引领乡村治理：生成逻辑、价值旨归与优化向度》，《西北农林科技大学学报》（社会科学版）2022年第5期。

韩鹏云：《乡村治理现代化的实践检视与理论反思》，《西北农林科技大学学报》（社会科学版）2020年第1期。

韩鹏云：《乡村治理转型的实践逻辑与反思》，《人文杂志》2020年第8期。

何阳、孙萍：《"三治合一"乡村治理体系建设的逻辑理路》，《西南民族大学学报》（人文社科版）2018年第6期。

何云庵、阳斌：《下乡资本与流转农地的"非离散性"衔接：乡村振兴的路径选择》，《西南交通大学学报》（社会科学版）2018年第5期。

何植民、蔡静：《嵌入到共生：乡村振兴视域下新乡贤参与乡村治理的发展图景》，《学术界》2022年第7期。

贺海波：《论新时代县乡村治理的责任共同体》，《社会主义研究》2021年第6期。

贺雪峰、桂华：《行政激励与乡村治理的逻辑》，《学术月刊》2022年第7期。

贺雪峰：《村级治理的变迁、困境与出路》，《思想战线》2020年第4期。

贺雪峰：《乡村治理40年》，《华中师范大学学报》（人文社会科学版）2018年第6期。

黄家亮：《中国乡村秩序的百年变迁与治理转型——以纠纷解决机制为中心的讨论》，《华南师范大学学报》（社会科学版）2018年第6期。

黄韬、王双喜：《产权视角下乡村治理主体有效性的困境和出路》，《马克思主义与现实》2013年第2期。

黄文记：《"三治"结合乡村治理体系中新乡贤的作用研究》，《西南民族大学学报》（人文社会科学版）2021 年第 1 期。

黄振华：《县域、县城与乡村振兴》，《理论与改革》2022 年第 4 期。

姬超：《城乡结构演变视阈下的乡村治理体系优化研究》，《农业经济问题》2018 年第 8 期。

季丽新、陈冬生：《自治、法治、德治相结合的乡村治理体系生成逻辑及其探索》，《中国行政管理》2019 年第 12 期。

冀鹏、马华：《现代性构建中的乡村技术治理演化逻辑》，《行政论坛》2022 年第 2 期。

江国华、罗栋梁：《乡镇政府治理职能完善与治理能力现代化转型》，《江西社会科学》2021 年第 7 期。

江维国、胡敏、李立清：《数字化技术促进乡村治理体系现代化建设研究》，《电子政务》2021 年第 7 期。

姜晓萍、代珊珊：《从二元结构到全景关照——中国传统乡村治理研究的视角转换》，《华中师范大学学报》（人文社会科学版）2017 年第 1 期。

蒋国河、刘莉：《从脱贫攻坚到乡村振兴：乡村治理的经验传承与衔接转变》，《福建师范大学学报》（哲学社会科学版）2022 年第 4 期。

蒋锐、刘鑫：《中国乡村治理模式的转型：从嵌入汲取型到整合服务型》，《当代世界社会主义问题》2021 年第 2 期。

金太军、薛婷：《乡村生态环境的精细化治理：逻辑维度与实践进路》，《理论探讨》2020 年第 4 期。

金莹、刘艳灵：《抗逆力塑造：乡村社区应急治理新框架》，《农业经济问题》2022 年第 2 期。

景跃进：《将政党带进来——国家与社会关系范畴的反思与重构》，《探索与争鸣》2019 年第 8 期。

景跃进：《民主理论的发展：超越与重构》，《政治学研究》2022 年第 2 期。

景跃进：《中国农村基层治理的逻辑转换——国家与乡村社会关系的再思考》，《治理研究》2018 年第 1 期。

孔令英、陈思羽：《互惠共生：政府与农民互构式治理机制》，《华南农业大学学报》（社会科学版）2022 年第 5 期。

郎友兴：《走向总体性治理：村政的现状与乡村治理的走向》，《华中师范大学学报》（人文社会科学版）2015年第2期。

雷明、于莎莎：《全面乡村振兴：政策指向与实践》，《社会科学家》2021年第12期。

冷波：《监督下乡：乡村监督体系重塑及其效应》，《中国农村观察》2021年第4期。

李春勇、魏来：《中国乡村治安治理结构变迁及其逻辑》，《中国人民公安大学学报》（社会科学版）2022年第3期。

李华胤：《治理型中坚农民：乡村治理有效的内生性主体及作用机制——基于赣南F村的调查》，《理论与改革》2021年第4期。

李辉：《迈向党委统领的乡村善治：中国乡村治理范式的新飞跃》，《探索》2021年第5期。

李佳莹、吴理财：《迈向有温度的乡村网格治理——基于情感治理的分析》，《华中农业大学学报》（社会科学版）2022年第4期。

李利宏、杨素珍：《乡村治理现代化视阈中传统治理资源重构研究》，《中国行政管理》2016年第8期。

李庆真：《在历史和现实的结点上：新时期乡村出路的探索》，《社会科学研究》2006年第6期。

李勇华：《乡村治理与村民自治的双重转型》，《浙江社会科学》2015年第12期。

李媛媛、陈国申：《中国共产党百年驻村工作的演进与展望》，《社会主义研究》2021年第5期。

李蕴哲、戴玉琴：《乡村治理中基层党组织政治功能强化的三维审视》，《学海》2020年第6期。

李增元、李芝兰：《新中国成立七十年来的治理重心向农村基层下移及其发展思路》，《农业经济问题》2019年第6期。

李增元、杨宁：《技术创新与社会交往：新时代的智慧乡村建设》，《学习与探索》2022年第8期。

李增元、尹延君：《现代化进程中的农村社区风险及其治理》，《南京农业大学学报》（社会科学版）2020年第2期。

李增元：《基础变革与融合治理：转变社会中的农村社区治理现代化》，《当代世界与社会主义》2015 年第 2 期。

李增元：《论农地征用中的基层政府行为》，《湖南师范大学社会科学学报》2019 年第 6 期。

李增元：《民族地区乡村治理体系创新探索及新时代重点内容》，《湖北民族大学学报》（哲学社会科学版）2020 年第 6 期。

李增元：《农村基层治理单元的历史变迁及当代选择》，《华中师范大学学报》（人文社会科学版）2018 年第 2 期。

李祖佩：《乡村治理领域中的"内卷化"问题省思》，《中国农村观察》2017 年第 6 期。

梁丽芝、赵智能：《乡村治理中的农民主体性困境：样态、缘起与突破》，《中国行政管理》2022 年第 6 期。

林星、吴春梅、黄祖辉：《新时代"三治结合"乡村治理体系的目标、原则与路径》，《南京农业大学学报》（社会科学版）2021 年第 2 期。

刘金海：《乡村治理模式的发展与创新乡村治理模式的发展与创新》，《中国农村观察》2016 年第 6 期。

刘琼、张铭：《传统中国乡村社会治理模式问题再认识》，《东岳论丛》2012 年第 11 期。

刘儒、拓巍峰：《新时代乡村治理体系及其健全路径》，《理论视野》2020 年第 6 期。

刘同君、王蕾：《论新乡贤在新时代乡村治理中的角色功能》，《学习与探索》2019 年第 11 期。

刘祖云、孔德斌：《乡村软治理：一个新的学术命题》，《华中师范大学学报》（人文社会科学版）2013 年第 3 期。

龙金菊、刘剑：《底色与因应：风险感知中乡村社会韧性治理管窥》，《湖北民族大学学报（哲学社会科学版）》2022 年第 4 期。

陆益龙、董偞乔：《乡村振兴的现实考量与理性思考》，《学术研究》2022 年第 8 期。

陆益龙：《乡村社会治理创新：现实基础、主要问题与实现路径》，《中共中央党校学报》2015 年第 5 期。

陆益龙：《乡村振兴背景下乡村发展的路径选择》，《北京大学学报》（哲学社会科学版）2021 年第 4 期。

罗光华：《城乡治理体系的现代化与乡村治理能力塑造》，《当代世界与社会主义》2014 年第 6 期。

罗兴佐：《过渡型社会与乡村治理现代化》，《华南农业大学学报》（社会科学版）2021 年第 2 期。

吕德文：《乡村治理空间再造及其有效性——基于 W 镇乡村治理实践的分析》，《中国农村观察》2018 年第 5 期。

马新：《论中国古代村落的基本特征》，《理论学刊》2022 年第 4 期。

毛铖：《乡村治理现代化与农村服务体系社会化的耦合》，《中南民族大学学报》（人文社会科学版）2021 年第 8 期。

毛一敬：《构建乡村治理共同体：村级治理的优化路径》，《华中科技大学学报》（社会科学版）2021 年第 4 期。

闵学勤：《激活与赋能：从乡村治理走向乡村振兴》，《江苏行政学院学报》2020 年第 6 期。

欧阳静：简约治理：《超越科层化的乡村治理现代化》，《中国社会科学》2022 年第 3 期。

潘坤：《乡村治理现代化的政治伦理建构》，《云南民族大学学报》（哲学社会科学版）2021 年第 1 期。

秦初生：《乡村生态道德治理：现实困境与推进路径》，《社会科学家》2022 年第 7 期。

秦中春：《乡村振兴背景下乡村治理的目标与实现途径》，《管理世界》2020 年第 2 期。

邱春林：《新时代乡村治理体系现代化的路径选择》，《中南民族大学学报》（人文社会科学版）2022 年第 6 期。

沈费伟：《传统国家乡村治理的历史脉络与运作逻辑》，《华南农业大学学报》（社会科学版）2017 年第 1 期。

沈费伟：《数字乡村敏捷治理的实践逻辑与优化路径》，《求实》2022 年第 5 期

沈迁：《乡村治理现代化背景下复合型治理的生成逻辑——以"三元统

合"为分析框架》,《南京农业大学学报》(社会科学版)2022年第5期。

宋才发、许威:《传统文化在乡村治理中的法治功能》,《中南民族大学学报》(人文社会科学版)2020年第4期。

孙玉娟、孙浩然:《构建乡村治理共同体的时代契机、掣肘因素与行动逻辑》,《行政论坛》2021年第5期。

孙运宏、宋林飞:《新型农业经营主体发展与乡村治理创新》,《南京社会科学》2016年第12期。

汤蕤蔓:《中国共产党乡村治理政策的演进逻辑与内在机理》,《重庆社会科学》2022年第9期。

唐任伍、郭文娟:《乡村振兴演进韧性及其内在治理逻辑》,《改革》2018年第8期。

唐兴军、郝宇青:《乡村社会治理中的组织再造:价值、困境与进路》,《中州学刊》2021年第9期。

唐玉:《中国乡村协商治理的发展与探索——以浙江为例》,《浙江学刊》2017年第5期。

田孟:《制度变迁中的中国乡村治理生活化转向》,《深圳大学学报》(人文社会科学版)2022年第4期。

仝志辉:《村委会和村集体经济组织应否分设——基于健全乡村治理体系的分析》,《华南师范大学学报》(社会科学版)2018年第6期。

王冠群、杜永康:《技术赋能下"三治融合"乡村治理体系构建——基于苏北F县的个案研究》,《社会科学研究》2021年第5期。

王敬尧、王承禹:《国家治理、农地制度与农业供给侧结构性改革》,《政治学研究》2020年第3期。

王留鑫、赵一夫:《文化振兴与乡村治理:作用机制和实现路径》,《宁夏社会科学》2022年第4期。

王露璐:《中国式现代化进程中的乡村振兴与伦理重建》,《中国社会科学》2021年第12期。

王晓莉:《新时期我国乡村治理机制创新——基于20个典型案例的比较分析》,《科学社会主义》2019年第6期。

王亚华、张鹏龙、胡羽珊：《乡村治理：社会保障如何影响农民集体行动》，《学术研究》2022 年第 7 期。

王艺璇：《乡村治理何以有效：农民的理解与期盼》，《中国农业大学学报》（社会科学版）2022 年第 4 期。

魏程琳：《乡风何以文明：乡村文化治理中的嵌套组织及其运作机制》，《深圳大学学报》（人文社会科学版）2022 年第 3 期。

文丰安：《党组织领导乡村治理：重要意义、现实困境及突破路径》，《西南大学学报》（社会科学版）2022 年第 3 期。

吴高辉、郝金彬：《耦合调适：乡村振兴中党建引领社会共治的实践路径与内在机理》，《中国行政管理》2022 年第 9 期。

吴家庆、苏海新：《论我国乡村治理结构的现代化》，《湘潭大学学报》（哲学社会科学版）2015 年第 2 期。

吴理财：《全面小康社会的城乡基层社会治理共同体建设》，《经济社会体制比较》2020 年第 5 期。

吴理财：《中国农村社会治理 40 年：从"乡政村治"到"村社协同"——湖北的表述》，《华中师范大学学报》（人文社会科学版）2018 年第 4 期。

吴理财：《中国农村治理变迁及其逻辑：1949—2019》，《湖北民族学院学报》（哲学社会科学版）2019 年第 3 期。

吴青熹：《乡村治理体系现代化与乡土伦理的重建》，《伦理学研究》2021 年第 6 期。

吴扬：《中国乡村治理的现实定位与发展思考》，《毛泽东邓小平理论研究》2012 年第 6 期。

吴业苗：《乡村治理的城镇面向与图景——基于"人的城镇化"发展逻辑社会科学战》2017 年第 3 期。

吴业苗：《行政化抑或行政吸纳：民生服务下政府参与村级治理策略》，《江苏社会科学》2020 年第 4 期。

项继权、刘开创：《城镇化背景下中国乡村治理的转型与发展》，《华中师范大学学报》（人文社会科学版）2019 年第 2 期。

项继权、鲁帅：《中国农村改革与马克思主义"三农"理论的中国化》，《社会主义研究》2019 年第 3 期。

项继权、毛斌菁：《要素市场化背景下乡村治理体制的改革》，《华中师范大学学报》（人文社会科学版）2021年第2期。

项继权、王明为：《新型城镇化与乡村治理转型》，《求实》2016年第5期。

项继权：《城镇化的"中国问题"及其解决之道》，《华中师范大学学报》（人文社会科学版）2011年第1期。

项继权：《中国农村社区及共同体的转型与重建》，《华中师范大学学报》（人文社会科学版）2009年第3期。

项继权：《中国乡村治理的层级及其变迁——兼论当前乡村体制的改革》，《开放时代》2008年第3期。

肖平、周明星：《新时代乡村社会治理创新：基础、困境与路向》，《云南民族大学学报》（哲学社会科学版）2021年第4期。

肖唐镖：《近70年来乡村治理体制与政策实践的反思》，《治理研究》2020年第5期。

肖唐镖：《近十年我国乡村治理的观察与反思》，《华中师范大学学报》（人文社会科学版）2014年第6期。

邢占军、杨永伟：《论中国式现代化进程中的乡村振兴》，《中国高校社会科学》2022年第5期。

熊万胜、刘炳辉：《乡村振兴视野下的中国乡村治理传统及其转型》，《社会科学》2020年第9期。

徐勇、陈军亚：《国家善治能力：消除贫困的社会工程何以成功》，《中国社会科学》2022年第6期。

徐勇：《两种依赖关系视角下中国的"以文治理"——"以文化人"的乡村治理的阶段性特征》，《学习与探索》2017年第11期。

闫书华：《实施乡村振兴战略的根本遵循》，《学海》2021年第6期。

严飞：《构建乡村基层自治与乡村振兴战略相结合的社会治理新格局》，《南京社会科学》2020年第11期。

燕连福、程诚：《中国共产党百年乡村治理的历程、经验与未来着力点》，《北京工业大学学报》（社会科学版）2021年第3期。

燕连福、郭世平、牛刚刚：《新时代乡村振兴与共同富裕的内在逻辑》，

《西北农林科技大学学报》（社会科学版）2022 年第 5 期。

杨慧、吕哲臻：《个体化视域下乡村社会情感共同体重塑》，《中国特色社会主义研究》2022 年第 2 期。

杨君、周自恒：《治理过密化：理解乡村社会中国家联结个人的一种方式》，《公共管理评论》2022 年第 2 期。

杨莉：《乡村治理中村民的参与有效与有效参与——基于民主立方理论的比较分析》，《探索》2022 年第 4 期。

杨嵘均：《论农民自组织动力源的现代转型及其对乡村治理的结构优化》，《学术研究》2014 年第 5 期。

尹利民：《中国乡村治理的结构性转换与治理体系塑造》，《甘肃社会科学》2022 年第 1 期。

印子：《乡村基本治理单元及其治理能力建构》，《华南农业大学学报》（社会科学版）2018 年第 3 期。

应小丽、路康：《个体私营经济发展背景下的乡村治理风险与预防——基于浙江省 10 个村庄的考察》，《中国行政管理》2016 年第 5 期。

尤琳、陈世伟：《国家治理能力视角下中国乡村治理结构的历史变迁》，《社会主义研究》2014 年第 6 期。

游猎、刘国玲、王睿：《乡村振兴战略的保障机制探讨》，《农业经济问题》2022 年第 8 期。

袁方成、陈泽华：《新时代新型城镇化的要素结构及其优化路径》，《华中师范大学学报》（人文社会科学版）2020 年第 3 期。

袁方成、周韦龙：《从振兴共同体到共同体振兴：乡村振兴的乡贤逻辑》，《社会主义研究》2022 年第 2 期。

原超、黄天梁：《使乡村运转起来：乡村振兴战略的理论内核与行动框架》，《中共党史研究》2019 年第 2 期。

张等文、郭雨佳：《乡村振兴进程中协商民主嵌入乡村治理的内在机理与路径选择》，《政治学研究》2020 年第 2 期。

张国磊、张燕妮：《新时代乡村振兴主体的角色定位》，《农村经济》2019 年第 12 期。

张海荣：《转型期乡村治理中文化认同重构》，《中国特色社会主义研究》

2016 年第期。

张良：《"资本下乡"背景下的乡村治理公共性建构》，《中国农村观察》2016 年第 3 期。

张师伟：《中国乡村社会多元治理的民主协商逻辑及其法律建构》，《法学杂志》2018 年第 6 期。

张震、唐文浩：《韧性治理共同体：面向突发公共风险的乡村治理逻辑》，《南京社会科学》2022 年第 10 期。

赵黎：《政党整合型社会治理：后疫情时代社会治理的中国范式》，《中国农村观察》2020 年第 6 期。

赵秀玲：《农民现代化与中国乡村治理》，《清华大学学报》（哲学社会科学版）2021 年第 3 期。

赵秀玲：《十八大以来中国乡村治理重要变革》，《福建论坛》（人文社会科学版）2018 年第 10 期。

周庆智：《乡村贫困及其治理：农民权利缺失的经验分析》，《学术月刊》2020 年第 8 期。

周申倡、戴玉琴：《从"教化—控制"到"治理—善治"：基层治理模式递嬗中的乡村德治》，《江海学刊》2021 年第 6 期。

周文、刘少阳：《乡村治理与乡村振兴：历史变迁、问题与改革深化》，《福建论坛》（人文社会科学版）2021 年第 7 期。

朱启臻：《村落价值与乡村治理关系的探讨》，《国家行政学院学报》2018 年第 3 期。

朱新山：《中国乡村治理体系现代化研究》，《毛泽东邓小平理论研究》2018 年第 4 期。

祝天智：《农地"三权分置"背景下乡村治理现代化研究》，《学术界》2021 年第 8 期。

二 外文文献

Acosta Chávez Delia, Cruz Reyes Jesús, Small Farmers' Presence and Place in Today's Ecuador Presencia y lugar del pequeño productor campesino en el Ecuador actual, *Economíay Desarrollo*.

Ahmed Yasmine Moataz, The social life of wheat and grapes: domestic land – grabbing as accumulation by dispossession in rural Egypt, *Review Of African Political Economy*.

Alexander F. Day, A century of rural self – governance reforms: reimagining rural Chinese society in the post – taxation era, *The Journal of Peasant Studies*.

Ali Madanipour, *Whose Public Space?: International Case Studies in Urban Design and Development*, London: Routledge Press, 2010.

André Torre and Jean – Baptiste Traversac, *Territorial governance: local development, rural areas and agrofood systems*, Berlin: Physica – Verlag Press, 2011.

Atul Sarma and Debabani Chakravarty, *Integrating the Third Tier in the Indian Federal System: Two Decades of Rural Local Governance*, London: Palgrave Macmillan Press, 2018.

Beryl A. Radin and Robert Agranoff. Ann O'M. Bowman. C. Gregory Buntz, *New Governance for Rural America: Creating Intergovernmental Partnerships*, Lawrence: University Press of Kansas, 2022.

Daniel R. Terry and Quynh Lê. Ha Hoang, Migrants' perceptions of health promotion messages in rural Tasmania, *Health, Risk & Society*.

Gail Kouame, Reflections on Rural Communities, *Journal of Hospital Librarianship*.

Gerald Doeksen, The Agricultural Crisis as it Affects Rural Communities, *Journal of the Community Development Society*.

Graeme Smith, Getting Ahead in Rural China: the elite-cadre divide and its implications for rural governance, *Journal of Contemporary China*.

J. Edward Taylor and George A. Dyer, Migration and the Sending Economy: A Disaggregated Rural Economy – Wide Analysis, *The Journal of Development Studies*.

Jürgen Grote and Bernard Gbikpi, *Participatory Governance: Political and Societal Implications*, Wiesbaden: VS Verlag für Sozialwissenschaften Press, 2002.

J. Rosenau and E. Czempiel, *Governance without Government: Order and*

Change in Wordl Politics, Cambridge university Press, 1992.

J. S. C. Wiskerke, B. B. Bock, M. Stuiver and H. Renting, Environmental co-operatives as a new mode of rural governance, NJAS: *Wageningen Journal of Life Sciences*.

Linda Kvarnlöf and Erika Wall, Stories of the storm: the interconnection between risk management strategies and everyday experiences of rurality, *Journal of Risk Research*.

Lucy Diana Mercer – Mapstone, Will Rifkin, Kieren Moffat and Winnifred Louis, What makes stakeholder engagement in social licence "meaningful"? Practitioners' conceptualisations of dialogue, *Rural Society*.

Lynda Cheshire, Vaughan Higgins and Geoffrey Lawrence, Guest Editorial Rural governance in Australia: Changing forms and emerging actors, *Rural Society*.

Max Lu and John C. Jacobs, Rural Regional Governance in the United States: The Case of the Resource Conservation and Development Program, *Geographical Review*.

Mikaela Vasstrøm and Roger Normann, The role of local government in rural communities: culture – based development strategies, *Local Government Studies*.

Nicos Komninos, *Intelligent Cities: Innovation, Knowledge Systems and Digital Spaces*, London: Routledge Press, 2013.

Nigel Curry, The Disempowerment of Empowerment: How Stakeholding Clogs Up Rural Decision – making, *Space and Polity*.

Patrick Dunleavy, *Digital era governance: IT corporations, the state, and E – government*, Oxford University Press, 2006.

Perry Share, Rural Communities Looking Ahead, *Rural Society*.

Rary Shand, *The Governance of Sustainable Rural Renewal: A comparative global perspective*, London: Routledge Press, 2016.

Roger Henning Normann and Mikaela Vasström, Municipalities as Governance Network Actors in Rural Communities, *European Planning Studies*.

Sean Heron, Adrienne Attorp and Ruth McAreavey, *Rural Governance in the UK: Towards a Sustainable and Equitable Society*, London: Routledge Press, 2022.

Sue Kilpatrick and Christine Stirling. Peter Orpin, Skill development for volunteering in rural communities, *Journal of Vocational Education & Training*.

Terry Marsden and Erland Eklund. Alex Franklin, Rural mobilization as rural development: exploring the impacts of new regionalism in Wales and Finland, *International Planning Studies*.

William Kaye – Blake and Kelly Stirrat. Matthew Smith. Simon Fielke, Testing indicators of resilience for rural communities, *Rural Society*.

后 记

　　农业农村农民问题是关系国计民生的根本性问题,历来受到党和国家的高度重视。随着中国特色社会主义进入新时代,农业农村农民问题被党中央提升到了前所未有的高度。党的十八届三中全会明确指出,"全面深化改革的总体目标是完善和发展中国特色社会主义制度,推进国家治理体系和治理能力现代化",这为新时代乡村治理发展指明了总方向。党的十八届三中全会还从城乡关系的角度对乡村社会进行了定位,以"形成以工促农、以城带乡、工农互惠、城乡一体的新型工农城乡关系"。党的十九大为新时代乡村治理创新作出了明确指示。党的十九大不仅首次提出实施乡村振兴战略,还明确指出"健全自治、法治、德治相结合的乡村治理体系"。并强调指出,"加强社区治理体系建设,推动社会治理重心向基层下移,发挥社会组织作用,实现政府治理和社会调节、居民自治良性互动";"提高社会治理社会化、法治化、智能化、专业化水平"。这些新要求意味着我国乡村治理现代化进入了前所未有的发展阶段。在此基础上,党的十九届四中全会《决定》进一步指出,"完善党委领导、政府负责、民主协商、社会协同、公众参与、法治保障、科技支撑的社会治理体系",并提出"建设人人有责、人人尽责、人人享有的社会治理共同体"。这些新精神赋予了新时代乡村治理体系新内涵。在团结带领全国各族人民全面建成社会主义现代化强国、实现第二个百年奋斗目标,以中国式现代化全面推进中华民族伟大复兴的新阶段,党的二十大报告再次强调指出:"全面建设社会主义现代化国家,最艰巨最繁重的任务仍然在农村。"并提出"全面推进乡村振兴""积极发展基层民主"

"健全共建共治共享的社会治理制度，提升社会治理效能""完善社会治理体系""健全城乡社区治理体系"等一系列关涉乡村现代化发展，推动乡村治理创新的最新指示，将新时代的乡村发展与乡村治理问题推向了新高潮。

在新时代，乡村治理问题已经成为关系建设现代化强国的重大战略问题，直接关系到中华民族的伟大复兴；也是乡村振兴战略实施中的重大现实问题，直接关系到乡村高质量发展，城乡融合发展与国家治理现代化水平。习近平总书记多次对基层治理发表重要指示，"加强和创新社会治理，关键在体制创新，核心是人""社会治理的重心必须落到城乡社区，社区服务和管理能力强了，社会治理的基础就实了""要加强和创新基层社会治理，使每个社会细胞都健康活跃，将矛盾纠纷化解在基层，将和谐稳定创建在基层"。乡村治理不仅是党和国家高度重视的问题，也是学界重点关注的研究领域。在新时代，提炼中国特色社会主义乡村治理理论，有效创新乡村治理体系，坚定乡村治理的中国式现代化道路，助力全面推进乡村振兴，夯实国家治理体系和治理能力现代化的基层基础，是乡村问题研究者义不容辞的责任。前几年我的研究领域主要集中在村民自治转型、社区治理以及乡村治理与人的自由发展关系的研究，并尝试提出了理解农民自由全面发展的分析框架——"制度与自由互动"模式，也陆续出版了研究乡村问题的三部曲：《村民自治到社区自治：农村基层民主治理的现代转型》（山东人民出版社 2014 年版）、《新型城镇化背景下的农村社区治理研究——基于农业型、非农型、工商型地区社区治理改革的比较分析》（社会科学文献出版社 2017 年版）、《国家治理现代化与农民自由全面发展》（社会科学文献出版社 2021 年版）。随着研究的不断深入，个人深刻体会到乡村治理是一个复杂的系统性工程，乡村治理上连国家下接社会，上连城市下接乡村；乡村治理既涉及历史、现在也关系到未来，既涉及乡村振兴也涉及城乡社会发展，既直接影响着广大老百姓的命运更关系到中华民族的伟大复兴，乡村治理牵一发而动全身。其中，乡村治理体系是乡村治理的核心，其意义不言而喻。在前期对村民自治转型研究、社区治理研究基础上，近几年本人将研究进一步扩展到宏观的乡村治理领域，从探讨乡村治理体系主问题，逐步实现研究地域范围从村庄、社区到乡村的扩展，研究内容从村民自治到社区治理再扩展到乡村治理，并尝试从村民自治、社区治理、乡村治理中思考人的现代化与人的自由全面发展问题。而在新时代，推进乡村全面振兴中创新乡村治理体系正是促进人的现代化发展，为人的自由而全面发展提供良好条件的实践探索。

民族要复兴，乡村必振兴。在新时代推进乡村全面振兴战略中创新乡村治理体系，既是中华人民共和国成立70多年来在党的有力领导下，我国乡村治理现代化发展创新的客观必然；也是千百年来我国乡村治理体系发展历史变迁的必然要求，在新时代乡村治理体系被赋予了更丰富的内涵，肩负着践行"以人民为中心的发展思想"，落实"人民至上"理念，以及实现乡村共同富裕的重任。基于乡村治理体系在乡村治理中的重要地位，以及个人的前期研究基础，2019年本人在申报山东省泰山学者工程项目时将研究主题聚焦为"中国特色社会主义乡村振兴战略中的乡村治理新体系研究"，尝试从历史逻辑、实践逻辑、理论逻辑等方面对乡村治理体系进行探讨，重点就中国特色社会主义乡村振兴战略中的乡村治理新体系创新诸问题展开研究，以期更好地丰富新时代中国特色社会主义乡村治理理论，指导新时代的乡村治理实践。《乡村振兴战略中的乡村治理新体系研究》正是本人主持的泰山学者工程专项经费资助项目"中国特色社会主义乡村振兴战略中的乡村治理新体系研究"（项目编号：tsqn201909105）的阶段性成果。本书主要就乡村治理体系的来龙去脉，新时代乡村振兴战略中的乡村治理新体系内涵、乡村治理新体系构成内容，以及乡村治理新体系构成内容的具体实现路径等进行了初步探索。在本书写作完成过程中，常熟理工学院李宁老师，我指导的博士生辛凯、姚化伟、杨健，硕士生张兴佳、杨宁、伍娟、曹凤娇、苗誉露、陈相秋等都参与了大量工作，付出了艰辛努力，在此对他们的努力付出表示衷心感谢。

在全面建设社会主义现代化强国，实现第二个百年奋斗目标，实现中华民族伟大复兴的新征程中，农业农村优先发展，乡村治理越发重要。以中国式现代化全面推进中华民族伟大复兴，离不开乡村治理现代化创新与发展，如何创新与新时代发展相适应又能够充分保障广大农民权利权益的乡村治理新体系显得尤为重要。本书研究内容正是为实现这一目标的努力。当然，由于个人研究能力有限，研究水平不足，作为一个初步性探索成果还有诸多不完善之处，后续本人将持续进行深入研究，敬请各位专家批评指正。

李增元
2022 年 11 月 7 日